Ralf Gréus

Entdeckertouren mit dem Wohnmobil

Piemont

und Aostatal

mit italienischem Lago Maggiore

Die Anleitung für einen Erlebnisurlaub

WOMO®
Der Wohnmobil-Verlag

MIX
Papier | Fördert gute Waldnutzung
FSC® C089473

4. vollständig neu bearbeitete Auflage – September 2023
ISBN 978-3-86903-734-9

Titelbild: Castiglione Falletto (Tour 9)
Bild in vorderer Klappe: Capella del Barolo (Tour 9)

Reihen-, Umschlaggestaltung und Layoutprinzip/Satzvorgaben: www.martinveicht.de
Karten: Ralf Gréus
Fotos, siehe Bildnachweis auf Seite 368
Druck: Beltz Grafische Betriebe GmbH, 99947 Bad Langensalza
Vertrieb: GeoCenter GmbH, 70794 Filderstadt
Herausgeber: WOMO-Verlag, An der Liethe 4, 36452 Kaltennordheim
Telefon +49(0)36946 20691 · verlag@womo.de · www.womo.de
GPS: N 50°36'38.2" E 10°07'55.6"
Autoren-E-Mail: greus@womo.de

Einladung

Wozu, fragen Sie, werden Sie in diesem Buch eingeladen?

Auch wenn Sie dabei keine Meeresküsten besuchen, erleben Sie auf den Touren durch den Nordwesten Italiens einen Querschnitt abwechslungsreicher Reiseziele – in einem Land, dessen Aufgeschlossenheit Wohnmobilen gegenüber schon fast sprichwörtlich ist:

Sie beginnen am Lago Maggiore mit einem europäischen Top-Ziel und winden sich bis in die Westalpen zu hoch gelegenen Orten. Dazwischen aber, und darin liegt ein besonderer Reiz dieses Buches, durchqueren Sie touristische Entwicklungsgebiete, die landschaftliche und kulturelle Highlights bereithalten, wie sie selbst in Italien ganz vorne rangieren.

Verbinden Sie Berglandschaften in den hohen Alpen mit den berühmten Sacri Monti, die Kunst des Barocks mit einer Wein-Schlemmer-Reise oder einen Wanderurlaub mit Badetagen.

Erleben Sie eine ungeahnte Vielfalt Italiens, eine Mischung unterschiedlichster Regionen, Klimazonen, Stell- und Campingplätze. Fast alles ist möglich, von den Alpen bis zu den Stränden der großen Seen und das meiste unter südlicher Sonne.

Dabei wünsche ich Ihnen viel Freude

Ihr

Ralf Gréus

Inhaltsverzeichnis

Chiesa di Coazzolo – Tour 9

Unsere persönlichen Top Ten

Isola Bella

Die Insel im Lago Maggiore mit dem Schloss und dessen zehn Gartenterrassen galt im 18. Jahrhundert als eines der Weltwunder.
Das sagt alles.
Tour 1, Seite 36

Sacro Monte di Varallo

Der Heilige Berg von Varallo ist der älteste und mit 600 lebensgroßen Statuen der kunstvollste der neun Sacri Monti, die schon seit 2003 zum UNESCO-Welterbe zählen.
Tour 4, Seite 85

Abbazia di Vezzolano

Die romanische Chorschranke mit 60 steinernen Figuren in zwei Reihen ist in Italien einmalig.
Und man kann hier gut frei übernachten.
Tour 5, Seite 120

Olivetti in Ivrea

Von der UNESCO wurde 2018 fast ein ganzer Stadtteil geschützt: Büro-, Fabrikations- und Wohngebäude der Firma Olivetti, darunter eine sensationelle Glasfassade.
Tour 6, Seite 126

Campingplatz von Pont

Sie verweilen am Fuß des 4.000 Meter hohen Gran Paradiso auf einer wunderbaren Campingplatzalm – wahrlich wie im Großen Paradies.
Tour 7, Seite 161

... das sollten Sie nicht verpassen!

Mole Antonelliana
Das 167,50 Meter hohe Wahrzeichen von Turin ist eines der bizarrsten Turmbauwerke der Welt. Und die Sicht über die Stadt bis zu den Westalpen ist nicht weniger einmalig.
Tour 8, Seite 195

Sacra di San Michele
Die mittelalterliche Klosterstadt gehört zu den größten Sehenswürdigkeiten des Piemont –
nach einer Wanderung oder bequem mit dem WOMO.
Tour 8, Seite 208

Neive
Diesen Blick erleben Sie von der Terrasse des Ristorante *Donna Selvatica*, wenn das Wetter die Sicht auf den Monviso ermöglicht – und Sie rechtzeitig reserviert haben.
Tour 9, Seite 223

Belvedere von La Morra
Am Geländer werden Sie über den Weinbergen und Türmen der Langhe (UNESCO-Welterbe) die Luft anhalten. Das ist rund um die Uhr möglich und fast ebenso lange lohnend.
Tour 9, Seite 237

Castello della Manta
Wandern Sie durch eine abwechslungsreiche Kulturlandschaft zu den weltweit einmaligen Fresken im Schloss von Manta – und zu dem dort verewigten Jungbrunnen.
Tour 10, Seite 254

Gebrauchsanleitung

Reisegebiet

Bevor wir zu unserer Rundreise aufbrechen, möchten Sie wissen, wohin ich Sie überhaupt führe. Sie schauen sich auf der Innenseite der hinteren Umschlagklappe die Reiserouten an und fragen sich, warum wir gerade das dort abgebildete Gebiet besuchen. Alle von mir im WOMO-Verlag veröffentlichten Italien-Reiseführer betreffen italienische **Regionen**, die nach dem Staat obersten Gebietskörperschaften Italiens. **Piemont** *(Piemonte)* und **Aostatal** *(Valle d'Aosta)* sind solche Regionen, wobei die Region Aostatal als autonome Region sogar einen Sonderstatus zum Schutz der franko-provenzalischen Minderheit genießt.

Die Ausdehnung des Gebiets erlaubt mir nicht, es vollständig zu beschreiben. Allein das Piemont ist die größte Festlandsregion (die größte Region Italiens ist Sizilien). Meine Auswahl ist daher zwangsläufig subjektiv und lässt notgedrungen Sehenswürdigkeiten vermissen.

Schon der Name der Region *Piemonte* lässt erahnen, dass die Touren dieses Buches Sie durch unterschiedliche Landschaften führen. Der Begriff kommt nämlich aus dem lateinischen *ad pe-*

Langhe bei Grinzane Cavour – Tour 9

dem montium, was *am* ***Fuß der Berge*** heißt und tatsächlich bedeutet, dass Sie auf einem Großteil unserer Routen Berge und sogar die höchsten Alpengipfel sehen, während Sie durch flacheres Gelände kurven oder an den Seen, besonders am **Lago Maggiore, am Lago Mergozzo** und **am Lago d'Orta**, verweilen. Zum Piemont und dem Aostatal gehören aber auch Teile des **Westalpenmassivs** und des sich bis fast ans Mittelmeer ziehenden **Westalpenbogens**, weshalb Sie mit diesem Reiseführer nicht nur an den Füßen der Berge urlauben, sondern bis in größere Höhen derselben geleitet werden. Wobei sich dieses Buch allerdings nicht als Alpen-Führer versteht und schon gar nicht eine profunde Anleitung für Alpenwanderungen mithilfe des Wohnmobils liefert.

Naturgeografisch gehören zum Reisegebiet neben der Alpenregion (zu der auch die erwähnten Seen zählen) die **Ebene des Aostatals**, ein Teil der **Po-Ebene** und die **Hügellandschaften im Südosten**, insbesondere die **Langhe** mit den berühmten Weinbergen. Jede dieser Landschaften hat ihren besonderen Reiz, jede werden Sie kennenlernen, und als kleine Zugabe bereisen wir auch das **Ostufer des Lago Maggiore**, soweit es zu Italien gehört, obgleich das schon im Bereich der Region Lombardei liegt.

Die Weitläufigkeit, die stark unterschiedlichen Landschaften und die bisweilen schwierige Straßenführung in den Alpen haben mich zu einer etwas inhomogenen Abfolge der Touren gezwungen, bei denen eine Tour nicht zwangsläufig an das Ende der vorherigen Tour anschließt.

Karten, Symbole und Kilometerangaben

Alle WOMO-Reiseführer sind nach Touren untergliedert, die mit den wichtigsten Ortschaften auf der **Übersichtskarte** im hinteren Bucheinband dargestellt sind. Einzelheiten zu diesen Touren, insbesondere die dort empfohlenen Stell- und Campingplätze, finden Sie in den jeder Tour vorangestellten **Tourenkarten**, deren verwendete **Symbole** auf der hinteren Einbandklappe erläutert sind.

Die **Kilometerangaben** erlauben nur eine erste Orientierung über die Länge der jeweiligen Tour und betreffen die Entfernung ab dem letzten Stell- oder Campingplatz der vorhergehenden Tour, soweit diese an die beschriebene Tour unmittelbar angrenzt (ansonsten von dem im Text beschriebenen Touranfang), bis zum letzten Stell- oder Campingplatz der aktuellen Tour.

Stellplätze, Farben und Nummern

Praktische Symbole zeigen die Art des »Stellplatzes« an:

001	**Offizieller Stellplatz**	von privater oder amtlicher Hand für Reisemobile – meistens über eine Preisangabe oder ein Wohnmobilsymbol – ausgewiesen
003	**Parkplatz**	für Übernachtung geeignet
P	**Parkplatz**	Übernachtung nicht möglich oder verboten
002	**Campingplatz**	

Auch die **Farbe** eines Stell- oder Parkplatzplatzsymboles hat eine Bedeutung: **Blau** steht für eine nahe Bademöglichkeit in natürlichen Gewässern, einer Therme oder einem besonders interessanten Schwimmbad. **Grün** kennzeichnet einen Platz, an dem typischerweise Wanderungen beginnen und dort meistens beschildert sind. **Hellgelb** sind alle Plätze bei Winzern, Bauernhöfen oder Gaststätten, die nicht öffentliche Parkplätze sind. **Orangegelb** sind die Plätze ohne die vorgenannten Merkmale. Nur Plätze, die eine durchlaufende **Nummer** tragen, sind zur Übernachtung geeignet. Diese Plätze werden im Text entsprechend ihrem vorgenannten Zweck farbig unterlegt und stehen meistens in einem **Stellplatzkasten** mit den wichtigsten Informationen. **Olivgrün** sind dort die Campingplätze.

Zum Verständnis der **GPS-Daten**, der Geräteeinstellung und dem Bezug der Daten erfahren Sie genaue Einzelheiten hinten bei den Tipps.

Max. WOMOs meint die Kapazität von Stellplätzen, bei öffentlichen Parkplätzen die geschätzte Anzahl, die man der Bevölkerung noch zumuten kann oder die Wohnmobilen mittlerer Größe zur Verfügung steht. Diese Angaben hängen von der Größe anderer Wohnmobile, von den Dimensionen Ihres eigenen Fahrzeuges und von dem Parkverhalten anderer ab. Selbst auf offiziellen Plätzen, auf denen durch feste Einzeichnungen oder Buchten die Parzellen definiert sind, besteht bisweilen die Möglichkeit, mehr Fahrzeuge unterzubringen. Längst nicht alle in diesem Buch erwähnten Stellplätze kommen für Wohnmobile im Lastwagenformat infrage, zumal die Geeignetheit für **große Reisemobile** zum einen davon abhängt, ob schon andere Großfahrzeuge dort parken, aber auch, ob man lange Wagen beispielsweise mit dem Heck über eine Grünfläche ragen lassen kann. Maßangaben sind daher nur eine grobe Schätzung. Ich bitte um Verständnis, dass ich auch einige Plätze erwähne, auf die ausschließlich kleinere Fahrzeuge passen. Etwa die Hälfte aller Neuzulassungen betrifft heute Kastenwagenausbauten.

Bei Campingplätzen und offiziellen Stellplätzen nenne ich immer die **Öffnungszeiten**.

Ich vermittele Ihnen die **Ausstattung** der Plätze, insbesondere mit Ver- und Entsorgung, Strom (wobei nicht zwingend jeder Benutzer einen Steckdosenzugang findet), Toilette, Dusche und Müllgefäßen, bei Campingplätzen vor allem mit Pool oder Einkaufsmöglichkeit. Unter **Beschreibung** wird Ihnen Näheres zur Beschaffenheit, der Lage und der Nutzungseignung mitgeteilt. Es wird Ihnen verraten, wenn ich Stellplätze für **klappstuhlgeeignet** halte, weil Sie also außerhalb Ihres Fahrzeuges sitzen und essen können. Niemand zwingt Sie aber, dort Ihre Campingmöbel vor die Tür zu stellen, falls sich meine Einschätzungen als zu un-

Bei La Morra (Tour 9)

sensibel erweist. Kein WOMO-Parkplatz in diesem Buch ist dafür geeignet, sich tagelang wie auf einem Campingplatz aufzuhalten, mit Markise, Stühlen und Grill. So gut wie kein Stellplatz eignet sich dafür, Campingmöbel über Nacht vor der Tür zu belassen und nur wenige Stellplätze sind **Grillplätze**, – wobei kein WOMO-Autor jemals verspricht, dass man irgendwo auf der Welt noch auf eigener Kohle grillen darf.

Das angegebene **Preisniveau** ist nur eine Orientierung und bezieht sich bei den Campingplätzen auf ein WOMO mit zwei Erwachsenen in der preiswertesten und in der teuersten Zeit – ohne Strom (falls er nicht im Grundpreis enthalten ist), Kurtaxe und Hund; bei den Stellplätzen ohne Kurtaxe, Strom und Wasser.

Der letzte Stichpunkt in den Tourenkästen ist die Beschreibung der **Zufahrt**. In Zeiten der GPS-Navigation halte ich die Darstellung möglichst knapp, – es sei denn, die Anfahrt zu einem Platz mithilfe des Navis bereitet Probleme.

Wanderungen

Ich schildere Ihnen die Streckenführung, nenne deren Länge oder die benötigte Wanderzeit sowie die erforderliche Wanderkarte (und meistens eine sinnvolle App). Damit die gehfaulen Leser entspannt weiterlesen können, sind die Beschreibungen von Wanderstrecken grün unterlegt.

Restaurants

Meine Restauranttipps beziehen sich überwiegend auf Ristoranti und Pizzerien, die ich bezüglich der Essensqualität oder der Stimmung für überdurchschnittlich, aber nicht unbedingt für außergewöhnlich halte und die mehr bieten als Durchschnitt. Sonst wäre die Empfehlung letztlich nur eine Warnung vor dem Reinfall anderswo. Aber diese Hinweise erweisen sich leider als immer kurzlebiger. Sie müssen also die Augen und die Nase offenhalten. Angeführte Ruhetage gelten meistens nicht an Feiertagen.

Bootstour zu den Borromäischen Inseln – Tour 1

Top Ten, Sehenswürdigkeiten, Tipps und Infos

Mit den Seiten sechs und sieben dieses Reiseführers soll Ihre Neugier geweckt werden. Dort haben wir aber nicht unbedingt die größten Sehenswürdigkeiten des Zielgebietes aufgezählt, sondern **zehn Kleinode** oder Knüller, die uns persönlich besonders gut gefallen haben und die wir nicht nach einem Ranking, sondern nach der Reihenfolge in den Touren beziffert haben.

Bei den **Öffnungszeiten** von Sehenswürdigkeiten nenne ich, soweit bekannt, die Kassenöffnungszeiten und gebe in der Regel die nicht ermäßigten Preise an.

Die **Tipps und Infos** am Ende des Buches machen Sie mit den Besonderheiten der Reiseregion vertraut. Dort finden Sie auch verschieden **Anreisewege** und allgemeine Angaben.

Reiseführer und der Zahn der Zeit

Bei den freien Stellplätzen und allen anderen Angaben kommt es im Laufe der Lebensdauer einer gedruckten Auflage immer wieder zu Veränderungen. Es lohnt sich deshalb stets ein kurzer Blick ins Forum des WOMO-Verlages (www.womo.de).

Wir versorgen Sie dort mit weiteren aktuellen Informationen. Sie können dabei helfen, Hinweise für alle Leser aktuell zu halten, indem Sie melden, wenn sich irgendetwas (auch Ristorante, Wanderweg u. a.) verändert hat, vor allem, wenn ein Platz nicht mehr existiert oder verboten ist, oder wenn Sie etwas Neues entdeckt haben. Sie erreichen mich über die Mailadresse greus@womo.de.

Ich freue mich über jede Zuschrift!

Tour 1

Tour 1

Westufer des Lago Maggiore, Monte Mottarone

120 km

Diese Tour führt Sie an den nach meinem Geschmack schönsten Teil des Lago Maggiore, eine Mischung aus südlichem Flair und Alpenwelt. Meine besonderen Empfehlungen für Sie:

- Cannobio
- Stellplatz mit Weitsicht bei Oggebbio
- Sacro Monte di Ghiffa
- Isola Bella
- Monte Mottarone

Als Sie zum ersten Mal mit einer Reise in das Piemont geliebäugelt haben, dachten Sie an Turin, an Alba und vielleicht sogar an Barolo und sind dabei vermutlich nicht auf die Idee gekommen, ausgerechnet den **Lago Maggiore** im Zielgebiet zu verorten. Dementsprechend lag es fern Ihrer Vorstellung, dass Sie in Cannobio, gut fünf Kilometer südlich der Schweizer Grenze, erstmals piemontesischen Boden befahren. Und dass Sie genau das in Zukunft wahrscheinlich nirgendwo sonst im Piemont gleichermaßen häufig tun werden. Bis dahin werden Sie sich auch an die Schreibweise gewöhnt haben und nicht mehr Gefahr laufen, nach unsorgfältiger Bedienung Ihres Navigationsgerätes im gleichnamigen schweizerischen Ortsteil von Lugano – geschrieben mit einem *N* und zwei *B* – vergeblich den See zu suchen.

Cannobio (zwei *N* und ein *B*; 5.200 Einwohner), traditionsreiches Mittelzentrum am Zufluss des Cannobino in den Lago Maggiore, ist bei Wohnmobilreisenden als Etappenziel vor allem deshalb so beliebt, weil es über hervorragende Campingmöglichkeiten verfügt, insbesondere über einen Stellplatz direkt an jenem rauschenden Fluss:

001 Cannobio – Flussufer

GPS: N 46°03'42" E 8°41'32", Via San Rocco. **Max. WOMOs**: 35. **Öffnungszeit**: Ganzjährig. **Ausstattung**: Ver- und Entsorgung, Strom, gepflegte Toiletten mit Papier und Seifenspender, warme Dusche (in einem neuen Container im hinteren Teil des Geländes), Mülleimer, Grillplatz. **Beschreibung**: Der überwiegend schattige Platz verfügt über Pflaster mit Grasrändern und ist klappstuhlgeeignet. Wanderwege beginnen hier. Höchstens 3 Tage. Der Platz ist am späten Nachmittag wegen des hohen Preises nicht mehr so häufig belegt, trotzdem sollten Sie besonders am Freitag früh anreisen! Aus diesem Grund – und wirklich nur deshalb – werden Ihnen im Folgenden Alternativplätze

genannt, die aber dem offiziellen Platz bei weitem nicht das Wasser reichen können; mit Seeblick oder Seezugang kann man in Cannobio legal nur auf Campingplätzen stehen.
Gaststätten und Geschäfte sind zu Fuß im nahen Ort erreichbar: **Weg in die Altstadt und zur Seepromenade** etwa 15 Minuten: Verlassen Sie den Stellplatz und gehen Sie geradeaus durch einen schmalen Weg, an dessen Ende rechts und gleich wieder schräg links bergauf – merken Sie sich oben in der Altstadt die Abzweigung für den Rückweg. Drei Bäckereien finden Sie schon oben bei der Kirche. **Weg an den Seestrand** etwa 15 Minuten: Wählen Sie den Fahrrad- und Fußweg, der bei der Hängebrücke seitlich des Stellplatzes beginnt und rechts des Flusses beim See, dem offiziellen Strandbad und einer großen Liegewiese endet. **Fuß- und Radweg zur Badestelle und dem Ristorante bei Sant' Anna** (2 km) auf der anderen Flussseite – gehen Sie über die nahe Hängebrücke und dann immer so nahe wie möglich entlang dem Fluss; siehe auch beim folgenden Wandervorschlag.
Im hinteren Teil des Stellplatzes dringen aus einer nahen Trafo-Station mitunter bedrohliche Kurzschlussgeräusche. Der rauschende Fluss ist nicht badetauglich. **Preis**: 25 €/Tag inkl. Strom, zu bezahlen über einen Automaten mit Geld oder Kreditkarte (dabei nach der Eingabe des PIN die grüne runde Taste drücken). **Zufahrt**: An der Durchgangsstraße, der SS 34, sehen Sie in Höhe der Altstadt ein nach Westen weisendes, aber wenig auffallendes weißes Stellplatzschild, dem später blau-weiße Wegweiser folgen.

002 Auf dem fast genau gegenüberliegenden Flussufer wegen der anderen Zufahrt aber schwieriger zu erreichen, wegen der Fußgängerbrücke jedoch kaum weiter von Uferpromenade und Badestelle entfernt, liegt ein **neuer privater Stellplatz**, der 20 € kostet, auf dem aber Klappstühle verboten sind; **GPS**: N 46°03'45" E 8°41'25", Casali Masserecci 7.

003 Cannobio – Via Gen. C. Alberto

GPS: N 46°04'01" E 8°41'49", Via Gen. Carlo Alberto. **Max. WOMOs**: 6-8. **Ausstattung**: Mülleimer. **Beschreibung**: Der Asphaltplatz liegt innerhalb der Bebauung und ist eher laut. Gaststätten, Geschäfte und Seestrand nach etwa 100 m, Wanderweg, Zugang zur Seepromenade nach links. Das ist nur eine Notlösung auf einem größeren Parkplatz, auf dem Sie die eingezeichneten blauen Markierungen nur stellenweise einhalten können, weshalb der Tipp auch nur bedingt legal ist. Ebenso kommt ein vergleichbarer Parkplatz etwa 200 m weiter südlich infrage. **Preis**: Nur So. vormittags 1 €/Std. **Zufahrt**: Biegen Sie von der Durchgangsstraße, der SS 34, auf die erste Straße südlich der Flussbrücke zum See hin ab.

004 Cannobio – Via alla Cartiera

GPS: N 46°03'55" E 8°41'28", Via alla Cartiera. **Max. WOMOs**: 6-8. **Ausstattung**: Kleiner Mülleimer. **Beschreibung**: Dieser Asphaltparkplatz ist ebenfalls nur eine Notlösung. Sie stehen am Rand der Bebauung neben der Kläranlage, die leicht summt, meistens nicht riecht und nicht zu sehen ist. Gelegentlich parken hier Schausteller einer benachbarten Kirmes. Gaststätten, Geschäfte, und der Seestrand sind ähnlich weit entfernt, wie vom offiziellen Platz Nr. 001, Wanderweg. **Preis**: Nur am So vormittags 1 €/Std. **Zufahrt**: An der Durchgangsstraße, der SS 34, sehen Sie in Höhe der Altstadt ein nach Westen weisendes, aber wenig auffallendes weißes Stellplatzschild, dem Sie zunächst in Richtung des offiziellen Stellplatzes folgen. Nach dem Friedhof und wo der Wegweiser zum offiziellen Platz nach links weist, fahren Sie geradeaus, später rechts (dort Wegweiser ›*Impianto depurazione acque*‹).

Lago Maggiore – bei den Campingplätzen

In Cannobio können Sie außerdem unter sieben (!) Campingplätzen auswählen, die in der Superhochsaison alle gut belegt und leider bisweilen auch mal ausgebucht sind. Dann kommt wahrscheinlich immer noch der schön am Fluss gelegene *Camping Valle Romantica* – mit Pool und Badegelegenheit im Fluss – bei Traffiume in Frage, wenn Sie südlich der Altstadt in das Tal abbiegen (Richtung Platz Nr. 006). Unter den Campingplätzen am See, die umso lärmbelasteter sind, je nördlicher sie liegen, empfehlen wir *Camping Riviera* (am Ortseingang):

005 Cannobio – *Camping Riviera*

GPS/Kontakt: N 46°04'08" E 8°41'44", Via Carsali Darbedo 2, Tel: 0323 71360; www.riviera-valleromantica.com/. **Öffnungszeit**: Mitte März bis Mitte Oktober. **Ausstattung**: Direkt am Badestrand, Laden, 2 Gaststätten darunter ***Riviera al Lago***, eines der besten **Ristoranti** in Cannobio *(unbedingt reservieren, Tel. 0347*

8370580; relativ preiswert, hier essen nicht nur die Camper des Platzes, keine Pizza). **Beschreibung**: Der Campingplatz ist vom Ortszentrum 0,4 km entfernt und verfügt über einen beinahe paradiesischen Baumbestand, wie Sie ihn auf Campingplätzen anderswo lange suchen müssen. Ein großer Supermarkt ist zu Fuß erreichbar (aus dem Platz raus und nach der Brücke sofort links); keine Dauercamper, relativ wenige Mietmobile, Wanderweg. **Preise**: 38 €–52 €. Die ungewöhnlich schönen Parzellen in der ersten Reihe am See sind noch teurer und meistens von Kennern besetzt, die vorgebucht haben. **Zufahrt**: Der Platz liegt nördlich des Ortszentrums, gleich nördlich der Flussbrücke.

Grund für dieses große Angebot an Übernachtungsmöglichkeiten sind ein **malerischer Hafen** und ein intaktes Ortsbild mit gepflasterten Gassen und überbauten Treppenwegen hinter einer perfekten Seepromenade, die sicherlich eine der schönsten am ganzen See ist und im Norden an einem geräumigen *Lido* (Badestrand) endet. Auch wenn sich in der Nähe der Bootsanlegestelle, von der Sie an das Ostufer des *Lago* übersetzen können, inzwischen fast nur noch Freiluftgaststätten ausbreiten, findet man in Cannobio weiterhin schöne kleine Geschäfte, die nicht nur Überflüssiges, sondern sogar hochwertige Waren anbieten, und zwei fußläufig erreichbare Supermärkte.

Vor lauter Gastronomie übersieht man im nördlichen Teil der Promenade (siehe die Fotos auf Seite 19) leicht die **Wallfahrtskirche Santuario della Santissima Pietà** mit einem Altarbild des Malers Gaudenzio Ferrari von 1540, welches man hinter der neoklassizistischen Fassade aus dem 19. Jahrhundert und zwischen einer schwülstigen Barockausstattung nicht vermutet (das man aber auch in der Mitte hinter dem Altar nicht sehr gut sieht; man geht zum Eingang eine Steintreppe hinauf). Dass das etwas unscheinbare Gotteshaus zu einem solchen Schatz gelangt ist, liegt vermutlich an einem Wunder des Jahres 1522, als Jesus zusam-

Altstadtgassen in Cannobio

So sieht der Urlaub aus – Cannobio

men mit Maria und Johannes auf einem kleinen Bild links vom Altar echtes Blut geschwitzt und nasse Tränen geweint haben soll, was einen regelrechten Pilgerstrom in Gang gesetzt hat.

Dieser überflutet heutzutage an sonnigen Sonntagvormittagen die Kleinstadt, weil dann auf der Promenade und in den Altstadtgassen von 8 bis 13 Uhr der **Wochenmarkt** aufgebaut ist, der als authentisch gilt, aber in Wirklichkeit während des Sommers überwiegend für die Touristen veranstaltet wird. Man muss jedenfalls danach nicht den Zeitpunkt des Aufenthaltes in Cannobio planen – oder dann die Stadt sogar meiden.

Ausschlaggebender sind hingegen warme Sommerabende, an denen am Seeufer regelmäßig Musiker oder kleine Bands gegen Hutspenden unter freiem Himmel Livekonzerte aufführen, die uns schon mehrfach auf den weiteren Urlaub ein-

Und so am Abend

gestimmt oder uns den Abschied vom Piemont schwer gemacht haben. Wenn man Reiseführer schreibt, steuert man leider viel zu oft Ziele an, die man ohne jene Aufgabe nicht besuchen würde. Wenn man aber einen Ort immer wieder anfährt, obgleich man glaubt, dort alles gesehen zu haben (oder sich seinetwegen sogar mal ein Muss-Ziel verkneift), ist das einer unserer Lieblingsorte. Und genau dahin hat sich Cannobio vom einstigen Pflichtziel entwickelt. An einem solchen Sehnsuchtsort verbringen wir den Abend nicht im Wohnmobil. So lecker die vor Ort gekaufte *Pasta* auch sein mag, so austauschbar liegt sie unter geriebenem *Parmigiano* auf unserem Teller, auf einem unbestreitbar angenehmen, aber doch ebenfalls austauschbaren Stell- oder Campingplatz. Der Abend an der Uferpromenade hingegen gehört zum Besten, was ein *Lago* zu bieten hat, auch wenn man keinen *Spumante* und keinen *Aperol-Spritz* ordert.

Ein abendliches Getränk an der Uferpromenade von Cannobio gehört zum Besten, was der Lago Maggiore zu bieten hat

Aber wir haben dort bei der letzten Recherche nicht mehr gegessen, weil das von mir seit der ersten Auflage empfohlene gepflegte Ristorante einem Betrieb gewichen ist, der seinen Nachbarn gleicht und den meisten ähnlichen Lokalitäten an See- oder Meerufern, die den Touristen dienen und vor allem die Betreiber bereichern sollen (das aber unkorrekt das Michelinschild an der Fassade belassen hat). Wir sitzen also an der Promenade nur noch für jenen *Spritz* vor und ein Mineralwasser nach dem Abendessen und reservieren rechtzeitig bei ***Riviera al Lago*** (das hieß früher *Gourmet al Lago* siehe oben bei *Camping Riviera*). Einheimische empfehlen das **Ristorante *L'Oasi del* Borgo**, wo wir schön im Garten saßen, aber auch bei größeren Portionen nicht übersättigt gewesen wären *(über dem offiziellen Stellplatz bei der Kirche, Via Giovanola 41, noch westlich der Durchgangsstraße, Tel. 340 470 8809; Mo. geschlossen, ist der Mo. ein Feiertag, dann Di.; mittlere Preise, es gibt auch Pizza)*. Oder Sie entscheiden sich im Ort für das **Ristorante *Antica Stallera*** *(von der Promenade neben der Bar Sport zwei Treppen hoch; Tel. 0323 71595; Di. geschlossen, mittlere Preise)*, wo es aber fast so aussieht wie beim Italiener in Mannheim. In Frage kommt auch das Ristorante beim Orrido di Sant'Anna, das beste in oder bei Cannobio; dazu gleich.

Für den Heimweg vom See zum offiziellen Stellplatz empfiehlt sich ein klitzekleiner Umweg in einem nördlichen Bogen, auf dem Sie ein kurzes Stück am Fluss entlang bummeln, weil Sie sonst die Hängebrücke ***Ponte Ballerino*** übersehen, die völlig zu Recht Tanzbrücke heißt. Sie ist ohne jegliche Queraussteifung an zwei Tragseilen über Betonpylone abgespannt worden, auf welche sich jede Bewegung unübersehbar überträgt, was Ihnen bei der

Überquerung des Flusses einen leicht tänzelnden Schritt verleiht (unsere nachfolgende Wanderung führt über diesen Fußgänger- und Fahrradsteg).

Wer Lust auf eine größere Runde hat, folgt uns sicher gerne auf einer Wanderung, bei der die schönsten Ziele der näheren Umgebung am Weg liegen und die man auch bei wärmerem Wetter gut gehen kann:

Von Cannobio nach Sant'Agata und zum Orrido di Sant'Anna

Wir starten in **Cannobio** an der Uferpromenade beim alten Hafen und flanieren am Seeufer nach Norden. Zwischen Sportplatz und Strandgelände wendet sich der Weg nach links, weil wir auf der Brücke den Fluss überqueren müssen. Auf dem anderen Flussufer spazieren wir erneut auf einem Pfad entlang des Wassers (anstatt an der Straße weiterzugehen, was auch möglich wäre). Wo die Straße, die SS 1, ans Ufer stößt (20 Minuten seit dem Start), überqueren wir die Landstraße und sehen auf der anderen Seite, am Beginn eines uralten, zunächst grasigen Maultierpfades, ein Wanderzeichen.

Auf einem vor Jahrhunderten mit viel Mühe am Hang angelegten Steinweg gewinnen wir allmählich immer mehr Höhe und treten bei **Campeglio** aus dem Wald (45 Minuten seit der SS 1). Nun müssen wir die Straße mehrfach überqueren und stets darauf achten, dass wir die rot-weiße Markierung (gelegentlich auch gelbe Pfeile) und den Wegweiser ‚*S. Agata*' nicht verlieren. Es geht im Prinzip immer weiter bergauf. **Sant'Agata** ist die höchste Stelle unseres Weges, entsprechend prachtvoll ist die Aussicht vom Platz neben der Kirche oder von der Terrasse einer

Blick von Sant'Agata auf Cannobio

kleinen Weinstube, die auch nichtalkoholische Erfrischungen serviert. (20 Minuten seit Campeglio).

Direkt hinter der Kirche beginnt in der Via Traffiume der Abstieg, der großenteils auf einem steilen, etwas steinigen Pfad stattfindet, der wiederum nur stellenweise rot-weiß markiert ist. Nach 30 Minuten erreichen wir die Häuser von Traffiume, wo wir neben der Kirche am Rande des Parkplatzes den Wegweiser ›***Orrido di Sant'Anna***‹ finden. Man kann sich hier, wie eigentlich auf der ganzen Wanderung, nicht verlaufen, denn die Straße führt zu der kleinen Kirche über der **Schlucht** (Orrido), die wir im weiteren Verlauf der Tour auch mit dem Wohnmobil anfahren (10 Minuten seit Traffiume).

Wenn wir im Sommer wandern und die Badesachen dabeihaben, können wir uns nun unterhalb des früheren Gotteshauses am Ausgang einer beeindruckenden Klamm erfrischen, ehe wir am Rand des Flusses auf der *Pista ciclopedonale* nach **Cannobio** zurückwandern. Beim ***Ponte Ballerino*** (30 Minuten seit Sant'Anna) überqueren wir den Fluss und könnten nun am Stellplatz die Wanderung beenden. Wer zurück zur Uferpromenade möchte, kann sich die Wegbeschreibung oben bei unserem Platz Nr. 001 ansehen. Wer zu den Campingplätzen zurückwandert und nicht durch Cannobio bummeln will, bleibt auf dem linken Flussufer, bis er quasi zu Hause ist.

Die ganze Wanderung beansprucht rund **2,5 Stunden reine Gehzeit**; die Karte Nr. 58 aus dem Verlag Zanetti (1 cm = 300 m) bildet die gesamte Wegführung ab, ist aber nicht erforderlich. Auch mit der Kompass-App kann man den Streckenverlauf nachgehen (siehe Stichwort *Wandern*).

Und noch ein Tipp für Radfahrer: Am *Ponte Ballerino* oder schon an der Flussbrücke nördlich der Innenstadt beginnt eine mit *Pista ciclopedonale* beschriebene Strecke, auf der Sie schön an den Badeplatz beim Orrido di Sant'Anna (siehe unten) oder in anderer Richtung an den Lido des Lago radeln können. Unser Wanderweg hat diese Passage ebenfalls benutzt.

In früheren Auflagen haben wir Ihnen ab Cannobio eine Rundreise nach Westen durch das Tal des Cannobino beschrieben und dabei das Naturschutzgebiet Val Grande umrundet. Die Straßen sind aber so schmal, dass sich selbst Leser mit kleinen Fahrzeugen beschwert haben, und stellenweise sind möglicherweise bloß Fahrzeuge bis sechs Meter Länge erlaubt. Ich empfehle Ihnen daher nur noch einen kurzen Abstecher, auf dem Ihnen die Straßenbreite keine Probleme machen wird:

Folgen Sie am Südende von Cannobio dem Wegweiser über die SS 631 und entlang dem Fluss nach Traffiume (wenn Sie am offiziellen Stellplatz Nr. 001 gestartet sind, fahren Sie beim Auftreffen auf eine Durchgangsstraße nach rechts). Nach etwa einem Kilometer kommen Sie seitlich der SS 631 an einer öffentlichen Mineralwasserquelle, der *Fonte Carlina*, vorbei, und nach weiteren 200 Metern sollten Eigner größerer Fahrzeuge geradeaus fahren, während die Van-Fraktion den Weg nach rechts über **Traffiume**

Sant'Anna mit Badestrand

nimmt und durch enge, blumengeschmückte Gassen zum **Orrido di Sant'Anna** kurbelt. Beide Strecken erreichen kurz danach die **Kirche Sant'Anna** aus dem 17. Jahrhundert, die vor etwa 45 Jahren aufgegeben worden ist, aber noch immer den Ausgang der Cannobino-Schlucht markiert. Zwei kurze Brücken überspannen das steile Tal, von denen eine womöglich römischen Ursprungs, aber sicherlich innerhalb der letzten Jahrzehnte mit neuzeitlichen Materialien instandgesetzt worden ist. Von ihr schaut man direkt in die unerwartet schmale Klamm *(orrido)*, die genau an der Brücke endet. Vom Platz an der Kirche führt ein gepflasterter Steig hinab an den Strand, wo sich das Tal bereits geweitet hat und wo man im grünen, klaren Wasser des Flusses wunderbar baden und tauchen kann. Es gilt aber als gefährlich, in die Schlucht hinein zu schwimmen. Beliebt ist auch das reine Sonnenbad auf der Kiesbank. Ich habe Ihnen oben bei Platz Nr. 001 und bei der Wanderung den Fußweg zu dieser schönen Stelle erklärt. Sie können stattdessen auch hierherfahren, das (nicht sehr große) WOMO parken und, wenn Sie wirklich taugliche Auffahrkeile besitzen, sogar übernachten:

006 Traffiume – Sant'Anna

GPS: N 46°03'40" E 8°40'05", SP 94, Via S. Anna. **Max. WOMOs**: 3.
Ausstattung: Bademöglichkeit, Wasser, Toilette, kleiner Mülleimer.
Beschreibung: Der schattige Platz auf Flusskieselpflaster liegt außerorts und etwas einsam bei einer Gaststätte und einem Wanderweg. Nachts parkt hier kein Mensch ohne WOMO. Die Fläche ist über-

TOUR 1

wiegend deutlich schräg, was selbst mit Keilen nicht vollständig ausgeglichen werden kann. Für sehr große WOMOs sind der Platz und die schmale Abfahrt unpraktisch. Ein Verkehrsschild begrenzt die zulässige Fahrzeugbreite auf zwei Meter, was aber erst für die Weiterfahrt nach dem Parkplatz gilt. **Zufahrt**: Biegen Sie am südlichen Ortsende von Cannobio nach Westen auf die SS 631 Richtung Traffiume ab. Nach etwa 3 km führt eine schmale Abfahrt hinunter zur ehemaligen Kirche (Wegweiser ›*Orrido di Sant'Anna*‹).

Der Platz eignet sich für Sporttaucher, Naturliebhaber und für Menschen, die an einem frühen Sommermorgen in einen kühlen Bergbach springen. Am meisten taugt er für die Freunde der gepflegten italienischen Küche. Denn das **Ristorante *Grotto Sant'Anna*** direkt hinter der Kirche, das seine lange Geschichte als Gasthof mit Fotos belegt und im Sommer über eine lauschige Terrasse verfügt, ist eine der besten Adressen in Cannobio und auf dieser Tour, auch wenn die Preise über dem Durchschnitt liegen *(So. abends und Mo. geschlossen, Tel. 0323 70682; Sie sollten unbedingt reservieren; vom Stellplatz Nr. 001 nach 30 bis 40 Minuten Fußweg – siehe dort – oder mit dem Fahrrad ebenfalls zu erreichen; der Weg ist nur teilweise beleuchtet; man kann aber ohne großen Umweg auch durch beleuchtete Straßen gehen, weshalb man nicht unbedingt auf Platz Nr. 006 schlafen muss, um den Nebbiolo zu verkosten).*

Wir kehren hier um und fahren zurück an den See, um dort – selbstverständlich weiterhin auf dem Westufer – nach Süden abzubiegen. Stellen Sie sich auf eine wunderschöne, beinahe mediterrane Landschaft, opulente Vegetation und viel Verkehr ein! Wenige Leser haben sich darüber beschwert, die Uferstraße sei stellenweise lästig schmal, auch schon nördlich von Cannobio. Das empfinden wir nicht so. Man muss mit breiten Fahrzeugen nur relativ selten, vor allem wenn man auf der Bergseite fährt, wo die Felsen bis an den Straßenrand reichen, vor den Kurven aufpassen und anhalten, wenn ein Bus oder ein Laster entgegenkommen.

Im See erkennen Sie zwei kleine **Inseln**, die **Castelli di Cannero**, ehemals Festungen gegen die Schweizer Bedrohung, dann Fluchtburgen von Seeräubern namens Mazzarditi, später kleines Lustschloss der Grafen von Borromeo und heute nur noch Ruinen,

Castelli di Cannero

die man nicht betreten kann, die seit über zehn Jahren restauriert werden und in absehbarer Zeit einem Museum dienen sollen.

In **Cannero Riviera** (900 Einwohner) herrscht Parkplatzmangel. Wer sein Fahrzeug nicht oben an der Hauptdurchgangsstraße abstellen kann, hat keine Chance. Leider ist auch der sehr schön gelegene Campingplatz häufig ausgebucht:

007 Cannero Riviera – *Lido*

GPS/Kontakt: N 46°01'13" E 8°40'48", Viale Lido 5, Tel: 0323 787148 (Reservierung nur für mehrere Nächte); www.campinglidocannero.com/. **Öffnungszeit**: April bis Anfang Nov. **Ausstattung**: Badestrand, Minimarkt, Pizzeria. **Beschreibung**: Der teilweise schattige Platz liegt vom Ortszentrum 0,5 km entfernt und an einem Wanderweg. **Preise**: 30 €–52 €, je nach Saison und Wassernähe. **Zufahrt:** Folgen Sie in Cannero Riviera an der SS 34 dem Wegweiser.

Zur Freizeitgestaltung locken nach kurzer Strecke mehrere kleine Wasserfälle mit Badegumpen und nach gut einer Stunde markiert bergauf, südwestlich von Trarego, eine richtig große, 60 Meter hohe donnernde Kaskade – jeweils zu erreichen durch eine Unterführung unter der SS 34.

Stattdessen kann man in Betracht ziehen, sich etwa vier Kilometer weiter südlich auf einem unglaublich guten Stellplatz niederzulassen, dessen Nachteil, dass ein gewachsener Ort zum Flanieren fehlt, durch die weite Sicht über den See aufgewogen wird:

008 Oggebbio

GPS/Kontakt: N 45°59'48" E 8°39'13", Via Martiri Oggebbiesi 6/A; www.areacamperoggebbio.com. **Max. WOMOs**: 21. **Öffnungszeit**: Ganzjährig. **Ausstattung**: Entsorgung, Wasser an jedem Platz, Strom, Toilette, Dusche, Spülbecken, beheizte und saubere Sanitärräume, alles behindertengerecht, kleine »private« Terrassen mit Seeblick an allen Plätzen, Mülleimer. **Beschreibung**: Der wenig schattige, klappstuhlgeeignete

Platz auf Kies und Schotter grenzt an den Rand des Dorfes, das über dem Stellplatz liegt; ein Treppenweg führt zum See, Lebensmittel nach etwa 400 m oberhalb, eine Gaststätte/Pizzeria ist fußläufig ebenfalls oberhalb erreichbar.
Der Anfang der Zufahrt ist so steil und schmal, dass man meint, man habe sich verfahren. Aber direkt am Zuweg steht ein Wegweiser. Die Straße geht schmal weiter, aber sie endet nach etwa 250 m. Wer sich unsicher fühlt, lässt einen Mitfahrer vorausgehen. Noch nie hat uns jemand von echten Problemen berichtet. Der Platz ist bekannt und deshalb in der Saison früh am Abend belegt. Man kann dann nach unseren Erfahrungen auch davorstehen. **Preis**: 26 €/Tag, trotzdem lohnend und an einem Automaten mit funzeligem Display schwierig loszuwerden (Kartenzahlung)!
Zufahrt: Fahren Sie auf der SS 34 zwischen km 24 und 25 am Stellplatzschild hoch (bei einem Zebrastreifen und einer Bushaltestelle vor einer hohen Mauer).

Stellplatz bei Oggebbio

An dieser Stelle sollten Sie zunächst zu 3. Tour und dem dortigen Infokasten weiterblättern, um sich über die berühmten Sacri Monti kundig zu machen, die zum **UNESCO-Weltkulturerbe** gehören. Nachdem Sie das getan haben, wollen Sie vermutlich südlich von Oggebbio die Abzweigung nach Ghiffa nicht mehr verpassen (siehe beim folgenden Stellplatz). Aber man muss sich zutrauen, sein nicht zu elefantöses Fahrzeug auf der 1,6 Kilometer langen, teilweise schmalen Zufahrt bei Gegenverkehr an den Straßenrand zu rangieren. Wir haben mit unserem Kastenwagen den **Sacro Monte di Ghiffa** ohne Probleme erreicht und halten seine Aussichtsterrasse mit Blick auf den Lago für eines der schönsten Ziele am Westufer, zumal man hier ausgezeichnet wandern und – etwas einsam – mindestens so stimmungsvoll übernachten kann:

TOUR 1

009 Sacro Monte di Ghiffa

GPS: N 45°57'46" E 8°36'59". **Max. WOMOs**: 4-5. **Ausstattung**: Zumindest tagsüber Toilette in der Anlage. Das **Ristorante *La Trinita***, ebenfalls im Bereich der Kapellen, macht einen guten Eindruck, besitzt eine schöne Freiterrasse und ist auch abends geöffnet, allerdings Mo. geschlossen. **Beschreibung**: Der eher einsame Waldparkplatz auf grasigem Kies ist abends klappstuhlgeeignet; ein Wanderweg beginnt hier. Fußläufig ist im unterhalb des Platzes gelegenen Dorf ein Lebensmittelladen erreichbar; gehen Sie etwa 1 km entlang der Straße oder auf einem deutlich kürzeren Weg, der in der Straßenkurve direkt vor dem Stellplatz abzweigt. **Zufahrt**: Biegen Sie von der SS 34 gegenüber dem rosafarbenen Rathaus (meistens mit Flaggen) beim Wegweiser ›*Santuario SS. Trinita*‹ auf eine Straße mit Kieselsteinpflaster ab (und möglichst nur dort, auch wenn das Navi Sie anders geleitet), den Stellplatz erreichen Sie nach genau 1,6 km. Am Ende weist ein amtliches WOMO-Piktogramm auf den Parkplatz. Die teilweise enge Zufahrt ist nur bis 8 m Länge erlaubt (größere Wohnmobile gehen auch wirklich nicht), die Straße ist auf den ersten Metern sehr schmal und wird dann überwiegend breiter; sie ist aber nicht geeignet für Fahrer, die überhaupt keine Erfahrungen auf engen Straßen haben.

Sacro Monte di Ghiffa

Der Sacro Monte selbst ist kunsthistorisch weniger bedeutsam als die anderen Anlagen im Piemont und in der Lombardei, weil außer der Kirche nur drei Kapellen mit aus lebensgroßen Terrakottafiguren nachgestellten Szenen fertiggestellt worden sind.

Dafür ist die Lage am Rande eines Naturschutzparkes umso attraktiver, und praktischerweise bietet der Rother-Wanderführer eine Strecke an, die wir etwas modifiziert haben:

Durch das Naturschutzgebiet am Sacro Monte di Ghiffa

Wir parken auf dem vorerwähnten Stellplatz und gehen nach schräg links aufwärts zu den Kapellen des **Sacro Monte**. Dort wandern wir am Gasthaus vorbei nach Westen und können hierbei die rot-weiße Markierung wie auf der ganzen Strecke nicht verfehlen. Ein breiterer, geschotterter Weg zieht sich in mehreren Kurven etwas an Höhe gewinnend nach Westen (Wegweiser ›*Caronio – Pollino*‹).

Kurz vor den ersten Häusern von **Caronio** kommen wir an einer Holzschranke vorbei und folgen nun nicht mehr der Wegbeschreibung des Rother-Wanderführers (die Sie zu frühzeitlichen Ritzzeichnungen geleitet), sondern wir orientieren uns weiter an Rot-Weiß und gehen durch den Ort. Nach mehreren schönen Ausblicken hinab auf Verbania zeigt am Ende der Bebauung erneut ein Wegweiser in den Wald, in dem wir auf einem langen, allmählich ansteigenden historischen Maultierpfad **Pollino** erreichen, das wir durchqueren.

Bald nach einem links liegenden *Ristorante* zeigt ein Wegweiser zu einem Spielplatz, an dem wir vorbei wandern, um nach einem Wäldchen an der schönsten Stelle der ganzen Strecke anzukommen, seitlich der Aussichtsterrasse eines vor Jahren stillgelegten Hotels (siehe unser Foto). Von

Belohnung vor dem Abstieg

hier gehen wir noch ein Stück aufwärts zu einem weit sichtbaren **Antennenmast**, an dem wir die höchste Stelle der Wanderung erreicht haben. Bis dorthin deckt sich die rot-weiße Markierung mit der Einzeichnung auf der Kompass-Karte. Ab der Antenne allerdings stimmt die markierte Wegführung vor Ort nicht mehr mit der Karteneinzeichnung, und damit auch nicht mehr mit der Kompass-App vollständig überein. Sie können sich aber nicht verirren, wenn Sie weiterhin der rot-weißen Kennzeichnung des Weges Nr. 18 folgen, auf dem Sie bald einen kleinen Tümpel und danach die **Cappella della Sabbia Rossa** passieren, mehr einen Unterstand als ein Heiligtum.

Der Abstieg vom Antennenmast zum **Sacro Monte** ist steil und steinig und wird erst am Ende wieder breit und bequem. Ich empfehle Ihnen daher dringend Wanderstöcke und rate denjenigen, die ungern steile, steinige Wege bergab gehen, die Wanderung in umgekehrter Richtung zu bewältigen. Dazu müssten Sie rechts oberhalb des erwähnten Stellplatzes an der den Häusern abgewandten Seite zunächst auf einer Steintreppe bergauf steigen.

Insgesamt benötigen wir für etwa **10 Kilometer 3 Stunden**. Die abwechslungsreiche Strecke ist überwiegend schattig. Eine Wanderkarte ist nicht erforderlich. Wenn Sie mit der Kompass-App unterwegs sind, kann ohnehin nichts verrutschen.

Blick auf Verbania

Als nächster Ort taucht im Süden auf einer Halbinsel **Verbania** (30.700 Einwohner) vor uns auf, das als verwaltungstechnischer Zusammenschluss der beiden im Grunde weit voneinander liegenden Gemeinden Intra und Pallanza im Jahr 1939 entstanden und die größte Stadt am Lago Maggiore ist. Auch wenn man noch die Relikte der einstmaligen Sommerfrische wohlhabender Menschen erkennt, allen voran eine breite Uferpromenade mit be-

Verbania – Stadtteil Intra

kiesten Wegen und bombastischen Denkmälern in **Intra**, ist die Stadt alles andere als ein Touristenort. So übersieht man leicht die lebhaften, verwinkelten Altstädte beider Ortsteile. Da man nur an der Schokoladenseite von Intra, das nördlich des Flusses *(Torrente)* San Bernardino liegt, vorbeifährt, nimmt man meistens nur dieses Quartier wahr, das sich über einen Platz mit Freiluftlokalen zum See öffnet (Foto Seite 30).

Die Hauptsehenswürdigkeit liegt gleich südlich jenes Flusslaufes und ist der farbenprächtige **Botanische Garten der Villa Taranto**, der von einem Schotten zwischen 1931 und 1940 angelegt worden ist. Die 16 Hektar waren uns bislang zu groß, und der Eintrittspreis schien uns zu hoch, um unserer Lebenserinnerung einen weiteren englischen Garten hinzuzufügen *(12 €; 9–17 Uhr, ab Oktober über Winter kürzer; der Eingang in der Nähe des Seeufers ist beschildert, keine Parkmöglichkeit, Zufahrt mit dem Schiff ab Stresa oder Baveno)*.

Sämtliche Aktivitäten startet man am besten vom offiziellen Stellplatz im Ortsteil **Pallanza**, der vor Jahren einen Vorgänger am See abgelöst hat (weil dort Mehrzweckgebäude in merkwürdigen Formen gebaut worden sind). Jener sieht so aus, wie ein Stellplatz aussieht, der angelegt werden musste, damit die Gemeinde weiterhin einen Stellplatz aufweisen kann, er ist aber erstaunlich gut besucht, weil es am Lago Maggiore nicht sehr viele geräumige Stellplätze gibt:

010 Verbania/Pallanza

GPS: N 45°55'52" E 8°33'09", Viale G. Azari 97. **Max. WOMOs**: 34.
Ausstattung: Ver- und Entsorgung (hinter einer Schranke, die aber meistens offensteht), Strom, Mülleimer. **Beschreibung**: Der wenig schattige trotz Asphalts klappstuhlgeeignete Platz liegt innerhalb der geschlossenen Bebauung; Gaststätten und Geschäfte nach etwa 350 m; gehen Sie aus dem Stellplatz nach rechts.
Ins Zentrum und an das Seeufer des **Ortsteils Pallanza** gehen Sie auf etwa 1 km die breite Straße, an der der Stellplatz liegt, (den Platz im Rücken) nach rechts immer geradeaus. Man kann aber auch in den **Ortsteil Intra** spazieren, was doppelt so weit, aber lohnender ist: Gehen Sie am Stellplatz rechts, nach etwa 100 m beim ersten Kreisverkehr nach links über das Gelände eines Supermarktes, danach links auf den Friedhof zu und vor diesem auf einem Fußweg halb rechts; Sie spazieren

durch die Via Belgio am Stadion vorbei, überqueren auf der Via Guido Rossa den Fluss, steigen jenseits dessen geradeaus in die Altstadt hinab und orientieren sich nun der Kuppel des Domes, rechts derer sich die Altstadt und die Promenade von Intra ausbreiten.
Preise: 6 €–12 €, zahlbar mit Münzen oder Karte. **Zufahrt**: Der Platz liegt beschildert im südlichen Ortsteil Pallanza nördlich des Corso Europa, das ist die SS 34, und ist nur sporadisch beschildert.

Eine weitere **Ver- und Entsorgung** finden Sie am Corso Europa, das ist die SS 34, ein Stück weiter in östlicher Richtung bei N 45°55'38" E 8°33'47".

Westlich von Verbania bildet der See eine Ausbuchtung, an der Sie zum Lago di Mergozzo weiterfahren, falls Sie jetzt schon in unsere 2. Tour einsteigen und uns zunächst nicht bis zum Ende unserer 1. Tour begleiten möchten.

Und dort, ganz in der Nähe des Flusses Toce, können wir unter mehreren Nachbarn am ehesten den Campingplatz *Conca d'Oro* empfehlen – direkt am Wasser, ruhig, freundlich und mit nicht zu dominierenden festen Behausungen:

011 Feriolo di Baveno – *Conca d'Oro*

GPS/Kontakt: N 45°56'16" E 8°29'14", Via 42 Martiri 26, Tel: 0323 28116; www.concadoro.it/. **Öffnungszeit**: April bis Ende September. **Ausstattung**: Badestrand, Restaurant, Laden. **Beschreibung**: Der schattige Platz liegt direkt am See und ist vom Ortszentrum: 0,7 km entfernt. **Preise**: 29 €–78 €, je nach Zeitpunkt und Nähe zum See. **Zufahrt:** Folgen Sie zwischen Feriolo und Verbania dem Wegweiser.

Das ist allerdings eine regelrechte Ferienanlage mit Animation im Sommer, auf der Sie viele Nachbarn antreffen, die hier am ersten Tag ihres Urlaubs einchecken und bis zur letzten Minute bleiben. Und in der Superhochsaison müssen Sie ohne Voranmeldung bei später Ankunft am Wochenende um Einlass bangen. Diese Sorge ist auf dem deutlich kleineren Campingplatz von **Baveno** (4.800 Einwohner) noch berechtigter, der aber eher dem Zuschnitt entspricht, den ich gerne in meinen Büchern empfehle: überschaubar, ortsnah und sehr schön, hier ebenfalls direkt am See:

012 Baveno – *Village Parisi*

GPS/Kontakt: N 45°54'44" E 8°30'22", Via Piave 50, Tel: 0323 924160; www.campingparisi.it/. **Öffnungszeit**: 1.4.–30.9. **Ausstattung**: Kleine Sonnenwiese, direkter Seezugang. **Beschreibung**: Der teilweise schattige Platz liegt direkt am See und vom Ortszentrum 0,2 km entfernt. Dort finden Sie einen Supermarkt und zahlreiche Gaststätten. Es gibt keine Dauercamper und relativ wenige Mobilhomes. Leser fanden es

hier zu eng (großzügige Parzellen sind am Lago aber selten). Das Gelände mit nur 50 Parzellen gehört zu unseren Lieblingsplätzen. Vermutlich müssen Sie in den deutschen Ferien vorbuchen. **Preise**: 24 €–38 €. **Zufahrt:** Der Platz ist unmittelbar nördlich des Zentrums an der Hauptstraße, der SS 33, beschildert.

013 Es gibt im höher gelegenen Teil von Baveno einen **weiteren Campingplatz** mit Pool, etwa zur Hälfte Dauercamper, knapp 2 km abseits des Strandes und unterhalb der Autobahn; ***Camping Tranquilla***, Via Cave Feriolo; **GPS:** N 45° 54'44" E 8°29'19".

Vielleicht können Sie einen Wartetag auf dem ortsnahen, aber wenig attraktiven Stellplatz überbrücken, der sich leider für viel mehr nicht eignet, jedenfalls nicht für mehrtägige Aufenthalte:

014 Baveno

GPS: N 45° 54'41"; E 8° 30'03", Via Brera. **Max. WOMOs**: 15. **Ausstattung**: Ver- und Entsorgung, Toilette, Spülgelegenheit. **Beschreibung**: Der teilweise schattige Platz liegt innerhalb der Bebauung und ist trotz Pflasterung eingeschränkt klappstuhlgeeignet. Gaststätten und Geschäfte sind fußläufig erreichbar. Die Entfernung zum See beträgt etwa 400 m. Der Platz grenzt an den Bahndamm, auf dessen Trasse nachts auch einige Güterzüge rattern! **Preis**: 12 € / Tag, zahlbar mit Münzen oder mit Karte am Automaten.
Zufahrt: Fahren Sie von Norden kommend in Baveno nach der Brücke (Hinweisschild) rechts unter den Bahngleisen hindurch.

Die Campingplätze von Baveno bieten sich auch deshalb für einen längeren Aufenthalt an, weil Sie von hier mit dem Schiff die

TOUR 1

berühmten Inseln erreichen (siehe beim folgenden Stresa) und mit dem Linienboot auch weiter entfernte Orte am Lago.

Hinter Baveno sieht man im Berg die gewaltige Wunde eines **Steinbruchs**, der inzwischen nicht mehr ausgebeutet wird, von dem aber über viele Jahrhunderte hinweg kostbarer rosafarbener Granit zu Baustellen der Renaissance und zur örtlichen Kirche geliefert worden ist, woran in Baveno noch ein kleines **Museum** erinnert. Wer nach einer beschwerlichen, nicht markierten **Wanderung** die Abbaustätte von oben sehen möchte, muss in Feriolo in Richtung Gravellona Toce abbiegen, kurz vor dessen Ortseingang parken und nach links in der *Via Cantonaccio* bei N 45°55'24" E 8°27'25" die ehemalige Asphaltzufahrtsstraße hinaufgehen.

Südlich folgt **Stresa** (4.900 Einwohner), der traditionsreichste Fremdenverkehrsort am Lago Maggiore, der durch den Bau der Simplon-Eisenbahn in den Focus geraten war, wovon noch mehrere pompöse Luxushotels zeugen, die in der ruhmreichen Zeit, am Ende des 19. Jahrhunderts, die Reichen aus ganz Europa, Russland und sogar aus Amerika, die englische Queen und die Zaren beherbergt haben. Während gleichartige Hotelpaläste anderswo leer stehen und verfallen, beispielsweise in San Remo, an der ligurischen Riviera, wird in Stresa weiterhin das große, wenn auch nicht mehr das ganz große Rad gedreht. Genau das löst ein unerwartetes Problem Ihrer Wohnmobilreise aus: Auf dem einzigen, einigermaßen geräumigen Parkplatz, auf dem Sie legal Ihr Fahrzeug abstellen dürfen, müssen Sie für die Nacht 25 Euro berappen, während in der Nebensaison das Doppelzimmer in einer dieser Luxusburgen auch schon mal für 160 Euro zu bekommen ist. Das wird Ihnen Ihre bessere Hälfte sofort vorhalten, wenn Sie an der Preisliste einer solchen Herberge vorbei flaniert sind und sie die Tagesmiete des Wohnmobils zu der des Stellplatzes addiert hat. Der Ausblick des Zimmers ginge nach hinten, und das Frühstück sei nicht inbegriffen, werden Sie antworten. Aber Ihre Partnerin wird kontern, der Kaffee würde sowieso das ganze Jahr über von ihr zubereitet, und der Blick auf jenem Stellplatz reiche bestenfalls bis zur nächsten Mauer:

015 Stresa

GPS: N 45°53'16" E 8°31'35", Via Principe di Piemonte. **Max. WOMOs**: 8, mehr sind möglich. **Öffnungszeit**: Ganzjährig. **Ausstattung**: Ver- und Entsorgung. **Beschreibung**: Der weitgehend schattenlose Platz auf Betonpflaster liegt innerhalb der Bebauung etwa 1,3 km vom Zentrum entfernt. Gaststätten finden Sie in der Nähe. Seeufer, Bootsanlegestelle, und Lido erreichen Sie nach etwa 400 m. **Preise**: 2,70 €/Stunde

(nachts kostenfrei) oder 25 €/Tag, zahlbar nur mit Kreditkarte. **Zufahrt**: Wenn Sie von Norden kommen, müssen Sie an der Ampel, an der von der SS 33 zum See hin eine Zufahrt zu einer Bootsanlegestelle weist, zum Berg hin abbiegen; der Stellplatz liegt dann etwas nach hinten versetzt auf der linken Seite (an dieser Anlegestelle und an der weiteren Anlegestelle im Zentrum sind Wohnmobile verboten).

Dem Disput, der in vergleichbarer Schärfe auf Ihrer Piemontreise kein zweites Mal geführt werden muss, entkommen Sie selten nur dadurch, dass Sie in Stresa eine kostengünstigere Parkplatzalternative am Straßenrand finden, um wenigstens aussteigen zu können. Die Lösung wäre also, Stresa ganz zu meiden. Dann entgehen Ihnen eine rummelige Altstadt mit unzähligen Andenkenläden, in denen in neuerer Zeit das Bildnis des Papstes von Fantasy Figuren abgelöst worden ist, und eine Uferpromenade, die nicht lohnender ist als anderswo. Man müsste also nicht nach Stresa fahren, gäbe es nicht ein schlagendes Gegenargument:

Wenn Sie nicht in Verbania oder Baveno auf ein Boot zu den **Borromäischen Inseln** gestiegen sind oder mit dem Bus anreisen (dazu gleich), müssen Sie schon deshalb einen Parkplatz in Stresa ergattern, weil jedenfalls die **Isola Bella**, einer unserer persönlichen **Top-Ten**, zu den ganz großen Sehenswürdigkeiten im Piemont gehört und man mit ihr in einem Aufwasch auch die anderen beiden Inseln miterledigt.

Der Kluge nimmt dazu das Linienboot vom offiziellen Anleger an der Piazza Marconi (vor der Altstadt) oder am Lido di Carciano (unterhalb des Stellplatzes, bei der früheren Seilbahnstation). Nur Vertrauensselige und Eilige – das Linienboot verkehrt bestenfalls halbstündlich – geben der Versuchung nach, sich von einem uniformierten Seemann die Überfahrt mit einem kleinen *Motoscaffo* aufschwätzen zu lassen. Sie sollten die Lage vor Ort erkunden und dabei auch die Sondertarife für Greise ab 65 im Auge behalten,

Isola Bella – Gartenseite

jedenfalls nicht sofort blindlings an Bord gehen. Nach unseren Erfahrungen steigt man am besten an der Piazza Marconi ein und bei der Rückfahrt am Lido di Carciano aus.

Die **Isola Bella**, genau genommen der auf der Insel errichtete Palast mit seinem terrassierten Garten, gehörte im 18. Jahrhundert zu den Weltwundern, was, so vermutet man gemeinhin, durch den Namen – *Schöne Insel* – ausgedrückt wird. Dabei hieß das Eiland damals noch *Isola Isabella*, weil nämlich Carlo III. Borromeo dort seiner Frau namens *Isabella* nichts anderes als eine standesgemäße Behausung bauen wollte. Dieser Carlo war, wenn man so will, ein gewöhnlicher Adliger, allerdings mit sehr viel Geld, zusammengerafft durch Bankgeschäfte, ähnlich denen der Medici in Florenz. Er begann im Jahr 1632 mit den Arbeiten für einen Palast, der jedoch erst nach einer Unterbrechung wegen der Pest zu Lebzeiten des Sohnes Vitaliano im Jahr 1671 bezugsfertig wurde. Zu diesem Zeitpunkt waren dem

Palazzo die ersten der berühmten zehn Gartenterrassen angefügt worden, die wegen ihrer Balustraden und den auf Sockeln stehenden Figuren, Obelisken und Pfeilern heute die Hauptattraktion ausmachen (Foto Seite 35). Das gilt besonders für die dem Palst zugewandte muschelförmige Kulissenwand mit einem Einhorn, dem Wappentier der Borromäer, auf der Spitze. Sogar die weißen Pfauen wurden schon von den Borromeo hier ausgesetzt. Aber auch die barocken Gemächer des Palastes können besichtigt werden, samt Möbeln und künstlichen Grotten im Untergeschoß. Man muss sie sogar durchschreiten, um in den Garten zu gelangen, was deutlich lohnender ist als man befürchtet.

Borromäische Inseln

Ähnlichen Prunk sieht man selten, vom Stuck über die breiten, goldenen Bilderrahmen bis zu unglaublich kunstvollen Gobelins. Palast und Garten halten wir für touristische Pflichtziele *(Mitte März bis Anfang November 10–17:30 Uhr, in der letzten Woche nur bis 16:30 Uhr, 20 €; die Besichtigung dauert etwa 2 Stunden, in fast allen Räumen gibt es deutsche Beschreibungen; ein Teil des Palastes wird von der Familie Borromeo heute noch zeitweise bewohnt, der auch die Eintrittsgelder zufließen).*

Isola Superiore

Die benachbarte **Isola Superiore** war früher die Heimat zahlreicher Fischer, weshalb sie gerne Isola dei Pescatori genannt wird. Ich glaube nicht, dass nur ein einziges Mitglied dieser Berufsgruppe heute noch auf der Insel wohnt, auch wenn ein paar Netze dekorativ aufgehängt sind. Jeder Winkel wird nämlich für das Geschäft mit den Touristen benötigt, und man wundert sich, wie viele Menschen auf einer derart kleinen Fläche über Mittag bewirtet werden. Man sollte möglichst spät anlanden. Oder gar nicht. Am schönsten ist der Blick auf die Insel vom Boot aus, der wiederum Bestandteil des schon erwähnten Pflichtprogramms ist, wenn man die Isola Bella besucht hat.

Am besten geht man gar nicht an Land, sondern fährt weiter auf die **Isola Madre**, welche die größte unter den dreien ist. Sie lohnt sich, selbst wenn man sogar an Regentagen keinen weiteren Borromäischen Palast mehr sehen will und den botanischen

Garten – ebenfalls mit weißen Pfauen – schon gar nicht. Wo man sich bereits den Garten von Verbania verkniffen hat, dem die Insel übrigens näher liegt als Stresa *(13,50 €, Sammelticket mit der Isola Bella 30 €;* Öffnungszeit wie Isola Bella*)*.

Ein geeigneter Ausgangspunkt zur Besichtigung von Stresa und den Borromäischen Inseln ist auch der Campingplatz *Solcio*, den ich Ihnen gleich unter Nr. 018 vorstellen werde. Von dort verkehrt nämlich in beiden Richtungen stündlich ein Bus nach Stresa, allerdings nicht sonntags!

Seilbahnunglück am Monte Mottarone

Bis zum Pfingstsonntag des Jahres 2021 diente der Stellplatz von Stresa auch als Ausgangspunkt für die Fahrt mit der Luftseilbahn auf den Monte Mottarone. Dann allerdings riss das Zugseil, kurz bevor die Kabine in die Bergstation eingefahren ist. Von den 114 Stahllitzen des Drahtseils waren 68 Prozent korrodiert oder abgenutzt. Das hätte bei einer routinemäßigen, alle 30 Tage fälligen Kontrolle auffallen müssen. Es gab jedoch angeblich keine Nachweise über diese gesetzlich vorgeschriebenen Untersuchungen für die letzten 16 Monate.

Außerdem war die Sicherungsbremse außer Betrieb gesetzt worden. Diese Bremse hätte verhindert, dass die Kabine, wenn Sie vom Zugseil nicht mehr gehalten wird, auf dem Tragseilen nach unten rast. Wegen Fehlfunktionen dieser Notbremse war es allerdings in der Vergangenheit zu Betriebsstörungen gekommen. Anstatt die Bremse zu reparieren, wurde sie auf Anordnung mit einer mechanischen Klammer kurzerhand funktionsuntüchtig gemacht. Hätte das System funktioniert, wären die Passagiere mit einem Schrecken davongekommen.

So raste die Kabine, nachdem sie vom Zugseil nicht mehr gehalten worden ist, talwärts, sprang mit etwa 120 km/h vom Tragseil und zerschellte. Von den 15 Passagieren überlebte nur ein sechsjähriger Junge, der allerdings seine Eltern, zwei Urgroßeltern und seinen kleinen Bruder verlor.

Bei Drucklegung ist die Verantwortlichkeit juristisch noch nicht aufbereitet, und es ist auch nicht veröffentlicht, ob und gegebenenfalls wann die Seilbahn wieder in Betrieb genommen wird.

Wenn Sie den **Monte Mottarone** besichtigen wollen, müssen Sie das zu Fuß oder mit dem Wohnmobil tun. In Stresa gabelt sich daher unsere Tour abermals: Wer mit schmaleren Straßen umgehen und sich hier endgültig oder vorübergehend vom Lago Maggiore trennen kann, sucht nördlich des Zentrums von Stresa zwischen den Hotelpalästen die Abzweigung von der SS 33 und kurvt durch die Vorortbesiedelung auf die Höhe. Man kann dazu alternativ die A 26 an der Abfahrt Carpugnino verlassen und gelangt durch leichtes Vorgebirge mit landwirtschaftlicher Prägung über Vezzo nach **Gignese** (835 Einwohner). Weil dieses Dorf auf eine lange Tradition der Textilverarbeitung zurückblicken kann, hat die Gemeindeverwaltung in einem Gebäude mit schirmartigem Tragwerk nichts Geringeres als das bedeutendste **Schirmmuseum** Europas eingerichtet. Dem **Museo dell'ombrello et del parasole** stehen kaum Parkplätze zur Verfügung, weshalb Sie etwa 200 Meter dem Wegweiser zum Busparkplatz folgen und sich – je nach Wetterlage notfalls mit Schirm – der wirklich interessanten Kulturgeschichte der Regenabwehr und des Sonnenschutzes nähern sollten *(1. April bis 30. September 10–12 und 15–18 Uhr außer Mo.; 2,50 €)*.

Wir sind mit unserem Kastenwagen in Gignese auf der kürzesten Strecke dem Wegweiser zum **Monte Mottarone** gefolgt. Ich vermute, dass man hier auch mit breiteren Fahrzeugen zurechtkommt, vielleicht nicht mit Dickschiffen. Es werden allerdings oberhalb von Gignese zeitweise zehn Euro Maut erhoben.

Wer sich wegen der Breite seines WOMOs Sorgen macht, verlässt Gignese in Richtung **Sovazza**. Kurz vor dem Ortseingang dieser kleinen und unbedeutenden Gemeinde liegt zwischen einer Doppelkurve auf der Talseite des Rio Agogna ein angenehmer Stellplatz, der uns auffallend viele wohlgemeinte Zuschriften von Lesern beschert hat, die gerne abseits im Grünen schlafen und die in der Mehrzahl von Orta San Giulio (Tour 3) angereist sind:

016 Sovazza

GPS: N 45°49'34 E 8°28'43". **Max. WOMOs**: 6-8. **Ausstattung**: Baustellentoilette, Grillplatz, Tische und Bänke, Mülleimer. **Beschreibung**: Der grasige, schattige Picknickplatz liegt etwas einsam am Bach, er ist aber sehr idyllisch und selbstverständlich klappstuhlgeeignet. Er grenzt an eine Spielwiese und ist Ausgangspunkt für Wanderungen. **Zufahrt**: Das Gelände erkennen Sie an der Straße von Gignese kurz vor Sovazza. Weil die Abfahrt von der Straße bei unserem Tourverlauf in zu spitzem Winkel nach links abzweigt, muss man zunächst an der Abzweigung vorbeifahren und nach einer Kehrtwende in Sovazza den schönen, nicht (mehr) beschilderten Stellplatz ansteuern.

Von hier aus geht es meistens weiter über Sovazza und Armeno nach Orta San Giulio und damit zur 3. Tour. Wer die Strecke ab Stresa mit Freude bewältigt hat, konnte beweisen, dass er auf schmalen, bergigen Straßen mit seinem Fahrzeug umgehen kann und darf die weitere Herausforderung annehmen, den 1.491 Meter hohen **Monte Mottarone** zu bezwingen. Die Straßen sind dabei eher problemloser zu befahren als auf dem Stück von Stresa hierher. Wählen Sie die Zufahrt über Armeno (nicht zu verwechseln mit dem nahen, weiter südlich gelegenen Ameno – Tour 3) und schrauben Sie sich langsam bergauf. Die schmalste Stelle ist die Ortsdurchfahrt von Armeno.

Sie werden bald mit fantastischen Ausblicken belohnt, von denen Sie aber nur Gebrauch machen sollten, nachdem Sie Ihr Fahrzeug sicher abgestellt haben. Wer mit solch einer **Traumsicht** gerne einsam nächtigt, wird auf der Fahrt nach oben die infrage kommenden Ausbuchtungen inspizieren, um am Ende der Strecke auszuwählen, wo der endgültige Stellplatz eingenommen werden kann. Das ist situationsabhängig, weshalb ich mich hier mit Empfehlungen zurückhalten. Die beste Möglichkeit finden Sie vermutlich kurz unterhalb des Gipfels (den Sie von hier zu Fuß oder mit einem Sessellift erreichen), wo Sie meistens auch in Gesellschaft stehen. Bei guter Sicht – nur dann sollten Sie sich auf das Abenteuer einlassen – reicht der Blick nach Osten auf den Lago Maggiore und die südöstlichen Schweizer Alpen, nach Westen auf das Monte Rosa Bergmassiv und nach Süden bis zu 150 Kilometer quer über die Poebene, angeblich sogar bis nach Milano. Kenner behaupten, an dieser Strecke fände man Aussichtspunkte, die zu den großartigsten in den Alpen zählen. Von der nachfolgenden Fläche blicken Sie sensationell auf den Lago d'Orta (unser Foto):

Blick vom Monte Mottarone auf den Lago d'Orta

TOUR 1

017 Monte Mottarone

GPS: N 45°52'43" E 8°27'21", 1.390 m. **Max. WOMOs**: 10. **Ausstattung**: Mülleimer. **Beschreibung**: Sie stehen einsam und schattenlos auf gewachsenem, klappstuhlgeeignetem Boden. Gaststätten sind zu Fuß erreichbar, Wanderwege führen direkt vorbei. Weniger einsam und etwas näher am Gipfel schläft man rund 400 m weiter oben bei den Gaststätten. Den Ortasee sieht man nur von wenigen Bereichen (Foto Seite 41).. **Zufahrt**: Wenn Sie nicht die Mautstrecke wählen (siehe oben im Text), folgen Sie in Armeno auf der SP 41 dem Wegweiser ›*Mottarone*‹ bis fast zum Gipfel – 11 km ab Armeno. Diese Strecke ist auch mit breiteren WOMOs machbar. Auch die Spitzkehren halte ich für problemlos (wir mussten mit langem Radstand auf beiden Zufahrten in den Kehren nicht rangieren); es gibt aber keine steilen Abgründe. Nach meiner Einschätzung passen alle Fahrzeuge durch Armeno (Höhenbegrenzung auf 3,50 m, wo nach meiner Meinung noch Luft nach oben bleibt). Ich garantiere aber für nichts. Bislang hat mir niemand von Fehlversuchen berichtet.
Die andere Zufahrt über die Ostflanke, die schon in Gignese abzweigt (siehe oben im Text), wird hinter Gignese mautpflichtig (10 €/Tag) und ist eindeutig schmaler. Bisweilen wird auch auf den Gipfelparkplätzen an Fahrzeugen kassiert, die ab Armeno angereist sind.

Kinder und Partner(in) halten die kurvige Anfahrt weniger maulend durch, wenn man ihnen die Schussfahrt auf der 1.200 Meter langen **Sommerrodelbahn** versprochen hat, in die man auf dem Gipfel, am Ende eines kurzen Sesselliftes, klettert *(Alpyland, Kinder ab 4 Jahren, 10–17 Uhr, am Wochenende bis 18 Uhr, eine Fahrt 6,50 €, Mengenermäßigung, keine Hunde, trotz des Seilbahnunglücks weiter in Betrieb)*.

Wer länger im südlichen Teil des westlichen Lago Maggiore verweilen möchte, wird auch dort, südlich von Stresa, keinen einzigen freien Stellplatz am See oder in dessen unmittelbaren Nähe finden. Das ist am Lago Maggiore genauso wie an den meisten anderen, in meinen Büchern beschriebenen Ufern. Man muss sich daher über jeden familiären Campingplatz freuen, der ans Wasser grenzt und mobile Kurzzeiturlauber aufnimmt. Und den ich vor allem deshalb gerne empfehle, weil fast vor der Tür der Bus tagsüber stündlich nach Stresa (und nach Arona) verkehrt – allerdings nicht sonntags:

018 Lesa – *Camping Solcio*

GPS: N 45° 48'57" E 8°32'59", Via al Campeggio, Tel: 0322 7497; www.campingsolcio.it/. **Öffnungszeit**: Mitte März bis Mitte Oktober. **Ausstattung**: Badestrand, Gaststätte mit guter Pizzeria, in der auch Nichtcamper einkehren. **Beschreibung**: Der überwiegend schattige Platz liegt direkt am See und vom Ortszentrum: 0,1 km entfernt, in dem

Sie aber Sehenswürdigkeiten oder Betriebsamkeit vermissen. Dort finden Sie allerdings einen Supermarkt mit Brotverkauf, Gaststätten und die erwähnte Bushaltestelle sowie markierte Wanderwege. Es gibt keine Dauercamper und relativ wenige Mobilhomes.
Preise: 29 €–70 €, je nach Zeitpunkt und Nähe zum See. **Zufahrt:** Der Platz liegt südlich des Zentrums von Lesa im Ortsteil Solcio und ist an der SS 33 beschildert.

Wenn Ihre Partnerin erfährt, dass die edle **Firma *Herno*** etwa 300 Meter nördlich dieses Campingplatzes direkt an der SS 33 eine Fabrikverkaufsstelle betreibt (und gegenüber sogar produziert), wird sich die Frage, ob Sie schon in Stresa endgültig nach Westen zum Lago d'Orta abbiegen, nicht mehr stellen. Man wird bestenfalls diskutieren, ob Sie ihr eine oder zwei der hier preisgünstigen Daunenjacken spendieren (das Sortiment hält auch viele andere Kleidungsstücke und sogar reichhaltige Herrengarderobe vor – und die deutsche *Girocard* flutscht tadellos).

Ein derart günstig am See gelegenes Campinggelände geizt mit dem Platz, und deshalb sind manche Parzellen so schmal, dass sie von der Länge mancher, quer am Ufer stehender Wohnwagen bis auf den letzten Zentimeter ausgereizt werden. Die Besitzer solcher Urlaubsbehausungen installieren sich hier gerne für längere Zeit und führen dazu eine beachtliche Ausstattung mit sich. Man könnte damit an Ort und Stelle eine Campingmesse veranstalten. Und spätestens nach drei Tagen wissen deshalb die meisten unserer Leser wieder ganz genau, weshalb sie sich für ein Wohnmobil und für mehr als einen Daueraufenthalt am Lago entschieden haben.

So passt es, dass Sie sich ein paar Kilometer weiter sogar ein wenig erschrecken, wenn Sie am nördlichen Ortseingang von Arona von der SS 33 abgebogen und unvorbereitet um die Kurve gefahren sind, weil plötzlich eine Riesenfigur auftaucht, der **Colosso di San Carlo**, von den Einheimischen auch vertraulich *Carlone (Riesenkarl)* genannt. Die insgesamt 35 Meter hohe Statue des Heiligen Karl wurde in vorbildlich kurzer Bauzeit von 1624 bis

TOUR 1

Arona – Colosso di San Carlo

1698 erbaut und zeigt den 1584 verstorbenen Erzbischof und Kardinal von Mailand, einen Borromeo, der sich um die Gegenreform, aber auch im Kampf gegen Hunger und Pest, verdient gemacht hatte und dem ein nachfahrender Verwandter, ebenfalls Erzbischof, auf einem Sacro Monte ein Denkmal setzen wollte, dessen segnende Hand die Gläubigen schon unten am See beeindrucken sollte. Eigentlich war das gesamte Bauwerk aus reinem Marmor geplant, dessen Umsetzung an statischen Problemen scheiterte. So wurde dann eine Basis aus gemauerten Ziegelsteinen außen mit gehämmerten Kupferplatten verkleidet, wobei der Arm so beweglich ausgeführt worden ist, dass er Stürmen standhalten konnte. Der Koloss, er ist mit Sockel nur 11,5 Meter niedriger als die Freiheitsstatue in New Yorck, darf innerlich über eine steile Metallleiter bestiegen werden. Man kann dann aus dem Kopf des Riesenkarls hinausschauen und erblickt erwartungsgemäß den See von oben *(nur im Juli und August täglich, Okt. bis März Fr. –So., sonst Mi.-So. 10–13 und 14 - 18 Uhr; 5 € für die Terrasse und 10 € für das Besteigen des Kopfes).*

Ursprünglich sollten 15 Kapellen und eine Kirche dazu gebaut werden, in denen das Leben des Heiligen, ähnlich den anderen Sacri Monti, mit Figuren aus Terrakotta dargestellt worden wäre. Daraus wurde nichts. Irgendwo am Berg sind noch drei schlecht erhaltene, letztlich unvollendete Kapellen zu sehen und oben, benachbart zur Statue, die frühbarocke **Kirche San Carlo** mit der im 18. Jahrhundert ausgemalten Kuppel. Der zum Ensemble gehörende Parkplatz ist ein beliebter Stellplatz, der darunter leidet, nicht am See, sondern weit oberhalb desselben zu liegen:

019 Arona – Colosso di San Carlo

GPS: N 45°46'06" E 8°32'41". **Max. WOMOs**: 15. **Ausstattung**: Toiletten (Entsorgung und Wasserfassen ausdrücklich untersagt, wahrscheinlich ganz geschlossen), Mülleimer. **Beschreibung**: Das teilweise schattige Gelände auf gewachsenem Boden in der Nähe von Häusern ist zumindest am Abend klappstuhlgeeignet. Empfehlenswert ist in derselben Straße nach knapp 400 m das **Ristorante *La Cascina***,

das mit Trentinischer Küche zu den besten von Arona zählt und auf seiner Internetseite Stellplätze für *Camperisti* nach telefonischer Voranmeldung (0322 48297-333 3006328) anbietet (von uns nicht getestet). Der Fußweg hinunter nach Arona an den See misst 2,2 km bzw. dauert etwa 40 Minuten. Der Platz wird gerne und bisweilen störend für ein Quickie angefahren. Leser wurden von der Touristen-Info (am Hafen) genau zu diesem Platz geschickt – ihnen wurde außerdem der Platz direkt neben der Info (tagsüber häufig belegt) empfohlen. Vom Quickie war nicht die Rede. **Zufahrt**: Man erreicht den Stellplatz von Norden kommend, wenn man am Ortseingang von Arona beim Wegweiser ›*Colosso di S. Carlo*‹ scharf rechts abbiegt und ins Vorgebirge auffährt.

In **Arona** (14.000 Einwohner) finden Sie sonst keine hochrangigen Sehenswürdigkeiten (die Burg zähle ich nämlich nicht dazu), dafür in der lang gestreckten Fußgängerzone vielfältige Läden, die sich angenehm von den Filialketten in anderen Städten unterscheiden. Kenner durchstreifen die Stadt gerne am Dienstagvormittag, weil dann an der Promenade ein traditionsreicher Markt aufgebaut wird. Man muss diesen aber nicht besuchen, denn man findet kaum einen Parkplatz, seitdem das Gelände am See – wie fast die ganze Stadt – mit Höhenbarrieren abgesperrt worden ist.

Nur ausnahmsweise schweift deshalb der Blick hinüber auf das lombardische Ostufer des Sees: Hier thront oberhalb von Angera die Rocca di Angera, eine mittelalterliche Burg, die wir bei der 12. Tour besuchen werden, wenn wir auf dem Ostufer des Sees vom Piemont Abschied nehmen.

Den letzten Rest des Westufers, das Gebiet von Dormelletto, klammern wir aus. Hier ist zwar endlich mehr Raum für Campingplätze, da die Berge zurückgetreten sind, aber auch für Einkaufszentren, Autohäuser, Handwerks- und kleine Industriebetriebe. Die Gegend hat uns so wenig gefallen, dass wir uns die Campingplätze nicht näher angesehen haben. Wir gehen aber davon aus, dass in erheblichem Umfang Dauercamper nachbarliche Beziehungen pflegen. Freie Stellplätze sind uns dort ebenfalls nicht bekannt.

Blick zur Rocca di Angera

Tour 2

1. Karte

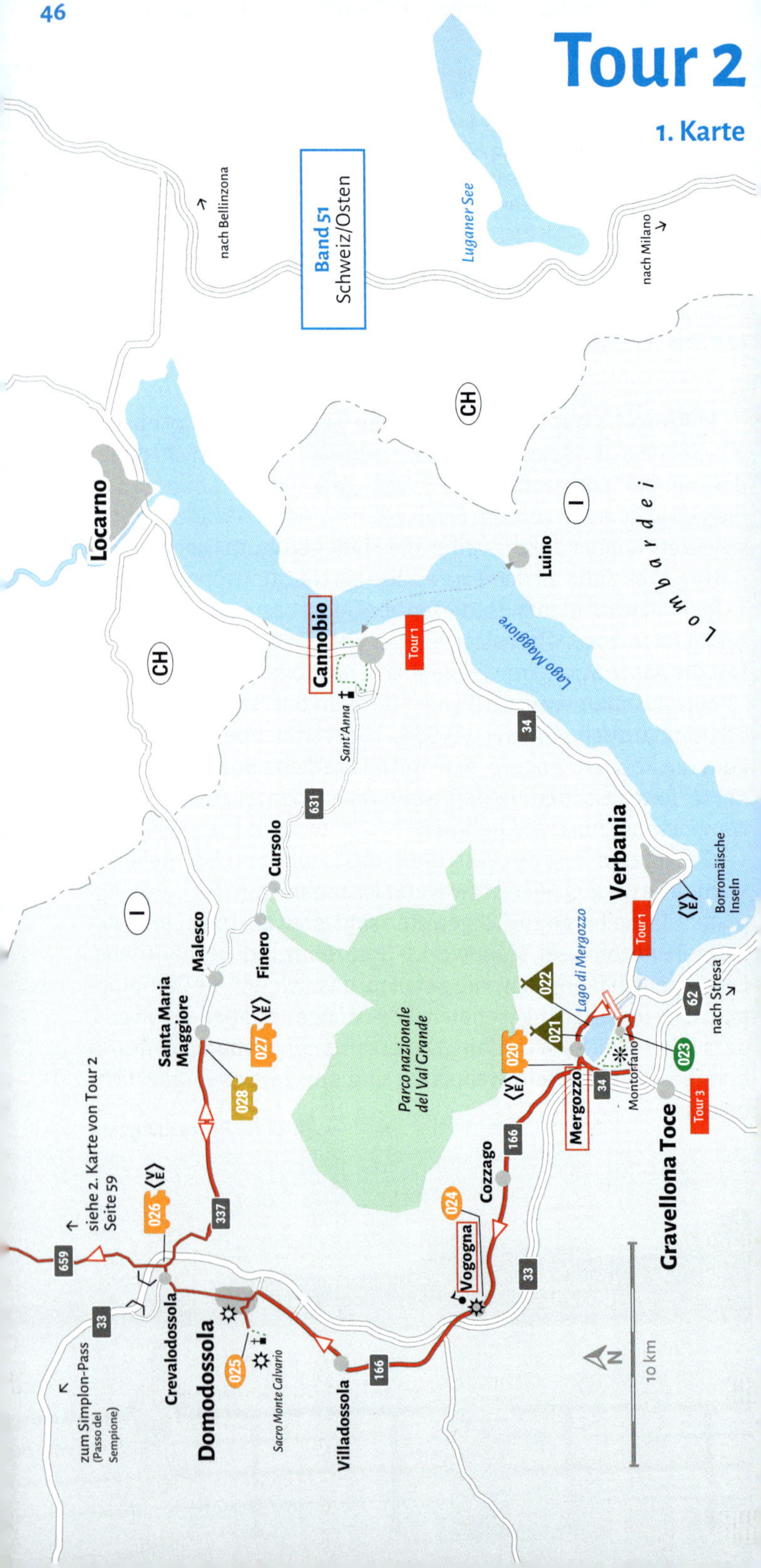

Lago di Mergozzo, Domodossola, Val Formazza
165 km

Wer sich vom umtriebigen Lago Maggiore allmählich in eine spektakuläre und unbekannte Bergwelt vorarbeiten möchte, begleitet uns in den abgelegenen Teil des nördlichsten Piemont, von dem es nach Norden zur Schweiz hin keinen Ausweg mehr gibt. Die Highlights sind hier:

- **Lago di Mergozzo**
- **Wanderung zu den Steinbrüchen am Montorfano**
- **Ausgemalte Kirche in Baceno**
- **Schluchten von Uriezzo**
- **Cascata del Toce**

Die Gebirgszüge im Piemont hindern mich daran, in diesem Reiseführer durchweg Tourverläufe anzubieten, bei denen eine Tour an die vorherige anschließt. Im Gegensatz zu Ihnen darf ich nämlich wesentliche Ziele nicht auslassen, während Sie sich Ihren Urlaub nach Ihrem Geschmack zusammenstellen können, vor allem nach dem Wetter, das in den gebirgigen Regionen deutlich schlechter ist als in der Ebene. Sie werden also vielleicht in Verbania zögern, uns nach Nordwesten zu folgen. Falls Sie sich nicht entscheiden können, begleiten Sie uns doch erst einmal zum **Lago di Mergozzo**, um dort über den weiteren Urlaubsverlauf zu beratschlagen.

Mergozzo und der Lago

Vorher sollten Sie allerdings innehalten, wenn Sie gleich nach der Abbiegung von unserer 1. Tour links der Straße die **Casa della Resistenza** entdecken, eine Gedenkstätte mit Museum im **Parco della Memoria e della Pace**. Nahezu genau an dieser Stelle und noch im Bereich des Ortsteils Fondotoce der Gemeinde Verbania wurden am 20.6.1944 von der deutschen Wehrmachts-SS 42 italienische Partisanen erschossen. Ein einziger hat überlebt, weil er sich totgestellt hat. Besonders betroffen macht im Museum das Foto der 42 Männer und einer Frau, einer Lehrerin, die gezwungen worden waren, von Verbania in einer Gruppe zu ihrer Hinrichtung zu marschieren und dabei ein Schmähplakat zu tragen. Schauen Sie in die Gesichter der Menschen – vor der Uferpromenade des Lago *(9–12 und 14–17 Uhr, Fr. nur 9–12 Uhr, Sa. und So. geschlossen; möglicherweise derzeit nur nach Voranmeldung)*.

Der Lago di Mergozzo ist die Verlängerung des Lago Maggiore, auch wenn man das heutzutage nicht mehr erkennt, nachdem der Fluss Toce so viel Geröllmassen angeschwemmt hat, dass erst im Mittelalter ein bis zu zwei Kilometer breiter Festlandsstreifen entstanden ist, durch den der äußerste westliche Zipfel vom restlichen See abgetrennt worden ist. An diesem erdgeschichtlich jungen Gewässer geht es trotzdem irgendwie ruhiger zu. Zumindest in der Nebensaison ist der Lago di Mergozzo ein Geheimtipp, obwohl auch dann die fast intime Promenade von **Mergozzo** (2.100 Einwohner) samt einer 500 Jahre alten Ulme ein wenig unter einem Engpass der Straßenführung leidet. Trotzdem setzt man sich gerne in eines der Straßenlokale. *Fugascia*, das berühmte hellbraune Buttergebäck, das ursprünglich nur zum Fest der Heiligen Elisabeth (4. Juli) mit einem Schuss des Süßweins

Mergozzo

Marsala hergestellt worden ist, wird Ihnen dort nicht mehr zum Café serviert, seitdem die *Cafeteria* in das reinrassige ***Ristorante Fugascina*** umgewandelt worden ist. Die Plätzchen müssen Sie deshalb in der Bäckerei *(forno)* von *Fugascina* in einer beschilderten Dorfstraße (an einem Verkaufsstand oder bei der Konkurrenz) erwerben. Das Ristorante haben wir aktuell erneut getestet. Wir saßen schön und aßen zu etwas überdurchschnittlichen Preisen sehr gut *(Tel. 0323 800970; Mi.–So., schöner Freisitz)*.

Wer am Lago di Mergozzo um touristische Kundschaft wirbt, verkündet gerne lauthals, der See sei der sauberste in Italien. Umso bedauerlicher ist die Sperrung aller Parkplätze am östlichen Ortsrand für jeglichen WOMO-Verkehr. Aber es gibt einen kleinen Lichtblick auf der Nordseite des Dorfes:

020 Mergozzo

GPS: N 45°57'43" E 8°26'37", Via Sempione 51. **Max. WOMOs**: 10. **Ausstattung**: Ver- und Entsorgung, Strom (zuletzt defekt, aber im Preis enthalten), Mülleimer. **Beschreibung**: Der weitgehend schattenlose Asphaltparkplatz liegt am Rand der Bebauung. Gaststätten, Geschäfte und der markierte Wanderweg sind nach wenigen Schritten im Dorf erreichbar. Campingverhalten ist nicht erlaubt! Der Platz ist nicht besonders lauschig. Man wird tagsüber etwas vom Verkehr und gegen Morgen von den Hähnen des Nachbarn gestört. Offiziell sind blau umrandete, kostenpflichtige Plätze eingezeichnet, die für WOMOs reserviert sind. Auf dem restlichen kostenlosen Parkplatz habe ich keine Verbote gesehen und deshalb dort unbeanstandet genächtigt. Schönen Badeplätze finden Sie fußläufig östlich des Ortes vor und nach dem Campingplatz, dazwischen einen Hundebadeplatz. **Preise**: 1,50/ Stunde; 15 €/24 Std., 22:30–9 Uhr kostenlos; zahlbar nur mit Münzen. **Zufahrt**: Der Stellplatz liegt etwa 500 m vom See entfernt an der SP 54 nordwestlich des Ortes.

Inzwischen haben wir (während der Woche Mitte Juni) endlich auch mal Einlass auf dem ortsnahen Campingplatz *Lago del Fate* gefunden. Früher blieb uns nur die zwei Kilometer entfernte Alternative, wo es stets ausreichend Platz gab. Auch wenn man keine der aufpreispflichtigen Parzellen am Ufer – mit einmaliger Sicht über den See zu den Bergen – erwischt, kann man auf Camping *La Quiete*, auf einem Zeltplatz, wie sie früher fast alle waren (wenn man nicht zu dem Bereich mit den Mobilhomes schaut), gut ein paar Tage in einer Mischung aus Alpenluft und südlichem Flair urlauben:

021 Lago di Mergozzo – *Camping Lago del Fate*

GPS: N 45°57'41" E 8°27'27", Mergozzo, Via Pallanza 22, Tel. 0323 80326; https://lagodellefate.wordpress.com/. **Öffnungszeit**: April bis September. **Ausstattung**: Badeplattform, direkt am See, Brotbestellung. **Beschreibung**: Das Ortszentrum mit Gaststätten, Geschäften und einem markierten Wanderweg ist 400 m entfernt. Man steht eng, sehr begrenztes Platzangebot. **Preise**: 44 €–79 €, je nach Zeitpunkt und Ufernähe (Vorkasse). **Zufahrt**: Das kleine Gelände ist am Ostufer des Sees direkt östlich von Mergozzo nicht zu verfehlen.

022 Lago di Mergozzo – *Camping La Quiete*

GPS: N 45°57'14" E 8°28'38", Verbania, Via Filippo Turati 72, Tel. 0323 496013; www.campinglaquiete.it/. **Öffnungszeit**: April bis Anfang Oktober. **Ausstattung**: Badestrand, kleiner Laden. **Beschreibung**: Der Platz liegt im Gebiet der Stadt Verbania, aber näher, nämlich 2 km entfernt, an Mergozzo. Eine Pizzeria ist nur wenige Schritte entfernt. **Preise**: 18 €–44 €, je nach Zeitpunkt und Ufernähe. **Zufahrt**: Der Platz ist am Ostufer des Sees nicht zu verfehlen.

Das **Ristorante *Raggio di Luna*** südlich neben Camping *La Quiete* haben wir zunächst für eine Stätte gehalten, in der man Touristen mit dem einzigen Anspruch auf schnelles Geld abfüttert (denn südlich liegt ein weiterer Großcampingplatz). Aber dann sahen wir als Qualitätsmerkmal Einheimische in großer Anzahl einparken. Wir haben über die *Pizza con patzte Frate e wurstel* hinweggesehen und deshalb gut gegessen. Selten waren die Auswahl gigantischer und die Preise niedriger *(Mo. Ruhetag)*.

Die bezaubernde Seerandlage von Mergozzo wird von einem steilen Bergkegel geprägt, der bald seitlich der schmucken

Häuser aufragt. Wer häufig wandert, findet an solchen Stellen zwangsläufig die Markierung einer Wanderstrecke, die wenigstens zehnmal im Internet beschrieben ist. Apropos: Es gibt in meinen Reiseführern nichts, was nicht im Internet beschrieben wäre – und wenn doch, würde es sofort nach dem Erscheinen dieses Buch im Internet beschrieben. Wetterbedingt, zugegebenermaßen auch ein wenig altersbedingt, haben wir nicht den gesamten Rundweg geschafft:

Von Mergozzo auf den Montorfano

Am zentralen Platz von **Mergozzo**, der von einer 500 Jahre alten Ulme beschirmt wird (die hoffentlich das europaweite Ulmensterben noch lange überlebt), gehen wir entlang dem Ufer zum Berg hin nach Westen, am Ende der Bucht ein paar Meter nach rechts in die Via Bodoni und sofort danach links in die Via Nostrani, Wegweiser ›*Sentiero Azzurro*‹, um von dort nach links in die Via Montorfano abzubiegen. Hier entdecken wir eine rot-weiße Markierung (A 56), die uns zumindest auf den Gipfel des Montorfano leitet.

Oberhalb der Bahnlinie gewinnen wir auf der Westseite des Sees allmählich etwas an Höhe und stoßen, nachdem wir praktisch auf der gesamten Seeseite entlanggewandert sind, auf eine Asphaltstraße, auf der wir am Friedhof vorbei das kleine **Bergdorf Montorfano** erreichen (siehe dazu im nachfolgenden Text).

Etwa 50 Minuten nach Mergozzo folgt bei den ersten Häusern von Montorfano die mit Wegweiser und einer Schautafel bestens beschilderte Herausforderung dieser Wanderung, der mehr als einstündige Aufstieg auf den **794 Meter hohen Gipfel des Montorfano** (Mont'Orfano). Dieses Stück beginnt zunächst auf einer ehemaligen Steinbruchzufahrt noch einigermaßen bequem, es wird aber, vor allem, nachdem wir links an einem Kletterfelsen vorbeigegangen sind, deutlich steiniger und steiler. Wir passieren kaum noch identifizierbare Reste aus schon vor Jahrzehnten aufgegebenen Steinbrüchen, wohingegen wir die ehemalige Steinrutsche (*Strusa*), auf

Blick auf den Lago di Mergozzo

der die gebrochenen Granitbrocken ins Tal befördert worden sind, noch gut identifizieren können. Es wird dabei deutlich, dass, jedenfalls nach der Erfindung des Schwarzpulvers, der Transport ins Tal die wahrscheinlich schwierigste Aufgabe der Steinbrecher war.

Die Rundumsicht vom **Gipfel** ist, wie meistens, der Lohn der Mühe des schweißtreibenden Aufstiegs. Bis hierhin sind wir selbst allerdings nicht mehr gekommen, weil bei unserer Tour das Wetter unerwartet schnell dermaßen diesig geworden ist, dass wir uns lieber zur Umkehr entschlossen haben.

Der Montorfano war im Ersten Weltkrieg als Teil der sogenannten **Linea Cadorna** befestigt worden, weil die italienische Armee von Norden ein Eindringen der Deutschen befürchtet hat. Man sieht daher westlich des Gipfels am weiter markierten Weg noch ein ehemaliges Pulverlager *(Polveriere)* sowie die früheren Unterkünfte, und man freut sich beim Abstieg über die von den Soldaten angelegte Zufahrtsstraße, sodass der Heimweg deutlich weniger beschwerlich sein dürfte als der Anstieg (weshalb in den erwähnten Internetbeschreibungen manche Streckenführungen diese Militärstraße für den Hinweg wählen, was ich nicht für sinnvoll halte, da nach meinen Wandererfahrungen steile Abstiege gefährlicher sind als steile Anstiege).

Am Ende trifft man wieder in **Mergozzo** ein und müsste dafür während gut **viereinhalb Stunden knapp 12 km** zurückgelegt haben. Wir haben, wie erwähnt, die ganze Strecke nicht selbst getestet, sie ist auf der Kompass-App eingezeichnet, wobei die Wegführung auf dieser App kurz nach dem Gipfel eine Abkürzung vorschlägt, die wahrscheinlich vor Ort nicht praktikabel ist. Der bessere Weg ist auf der App aber ebenfalls zu sehen.

Vom Bergverlag Rother wird eine **alternative Strecke** rund um den Lago di Mergozzo beschrieben.

Mit dem Wohnmobil umfährt man von Mergozzo kommend den wegen seiner Granitsteinbrüche weithin sichtbaren Bergkegel des **Montorfano** an seinem westlichen Fuß auf der Straße nach Verbania und biegt vor (westlich) der Bahnunterführung beschildert nach links ab. Nach kurzer, aber steiler Auffahrt müssen große Fahrzeuge nach dem Friedhof und noch vor den ersten Häusern links auf einer ebenen Fläche parken. Kleinere Wohnmobile können auf einem unbefestigten Weg bis ins Zentrum der Ansiedlung vordringen und stehen dann unter der Bedingung der rücksichtsvollen Nutzung in etwa so, wie ich das nachfolgend abgebildet habe:

023 Montorfano

GPS: N 45°56'43" E 8°27'56". **Max. WOMOs**: 2-5. **Ausstattung**: Picknickbank. **Beschreibung**: An den kleinen Parkplatz grenzt eine Wiese mit Picknickbank. Am Parkplatz zwischen den wenigen Häusern beginnt der Wanderweg. Innerhalb der Bebauung können allerhöchstens 3 Fahrzeuge unter 7 m Länge stehen (siehe Foto); vor dem Ort sind zusätzlich 2-3 weitere und größere WOMOs möglich. **Zufahrt**: Folgen Sie südlich des Lago di Mergozzo ab der SS 34 dem Wegweiser nach Montorfano. Die Straße ist steil, sie kann aber nach meiner Einschätzung von jedem WOMO befahren werden.

Am Rand einer von Mauerresten früherer Kirchenbauwerke durchzogenen großen Wiese stößt man auf **San Giovanni**. Die **Kirche** wurde im 12. Jahrhundert direkt über einer Quelle errichtet, die vermutlich Teil eines vorchristlichen Heiligtums war und später als Taufbecken diente. Die Einfassung der Quelle hat man beim Bau der Kirche durch eine Aussparung im Boden der Nachwelt erhalten, was ich aber nur vom Hörensagen weiß, da ich das Gotteshaus noch nie im geöffneten Zustand angetroffen habe und auch nicht in Erfahrung bringen konnten, wo man einen Schlüssel bekommt. Die Fahrt nach Montorfano (Achtung, es gibt einen gleichnamigen Ort in der Nähe von Como) unternimmt man hauptsächlich wegen des Anblicks von außen und wegen der schönen Stimmung. Die vorbezeichnete Wanderung kommt hier vorbei, und wem die dort geschilderte Strecke zu weit ist, kann vom vorbezeichneten Parkplatz hinauf auf den Gipfel steigen und auf demselben Weg wieder hinunterrutschen.

Montorfano – San Giovanni

Die in Vorauflagen geschilderte Besichtigung eines Steinbruchs ist nicht mehr möglich, da dieser hermetisch eingezäunt und Teil eines Klettersteiges ist. Trotzdem lohnt es sich, an der Kirche vorbei durch das Dorf zu promenieren, vorbei an merkwürdigen Einfriedungen aus Granit-Stelen, um nach den letzten Häusern nach links (unscheinbarer Holzwegweiser) auf eine kleine Aussichtsplattform zu steigen, von der man in den einzigen noch betriebenen Granitsteinbruch, zum Lago Maggiore und dem Land zwischen den beiden Seen hinabblicken kann.

Orfano heißt übersetzt *Waise*, und gerüchteweise habe ich gehört, am Beginn der Bebauung, zwischen beiden Parkplätzen, läge rechts das ehemalige Waisenhaus, von dem der Berg seinen Namen habe. Andere Quellen berichten, in diesem Gebäude sei eine protestantische Kirche eingerichtet worden, nachdem sich im Jahr 1889 der zuständige katholische Pfarrer von Mergozzo geweigert habe, zum Fest des Heiligen Johannes in das Dorf hinaufzusteigen, weshalb sich 70 Familien der evangelischen Kirche angeschlossen hätten. Johannes war nämlich der Schutzheilige der Steinbrecher.

Spätestens jetzt müssen Sie Farbe bekennen, ob Ihnen der Sinn nach dem nördlichsten Teil des Piemont steht, oder ob Sie hier schon in die 3. Tour einsteigen möchten. An mir soll die Fahrt nach Norden nicht scheitern, die Sie teilweise in umgekehrter Richtung erleben, falls Sie über den 2.005 Meter hohen Simplonpass angereist sind (siehe Anreise, hinten bei den Tipps und Infos).

Schon bald sollten Sie dort anhalten, wo die meisten vorbeibrausen, weil nämlich eine vierspurige Straße das erhebliche Verkehrsaufkommen der Simplonroute bewältigt. Nehmen Sie die Abfahrt nach **Vogogna** (1.800 Einwohner) und betrachten Sie die Reste der beiden oberhalb der Stadt gelegenen Burgen, deren Befestigungen sich bis in die Stadt hinunterziehen. Die Sicherung der Flanke diente über Jahrhunderte dem Schutz des Tales gegen Angriffe von Nordwesten und wurde am Anfang des 16. Jahrhunderts von den Schweizern geschleift. Unbeschädigt geblieben ist eine mittelalterliche Markthalle mit offenen Gewölben und kaum noch sichtbaren Außenfreskenresten. Das Dorf zählt zu den *I borghi più belli d'Italia (Die schönsten Ortskerne Italiens)*, einer Vereinigung mit strengen Zugangsbeschränkungen, der im Piemont und Aostatal derzeit 21 Mitglieder angehören.

In Vogogna

Ein bis zwei Fahrzeuge bis etwa 6 Meter Länge, möglicherweise sogar etwas darüber, können seitlich der Durchgangsstraße SP 166 auf einem kleinen öffentlichen Parkplatz über Nacht stehen

024 **Vogogna – N 46°00'25" E 8°17'42"**, beachten Sie den Wendekreis Ihres WOMOs; nicht zu verwechseln mit einem höher gelegenen Parkplatz daneben.

Domodossola – Piazza del Mercato

Wir fahren durch das **Val d'Ossola** – das ist das Tal des Flusses Toce – aufwärts und erreichen bald **Domodossola** (18.100 Einwohner), das zwar von den Römern gegründet, aber erst durch den Bau einer befestigten Passstraße über den Simplon unter Napoleon zwischen 1801 und 1805 erheblich an Bedeutung gewonnen hat. Diese erhielt durch die Inbetriebnahme eines 19,8 Kilometer langen Eisenbahntunnels unter dem Simplon im Jahr 1906 und durch ein stattliches Bahnhofsgebäude in Domodossola, an dem sogar der Orientexpress hielt, weiteren Auftrieb. Und auch heute noch ist die Stadt oftmals das erste Ziel in Italien (siehe Anreise). Gegen Ende des Zweiten Weltkrieges geriet Domodossola kurzzeitig in den Fokus der Hoffnung, als hier eine freie Republik gegründet worden ist:

Die Partisanenrepublik Ossola

Im September 1944 war es Partisanenverbänden trotz intensiver Verfolgung und Erschießungen (siehe oben) gelungen, die deutschen Besatzer im Bereich des gesamten Ossolatales bis auf die Linie von Mergozzo zu vertreiben und die **Republik Ossola** auszurufen. Das Gebiet reichte bis zur Schweizer Grenze, umfasste etwa 1.600 km² und wurde von 82.000 Menschen bewohnt. Die Befreier hatten ein demokratisches Parlament installiert, Notgeld und Briefmarken gedruckt, die Neuordnung des Erziehungssystems geplant sowie eine Behandlung der Gefangenen nach der Genfer Konvention. Sitz der Regierung war Domodossola, in dessen Rathaus man immer noch den Saal der Gründung der Republik sehen kann.

Die Freiheit währte aber nur 44 Tage, ehe die deutsche Wehrmacht mithilfe italienischer Faschisten das Gebiet zurückerobern konnte. Während der letzten zehn Tage dieser Kämpfe floh fast die Hälfte der Bevölkerung, nämlich 35.000 Menschen, in die Schweiz (vor der Ausrufung der Republik waren bereits 10.000 geflüchtet) – und die Schweiz lieferte keinen einzigen aus oder schickte ihn zurück! 2.500 Kinder wurden auf Gastfamilien in der gesamten Schweiz verteilt.

Domodossola - Piazza del Mercato

Domodossola kennt in Italien jeder, der des Buchstabierens fähig ist. Der Name der Stadt steht im Buchstabieralphabet für ›*D*‹, wie im deutschen Sprachraum ›*Dora*‹. Der Literaturfreund erinnert sich obendrein an Bill Bryson, der mit dem Bestseller *Wo, bitte, geht's nach Domodossola* am Anfang unseres Jahrtausends in den Charts stand. Allerdings kommt die Stadt in dem Roman, der die Reise eines Amerikaners durch Europa schildert, gar nicht vor. Sie müssen also selbst hinfahren und in der Mitte der lebhaften Altstadt Kaffee trinken, wo auf der **Piazza del Mercato** ohne nennenswerte Unterbrechung seit 1917 jeden Samstag der Wochenmarkt abgehalten wird. Besonders sehenswert ist dort die Einrahmung des Platzes durch Patrizierhäuser aus dem 15. und 16. Jahrhundert mit verbindenden Arkaden. Es fällt zudem auf, dass überraschend edle Boutiquen hochwertige Kleidung anbieten, um die zahlungswillige Kundschaft aus der nahen Schweiz nicht zu enttäuschen.

An den südlichen Ortseingang fahren Sie am besten mit dem WOMO, falls Sie nicht ohnehin dort auf dem nacherwähnten Stellplatz parken. Nachdem Sie bei der 1. Tour den ersten Sacro Monte kennengelernt haben (in Ghiffa und ansatzweise in Arona), steigern wir uns mit dem **Sacro Monte Calvario di Domodossola**, der ebenfalls zum UNESCO-Weltkulturerbe gehört (siehe Tour 3), weil hier noch eine Wallfahrtskirche und zwölf Kapellen mit Stationen des Kreuzweges und eine dreizehnte mit der Darstellung der Auferstehung erhalten sind. Mit dem Bau hat man relativ spät, nämlich erst 1656, begonnen, und man wurde auch nicht ganz fertig. So sind die unteren Bauwerke noch nicht ausgemalt und in ihrem unrestaurierten, verstaubten Zustand auch nicht besonders interessant. Aber je mehr man bergauf geht, umso sehenswerter sind die Figuren, was möglicherweise auch daran liegt, dass einige erst im Jahr 1957 aus Holz neu geschnitzt worden sind. Das Beste ist nach meinem Geschmack die Kreuzabnahme in der Wallfahrtskirche – mit einer beeindruckenden Konstruktion

Die Kreuzabnahme in der Kirche des Sacro Monte beeindruckt mit einer Konstruktion aus Leitern und einem Tuch, um den Leichnam Christi abzuseilen

Kreuzabnahme

aus Leitern und einem Tuch, um den Leichnam Christi abzuseilen. Die einfache Strecke vom Parkplatz auf die Spitze des Sacro Monte dauert zu Fuß etwa 30 Minuten und lohnt sich schon wegen der weiten Sicht über die Stadt.

Die Übernachtungsmöglichkeit ist weniger schön als im nördlichen Nachbardorf:

025 Domodossola – Sacro Monte

GPS: N 46°06'37" E 8°17'13", Via Fontana Buona. **Max. WOMOs**: 20. **Ausstattung**: Wasser (rechts einer Kapelle an der Zufahrt).
Beschreibung: Der weniger schöne schattenlose Asphaltplatz ist riesig und dient Zwecken, die ich nicht kenne. Wahrscheinlich wird er dafür irgendwann gebraucht (Disco, Sporthalle??). Zuletzt gab es Baumaßnahmen mit ungewissem Ende. Der Platz war vor Baubeginn klappstuhlgeeignet (Wiesengelände am Rand); in der Nähe beginnt der Fußweg auf den Sacro Monte (auch als Wanderweg). Am Rand stehen Häuser, zur Piazza del Mercato ins Zentrum ist es 1 km (zu Fuß aus dem Stellplatz links, erneut links und immer geradeaus).
Ich habe hier noch nicht übernachtet und würde vermutlich nicht auf dem Platz selbst übernachten, sondern an der Kapelle, auf die man zufährt (rechts derer ein Wasserhahn ist), links vorbeifahren, um mich dann auf einen kleinen Parkplatz vor Wohnhäusern an den Rand eines Gartengeländes zu stellen. Relativ ruhig steht man sicher auch direkt vor dieser Kapelle. **Zufahrt**: Verlassen Sie Domodossola in der Nähe der Bahngleise auf der nach Süden führenden Ausfahrtstraße SP 166. Südlich des Bahnhofs und an einem Kreisverkehr sehen Sie eine Eisenbahnunterführung, die Sie nach rechts unterqueren. Am nächsten Kreisverkehr fahren Sie links, bis an einer Kreuzung nach links das Schild ›*Monte Calvario*‹ auftaucht. Sie stoßen dann auf eine Kapelle, an der Sie links vorbeifahren und hinter der unser Platz liegt. Achtung: Wenn Sie mithilfe des Navis die Innenstadt verlassen, können Sie sich in engen Straßen festfahren. Sie sollten also dem Navi erst gehorchen, wenn Sie den Stadtkern nach Süden verlassen.

026 Crevalodossola

GPS: N 46°09'24" E 8°18'24", Via T. Edison. **Max. WOMOs**: Mindestens 7. **Öffnungszeit**: Ganzjährig **Ausstattung**: Ver- und Entsorgung, Picknickbänke, Mülleimer. **Beschreibung**: Der schattenlose Platz mit Rasenpflaster liegt am Rand der Bebauung und ist klappstuhlgeeignet. In den Ort mit Ristorante und Geschäften sind es 1,2 km Fußweg. Wanderwege zu einem nahen Stausee sind auf einer Tafel angezeigt. Ins Zentrum von Domodossola sind es etwa 5 km. **Zufahrt**: Der Platz liegt zwischen See und Ort östlich des Dorfes Crevalodossola. Verlassen Sie die Umgehungsstraße SS 33 bei dem Wegweiser ›*Crevalodossola*‹. Nach etwa 400 m biegen Sie rechts ab und fahren bis zum Platz. Falls Sie vom Simplonpass anfahren, folgen Sie dem Wegweiser nach Domodossola und nicht dem nach Crevalodossola.

Südlich der Innenstadt von Domodossola und in der Nähe der Abfahrt der SS 33 ›*Domodossola*‹, kennzeichnet mitten in einer Wiese ein merkwürdiges Steindenkmal die Absturzstelle des unglücklichen Jorge (genannt Géo) Chávez:

Ein Pionier mit tragischem Ende

Chávez war ein Ingenieur und Pilot peruanischer Herkunft, geboren im Jahr 1887 in Paris, der Anfang September 1910 mit dem Flugzeug als erster Mensch eine Höhe von 2.650 m erreicht hatte. Das motivierte ihn, ein Preisgeld zu erlangen, das von italienischen Geschäftsleuten ausgelobt worden war: Wer bis zu einem bestimmten Zeitpunkt im Jahr 1910 den Simplonpass (2.005 m) und somit den Alpenhauptkamm mit dem Flugzeug überquert hat, sollte einen hohen Geldbetrag bekommen.

Zwölf Bewerber scheiterten, die meisten schon bei den Vorbereitungen. Auch Géo Chávez benötigt mehrere Versuche, ehe er am 23. September 1910 in ein Eindecker-Flugzeug mit 50 PS-Motor und 7,20 Meter Flügelspannweite stieg. Trotz bedecktem Himmel gelang der tollkühne Flug zunächst, und Chávez schien schon in Sicherheit, als er 42 Minuten nach dem Start im schweizerischen Ried-Brig südlich von Domodossola mit der Landung begann. Als Chávez gerade aufsetzen wollte, erkannt er einen Querweg in der Wiese und riss das Flugzeug noch einmal nach oben, wodurch in einer Höhe von 10 bis 20 Meter beide Flügel abbrachen. Das Material hatte den Beanspruchungen nicht mehr standgehalten. Wie ein Stein stürzte das Fluggerät zu Boden, und Chávez wurde schwer verletzt in das Krankenhaus von Domodossola eingeliefert, wo er am 27. September 1910 verstarb.

Zu seinem Gedenken hat man diverse Denkmäler errichtet, mehrfach Briefmarken herausgegeben und vielerorts Straßen, öffentliche Bauwerke und sogar einen Flughafen benannt. In Domodossola gibt es innerhalb der Bebauung an dem nach ihm benannten Platz ein historisches Ehrenmal, und die Absturzstelle wurde in jüngerer Zeit mit einer Stele markiert. Wen es interessiert: N 46°05'26,5" E 8°17'20", Sie können hinfahren, möglicherweise sogar auf jenem Querweg.

Sie haben nun mehrere Möglichkeiten: Sie fahren nach Hause, was sich besonders für unsere schweizerischen Leser anbietet. Aber wer will schon bei der zweiten Tour nach Hause fahren? So könnten sie sich alternativ für einen Abstecher in das **Valle Vigezzo** entscheiden, um in **Malesco** umzudrehen, wo die Straße sehr schmal wird. Zur Erinnerung: Bei Tour 1 habe ich Ihnen berichtet, dass diese Strecke hinter Cannobio zu eng für die meisten Wohnmobile wird (die in Malesco abzweigende nördliche und breitere Alternative in die Schweiz haben wir noch nicht ausprobiert). Im westlich benachbarten **Santa Maria Maggiore** (1.300 Einwohner) finden Sie nahe der Durchgangsstraße einen offiziellen, schön gelegenen, aber teuren Stellplatz hinter dem Campingplatz:

027 Santa Maria Maggiore

GPS: N 46°07'53" E 8°26'58", Via Pineta, 810 m. **Max. WOMOs**: 25. **Öffnungszeit**: Ganzjährig. **Ausstattung**: Ver- und Entsorgung, Strom, Mülleimer. **Beschreibung**: Der schattige Platz auf Schotter und Gras liegt außerhalb der Bebauung und ist klappstuhlgeeignet. Wegen des Campingplatzes und der Nachbarn ist er nicht einsam. Eine Gaststätte ist fußläufig erreichbar; Laden im Campingplatz, Wanderwege. **Preis**: 20 € / 24 Std. **Zufahrt**: Folgen Sie am westlichen Ortsende der Beschilderung zum Sport- und Campingplatz. **Hinweis**: Der benachbarte Campingplatz ist voller Dauercamper, duster und indiskutabel. Etwa 350 m weiter vorne kann man auch kostenlos übernachten.

028 Wer einfach nur in ländlicher Umgebung auf einer Wiese übernachten möchte, steht auf dem benachbarten ***Agriturismo Al piano delle Lutte***, das man von der SS 337 aus sieht, mindestens so gut, jedenfalls mit 12 € / Nacht preiswerter und nicht weiter vom Dorf entfernt; **GPS**: N 46°08'08" E 8°26'52".

Wer noch tiefer ins Gebirge fahren möchte, entschließt sich zur dritten in Domodossola möglichen Alternative, zu einer Exkursion in den nördlichsten, sehr dünn besiedelten Zipfel des Piemont, in das **Val Formazza** oder, auf Walserdeutsch, das Pomatt-Tal. Das ist aber nur bei gutem Wetter und ab Juni sinnvoll. Die Fahrt führt stetig nach Norden, immer am Fluss Toce entlang, und das Tal heißt zunächst **Valle Antigorio**, in dem wir die Weiler Crodo, Baceno und Premia passieren. In **Crodo** wird seit 1964 ein alkoholfreier Aperitif angerührt, grellorange und unter dem einfallsreichen Namen *Crodino*. Er gehört zu den erfolgreichsten Getränken Italiens, wenn man mal den Wein als solchen und das Wasser ausklammert.

Zum ersten Mal auf dieser Strecke sollten Sie in **Baceno** (900 Einwohner) anhalten. Das ist eigentlich ein Muss, wenn Sie schon hierher kurven und das größere Parkplatzgelände am südlichen Ortseingang links der Straße und rechts ein braunes Hinweisschild zur sogenannten **›Chiesa Monumentale‹** entdeckt haben. Gemeint ist die Pfarrkirche **San Gaudenzio**, die Sie auf den letzten Metern zu Fuß erreichen. Wenn Sie vor dem hier unerwartet großen Kirchengebäude stehen und an der Fassade ein riesiges Fresko des Heiligen Christoph erblickt haben, nehmen Sie an, al-

Baceno – Überraschung hinter der Kirchentür

les gesehen zu haben. Ganz falsch! Die Überraschung folgt hinter der Tür der 1180 geweihten Saalkirche, die ab dem 14. Jahrhundert nahezu vollständig mit Fresken ausgemalt worden ist. Die meisten Bilder stammen von Antonio Zanetti aus dem Jahr 1542. Auch wenn sie kunsthistorisch nicht in der ersten Liga der Renaissancemalerei spielen, muss man sie sich unbedingt anschauen *(laut Anschlag 9–12 und 14:30–18 Uhr; bei unserem Besuch Mitte Juni war die Kirche aber über Mittag offen; kostenlos, Beleuchtungsautomaten nicht vergessen).*

Links der Kirche ist ein Fußweg zu den bekannten **Orridi di Uriezzo** (Schluchten von Uriezzo) beschildert, weshalb es sich anbietet, die Besichtigung der Kirche mit einer kleinen Wanderung in die Schluchten zu verbinden. Bei den **Schluchten** handelt es sich um teilweise höhlenartige, tiefe Einschnitte, die durch inzwischen versiegte Wasserfälle unter dem früheren Gletscher gebildet worden sind und zu denen halbkugelförmige Aushöhlungen gehören, die sogenannten Marmitte dei Giganti.

Orridi di Uriezzo

Der einfache Fußweg ab San Gaudenzio bis zur ersten Klamm dauert 25 Minuten, er beginnt links neben der Kirche an einem Torbogen und ist vollständig beschildert. Nach etwa 20 Minuten stoßen Sie auf ein Pumpwerk. Kurz danach biegt nach rechts der Pfad zu den genannten Marmitte dei Giganti ab (bis dahin nochmals 15 Minuten). Stiefeln Sie stattdessen geradeaus folgt kurz danach die erste eindrucksvolle Klamm. Auf der Kompass-Karte (und Kompass-App) sind verschiedene Möglichkeiten für eine Rundwanderung unter Einschluss einer Römerbrücke eingezeichnet. Nördlich von Baceno, in Premia, ist an der Durchgangsstraße außerdem eine Zufahrt beschildert, die meines Erachtens für normale Wohnmobile zu schmal ist. Wichtig: Sie brauchen unbedingt feste Schuhe, und ich warne vor Regentagen! Jedenfalls sind die Orridi sehr eindrucksvoll.

Für den örtlichen, privat betriebenen Stellplatz gilt das nur eingeschränkt. Der ist vor allem teuer:

029 Baceno – *Alpe Devero*

GPS/Kontakt: N 46°15'38" E 8°18'53", Via Riviera, 620 m. www.camperalpedevero.it. **Öffnungszeit**: Ganzjährig. **Max. WOMOs**: 18.
Ausstattung: Ver- und Entsorgung (hinter der Schranke), Strom, Toilette, Dusche mit angeblich warmem Wasser, Mülleimer, Spielplatz.
Beschreibung: Sie stehen leicht einsam außerorts auf klappstuhlgeeignetem Betonpflaster. Gaststätte und Lebensmittelladen erreichen Sie zu Fuß im nahen Ort, wo auch der Wanderweg beginnt. Parken Sie etwa 100 m vorher – vor dem letzten Gefälle. Wegen der Schranke können Sie nicht mehr wenden, ohne auf das Gelände zu fahren, was wenigstens 5 € (zum Entsorgen) kostet. **Preis**: 10 € / 12 (!) Std. (inkl. Strom).
Zufahrt: Die Zufahrt zum Platz westlich des Zentrums ist beschildert.

Neben der schönen Landschaft liegt ein nächstes touristisches Ziel bei **Cadarese** an der Strecke, im heutigen Sprachgebrauch ein *Hotspot*, was den Nagel ziemlich auf den Kopf trifft, weil es ich um ein **Thermalbad** handelt *(Terme di Premia, 10–19:30 Uhr, Fr. bis 22 Uhr, Di. geschlossen; Eintrittspreise ab 8 € / Stunde, am Wochenende und im Juli/August ab 12 €; sinnvollerweise vorbuchen unter www.premiaterme.com/)* in dessen Nähe ein privater Betreiber einen schönen Stellplatz unterhält, den ich meistens dem von Baceno vorziehen würde:

030 Cadarese – *Aleste*

GPS/Kontakt: N 46°17'52" E 8°21'46", 760 m. www.alestecamping.it.
Öffnungszeit: Ganzjährig. **Max. WOMOs**: 50. **Ausstattung**: Ver- und Entsorgung (hinter der Schranke), Toilette, warme Dusche, Strom, Mülleimer, Grillplatz, manches etwas behelfsmäßig.
Beschreibung: Sie stehen nicht einsam, aber außerorts auf klappstuhlgeeignetem Rasenpflaster. Dahinter breitet sich eine geräumige Wiese aus – wie ein Campingplatz, auf der auch Zelte stehen. Die Therme ist

TOUR 2

etwa 350 m entfernt, eine Gaststätte liegt unmittelbar gegenüber, eine weitere in der Nähe, Wanderwege verlaufen unweit.
Preise: 15 € / 24 Std. 7 € / für den halben Tag, jeweils inkl. Strom.
Zufahrt: Sie fahren auf der SS 659 direkt an dem Stellplatz vorbei.

Vor Fondovalle geraten Sie unversehens in einen erst 2008 eröffneten Tunnel, der gut beleuchtet, mit Notausgängen und reflektierenden Signalen versehen ist und in einer stetigen, sanften Linkskurve 3,2 Kilometer den Berg hinaufführt. Obwohl Sie eindeutig um die Kurve gefahren sind, brennt die Sonne am Tunnelausgang nicht von der anderen Seite, sondern sie steht beinahe genauso wie bei der Einfahrt. Sie sind nämlich im Kreis gefahren. Die **Galleria delle Casse** ist ein sogenannter Kehrtunnel, wie es ihn auf Bahnstrecken schon länger und häufiger gibt (beispielsweise am Tendapass zwischen Piemont und dem Hinterland der Côte d'Azur), der aber als Straßentunnel mit einem Drehwinkel von 390° in Europa einmalig ist. Es gibt auch keine vergleichbar breiten und gleichmäßig runden Straßen-Kehrtunnel. Mit dem Casse-Tunnel gewinnen Sie an einer Gebirgsstufe fast 200 Meter an Höhe und vermeiden neun Spitzkehren, die im Winter das hinter dem Tunnel beginnende **Val Formazza**, das nur noch aus der Gemeinde **Formazza** besteht, regelmäßig vom Rest der Welt abgeschnitten haben.

Bald kommen Sie nördlich von Valdo noch vor einem Wasserfall an einer Mischung von privatem Stell- und Campingplatz vorbei, einem magischen Ort in fantastischer Lage:

031 Formazza – Brendo

GPS: N 46°23'01" E 8°25'31", 1.300 m. **Max. WOMOs**: 30.
Öffnungszeit: Mai bis Oktober. **Ausstattung**: Ver- und Entsorgung,

Strom, Toilette, warme Dusche, Planschbecken. **Beschreibung**: Der schattige Platz auf grasigem Naturboden ist klappstuhlgeeignet und einem Campingplatz ähnlich. Er erstreckt sich über zwei Stufen. In den nächsten Ort zu Gaststätten und Lebensmittelladen sind es etwa 1,2 km nach Süden; Wanderwege verlaufen in der Nähe. **Preis**: 15 € / 24 Std. 7,50 € / für den halben Tag jeweils inkl. Strom. **Zufahrt**: Der Stellplatz liegt seitlich der Straße.

Cascata del Toce

Nördlich gerät bald die **Cascata del Toce** in den Blick, einer der höchsten Wasserfälle der Alpen – leider mit begrenzten Öffnungszeiten! Hier fällt der Toce in einer Breite von bis zu 60 Metern von 1.675 Höhenmeter auf 1.532 Höhenmeter herab, er überquert also tosend 143 Meter ziemlich senkrecht. Das ist spektakulär und sieht aus wie eine Fotomontage. Aber eben nicht immer, und das frustriert total, wenn man es bei der Reiseplanung nicht berücksichtigt hat. Aber wer mit uns schon in Umbrien war, kennt von der 165 Meter hohen Cascata del Marmore das gleiche Phänomen (Band 12 der WOMO-Reihe). In der Regel wird nämlich der Toce einige Hundert Meter oberhalb der Abbruchkante in ein Wasserkraftwerk umgeleitet. In dieser Periode würde man beim Vorbeifahren eher nicht merken, dass man einen (nahezu) trockengefallenen Riesenwasserfall passiert, von dem nur noch ein kümmerliches Rinnsal übrig geblieben ist. Nur im Sommer darf der Wasserfall in knappen Zeitfenstern die Touristen erfreuen, nämlich vom 1. Junisamstag bis zum 2. Septembersonntag – jeweils montags bis samstags von 11:30 bis 13:30 Uhr und sonntags von 10 bis 16 Uhr. Zusätzlich gibt es Sonderöffnungszeiten, die Sie über die Internetseite der Gemeinde Formazza oder über die Internetseite der Region Lago Maggiore (*www.derlagomaggiore.de oder www.valformazza.it/*) herausbekommen. Sie sollten sicherheitshalber vor jeder Fahrt eine dieser Internetseiten überprüfen. Am besten geben Sie dazu bei einer Suchmaschine ›*cascata del toce öffnungszeiten*‹ ein.

Nur vom 1. Junisamstag bis zum 2. Septembersonntag darf der Wasserfall in Zeitfenstern die Touristen erfreuen: montags bis samstags von 11:30 – 13:30 Uhr und sonntags von 10 – 16 Uhr.

Links vom Wasserfall könnte man auf einem steilen, beschwerlichen Weg hinaufsteigen, was kaum jemand tut, weil man oben über der Gicht auf einem Holzsteg – einem sogenannten Skywalk – kostenlos in den Luftraum hinaustreten darf. Man könnte sich auch in dem *Albergo Cascata Toce*, in der seit 1863 Gäste bewirtet werden, erfrischen und vielleicht auf dem riesigen Parkplatz davor übernachten, was uns zuletzt aber beides nicht mehr einschränkungslos gefallen hat, wo es doch ein Stück weiter einen Traumplatz gibt. An den fehlenden Koordinaten soll es aber nicht scheitern, zumal der folgende Platz Nr. 033 am Lago di Morasco kostenpflichtig und bisweilen überfüllt und dann gar nicht so traumhaft ist:

032 **Cascata del Toce – N 46°24'36" E 8°24'44"**, 1.780 m; das Campingverbot gilt nach Auffassung italienischer Camper nicht für Wohnmobile auf der Wiesenfläche.

Weiter oben wartet der Walserweiler **Riale**, im Walserdeutsch Chehrbäch, auf Deutsch Kehrbach. Mit den Walsern beschäftige ich mich auf der 4. Tour. Riale gehört zur Gemeinde **Formazza**, in der sich 438 Einwohner auf 130 Quadratkilometer verteilen. Das Dorf besteht nur aus wenigen Häusern, einer gerne als Bikertreff genutzten Gaststätte und der entrückt auf einem Felssporn wachenden Kirche. Zum genialen offiziellen Stellplatz unterhalb der Staumauer des **Lago di Morasco** sind es noch rund 600 Meter:

033 Formazza – Riale

GPS: N 46°25'30" E 8°24'29", 1.800 m. **Max. WOMOs**: 80.
Öffnungszeit: Vermutlich Ende April bis Anfang Oktober.
Ausstattung: Ver- und Entsorgung, Strom.
Beschreibung: Der schattenlose Platz auf kiesig-grasigem Naturboden ist klappstuhlgeeignet. Eine Gaststätte ist bequem zu Fuß erreichbar, aber kein Lebensmittelladen. Wanderwege verlaufen in der Nähe. Der Stellplatz ist Teil eines riesigen Areals in freier Natur, auf dem ein kostenpflichtiger Bereich für WOMOs abgetrennt ist (auf dem Rest ist WOMOs das Parken verboten). **Preis**: 10 €. **Zufahrt**: Sie kommen unweigerlich zum Ziel, wenn Sie auf der SS 659 an Riale vorbeifahren.

Riale – im Hintergrund die Staumauer und davor der Stellplatz

Von hier starten wunderbare Wanderungen in die Bergwelt, wobei man mit der Kompass-App zum 2.479 Meter hohen Griespass aufsteigen kann, der das schweizerische Wallis mit dem Piemont verbindet und über den die Walser vor 700 Jahren in die Bergregionen südlich des Alpenhauptkamms übergesiedelt sind.

Am nördlichen Ende des Val Formazza gibt es keinen befahrbaren Ausgang. Sie müssen also umkehren und sich in Domodossola erneut die Frage nach dem Sinn des Urlaubs stellen. Da Sie immer noch nicht nach Hause fahren möchten, bleibt nur der Weg zu unserer 3. Tour.

Tour 3

Tour 3

Lago d'Orta

65 km

Sie umrunden auf dieser Tour den Ortasee und bekommen alle Schönheiten westlich des Lago Maggiore geboten: Badeplätze, Aussichtsbalkone und einen der sehenswertesten Sacro Monte. Meine Empfehlungen für Sie:

- **Fabrikverkauf der Firma Alessi**
- **Campingplatz bei Orta San Giulio**
- **Orta San Giulio, einer der schönsten Ortskerne Italiens**
- **Sacro Monte oberhalb von Orta San Giulio**
- **Santuario Madonna del Sasso**

Lago d'Orta – mit Isola San Giulio

Unsere 3. Tour führt Sie von Norden an den **Lago d'Orta** (Ortasee), der touristisch im Schatten des wesentlich größeren Lago Maggiore plätschert. Noch in mittelalterlicher Zeit war allerdings die Bedeutung des Ortasees höher eingeschätzt worden, weil die Straße an seiner Ostseite die bessere Verbindung zum Simplonpass und damit zur Alpennordseite bot. Auch heute ist die einigermaßen ungehinderte Erschließung gesichert, seit der Verkehr von Norden durch zwei Tunnels herangeführt wird.

Auf diese Weise vermeidet man die Durchfahrt durch **Omegna** (15.000 Einwohner), was vor allem am Vormittag des Donnerstages sinnvoll sein kann, weil dann ein großer und beliebter Markt aufgebaut wird. Im historischen Zentrum entdecken Sie noch ein paar schöne Ecken und Läden, aber auch viel Leerstand. Omegna ist kein typischer Touristenort, denn es fehlen größere Sehenswürdigkeiten. Am schönsten ist die Stadtansicht vom See, und am zweitschönsten ist, was ich nur selten behaupten darf, der lobenswerte Stellplatz:

Omegna

034 Omegna

GPS: N 45°51'49" E 8°23'56", Via Caduti di Bologna 7. **Max. WOMOs**: 30. **Öffnungszeit**: Ganzjährig. **Ausstattung**: Ver- und Entsorgung (hinter der Schranke), Strom, Stehtoilette, richtig warme Dusche, Mülleimer. **Beschreibung**: Der teilweise schattige Platz mit leicht grasigem Betonpflaster und bei Vollbelegung engen Parzellen liegt am Rand der Bebauung und ist klappstuhlgeeignet. Badegelegenheiten bestehen im unmittelbar angrenzenden See mit Liegewiese (links des Platzes) oder im öffentlichen Schwimmbad (rechts, kostet gesondert). In das Zentrum mit Gaststätten und Geschäften sind es 1,8 km Fußweg (am See entlang). **Preis**: 10 € /12 Std. (inkl. Strom, Dusche und WLAN); man bekommt eine Magnetkarte, mit der man vor der Abreise mit Münzen oder Scheinen (nicht mit Kreditkarte) bezahlt und die auch für die Dusche sowie die Toilette benutzt werden muss.
Zufahrt: In der Innenstadt entdecken Sie gleich westlich des Hafenbeckens einen nach links weisenden Wegweiser ›*Area Camper*‹, der Sie relativ dicht entlang dem Westufer zum Stellplatz beim Schwimmbad und vor einem Sportplatz an das südliche Ende von Omegna geleitet.

Sehr gut hat uns das **Ristorante *Punti di Vista*** gefallen, wo man uns bei schönem Blick auf den See aufmerksam und überdurchschnittlich einfallsreich bewirtet hat. Die Preise sind für die gebotene Qualität überraschend niedrig und nur damit zu erklären, dass der freundliche Betreiber Gäste gewinnen möchte, nachdem er eine Diskothek aufwendig umgebaut hat *(etwas erhöht im Lungolago Gramsci 33, das ist die Uferstraße vom Stellplatz in die Stadt, Tel. 0320 7959613; Mo. geschlossen, es gibt auch Pizza)*.

Wer endlich einmal die Heckgarage seines Wohnmobils für mehr als Klappstühle, Fahrräder und drei Bierkästen nutzen möchte, besucht im nördlich der Innenstadt gelegenen Ortsteil Crusinallo den Fabrikverkauf der Firma *Alessi*, um sich hier mit preisreduzierten Wasserkesseln, Bestecken und sonstigen Küchengeräten erster und zweiter Wahl einzudecken oder um im Museum nachzuschauen, was das Unternehmen mithilfe der berühmtesten Architekten und Designer im Laufe seiner langen Firmengeschichte ab 1924 alles hergestellt hat *(Via privata Alessi 6; N 45°54'05" E 8°24'53")*.

Wir fahren zurück ins Zentrum und oben um den See auf die Ostseite, wo außer einem Blick auf das Wasser nichts geboten wird, weil das Ufer über lange Strecken von der Eisenbahntrasse oder privaten Anrainern belegt ist. Auch bei größtem Wohlwollen wäre dort zunächst kein Raum für sogenannte »freie« Stellplätze. Aber es gibt am Ufer drei einigermaßen brauchbare Campingplätze, von denen nach unserer Auffassung derjenige kurz vor Orta der am besten gelegene ist, besonders wenn man eine der Parzellen nahe am Wasser ergattern kann:

036 Lago d'Orta – Ostufer – *Camping Punta di Crabbia*

GPS: N 45°49'51" E 8°23'45", Pettenasco, Via Crabbia 2/A, Tel. 0322 89117; www.campingpuntacrabbia.it/. **Öffnungszeit**: Ende Februar bis Anfang November. **Ausstattung**: Privatstrand jenseits der Uferstraße. **Beschreibung**: Der Platz mit veralteten Sanitäranlagen liegt südlich von Omegna und nördlich von Pettenasco oberhalb der Uferstraße auf einem Plateau mit stellenweise sehr schönem Blick über den See; Ortszentrum 1,5 km, Wanderweg, zeitweise Zubringerdienste nach Orta; relativ viele Dauercamper. Geräusche von der unterhalb des Platzes verlaufenden Straße und wahrscheinlich auch durch die Bahn. Achtung: hohe Kante im Bodenbereich am Tor! Keine Haustiere! **Preise**: 15 €-38 €. **Zufahrt**: Die Zufahrt ist an der SP 229 durch Wimpel kenntlich gemacht.

037 Lago d'Orta – Ostufer – *Camping Verdelago*

GPS: N 45°48'43" E 8°24'41", Pettenasco, Corso Roma 76, Tel. 0322 89257; www.campingverdelago.it/. **Öffnungszeit**: April bis Mitte Oktober. **Ausstattung**: Pizzeria, direkt am eigenen Badestrand. **Beschreibung**: Der Platz liegt an der Uferstraße, gleich südlich von Pettenasco, und grenzt direkt an den See; Ortszentrum 0,5 km, viele Dauercamper. Beschränktes Platzangebot. **Preise**: 28 €–50 €. **Zufahrt**: Die Zufahrt ist an der SP 229 beschildert.

Zwischen den beiden vorgenannten Campingplätzen und am Nordrand von Pettenasco liegt noch ***Campeggio Allegro*** unmittelbar am See – überwiegend Dauercamper (die aber nicht auf den Uferplätzen stehen) und angeblich gute Gaststätte.

038 Lago d'Orta – Ostufer – *Camping Orta*

GPS: N 45°48'07" E 8°25'15", Orta San Giulio, Via Domodossola 28, Tel. 0322 90267; www.campingorta.it/. **Öffnungszeit**: Mitte März bis Jahresende. **Ausstattung**: Gut sortierter Laden, direkt am eigenen Badestrand oder durch die Straße vom Strand getrennt (Fußgängertunnel zum Strand); wegen des weiten Weges ins Zentrum haben wir die Gaststätte getestet: erstaunlich gut, auch Pizza. **Beschreibung**: Der Platz liegt beschildert nördlich von Orta San Giulio und nördlich der Halbinsel an der Straße nach Pettenasco. Teilweise steht man direkt am Ufer, teilweise auf Terrassen jenseits der Uferstraße; dort leben am Wochenende viele Saisondauercamper, die aber nicht stören. Zum Ortszentrum sind es 1,6 km, beleuchtet, gehen

Sie oberhalb von Orta schon vor der Touristeninfo links bergab in die Ortsmitte; Wanderweg (siehe beim folgenden Stellplatz). Geräusche von der Straße oder (sehr selten und nicht nachts) von der Bahn, je nach Standort. **Preise**: 24 €–46 €; je nach Saison und Seenähe.
Zufahrt: Der Platz ist direkt an der SP 229 nicht zu übersehen.

Die Zufahrt nach **Orta San Giulio** (1.100 Einwohner) ist für Wohnmobile verboten. Es gibt einfach keinen Parkraum. Dadurch sind die beiden Stellplätze oberhalb der Kleinstadt häufig von Fahrzeugen belegt, deren Besatzung hier gar nicht übernachten möchte (weshalb es sich tagsüber lohnt, etwas zu warten):

039 Orta San Giulio – Tourist-Info

GPS: N 45°47'50" E 8°24'58", Via Panoramica.
Max. WOMOs: 18.
Ausstattung: Toilette, Wasser (im Toilettengebäude), Mülleimer. **Beschreibung**: Der Platz ist weniger schön, unverhältnismäßig teuer und liegt an der Zufahrtsstraße und am Ortseingang außerhalb der zusammenhängenden Bebauung, aber nicht einsam. Ab hier ist die Weiterfahrt in den Ort für WOMOs verboten.
Das Gelände ist nicht für Fahrzeuge über 7,50 m Länge geeignet, stark besucht und leidet etwas unter Störungen durch Reisebusse und vorbeifahrende Autos. Die engen eingezeichneten Parkfelder auf Asphalt sind am Nachmittag schattig, Gaststätten erreichen Sie in der Nähe, Backwaren bekommen Sie vermutlich weiterhin am Kreisverkehr direkt oberhalb. Es gibt in Orta keinen größeren Lebensmittelladen (an der Straße zum Monte Mottarone entdecken Sie bei Armeno einen größeren Supermarkt bei N 45°49'09" E 8°26'34", 4,5 km vom Stellplatz entfernt), Wanderwege siehe unter www.amenoturismo.it und auf der Kompass-App. Zum Fußweg in den Ort über den Sacro Monte, siehe im folgenden Text; Sie können auch vor dem auffallenden Hotelgebäude abwärts zum See und Ortsmittelpunkt gehen; sinnvollerweise jeden-

falls nicht geradeaus weiter der Straße folgen! **Preise**: 5 €–20 € (je nach Parkdauer; von 24–9 Uhr kostenlos). **Zufahrt**: Biegen Sie von der Zufahrt nach Orta direkt hinter der Touristeninformation nach rechts ab.

040 Orta San Giulio – Sacro Monte d'Orta

GPS: N 45°47'49" E 8°24'44". Via al Sacro Monte. **Max. WOMOs**: 8 (2 Fahrzeuge können notfalls davor stehen). **Ausstattung**: Brauchbare Toilette, Wasser, Mülleimer. **Beschreibung**: Der sehr ruhige, etwas abgeschiedene Platz liegt ohne Sicht (außer vom Rand) auf den See in einem lichten Wald außerhalb der Bebauung, der Ort ist aber fußläufig sehr leicht zu erreichen. Der Platz auf grasigem Schotter mit schönem Baumbestand ist an sich einsam, in der Regel aber sehr gut besucht, meistens sogar belegt; abends ist er klappstuhlgeeignet; nur 48 Std. Zu Bäcker und Lebensmittel siehe Platz Nr. 039.
Seitlich der auf unserem Foto sichtbaren Mülleimer könnte noch gut ein Wohnmobil stehen. Der Bereich, auf dem unser WOMO parkt, ist eigentlich für Pkw reserviert, was in der Regel nicht beanstandet wird, jedenfalls nicht zu vorgerückter Stunde. Außer zu Gottesdienstzeiten (die Kirche des Sacro Monte ist nicht weit) können zudem zwei Wohnmobile, die über leistungsfähige Keile verfügen, weiter oben am Straßenrand parken (was aber verboten ist), was Sie erkennen, wenn Sie aussteigen und sich das Gelände näher betrachten.
Zufahrt: Fahren Sie direkt gegenüber dem vorgenannten Stellplatz (bei einem Zebrastreifen) bergauf (Wegweiser ›*sacro monte*‹), an einer Gabelung links bergauf in den Wald hinein: Die Einfahrt des Parkplatzes selbst ist spitzwinklig angelegt – größere Fahrzeuge sollten die Ausfahrt als Einfahrt benutzen (missachten Sie dazu das zweite Einbahnstraßenverbot seit unten, das erste nach jener Gabelung). Unten an der Zufahrt steht, es seien bis zum Stellplatz 100 m; es sind aber 500 m.

Der schönste Weg in das Zentrum von Orta San Giulio und an den See führt von beiden Plätzen über **den Sacro Monte**. Sie sollten dazu den Park durchqueren (am vorgenannten Stellplatz gehen Sie aufwärts und links den gepflasterten Weg hinauf), um die Aussichtsterrasse an seiner Westseite zu erreichen, wo der Pilgerweg in der chronologischen und numerischen Ordnung der Kapellen beginnt und wo Sie auch ankommen, wenn Sie vom Seeufer hinaufgestiegen sind. Genießen Sie hier ausgiebig den Blick über den See zu Ihren Füßen und auf die dicht bebaute Isola San Giulio (Foto Seite 68). Und informieren Sie sich über die einstigen religiösen Ziele der Sacri Monti im Piemont und in der Lombardei, von denen Sie bereits wissen, dass sie zum UNESCO-Weltkulturerbe gehören:

Sacri Monti – Die Heiligen Berge Oberitaliens

Die neun *Heiligen Berge*, bis auf diejenigen von Varese und Ossuccio alle im Piemont gelegen, gehören immer noch und obgleich sie schon im Jahr 2003 auf die Liste des UNESCO-Welterbes gelangt sind, zu den unbekannten Topsehenswürdigkeiten. Sie sind gerade deswegen so lohnend, weil sich hier noch keine Touristenmassen drängen.

Der erste Sacro Monte war als **Ersatz für eine Pilgerreise** gedacht. Im Mittelalter war es nämlich für jeden Christen prinzipiell Pflicht, einen der drei wichtigsten Wallfahrtsorte zu besuchen, Santiago de Compostela, Rom oder besonders Jerusalem. Das Heilige Land wurde aber immer unattraktiver. Die Macht der Türken hatte zugenommen, die Reisen wurden gefährlicher, und selbst die Frömmsten waren nicht mehr bereit, die entstehenden Unsicherheiten und Kosten auf sich zu nehmen. Die meisten Menschen hatten zudem gar nicht die Möglichkeiten dazu. Andererseits war es das Ziel einer Pilgerreise, Sündenablass zu erhalten, um am Ende nicht in der Hölle landen zu müssen. Aus diesem Grund war es schon im 15. Jahrhundert ausreichend, ein näher gelegenes Pilgerziel zu besuchen, einen Ort mit einem Splitter vom Kreuz beispielsweise, dem Finger eines Heiligen oder der Windel Christi.

Einige Franziskanermönche gingen zwischen dem Ende des 15. und dem Beginn des 16. Jahrhunderts noch einen Schritt weiter: Sie dachten sich Ersatzwallfahrtsorte aus, mit dem schlauen Hintergedanken, dem Herrgott müsste es eigentlich egal sein, ob sich der Sünder nach Jerusalem schleppt – oder nur auf einen relativ nahe gelegenen Berg. Und bei schnell erreichbaren Zielen könnte man vielleicht sogar häufiger Ablass bekommen – und mehr sündigen.

Der erste Sacro Monte von Varallo (siehe dazu auf unserer 4. Tour) war demnach zunächst ein Ersatz für Jerusalem.

Dazu kam ab dem Jahr 1517 die Reformation, als Luther in seinen Thesen den Sündenablass fundamental infrage gestellt und dadurch eine umfangreiche Abwanderungstendenz der ungebildeten Bevölkerungsschichten ausgelöst hat, denen die Lehren des Protestantismus gelegener kamen als die repressiven Drohungen des Kirchenapparates. Außerdem wollten die Menschen das Evangelium verstehen, weshalb die Geistlichen des protestantischen Glaubens in der Landessprache der Bevölkerung predigten, während die Katholiken ausschließlich in der lateinischen Sprache lehrten.

Die katholische Kirche musste darauf umfassend reagieren. Sie tat das im Rahmen der sogenannten Gegenreformation ab dem Jahr 1545 mit dem Konzil von Trient (in dem unter anderem der Wegfall des Ablasshandels beschlossen worden ist), mit machtpolitischen Bündnissen (aus denen der 30-jährige Krieg entstanden ist) – und mit Propaganda ohne Lateinisch.

Hierzu zählen die nach der damaligen Vorstellung dem Auge schmeichelnden barocken Ausstattungen der Kirchen und die Sacri Monti. Malereien (und Fenster) in den Kirchen kannte man schon seit über zwei Jahrhunderten. Das reichte nicht mehr. Idealerweise schuf man mit lebensgroßen Figuren und einer Kombination mit Bildern die Bibel zum Anschauen, außerhalb der großen Kirchenbauten, leicht verständlich auch für Leseunkundige, bunt und auf einen Berg gelegen, also kombiniert mit einem Rest der Mühe einer Pilgerreise.

Die UNESCO hat das im Jahr 2003 schlichter formuliert:

»Die neun Sacri Monti in Norditalien sind eine Gruppe von Kapellen und anderen architektonischen Gebäuden, die im 16. und 17. Jahrhundert errichtet wurden und verschiedenen Aspekten des christlichen Glaubens gewidmet sind. Zusätzlich zu ihrem symbolischen und geistlichen Wert besitzen sie bemerkenswerte Schönheit, da sie meisterhaft in ein natürliches und landschaftliches Umfeld aus Hügeln, Wäldern und Seen eingegliedert sind. Sie enthalten außerdem sehr bedeutende Kunstwerke in Form von Wandmalereien und Statuen«.

Die neun Sacro Monti sind (mit dem Jahr des Baubeginns):

Sacro Monte di Varallo (Tour 4), 1486
Sacro Monte di Crea (Tour 12), 1589
Sacro Monte d'Orta (Tour 3),1590
Sacro Monte di Varese (Lombardia),1598
Sacro Monte di Oropa (Tour 5), 1617
Sacro Monte di Ossuccio (Lombardei), 1635
Sacro Monte di Ghiffa (Tour 1), 1591
Sacro Monte Calvario di Domodossola (Tour 2), 1657
Sacro Monte di Belmonte, Valperga, Cuorgne, Pertusio und Prascorsano (zwischen Torino und Ivrea), 1712.

Es gibt in der Gegend noch zwei Sacri Monti in der Schweiz bei Brissago und Locarno, den Sacro Monte bei Graglia (Tour 5) und den Sacro Monte bei Arona (Tour 1), die alle vier nicht zum Weltkulturerbe gehören. Das dürfte die Kirchenverwaltung bezüglich der Anlage von Arona vielleicht bedauern, weil der dort mit einem Riesendenkmal verherrlichte Heilige Karl einer der Hauptantreiber der Gegenreformation war.

Der Sacro Monte von Orta unterscheidet sich von den anderen Sacri Monti vor allem dadurch, dass hier nicht Szenen der Bibel, namentlich aus dem Leben Jesu, nachgebaut sind. In zwanzig Kapellen (geplant waren fünfzig, aber man hat für die zwanzig vorhandenen schon von 1590 bis 1788 gebraucht) hat man stattdessen die Lebensgeschichte des Heiligen Franz von Assisi in unglaublich plastischer Bildhaftigkeit in Erinnerung gerufen. Eigentlich sollte es den Gläubigen ohne jede Erläuterung und alleine durch aufmerksame Beobachtung möglich sein, die Bedeutung des Heiligen zu verstehen, vor allem seine Besitzlosigkeit, seine Demut und die bedingungslose Nächstenliebe – genau das, was auch die verhasste Reformation den Menschen angeboten hat. Gleichzeitig wurde der Heilige Franz fast auf eine Höhe mit Christus gestellt. Und weil man die 376 lebensgroßen Statuen aus bemalter Terrakotta nicht für hinreichend aussagekräftig gehalten hat, wurden sie stellenweise vor freskierte Kapellenwände gestellt.

Dem heutigen Besucher ist das Leben von Franziskus weniger geläufig, weshalb er schon am Eingang mehrsprachig angehalten wird, unbedingt einen bebilderten Führer zu erwerben (es gibt ein kostenloses Faltblatt in deutscher Sprache). Es geht auch ohne! An jeder Kapelle ist die dargestellte Episode betitelt, man darf mal eine auslassen und man muss auch nicht jede fotografieren. Aber selbst in der Hochsaison ist der überschaubar kleine und wirklich sehenswerte Park des Sacro Monte wenig bevölkert.

Erstaunlicherweise gilt das nicht, wenn man den Pilgerweg in die **Altstadt** hinabgestiegen ist. Was beweist, dass sich der moderne Reisende mehr zu pittoresken Uferzonen hingezogen fühlt, mit *Gelato, Spumante* und *Souvenirs*, und sich nicht an einem leer stehenden, verfallenden Hotelkomplex stört, der den zentralen

Orta San Giulio – Palazotto della Comunità

Platz, die Piazza Mario Motta, begrenzt und aus Sicherheitsgründen abgeschrankt ist. Man muss allerdings zugeben, dass Orta San Giulio zu den *Schönsten Ortskernen Italiens* (*I borghi più belli d'Italia*) gehört, was wegen der schmalen, teilweise steilen Gassen auch verdient ist. Sehenswert ist vor allem der **Palazzotto della Comunità** aus dem 16. Jahrhundert, der wegen seiner verblassten Wandbilder, der nach allen Seiten offenen Loggia und der Außentreppe so häufig fotografiert wird wie kaum ein anderes Motiv im nördlichen Piemont (ehemaliger Versammlungsort der Mächtigen). Der Weg bergauf zur **Barockkirche Santa Maria Assunta** ist den meisten Urlaubern schon zu steil, obgleich die Kuppel vollständig ausgemalt ist und man sich hier schon halbwegs dem Sacro Monte genähert hat.

Die vorgelagerte **Isola San Giulio** wird vermutlich häufiger besucht als der Sacro Monte. Jedenfalls herrscht ein Bootsverkehr, der dem des Canale Grande von Venedig ähnelt *(ab 5 €; bezahlt wird an Bord, und die Rückfahrt ist im Preis enthalten, da mir kein Tourist bekannt ist, der tot oder lebendig auf der Insel geblieben wäre).* Man nimmt das Schiffchen, um sich zu Fuß in einer engen Gasse, die zu Unrecht ›*Weg der Stille*‹ genannt wird, einmal um die Insel schieben zu lassen. Davor oder danach bestaunt man die **Basilica di San Giulio** (12. Jahrhundert, im 17. Jahrhundert modernisiert) und macht sich meistens erst jetzt klar, dass San Giulio der Heilige Julius ist, der hier segensreich gewirkt haben soll. Jedenfalls brauchte er im Jahr 390 n. Chr. kein

Basilica – Kanzel

Isola San Giulio

Boot, konnte er doch auf seinem Mantel zur Insel rudern, um dort die Drachen zu besiegen. Angeblich ist er es, der im gläsernen Prunksarg aufgebahrt wird. Zu sehen ist aber keine schaurige Leiche, sondern ein sorgfältig verhülltes Männlein mit silbernem Kopf und spitzen Schuhen. Der größte Schatz ist die **Kanzel** aus schwarzem Serpentin, die schon im 12. Jahrhundert angefertigt worden ist und als eines der bedeutendsten Werke romanischer Bildhauerei in Oberitalien gilt. Daneben lohnen allein schon die Fresken die Überfahrt, die bereits um das Jahr 1500 angebracht worden sind.

In erstaunlich kurzer Zeit hat man die Insel umrundet und bedauert, dass man den Bischofspalast, das größte Gebäude, nicht betreten darf. Und viel schneller als erwartet bleibt nichts, als das *Ritorno*-Ticket einzulösen. Trotzdem gehört die Insel ins Standardprogramm, wobei mir bis heute keine einzige Leserin berichtet hat, ihr Liebster habe sie mit reiner Muskelkraft hierher gerudert. Die Behauptung aus Vorauflagen, man könne, wenn auch mit fragwürdigen Methoden, irgendwo einen Kahn mieten, wird daher nicht weiter aufrechterhalten.

Die Anzahl der Ristoranti ist in Orta kleiner als vermutet, die Auswahl nicht ganz einfach. Damit Sie mir nicht schreiben müssen, die michelinbesternte *Locanda di Orta* hätten Sie in der Nähe des Hafens auch ohne mich gefunden und wenn Sie in einem solchen Lokal speisen möchten, bräuchten Sie keinen WOMO-Führer, sondern die Michelin-App, haben wir uns richtig angestrengt. Wir haben uns nach längerem Abwägen für das Ristorante *La Motta* entschieden, zum Zeitpunkt des Ereignisses Platz 2 bei *TripAdvisor*. Hier veranstaltete man ein Brimborium, als erwarte man den Michelininspektor stündlich, dem dann allerdings nichts ferner als eine Erwähnung dieses Hauses gelegen hätte. Da ich in meinen Büchern nur in Ausnahmefällen von Gaststätten abrate, hätte ich also mit leeren Händen dagestanden. So mussten wir eine weitere Nacht bleiben – und erneut testen. Und nach einem Abend im **Ristorante *Ai Due Santi*** hinter den Arkaden des Hauptplatzes konnten wir beruhigt weiterfahren *(Tel. 0322 90192; Mi. geschlossen, leicht gehobene Preise)*.

Jeder Reisende, der sein Wohnmobil oberhalb von Orta geparkt hat, möchte Näheres über das skurrile Gebäude seitlich des Kreisverkehrs wissen: Wer genauer hinschaut, erkennt die Bezeichnung *Hotel Villa Crespi*, womit zum Ausdruck gebracht wird, dass Christoforo **Crespi** das Gebäude als Eigenheim, genauer als Zweitwohnsitz, hat bauen lassen. Das war im Jahr 1879, und der Reichtum entstammte der frühindustriellen Textilherstellung. Offenbar hatte Crespi, er war streng katholisch, eine Affinität zum maurischen Stil, denn was aussieht wie ein Minarett, sollte ein Minarett darstellen. Crespi hat mit ähnlichem Geschmack auch nordöstlich von Mailand zugeschlagen. Die von ihm in der Nähe seiner Fabriken entworfene Wohn- und Arbeitersiedlung Crespi d'Adda wurde 1995 sogar Teil des UNESCO-Weltkulturerbes. Crespis Sohn und Erbe war obendrein Politiker und Mitunterzeichner des Versailler-Vertrages, bevor er für sein Unternehmen Ende der Zwanzigerjahre Konkurs anmelden musste. Für sehr, sehr viel Geld können Sie im Gebäude speisen (drei Michelinsterne) oder Ihr WOMO davor parken und in einem der Zimmer schlafen.

Orta San Giulio – Villa Crespi

Wenn wir einmal in einem guten Hotel übernachtet haben, was auch bei uns, wenngleich selten, vorkommt, sind wir uns fast immer einig, dass uns die Nacht in unserem WOMO auf einem schön gelegenen und ruhigen Stell- oder Campingplatz mit unseren eigenen Kopfkissen und Zudecken besser gefällt. Und deswegen bieten wir Ihnen in der Nähe von Orta San Giulio weitere Alternativen an:

Bei der 1. Tour habe ich Ihnen den schönen Stellplatz von Sovazza beschrieben und die Fahrt zum Monte Mottarone. Beide Ziele sind vom Ortasee leichter zu erreichen als vom Lago Maggiore. Deutlich kürzer ist der Weg nach **Ameno** (900 Einwohner; nicht mit Armeno verwechseln! Bluesfestival im Sommer), wo Sie einen

Stellplatz finden, der eine echte Alternative zu Orta San Giulio ist, auch wenn die Kapazität begrenzt ist:

TOUR 3

041 Ameno

GPS: N 45°47'07" E 8°26'29".
Max. WOMOs: 5.
Öffnungszeit: Ganzjährig.
Ausstattung: Ver- und Entsorgung, Strom, Mülleimer.
Beschreibung: Der überwiegend schattige Platz mit Rasengitter liegt am Rand der Bebauung und ist klappstuhlgeeignet. In den Ort sind es 0,4 km; dort gibt es nur einen kleinen Laden und zwei Bars. Zu den Wanderwegen auch nach Orta siehe unter www.amenoturismo.it und auf der Kompass-App. Über die nächtlichen Schlagzeiten der nahen Kirche ist mir nichts bekannt. **Preis**: 12 € (inkl. Strom).
Zufahrt: Der Platz liegt beschildert südlich des Dorfes. Achtung: Sie können wegen einer engen Ortsdurchfahrt nicht auf kurzem Weg von Armeno anreisen, falls Sie von Osten kommen, sondern Sie müssen bis fast nach Orta fahren, um im Ortsteil Legro dem Wegweiser zu folgen.

Die Straße hierher zweigt bei dem schon mehrfach beschriebenen Kreisverkehr oberhalb von Orta ab, und in **Legro**, dem ersten Dorf, müssen Sie schon wieder anhalten (nach der Bahnunterführung sollten Sie rechts abbiegen und beim Bahnhof parken; Legro ist ein Ortsteil von Orta, weshalb Sie vernünftigerweise hierher spazieren, falls Sie nicht den Weg nach Ameno suchen). In den Neunzigerjahren haben verschiedene namhafte Künstler die Fassaden einiger Häuser zu Ehren des italienischen Jugendschriftstellers Gianni Rodari mit **Wandbildern** verziert, auf denen Szenen aus Rodaris Geschichten dargestellt sind. Obwohl uns die Bücher völlig unbekannt sind, halte ich die Gemälde für eine sehenswerte Besonderheit (ich traue mich aus urheberrechtlichen Gründen nicht, hier Fotos zu veröffentlichen).

In der Südostecke des Sees könnte ein **Campingplatz** mit Stellplatzteil (*Camper Sosta*) in der Hochsaison die einzige Möglichkeit für einen nahen Seezugang sein. Der Strand liegt nämlich unmittelbar jenseits der Straße:

042 **Camping Spiaggia Miami, N 45°46'26" E 8°25'52"**; direkt an der SS 229 beschildert.

Die Randbereiche von **Gozzano** (5.600 Einwohner), ein paar Kilometer abseits des Sees, dürfen Sie zügig durchfahren, es gibt nämlich nichts Besonderes zu sehen. Kurz vor San Maurizio d'Opaglio sollten Sie allerdings auf ein braunes Hinweisschild achten, das auf der Seeseite der Straße zur **Kapelle Madonna di Luzzara** weist, die Sie zwar nicht betreten können, deren eigentümliche, verblasste Fresken auf der Außenseite und deren bienenkorbartige Apsiden sich trotzdem lohnen (man kann nur gut parken, solange kein weiteres Fahrzeug dort steht, was man von der Straße aus sieht).

TOUR 3

In San Maurizio biegen wir seewärts ab, Richtung Lagna und Pella, um uns am Ufer schlussendlich doch gegen die Nacht auf dem unmittelbar an die Straße grenzenden Stellplatz zu entscheiden, der sich eher für ein kurzes Bad oder zur Besichtigung der nahen Kirche eignet:

043 Pella

GPS: N 45°47'40" E 8°22'59", Via Lungo Lago. **Max. WOMOs**: 10.
Öffnungszeit: Ganzjährig. **Ausstattung**: Toilette, Mülleimer.

Beschreibung: Der schattenlose Platz auf Betonpflaster liegt am Rand der Bebauung und ist eingeschränkt klappstuhlgeeignet. Eine Bademöglichkeit (ohne Strand) besteht jenseits der Straße. Schöner Blick auf den See. In den Ort Pella mit Gaststätten und Geschäften sind es etwa 1,2 km. **Preis**: 15 € von April bis November. (nur mit Münzen). **Zufahrt**: Der Platz liegt am südlichen Ortsende von Pella an der Touristeninfo direkt an der nachts so gut wie nicht befahrenen Uferstraße und ist mit einem Wohnmobilsymbol beschildert.

Benachbart sehen Sie leicht erhöht das **Kirchengelände San Filiberto**, bestehend aus 14 Kapellen und einem frei stehenden romanischen Glockenturm (11. Jahrhundert) und zwei bedeutenden Bildern im Innern, die Schülern von Gaudenzio Ferrari zugeschrieben werden (keine Parkmöglichkeit). Genau hier, an der Abzweigung nach Alzo, müssen Sie zum Berg hin abbiegen, denn ich empfehle Ihnen nicht mehr die Weiterfahrt entlang des Sees. Der Campingplatz nördlich von **Pella** (1.180 Einwohner) ist so von Dauercampern beherrscht, dass ich ihn nicht empfehle (kleiner Bereich für etwa acht Kurzzeiturlauber nahe dem See). Und am Ende der Uferstraße, in Ronco, können Wohnmobile heutigen Zuschnitts nicht mehr parken.

Lago d'Orta
Blick vom Santuario Madonna del Sasso

Wir schrauben uns deshalb schon südlich von Pella an vorgenanntem Stellplatz in drei Kehren bergauf, fahren am Stoppschild links und am folgenden Kreisverkehr rechts auf die SP 46. Ab hier geleiten uns die braunen Wegweiser zum Santuario Madonna del Sasso. Die Straße endet kurz vor einer hoch über dem See gelegenen Wallfahrtskirche mit erstaunlichen Fresken, illusionistischer Malerei und, das ist das Beste, einer Terrasse mit traumhafter Aussicht auf den Lago d'Orta und die Isola San Giulio. Der Architekt der um 1730 gebauten Anlage hieß übrigens Frattini und war ein Vorfahre der Familie, die in San Maurizio eine bedeutende Fabrik für Wasserhähne betreibt (weshalb es dort auch ein Wasserhahnmuseum gibt, das Museo del Rubinetto). Jene Kirche auf einem exponierten Felsvorsprung hatten Sie schon von Orta San Giulio im Blick, und bei der Zufahrt werden Sie außerdem von einem braunen Schild *'Area camper'* geleitet, das Ihnen am Ende der Straße einen offiziellen Stellplatz und eine für jedes Wohnmobil machbare Zufahrt verspricht. Die engsten Kurven meistern Sie gleich unten, wenn Sie etwa 500 Meter nach dem erwähnten Kreisverkehr von der SP 46 bergwärts abgebogen sind. Die Straße wird auch kaum noch schmaler (wegen sehr breiter Fahrzeuge siehe bei der folgenden Zufahrtsbeschreibung):

Die Straße endet kurz vor einer hoch über dem See gelegenen Terrasse mit traumhafter Aussicht auf den Lago d'Orta

044 Boleto – Madonna del Sasso

GPS: N 45°47'22" E 8°22'20".
Max. WOMOs: 10.
Öffnungszeit: Ganzjährig.
Ausstattung: Ver- und Entsorgung, Mülleimer.
Beschreibung: Der schattige Platz mit Rasenpflaster liegt außerhalb der Bebauung, aber nicht einsam und ist klappstuhlgeeignet, jedoch ohne Sicht über den See. Fußläufig erreichbar ist das ***Hotel Panoramico*** mit prachtvoller Aussichtsterrasse und maßvollen Restaurant-Preisen (gehen Sie auf der Straße, die zum Stellplatz führt, zurück und zweimal rechts). Im ebenfalls fußläufig erreichbaren Dorf Boleto können Sie Lebensmittel einkaufen, Spielplatz und Toilette finden Sie beim nahe gelegenen Kiosk oberhalb der Kirche. Direkt vor dem Santuario gibt es einen weiteren Parkplatz, an dem ich keine Beschränkungen gesehen habe. Meine Frau hat mich schon für den Gedanken, man könne gegen Abend zur blauen Stunde mit dem Wohnmobil hierherfahren, um von der Brüstung die grandiose Aussicht zu genießen, heftig gerügt und die Auffassung vertreten, man müsse sich dann über Wohnmobil-

verbote nicht mehr wundern. Sicher hat sie recht! Sie können Ihren Klapptisch genauso ein Stück tragen. **Zufahrt**: Genau 1,6 km, nachdem Sie unten in Alzo von der SP 46 bergauf gefahren sind, verzweigt sich direkt nach dem Schild, das Ihnen das Ende der Provinz Novara anzeigt, die Straße: Links, auf dem kürzeren Weg ist die Weiterfahrt für Lkw und Busse verboten, der braune Stellplatzwegweiser zeigt deshalb nach rechts und geleitet Sie auf einem breiteren, aber etwas längeren Weg zum Ziel. Obgleich es auf diesem Weg keinerlei Breitenbeschränkungen gibt, bin ich nicht sicher, ob breite Wohnmobile, bei denen man die Außenspiegel nicht einklappen kann, durch den Ort Arto fahren können. Das merken Sie, wenn Sie dort sind. Sie können dann nach meiner Einschätzung relativ problemlos ein Stück rückwärtsfahren und wenden. Mit unserem Wohnmobil kam man ohne Einklappen der Spiegel locker durch, es war rechts und links noch Platz. Bei *Pak4night* wird von diversen Nutzern geschildert, sie seien mit einem 2,30 m breiten Fahrzeug durchgefahren.
Der Platz liegt vor dem Santuario rechts gegenüber dem Friedhof.

Falls Sie die Westküste des Sees weiter erkunden möchten, können Sie die Straße von Pella über Cesara Richtung Nonio nehmen. Hier zweigt in unserer Fahrtrichtung nach links eine kleine Straße in die Mitte des Dorfes ab, welche dann die Hauptstraße unterquert (Höhenbeschränkung 3,50 m) und auf einer steilen Stichstraße zum See hinunter nach **Oira del Lago** führt. Dieses Sträßchen ist jedoch wirklich ausschließlich für kleine WOMOs geeignet und das auch nur bis zum öffentlichen Parkplatz rechts der Fahrbahn, von dem aus Sie nach etwa 350 Meter zu Fuß das Ufer mit **Badeplatz** erreichen. Am besten parken Sie schon am südlichen Ortseingang von Nonio und nehmen einen Gesamtfußweg an den See von etwa 1,5 Kilometer auf sich.

Wer gerne einsam steht, wählt in **Nonio** (850 Einwohner) durch eine schmale Gasse die Straße zu den **Laghetti di Nonio**. Der Weg ist vom Dorfplatz ausgeschildert. Man erreicht die kleinen Fischweiher nach etwa 1,5 Kilometer und findet relativ viel Platz, der allerdings in der Höhe durch Baumbestand beschränkt ist:

045 Laghetti di Nonio

GPS: N 45°51'17" E 8°22'26". **Max. WOMOs**: 5-7. **Ausstattung**: Picknickbänke, Spielplatz, Mülleimer. **Beschreibung**: Der klappstuhlgeeignete Platz auf Naturboden liegt einsam außerorts an den Seen, die keine Badeseen sind. Auf der Kompass-App sind hier vorbeiführende Wanderwege vermerkt. Das Gasthaus ist wieder in Betrieb und von Do. bis So. geöffnet.
Zufahrt: Folgen Sie von Nonio den Wegweisern zu den ›*Laghetti*‹. Wegen der engen Ortsdurchfahrt vermutlich nicht für Fahrzeuge mit mehr als 2,30 m Breite.

Ein unternehmungslustiger Leser hat uns berichtet, dass man mit ein wenig Forscherdrang Spaziergänge an alten und aufgelassenen Wasserkanälen und zu zerfallenen Gemäuern verlassener Mühlengebäude unternehmen kann. Wer mit Hilfe der Kompass-Karte oder -App eine größere Runde drehen möchte (und sich nicht um sein bei geschlossener Gaststätte einsam zurückgelassenes WOMO sorgt), kann über uralte, gepflasterte Handelspfade, aber auch viel städtische Bebauung nach Omegna (siehe am Beginn der Tour) wandern und nach einem Eis am See den Heimweg antreten.

Wir verlassen nun den großartigen Lago d'Orta, um uns über Arola und den Passo della Colma hinüber in das Valle Sesia mit seinem überwältigenden Wallfahrtsort Varallo und zu unserer 4. Tour zu begeben. Die 17 Kilometer dieser Strecke sind leider ziemlich kurvenreich, aber auch für die größten Landjachten breit genug. Ich halte das Straßenstück für alternativlos, da die Route vom Westufer des Ortasees unten herum fast dreimal so weit ist. Wenn man ab Gozzano die ganz breiten Straßen wählt, muss man sogar über 50 Kilometer bewältigen.

Eines ist nämlich völlig klar: Varallo ist Pflichtbestandteil einer Reise durch das nördliche Piemont. Und eine vergleichbar schöne Aussichtsterrasse für einen Abschiedsblick über den See, wie diejenige bei der kleinen **Kirche Maria Assunta**, gleich oberhalb von **Arola**, bekommen Sie auf den anderen Strecken nicht geboten.

Maria Assunta

Tour 4

Varallo und Valsesia

190 km

Diese Tour bietet Ihnen ein für große Teile unseres Reisegebietes typisches Kontrastprogramm: mit Varallo ein Ziel, dass sie unbedingt bereisen sollten, und mit den dort beginnenden Alpentälern abgeschiedene Regionen, die Sie nur bei geeignetem Wetter und Liebe zur Natur besuchen möchten. Unsere besonderen Empfehlungen sind:

- **Sacro Monte von Varallo**
- **Stadt Varallo**
- **Campingplatz von Campertogno mit seiner Pizzeria**
- **Alagna Valsesia**
- **Walserweg nach Dorca**

Obwohl man den Wallfahrtsort **Varallo** (Sesia) mit dem Wohnmobil von Orta San Giulio in weniger als einer Stunde erreicht, lässt der Tourismus spürbar nach. Das ist unverständlich, denn der **Sacro Monte di Varallo** ist der älteste und größte der Sacri Monti und wurde mit den anderen im Jahr 2003 in die UNESCO-Liste des Weltkulturerbes aufgenommen. Das allein macht ihn zum Pflichtziel und zum Bestandteil unserer persönlichen **Top Ten**. Ich habe Ihnen bei der 3. Tour schon erklärt, dass der Heilige

TOUR 4

Sacro Monte di Varallo

Berg von Varallo noch vor der Reformation das Ersatzpilgerziel für Jerusalem sein sollte, um die heiligen Stätten der Leidensgeschichte Christi nachzubilden. Mit dieser Absicht entstanden zwischen 1491 und 1493 die ersten Kapellen, in denen zunächst nur die Stationen der Passion dargestellt wurden. Damit war das Projekt aber noch nicht abgeschlossen, denn am Ende wurden es 45 Kapellen (von denen noch 44 erhalten sind) – und über allen eine stattliche Wallfahrtsbasilika (Fassade aus dem 19. Jahrhundert).

Im Sacro Monte sehen Sie 600 lebensgroße, bunt bemalte Statuen aus Holz und Terrakotta und über 4.000 an die Wände gemalte Figuren

Erst um das Jahr 1650 war die Anlage weitgehend vollendet, denn die Gegenreformation und allen voran Carlo Borromeo, der Heilige Karl (siehe Tour 1), veranlassten eine enorme Erweiterung: 600 lebensgroße, bunt bemalte Statuen aus Holz und Terrakotta und über 4.000 an die Wände gemalte Figuren zeigen Stationen des Lebens Jesu, aber auch andere Szenen der Bibel wie den Sündenfall. Besonders beeindruckend ist die Mischung aus Zwei- und Dreidimensionalität, bei der man genau hinschauen muss, um eine Plastik von einem Fresko zu unterscheiden. Wenn Sie in der zentralen Kirche, in der die Himmelfahrt Mariä nachgestellt ist, in die Kuppel blicken, werden Sie von dieser Komposition überwältigt und erkennen erst beim zweiten Blick, dass hier nicht, wie in vielen anderen Kirchen des Piemont, ausschließlich illusionistische Malerei Höhe und Tiefe vorgaukelt, sondern dass hier zusätzlich 142 plastische Personen und Engel dem Empfang Mariä im Himmel zusehen.

Die Kapellen sind alle nach dem gleichen Muster gebaut: Hinter einem überdachten Vorraum ist, abgegrenzt durch ein Holzgit-

Sacro Monte – Kapelle 1 (Adam und Eva)

ter, die Bibelepisode aufgestellt, die man nur durch Gucklöcher betrachten kann. Was vor Vandalen und Dieben schützt, lässt die Gestalten leider ziemlich im Dunkeln dastehen, weshalb Ihre Fotos nachher leuchtender sind als die Wirklichkeit. Man braucht auch ein wenig Zeit und Erfahrung, bis klar wird, dass die figürliche Darstellung der Menschen, vor allem ihre Gesichter und die Kleidung, nicht laienhaft schlicht sind. Stattdessen sollten hier Bauern in der traditionellen Tracht des Sesia-Tals dem Betrachter vermitteln, christliches Leben finde nicht in irgendwelchen unerreichbaren, fernen Ländern statt, sondern hier an Ort und Stelle. Der Sacro Monte ist eine Zeitreise, ein religiöser Comic und ein großartiges Zeugnis der Kunstgeschichte zugleich.

Sacro Monte – Himmelfahrt Mariä

Einige Leser haben mir geschrieben, sie seien von den teilweise etwas verstaubten Figuren enttäuscht gewesen. Das liegt nach meiner Einschätzung daran, dass man nicht den Fehler machen darf, sich mit großen Erwartungen in die ersten Kapellen zu stürzen, um, wenn es wirklich interessant wird, schon erschöpft abzudrehen. Versäumen Sie keinesfalls den *Einzug in Jerusalem* (Kapelle 19), das *Letzte Abendmahl* (Kapelle 20), die Szene, bei der die Heilige Veronika das Schweißtuch reicht (Kapelle 36) und die eindrucksvoll dargestellte Kreuzabnahme (Kapelle 39). Die Besichtigung des Heiligen Berges ist kostenlos, der Fußweg kürzer als befürchtet, und die Mittagspause in der Basilika scheint es nicht mehr zugeben. Sicherheitshalber sollten Sie unter www.sacromontedivarallo.org/wp/ nachsehen, weil Ihnen sonst die oben erwähnte Himmelfahrt entgeht, nach meinem Geschmack das Highlight des ganzen Sacro Monte *(9–17:30 Uhr)*.

Sie können wählen, ob Sie den Sacro Monte mit der Luftseilbahn erreichen möchten, die unten in Varallo losfährt, oder ob Sie lieber mit dem WOMO hierherfahren. Das hängt vielleicht davon ab, wo Sie übernachten, unten, im Ort oder oben, bei den Figuren. Mein Rat: Fahren Sie mit dem Wohnmobil (das vielleicht etwas kleiner als ein Reisebus sein sollte) auf den Sacro Monte und entscheiden Sie dort:

046 Varallo – Sacro Monte di Varallo

GPS: N 45°49'10" E 8°15'26". **Max. WOMOs**: 10. **Ausstattung**: Gepflegte Toilette, Mülleimer. **Beschreibung**: Der schattenlose Platz mit Rasengitter liegt außerhalb der Bebauung oberhalb der Stadt, aber nicht einsam, und ist abends klappstuhlgeeignet. Ein Ristorante an der Zufahrt (nicht direkt beim Sacro Monte) macht einen guten Eindruck. Wanderzeichen (siehe auch Kompass-App) verraten Wanderwege.
Der Parkplatz des Sacro Monte ist in drei Terrassen (eine davon begrenzt auf 2 t zulässiges Gesamtgewicht) angelegt und bietet eine schöne Aussicht ins Tal. Am geeignetsten ist die unterste Terrasse (unser Foto). **Preis**: 9-18 Uhr (So. und Fei. bis 19 Uhr) 5 € über einen Automaten nur mit Münzen. **Zufahrt**: Folgen Sie am nordöstlichen Ortsausgang über eine schmale, aber gut machbare asphaltierte Straße den Schildern ›*Sacro Monte*‹.

047 Varallo – Stadt

GPS: N 45°49'06" E 8°14'58", Via Sant'Antonio. **Max. WOMOs**: 5; mehr sind möglich, wenn man die Markierungen nicht einhält. **Öffnungszeit**:

Ganzjährig
Ausstattung: Ver- und Entsorgung (zeitweise kein Wasser), Strom. **Beschreibung**: Der nur teilweise schattige Platz auf Betonpflaster liegt fast mitten im Zentrum und ist nicht für

einen längeren Aufenthalt geeignet. Er ist Teil eines großen Parkplatzes und durch Markierungen abgetrennt. An Werktagen sind ab 7 Uhr die benachbarten Pkw-Plätze stark frequentiert. Vor allem am Dienstag (Markttag). Man steht u. U. nahe der Entsorgungsstation. Gaststätten und Geschäfte sind fußläufig erreichbar. Maximal 48 Stunden. **Preis**: 10 € plus 1 € Kurtaxe für Personen ab 12 Jahren. **Zufahrt**: Fahren Sie von der SS 299 am westlichen Ortsende nach rechts in die Via Gabbio, dann rechts in die Via Rossi, danach links in die Via Adda, dann nach rechts in die Via Sant'Antonio (große braune Wegweiser).

Wenn Sie von der Stadt mit der **Luftseilbahn** hinauffahren, hat das den Nachteil, dass Sie nicht bei der Kapelle mit der Nummer 1 ankommen. Ansonsten spricht, ganz gleich, wo Sie stehen, nichts gegen dieses Beförderungsmittel, das schon 1935 eingeweiht worden ist *(folgen Sie den braunen Schildern ›Funivia‹; Mo. bis Fr. von 9-18 Uhr, Sa., So. 9–19 Uhr; Hin- und Rückfahrt kosten 5 €).*

Freskenzyklus von Gaudenzio Ferrari

Die Stadt **Varallo** (7.200 Einwohner) lässt man leicht am Fuß des Heiligen Berges unbeachtet. Dabei hat der Renaissancemaler **Gaudenzio Ferrari** (1478–1546), der im nahen Sesiatal geboren worden ist, ein Schüler von da Vinci, nicht nur am Sacro Monte mitgewirkt, sondern auch in der Stadt bedeutsame Bilder hinterlassen. Das Meisterwerk ist in der **Chiesa Santa Maria delle Grazie** ein **Freskenzyklus** von 1513, auf dem er in 21 Teilbildern das Leben Christi dargestellt hat, die von manchen Reisenden für noch sehenswerter gehalten werden als der Sacro Monte *(Mittagspause von 11:45–15 Uhr, die Kirche schließt um 18 Uhr und liegt etwas außerhalb des geschäftigen Zentrums an der Piazza Ferrari, in derselben Straße unterhalb der Talstation der Seilbahn; außerdem se-*

TOUR 4

Varallo – am Fuß des Sacro Monte

henswerter romanischer Kreuzgang). Sie erinnern sich vielleicht an Ferraris Bild in der Kirche von Cannobio (Tour 1). Dann werden Sie auch die **Chiesa San Gaudenzio** nicht auslassen, weil dort ein Altarbild des Künstlers zu sehen ist *(keine Mittagspause, es handelt sich um die gelbe, auf einem Sockel stehende Kirche am südöstlichen Ende der lang gezogenen Hauptstraße).* Schließlich kommt noch die **Pinacoteca di Varallo** in Betracht, wo ebenfalls mehrere Arbeiten von Ferrari hängen *(10:30 – 12:30 (nur Sa. und So.) und 14:30 - 17 Uhr, Mo. geschlossen; 10 €; die Seilbahnstation im Rücken bergab und links).* Wenn Sie wenigstens die beiden Kirchen besichtigen, werden Sie zwangsläufig durch die malerische Hauptstraße von Varallo spazieren, auf einer Brücke den rauschenden Fluss überqueren und keine Sekunde daran zweifeln, dass man die Kleinstadt selbst auf keinen Fall versäumen darf.

Sie merken es, Varallo ist trotz des bescheidenen Stellplatzes einer unserer Lieblingsorte, und das dazu passende Restaurant liegt zentral mit einer schönen Terrasse über dem Fluss. Sie können im **Ristorante/Pizzeria *Sfinge*** normales italienisches Essen genießen, und Sie werden nicht schief angeschaut, wenn Sie nur eine Pizza bestellen *(Tel. 0163 51588; günstige Preise; außer im Sommer Do. geschlossen; am nordöstlichen Ende der lang gezogenen Hauptstraße, kurz vor der Brücke; kleiner Balkon).*

Der weitere Verlauf dieser Tour führt in das Val Sesia und seine beiden Seitentäler hinauf – und wieder hinab, denn die Täler haben am oberen Talschluss keinen befahrbaren Ausgang nach Norden oder Westen. So werden Sie auf dem Rückweg erneut Varallo durchqueren und liegen vielleicht dann besser in der Zeit, um die Fresken von Ferrari doch noch zu bestaunen.

Wer wenig Zeit oder keine Lust auf eine Expedition in das Land der Walser hat, der kann sich von hier direkt auf unsere 5. Tour nach Süden begeben.

Auch mit beschränkten Zeitreserven lohnt es sich, das Haupttal, es ist das **Tal der Sesia** (Val Sesia was man offenbar auseinanderschreibt, wenn man das Tal meint und zusammen, wenn von der Region die Rede ist) einmal zu durchfahren, das heißt hin und wieder zurück, es gibt nämlich auch hier keinen Ausgang. Das geht deutlich schneller als gemutmaßt, und bezüglich Straßenbreite, Steigungen und Kurven ist wirklich überhaupt nichts zu befürchten. Aber das lohnt sich nach unseren Erfahrungen nur bei gutem Wetter und, wenn man keinen Wintersport betreibt, frühestens ab Mitte Mai (bezüglich der jahreszeitlich spätestens

Campertogno

sinnvollen Reisemöglichkeit haben wir keine Erfahrungen).
Wir vermuten auch, dass gerade im Frühsommer hier die Wildwasserfahrer unterwegs sind, wenn die Sesia ordentlich Wasser führt. Denn das Tal der Sesia ist ein Eldorado für diese Sportart, deren Anhängern ich hier gar nichts verraten kann. Umgekehrt könnte mir mal einer von denen schreiben, weshalb sich Kajakfahrer beim Ablegen der Montur in eine Kunststoffkiste stellen.

Das kann man nämlich staunend beobachten, wenn man als ahnungsloser WOMO-Fahrer in **Campertogno** (240 Einwohner) in eine fremde Welt eindringt: etwa 80 kleine Zelte, ein paar Vans und nur ein Wohnmobil größer als unseres. Hier wird getrocknet, gefachsimpelt, geköchelt und gepichelt, hier schläft man auch mal bei unter 10 Grad im Schlafsack auf der Wiese, und die Stimmung ist derart positiv, dass wir uns tagelang auf diesem sympathischen Campingplatz hätten aufhalten können.

Das liegt auch an den freundlichen Betreibern und an der sensationellen Pizza:

TOUR 4

048 Campertogno – *Il Gatto e la Volpe*

GPS/Kontakt: N 45°47'50" E 8°01'56"; 800 m; Tel: 0163 77377; https://ilgattoelavolpe.it/. **Öffnungszeit**: April bis September. **Ausstattung:** Pizzeria (im Hochsommer auch Ristorante, dafür ist die Pizzeria zeitweise nur am Wochenende offen, bei unserem letzten Besuch, Ende Mai, war täglich außer Mo. geöffnet). **Beschreibung**: Der überwiegend schattige und sympathische Platz liegt direkt am Fluss und vom Ortszentrum 200 m entfernt. Dort finden Sie Lebensmittel aller Art, auch Panini, beim Metzger an der Durchgangsstraße nach etwa 350 m (Achtung: sogar der Metzger hat Mo. geschlossen, weshalb Sie an diesem Tag in Campertogno auf Vorräte zurückgreifen müssen). Wahrscheinlich können Sie im Fluss baden. Es sind Wanderwege markiert. Es gibt auf dem großen Areal nur neun Plätze, die mit Strom ausgestattet und für Wohnmobile – auch für größere – vorgesehen sind. Ich vermute, dass man Sie, wenn diese Plätze belegt sind, auch auf eines der großflächigen Wiesengelände fahren lässt. **Preis**: 30 €. **Zufahrt:** Fahren Sie vom Gemeindeparkplatz beschildert über einen Schotterweg, auf dem Sie den Fluss überqueren. **Hinweise**: Nachmittags früh schon im Schatten. Sollten Sie einmal wirklich keinen Platz finden, können Sie nach meiner Einschätzung eine Nacht auf dem Parkplatz vor der Metzgerei verbringen.

Die Holzschnitzwerkstatt *Walserbuteja* am östlichen Ortseingang erwähne ich hier nicht, weil ich Ihnen einen Einkaufsgeheimtipp verraten möchte. Das umfangreiche Sortiment von hölzernen Dingen, die niemand braucht, und wenn doch, dann nicht so, wirkt auch nicht, als liege es gerade im Trend, auch nicht bei der Generation Ü 80. Es geht mir nur um das – hölzerne – Firmenschild, auf der die Berufsbezeichnung des Schnitzmeisters steht: »*Zimmermo*«. Das dient nicht den Touristen aus *Germania*, sondern soll die Tradition des grau gelockten Meisters zur Schau stellen, ein Handwerk der Walser:

Die Walser

In den Alpenregionen des Piemont ist immer wieder davon die Rede, dass ein bestimmter Ort oder ein ganzes Tal von den Walsern besiedelt worden ist. Sie haben schon davon gehört, dass es sich um eine aus der Schweiz eingewanderte Volksgruppe handelt, aber irritiert verorten Sie mit Recht das Kleine und das Große Walsertal in das österreichische Bundesland Vorarlberg, gar nicht weit vom Bodensee. Wie passt das zusammen?

Aus wissenschaftlich noch nicht geklärten Gründen kam es im 14. Jahrhundert in Europa zu mehreren **Völkerwanderungen**, unter anderem in östliche Bereiche (daher leben bis heute noch deutsche Volksgruppen auf dem Balkan) und innerhalb des Alpenraums. Wahrscheinlich waren die landwirtschaftlichen Anbauflächen, die damals nur schlecht ausgebeutet werden konnten, für das Bevölkerungswachstum nicht mehr ausreichend. So machten sich die **Bewohner des Wallis**, überwiegend sogar aus dem Oberwallis, auf die Suche nach neuen Siedlungsgebieten. Das Oberwallis ist das schweizerische Gebiet, das in der Nähe des Simplonpasses heute an das Piemont grenzt (mit Brig im Zentrum), und es lag demnach geografisch und klimatisch nahe, über den Alpenhauptkamm nach Süden zu ziehen. Die Walser (Menschen aus dem Wallis) zogen aber in ähnlich beschwerlichen, wochenlangen Märschen genauso in alle anderen Himmelsrichtungen und weit nach Norden.

Die robusten Walser rodeten die Wälder, machten unbesiedelte Alpentäler urbar, sie bearbeiteten die kargen Böden und leiteten das Schmelzwasser über ausgeklügelte Bewässerungssysteme zu ihren Siedlungen.

Diese **Siedlungen** überschritten eine bestimmte Größe nicht. Erforderlichenfalls wurde an einem anderen, selbstverständlich sorgfältig ausgewählten Ort ein neues Dorf geplant. Hierbei bestanden die **Häuser** üblicherweise aus drei Geschossen, einem Erd- oder Untergeschoss aus ummauerten Wänden, in denen sich der Stall, der Wohnraum, die Küche und die Milchkammer befanden. Darauf aufgesetzt war in Blockbauweise aus Lärchenholz ein Stockwerk mit den Schlafzimmern und den Räumen für die Arbeitsgeräte. Im obersten Geschoss unter einem weit überlappenden Dach befand sich der Speicher für Getreide, Lebensmittel und weitere Gerätschaften. Das Gebäude war von einem Balkon umgeben, der auf seiner Vorderseite in voller Höhe mit Querstangen versehen worden ist, um dort Pflanzen und andere Gegenstände zu trocknen. Diese Querstangen kann man heutzutage immer noch ausgezeichnet erkennen. Die Dächer wurden in der Regel mit leicht spaltbaren Granitplatten gedeckt. Teilweise gab es von den Wohnhäusern getrennte Speicherhäuser.

Walserhaus mit typischen Balkonen

Geradezu ein Wahrzeichen alpiner Baukultur sind die sogenannten Mäuseplatten. Dazu wurden im unteren Bereich eines Gebäudes auf senkrechte Stützen waagrechte Steinplatten gelegt, die so glatt behauen waren, dass sich Mäuse und Ratten an ihren Unterseiten nicht festkrallen konnten.

Die Walser waren tief gläubig, ohne eine besondere Religionsgemeinschaft zu bilden. Am Ende des Sommers zogen sie in feierlichen Prozessionen und prächtigen Trachten, um Maria für die Segnung der Almen zu danken (dazu gleich). Diese Tradition wird heute noch fortgeführt.

Eine weitere Eigenheit der Walser bestand darin, sich sehr gut anpassen zu können. Notwendigerweise begannen sie Handels- und Tauschbeziehungen zu den bisherigen benachbarten Ureinwohnern, sie verbreiteten ihr Kunsthandwerk und wurden auch als talentierte Bauhandwerker engagiert. Sie versuchten nicht, die ehemaligen Bewohner zu missionieren, aber sie pflegten unter sich ihre bisherige, meist deutsche Sprache. Dieser deutsche Dialekt ist inzwischen zwar noch sichtbar, man wird als Tourist aber nicht mehr Zeuge einer in deutschem Dialekt geführten Unterhaltung. Teilweise sind Ortsnamen noch zweisprachig, also auf Italienisch und Walserdeutsch, angegeben, stellenweise entdeckt man deutsche Beschriftungen oder Wegweiser.

Acht Kilometer weiter aufwärts erreicht man den Weiler Riva Valdobbia und ein Freizeitzentrum *(Area Sportiva)* mit Tennisplätzen, Spielplätzen und Stellplatz:

049 Riva Valdobbia

GPS: N 45°50'05" E 7°57'17", SS 299, 1.080 m. **Max. WOMOs**: 30. **Öffnungszeit**: Grundsätzlich ganzjährig, im Winter bei niedrigen Schneehöhen; der Platz ist während der Woche auch im Frühsommer immer mal wieder geschlossen, ohne dass wir eine Gesetzmäßigkeit erkennen konnten. **Ausstattung**: Ver- und Entsorgung, Strom, Toilette, Dusche, Mülleimer, Spielplatz, Wanderwege. **Beschreibung**: Der geräumige, überwiegend schattenlose Platz mit einigen Bäumen liegt außerhalb der Bebauung in freier Natur. Er wird hauptsächlich während der Ferien oder am Wochenende von Einheimischen bevölkert; der Untergrund besteht teilweise aus Gras, teilweise aus Schotter, ist klappstuhlgeeignet und ähnelt einem Campingplatz. Ristorante/Pizzeria grenzen an, in der Nähe gibt es viele Wintersporteinrichtungen. **Preise**: Ab 16 €, zu entrichten an der Rezeption, zwischen 10:30–12 Uhr und 14–20 Uhr. **Zufahrt**: Der Platz liegt beschildert an der SS 299.

Versäumen Sie nicht einen Abstecher in das nahe Dorf **Riva Valdobbia** (260 Einwohner). Direkt gegenüber der Stellplatzzufahrt beginnt auf der anderen Straßenseite der SS 229 ein Fußweg, auf dem Sie nach etwa 200 Metern fast punktgenau auf die Kirche treffen, um das **Fassadengemälde** zu bewundern, mit dem Ende des 16. Jahrhunderts das Jüngste Gericht dargestellt worden ist.

Riva Valdobbia
Jüngstes Gericht

Nach zwei Kilometern folgt **Alagna Valsesia** (430 Einwohner), eine Walsersiedlung aus dem späten 13. Jahrhundert (zu dieser Siedlungsbewegung siehe in vorstehendem grauen Kasten). Der Name *Alagna* leitet sich von dem Walserdeutschen *Im Land* ab. Heute beherrscht neben dem Wandertourismus die alpine Skifahrerei die Szene, wenngleich das schon in den Sechzigerjahren hochgerüstete Skigebiet nach dem Tod des Investors längst zurückgefahren worden ist. Es gibt aber immer noch großflächige, asphaltierte, im Sommer kaum benutzte Parkplätze, die als Stellplätze umzufunktionieren uns nicht in den Sinn kommt. Teilweise ist das auch verboten. Der Ort wirkt allerdings nicht einmal Ende Mai ausgestorben, wenn die Wintersaison eindeutig vorbei ist und der Wandertourismus gerade erst zurückhaltend beginnt. Es sind dann zwar nicht alle *Ristoranti* geöffnet, gleichwohl macht es Spaß, durch den Ort zu spazieren und die eindrucksvollen Beispiele der hoch entwickelten Baukunst der Walser zu bestaunen.

Alagna Valsesia

Wer sich eingehend über die Walser informieren möchte, sollte unbedingt im höher gelegenen Ortsteil **Pedemonte** in einem Haus aus dem 17. Jahrhundert das **Walser-Museum** besuchen, was wegen der schlechten Öffnungszeit leider meistens nicht möglich ist. Das Museo Walser befindet sich etwa 80 Meter hinter der Kirche. Hier wurde ein auch von außen sehenswertes originales Walserhaus revitalisiert und mit den Gebrauchsgegenständen des 17. Jahrhunderts ausgestattet. Die Besichtigung selbst erfolgt mithilfe eines Flyers, auch in deutscher Sprache, der die einzelnen Räume erläutert (*www.alagna.it/i-walser-oggi/il-museo-walser/; siehe dort die Öffnungszeiten; man kann hier parken*). Wer es sich einrichten kann, *fährt am ersten. Oktobersonntag nach Alagna, um die Prozession Rosario Fiorito* zu fotografieren, wenn die Bevölkerung – seit 1683 – in prächtigen Trachten und mit inbrünstigen Gesängen Maria für die Segnung ihrer Almen dankt. Theoretisch könnten Sie dazu auf dem **Campingplatz** am Ortseingang übernachten, der uns wegen der vielen Dauercamper nicht gefallen hat.

Hinter Alagna ragt das beeindruckende Massiv des **Monte Rosa** mit der **Dufour-Spitze** als höchstem Gipfel der Formation und höchstem Berg der Schweiz auf. Mit 4.634 Metern ist sie der zweithöchste Berg der Alpen (nach dem Mont Blanc mit 4.810 Metern). Der Teil des Berges, über den die Grenze verläuft, ist zugleich die zweithöchste Erhebung in Italien (nach dem Grenzverlauf am Mont Blanc). *Wikipedia* erläutert Ihnen, wie Sie den Berg besteigen und wie Sie abfahren. In unserem Buch wollen Sie allenfalls erfahren, wie Sie sich zu Fuß dem Massiv ein kleines Stück nähern – und wie Sie nach einem problemlosen Anstieg den stechenden Durst löschen:

Von Alagna zum *Rifugio Pastore*

Damit sich das Schnüren der Wanderstiefel überhaupt lohnt und weil das Wohnmobil besser behütet parkt, starten wir entweder auf dem Stellplatz von Riva Valdobbia, was die Wanderstrecke um insgesamt rund vier Kilometer verlängert, oder auf einem der großen Parkplätze in Alagna. Theoretisch können Sie auch am Walsermuseum noch etwa 500 Meter bergauf nach Norden fahren, um den dortigen Großparkplatz als Ausgangspunkt zu wählen (von Alagna hierher ist es etwa ein Kilometer).

Ab dem **Schlagbaum** (oder Verbotszeichen) wandern wir allmählich über einer asphaltierten Straße bergauf. Deutlich sind noch die Steinbrüche und Minenreste zu sehen, die von dem Bergbau zeugen, der bereits seit dem 16. Jahrhundert Gold und andere Mineralien gefördert hat. Auch die Walser fanden dort Arbeit.

Wir folgen dem Weg bis zum *Rifugio Pastore*, wo drei Möglichkeiten bestehen: mithilfe einer Karte oder App weiterwandern, solange man will, umkehren – oder sich erst stärken und dann umkehren.

Da das Tal hier endet, fahren Sie zwangsläufig auf dem Hinweg zurück, und falls Sie von diesem Teil der Welt noch mehr kennenlernen möchten, müssen Sie in **Balmuccia** (105 Einwohner) nach Norden in Richtung Carcoforo abbiegen. Hinter dem Weiler Boccioleto überqueren Sie den Fluss und entdecken am Gegenhang wieder einige halbverlassene Kleinsiedlungen. Nach dem blauen

Im Val Sesia

Schild, das Kilometer ›8‹ anzeigt, und nach einer kurzen Betongalerie taucht am Ende einer langen Rechtskurve eine sehenswerte **romanische Brücke** auf (etwa 250 Meter weiter können Sie rechts halten und aussteigen). Und zehn Kilometer nach Balmuccia erklimmen Sie auf der SP 10 über eine Gerbirgsstufe, an welcher der Fluss Sermenza aufgestaut ist, den Ort **Rimasco** (120 Einwohner). Im Staudamm befindet sich ein kleines Wasserkraftwerk, davor eine Absperrung mit Badeverbot, mit dem verhindert werden soll, dass Sie in der Turbine zu Fischfutter zerhackt werden. Trotzdem bezaubert Sie am gegenüberliegenden nördlichen Ende des Stausees ein kleiner privater Stellplatz:

050 Rimasco – *Il Laghetto*

GPS/Kontakt: N 45°51'39" E 8°03'53", Loc. Spondo Lago, 900 m. Tel. 0163 954228. **Max. WOMOs:** 25. **Öffnungszeit**: Mai bis September. **Ausstattung:** Ver- und Entsorgung, Strom, Picknickbänke, Restaurant, das am Wochenende so gut besucht ist, dass Sie unbedingt reservieren müssen *(Mo. geschlossen, meistens nur am Wochenende geöffnet, ambitionierte Küche, etwas höhere Preise)*, Lebensmittel und Bäckerei auf der Piazza. **Beschreibung**: Der teilweise schattige Platz liegt direkt am See und vom kleinen Ortszentrum: 300 m entfernt, in dem wir einen Lebensmittelladen nicht entdecken konnten, erinnert an einen Campingplatz ohne Sanitäreinrichtungen. Im See gilt eigentlich Badeverbot, man kann sich ein wenig abkühlen und angeln. Das Gelände ist ein idealer Ausgangspunkt für die nachstehend beschriebene Wanderung nach Dorca. **Preis**: 10 €. **Zufahrt:** Biegen Sie unmittelbar hinter der Brücke auf der Straße nach Carcoforo rechts ab.

Wenn Sie von unserer Ortsbezeichnung irritiert werden, liegt das daran, dass sich der Ort Rimasco vor Kurzem mit den Ortsteilen Rima und San Giuseppe vereinigt hat und die derart gebildete Gemeinde **Alto Sermenza** heißt. In Rimasco zweigt die Straße in das Nebental zu den neuen Geschwistern ab, unter denen Sie vor **Rima** beim Auftauchen blauer Schilder rechtzeitig einen Parkplatz suchen müssen. Wer hierher fährt, muss schon eine besondere Affinität zu diesem abgelegenen Seitental besitzen und wird dann auch gerne das Museum über den Kunstmarmor aus Rima besichtigen, das **Museo del Marmo Artificiale** (auch *Casa del marmo*, deren Öffnungszeiten ich leider nicht ermitteln konnte, weil es möglicherweise geschlossen wurde). Bei dem Kunstmarmor handelt es sich um echtem Marmor täuschend ähnlich ausgeführte Gipsarbeiten, für welche die Bevölkerung des Tales einst berühmt war und die sie bis nach Deutschland, Skandinavien und Osteuropa brachte. Selbst Museen und Theater wurden mit dem Schein-Marmor ausgestattet, der sich flexibel an die Oberflächen von Nischen und Pfeilern anschmiegen ließ und den Import und die Bearbeitung von echtem Marmor verzichtbar machte.

Zurück in Rimasco fahren wir im **Val d'Egua** auf der SP 11 nach Norden. Die Straße ist schmal, aber für alle WOMO-Größen geeignet und folgt kurvig dem rauschenden und bei Wildwasserfahrern ebenfalls beliebten Torrente Egua. Schon 1,5 Kilometer nach genannter Einmündung in Rimasco sehen wir rechts der Straße einen kleinen Parkplatz, der sich ausgezeichnet für eine relativ kurze, aber erlebnisreiche Wanderung eignet:

Auf dem Walserweg nach Dorca

Jener Parkplatz liegt nördlich einer Doppelkurve bei N 45°52'08" E 8°04'04". Noch geeigneter als Ausgangspunkt ist der vorerwähnte Stellplatz, weil dort Ihr Fahrzeug gut bewacht steht. Wenn Sie entlang der Straße spazieren – einen anderen Weg kenne ich nicht – müssen Sie bis zu jenem Parkplatz zusätzlich 1,2 Kilometer bewältigen. An dem Parkplatz entdecken Sie ein Wanderzeichen und eine Infotafel mit der Aufschrift *›Walserdorf Dorca‹*.

Im linken Teil des Parkplatzes rätseln Sie über den Zweck eines merkwürdigen Pavillons, hinter dem der Einstieg auf unseren Wanderweg beginnt. Verwechseln Sie diesen nicht mit dem nach rechts führenden breiten Fahrweg, der bei einem Bauernhaus endet.

Es geht zunächst etwas holprig über Stock und Stein, teilweise auch steil bergauf, ehe Sie nach etwa 20 Minuten die kleine Almsiedlung **Sotto il Montù** erreichen, jenseits derer der Pfad sich über eine Wiese nach links wendet und nach 200 Metern auf den Waldrand trifft.

Hier beginnt ein wunderschöner historischer Weg, der von den Walsern vermutlich schon zum Ende des 13. Jahrhunderts angelegt worden ist. Befestigung und Oberfläche der Trasse bestehen aus behauenen, vor Ort gefundenen Steinplatten, auf denen die Maultiere über eine Strecke von knapp zwei Kilometer bei gleichmäßiger Steigung rund 300 Höhenmeter überwunden haben.

Der Weg endet 45 Minuten nach Sotto il Montù auf 1.253 m im Dorf **Dorca**, im Jahr 1276 von den Walsern gegründet (wenn nicht sogar in antiker Zeit von den sogenannten Kelten), aufgegeben im 18. Jahrhundert und im 20. Jahrhundert wiederentdeckt. Gut 15 Gebäude mit Kirche (Fresken an den Außenwänden) und Brunnen besiedeln hier ein kleines Hochplateau und werden allmählich wieder bewohnt.

Hier kehren Sie um und wandern auf demselben Weg zurück. Sie benötigen ab dem Parkplatz insgesamt gut **2 Stunden**. Eine Karte ist nicht erforderlich; der Weg ist auf der Kompass-Karte und demnach auch auf der Kompass-App eingezeichnet.

Auf der Weiterfahrt nach Norden weitet sich das Tal hinter dem Weiler Ferrate überraschend auf, und nach zwei kurzen Tunneldurchfahrten kommt **Carcoforo** (70 Einwohner) in Sicht. Noch vor den Häusern liegt links ein Gelände, das man als Referenzstellplatz allen Alpenkommunen präsentieren müsste. Besser kann man bei gutem Wetter im Gebirge kaum stehen:

051 Carcoforo – *Giare*

GPS/Kontakt: N 45°54'23" E 8°03'09", 1.300 m, Tel. 347 723697.
Max. WOMOs: 50. **Öffnungszeit**: 15.5. - 15.11. Der Platz ist auch in der restlichen Zeit nutzbar, aber nicht versorgt und dann kostenlos.
Ausstattung: Ver- und Entsorgung, Strom, Toilette, warme Dusche (beides sehr schlicht), Mülleimer, Picknickbänke, 2 Restaurants im Ort..
Beschreibung: Der sehr geräumige, klappstuhlgeeignete Wiesenplatz mit einigen Nadelbäumen liegt in Sichtweite der Häuser an einem rauschenden Bach. Der Platz wird am Wochenende gut besucht, außerhalb der Ferien und während der Woche stehen Sie selten auch mal allein. Wenn es Ihnen dann zu einsam wird, können Sie auch am Beginn der Bebauung übernachten. Das ist kein Campingplatz im eigentlichen Sinn, da es weder eine Umzäunung noch einen präsenten Platzwart gibt. Ihnen stehen zahlreiche Wanderwege zur Verfügung. Man kann im Ort allenfalls noch an Sommerwochenenden etwas kaufen.
Preise: 13 €, am Wochenende pauschal 20 € für 2 Tage, es kommt ein Kassierer. **Zufahrt**: Der Platz liegt an der SP 11 vor dem Ortseingang links.

Das Dorf wurde 1863 von einem verheerenden Brand heimgesucht. Bei genauem Hinschauen kann man die verschonte Substanz gut von dem Wiedererbauten unterscheiden. Früher hatten wir Ihnen in Carcoforo Ristoranti empfohlen. Keines von denen konnte in der Abgeschiedenheit überleben. Zeitweise gab es nur

TOUR 4

In Ferrate

noch eine kleine Bar. Die jetzt Wiedereröffneten haben wir noch nicht getestet. Das Fehlen einer Gaststätte wäre auf jener schönen Wiese zu verschmerzen, jedenfalls bei gutem Wetter. Bei tief hängenden Wolken und Regen macht das Gebirge nirgendwo Spaß.

Den Rückweg unterbrechen wir kurz, um uns wenige Kilometer südlich von Carcoforo, in **Ferrate**, die schöne, bemalte Stirnseite der Kirche anzuschauen. Solche Fassaden sind in diesem Teil des Piemont häufiger erhalten geblieben und werden uns auch auf unserer 6. Tour erfreuen.

Nicht ganz so lohnend finden wir das zweite Nebental des Val Sesia, das **Val Mastallone**, auch wenn die einfache Strecke ab Varallo bis zum Talschluss beim Walserort Rimella nur rund 21 Kilometer und bis nach Fobello gerade 17 Kilometer beträgt.

Der Weg ist leicht zu finden: Sie biegen nämlich, wenn Sie den Stellplatz unten in Varallo (Centro) verlassen, rechts ab und halten nach genau 3,7 Kilometer in einer Linkskurve in einer deutlichen Ausbuchtung rechts der Straße, um den **Ponte della Gula** zu bestaunen, eine rundbogige, mittelalterliche Brücke über einer tiefen Schlucht *(die Brücke ist nicht leicht zu erkennen, sie liegt noch vor einem großen, braunen Schild über der Straße; N 45°50'40" E 8°14'57")*.

Genau 6,6 Kilometer nach jenem Stellplatz von Varallo, zwischen den kleinen Orten Sabbia und Cravagliana, taucht

Ponte della Gula

ein privater Stellplatz (auf dem man auch zelten darf) etwas einsam und unvermittelt rechts der Straße auf:

052 Cravagliana – *Piano delle Fate*

GPS/Kontakt: N 45°51'07" E 8°13'31", SP 9, 600 m, Tel. 0163 560877. **Max. WOMOs**: 28. **Öffnungszeit**: 15.3.–15.10. **Ausstattung**: Ver- und Entsorgung, Strom, Toilette, Dusche, Picknickbänke, Gaststätte (diese ist im Juli/August Mo. geschlossen, in der restlichen Zeit von Mo. bis Do.). **Beschreibung**: Der Platz grenzt direkt an die wenig befahrene Straße, aber er liegt weitab jeglicher nennenswerter Ortschaft. Auf dem grasigen, klappstuhlgeeigneten und teilweise baumbestandenen Untergrund steht man wie auf einem Campingplatz. Das ist ein typischer Wochenenderholungsplatz (dann mit Gaststätte). Entsprechend ist er von Fr. bis So. sehr gut und in der restlichen Zeit sehr wenig besucht. **Preis**: 20 € inkl. Strom. **Zufahrt**: Der Platz liegt an der SP 9, rechterhand und 6,6 km hinter Varallo.

TOUR 4

Auf der folgenden Strecke hatten wir in früheren Auflagen kleinere Besonderheiten in petto, beispielsweise einen Badeplatz Das gebe ich auf, weil Sie nirgendwo vernünftig anhalten können. Eine Park- und Einkaufsmöglichkeit bietet sich erst wieder in **Fobello** (190 Einwohner) an, aber ich bin nicht sicher, ob Sie dort weiterhin übernachten können, weil das Gelände, das uns früher gut gefallen hat, nicht mehr so gepflegt schien. Um nachzusehen, müssen Sie am südlichen Ortsanfang über die Brücke auf den Friedhof zufahren und vor dem Friedhofstor links noch etwa 200 Meter dem Fluss folgen:

053 N 45°53'15" E 8°09'44", eher einsam.

Wer sich von dieser abgelegenen und von Touristen sorgsam gemiedenen Alpenlandschaft nicht trennen kann und tunlichst obendrein ein nicht zu breites Fahrzeug fährt, schlägt sich an der Ponte Due Acque, hinauf nach **Rimella** (135 Einwohner), das man weit oben, fast kulissenartig erhöht, über einige Serpentinen erreicht. Am Ortseingang dieses Walserdorfes besitzt ein Parkplatz die Kapazität für ein bis zwei größere Wohnmobile. Übernachten würden wir hier allerdings nicht. Und weiterfahren auch nicht. Vor der Kirche informieren mehrsprachige Texttafeln über das Dorf und seine Geschichte, es sind zwei Wanderwege dargestellt (wie auch auf der Kompass-Karte und Kompass-App), aber irgendwie fragt man schnell nach dem Sinn der Mühe der Fahrt hierher, wenn man nicht wandert.

Und man gurkt zurück nach Varallo, weil einen bei zu viel Abgeschiedenheit und ohne Wanderabsichten überraschend schnell der Wunsch nach etwas Betriebsamkeit einholt.

Tour 5

25 km
N
zum Lago d'Orta
Tour 3
Varallo
Tour 4
Alagna
Val Sesia
Borgosesia
Fiume Sésia
232
Pray
Bielmonte
054
Trivero
Panoramica Zegna
056
Oropa
594
nach Aosta
055
057
Biella
Pollone
Ricetto
059
Candelo
058
060
nach Novara
Santuario di Graglia
Dora Baltea
143
4
5
228
Lago di Viverone
061
Ivrea
C
Viverone
Tour 6
062
nach Vercelli
Caravino
Castello di Masino
063
26
78
064
Lago di Candia
Castello di Mazzé
4
26
Mandria
5
Fiume Po
Chivasso
065
590
4
590
068
Berzano di San P.
066
33
Albugnano
067
Abbazia di Vezzolano
TORINO
Tour 8

Biellese, Canavese, ein Abstecher über den Po

220 km

Diese Tour führt Sie über eine bekannte Aussichtsstraße und im Übergang zwischen dem Hochgebirge und der Ebene zur bombastischen Anlage der Marienverehrung, dem Santuario di Oropa. In einem Abstecher fahren Sie am Lago di Viverone vorbei in die Hügel südlich des Po. Nicht entgehen lassen würde ich mir:

- **Panoramica Zegna**
- **Ricetto di Candelo**
- **Blick auf die größte Gletschermoräne Europas**
- **Gebäckstücke der *Pasticceria Bonfante* in Chivasso**
- **Abbazia di Vezzolano**

Auf dieser Tour kehren wir vorübergehend den Tälern des Hochgebirges den Rücken und gelangen von Varallo entlang dem Flussbett der Sesia nach Süden. Wir umfahren **Borgosesia** (14.500 Einwohner) auf dem Ostufer, um südwestlich davon eine Alpenstraße ganz anderer Art kennenzulernen: Bei der 3. Tour haben wir zwischen höchsten Alpengipfeln eine Höhe von 1.300 Metern in einem Tal erreicht, während wir nun von einer Kammstraße auf fast 1.500 Metern in die Weite blicken, nachdem wir den braunen Wegweisern zur ›***Panoramica Zegna***‹ gefolgt sind:

Panoramica Zegna und Oasi Zegna

Die 26 Kilometer lange, aussichtsreiche Hochstraße, die Strada Statale 232, erstreckt sich in ostwestlicher Richtung und verbindet Trivero mit Rosazza. Sie verläuft auf einer Höhe zwischen 700 und 1.495 Meter und ist die Verkehrsader der **Oasi Zegna**. Aber was ist die Oasi Zegna?

Namensgeber ist **Ermenegildo Zegna**, der als jüngstes von acht Kindern bereits 1910 mit 18 Jahren in die kleine Weberei seines Vaters in **Trivero** eingestiegen ist. Er baute das Unternehmen schnell aus und spezialisierte sich auf hochwertige Wollstoffe mit seidigem, edlem Griff, mit denen zu jener Zeit England den Weltmarkt beherrschte. Trotz schlechter Zeiten nach dem Ersten Weltkrieg war die Nachfrage nach diesem Qualitätsprodukt so groß, dass in Trivero (5.000 Einwohner) mit dem Geld von Zegna bereits ein Versammlungssaal, eine Bibliothek, eine Turnhalle, ein Theater mit Kino und ein öffentliches Schwimmbad in Betrieb gehen durften. Der Betuchte hatte nämlich erkannt, dass die Produktivität und Loyalität seiner Arbeiter durch Feierabendunterhaltung gesteigert wurden, dass man die Menschen auch mit Wochenenderholung bei der Stange halten musste.

Damit sah es allerdings in der Umgebung von Trivero schlecht aus. Die Berghänge waren zur Brennstoffgewinnung abgeholzt und obendrein schwer erreichbar. So war es nicht ganz uneigennützig, dass Ermenegildo 500.000 Nadelbäume, Rhododendren und Hortensien pflanzen ließ und dass er, damit die Mitarbeiter das Erholungsgebiet überhaupt besuchen konnten, im Jahr 1938 mit dem Bau einer Straße, der heutigen **Panoramica Zegna**, begann.

Zu dieser Zeit exportierte Zegna bereits in zwölf Länder und hatte den amerikanischen Markt im Visier. Doch der Ausbruch des Zweiten Weltkrieges störte die Expansion gravierend, weil keine Wolle mehr aus Australien importiert werden konnte. Um die Arbeiter weiter zu beschäftigen, wurden sie zum Straßenbau eingesetzt, sodass ein erheblicher Teil der Panoramastraße in schlechten Zeiten mit den in guten Zeiten angesparten Mitteln verwirklicht worden ist.

In den Sechzigerjahren kamen in dem 100 Quadratkilometer großen Terrain, das sich **Oasi Zegna** nennt, Skilifte und ein Hotel dazu, später wurden Wanderwege angelegt, ein Ökomuseum und diverse weitere Einrichtungen, die der moderne Mensch zum Leben in der Natur benötigt. Vor allem wurde ein Wohnmobilstellplatz ausgewiesen, worauf ich gleich zurückkomme.

Heute beschäftigt die Enkelgeneration der Familie Zegna weltweit 7.000 Mitarbeiter bei der Herstellung von Stoffen, aber auch von hochwertiger Bekleidung. Kein Zegna-Familienmitglied darf seine Firmenanteile an andere als die Familienmitglieder verkaufen – und auch das nur mit einem schmerzlichen Preisabschlag auf den Marktwert. Das ist angeblich noch nie vorgekommen.

Die Firma ***Ermenegildo Zegna*** betreibt in **Trivero** in der Via Marconi 44 ein **Outlet Center**, das wir selbst noch nicht besucht haben. Ich kann daher zum Preisniveau nichts sagen. Klar ist allerdings, dass *Zegna* grundsätzlich hochpreisige Produkte anbietet. Aber seitdem selbst typische Anzugträger, wie zum Beispiel Anwälte, gerne mit dem Wohnmobil verreisen, könnte die Adresse auch in diesem Reiseführer möglicherweise sinnvoll sein *(Di.–Sa. 10–13 und 14–19 Uhr)*.

Die ersten Kilometer der Straße führen hinter Trivero durch eine im Mai außerordentlich sehenswerte Parklandschaft aus Rhododendron- und Kastanienhainen, später wird die Vegetation ungezähmter und alpiner, weshalb bald der Rhododendron fehlt.

Über eine Serie von Serpentinen erklimmt man den Höhenzug und setzt die Fahrt kurz unterhalb eines atemberaubenden Grates fort. Immer wieder laden Park- und Picknickplätze zum Anhalten ein. Sie sind Ausgangspunkt für zahlreiche Wanderungen, deren Wege ausgezeichnet beschildert sind. Im Norden erkennt man den Alpenhauptkamm, und im Westen liegen in der Ferne die Gipfel des Seealpenbogens im Blick, im Südosten die Ebene des **Biellese**.

Bielmonte, die einzige Ansammlung weniger Häuser an der *Strada*, ist eigentlich nur im Winter belebt, wenn sie ein kleines Skigebiet bedient. Knapp einen Kilometer weiter auf dem Weg nach Westen folgt ein ebenso ungewöhnlicher wie schöner Stellplatz:

054 Bielmonte

GPS: N 45°39'50" E 8°04'16", SS 232. **Max. WOMOs**: 9, mehr sind möglich. **Öffnungszeit**: Ganzjährig. **Ausstattung**: Ver- und Entsorgung, Strom, Toilette, Dusche, Mülleimer, Wanderwege. **Beschreibung**: Am Rand einer schattenlosen Fläche in der Größe eines Regionalflughafens sind 9 Stellplätze für Wohnmobile mit Stromversorgung ausgewiesen. Man kann aber überall stehen (siehe Foto). In dieser schönen Lage macht es sogar Spaß, auf einem Asphaltplatz auf Klappstühlen in den Abend zu gleiten. Im Prinzip ist der Platz einsam, es stehen aber so gut wie immer andere Wohnmobile dort. Bei schlechtem Wetter und Gewitter steht man ziemlich exponiert. Dann macht die Nacht hier keinen Sinn. Die Gaststätte *(Wing over Bar, Do. geschlossen)* ist trotz kleiner Karte gut besucht, .

Preise: Auf dem gesamten Platz 8 €/Tag; für Strom, Wasser und Benutzung des Sanitärraums nochmals 4 €.
Zufahrt: Der Platz ist westlich von Bielmonte als P 2 beschildert.

Der Ort bietet eine fantastische Aussicht und an Sommerwochenenden manchmal tollkühne Darbietungen von Asphaltseglern und Lenkdrachen-Freaks.

Am Ende der Panoramastraße, kurz vor Rosazza, würde man gerne auf direktem Weg nach Oropa weiterkurven. Tun Sie es nicht, selbst wenn Ihr Fahrzeug nicht breiter als die erlaubten 2,30 Meter und kein klassisches Wohnmobil ist, wie es auf dem Verbotsschild symbolhaft abgebildet wird. Ein Ducato-Kastenwagen mit langem Radstand ist schon zu groß, zumal er nur wenig höher als 2,50 Meter sein dürfte. Sogar die Chauffeure vierradgetriebener VW-Busse schwitzen Blut und Wasser.

Ehemalige Fabrikanlagen in Biella

Sie wählen also den Weg über **Biella** (44.500 Einwohner), das dem Umland, dem Biellese, seinen Namen gegeben hat. In dieser Stadt halten die meisten Leser nur für eine Stippvisite an. Am besten parken Sie auf einem für Wohnmobile ausgewiesenen Gelände, auf dem ich nie übernachten würde, dass ich aber für die Stadtbesichtigung gut eignet

055 N 45°33'45" E 8°03'31"; Via Torino 4.

Von hier ist es zu Fuß gut einen Kilometer nach Nordwesten quer durch das nicht ganz so alte Zentrum zu einer Bergbahn (*Funicolare*, Piazza Eugenio Curiel), mit der Sie hinauf ins lang gestreckte mittelalterliche **Stadtviertel Piazzo** rattern. Wenn Sie sich dort sattgesehen haben, fahren Sie weiter. Am besten konzentrieren Sie sich dabei ausschließlich auf den Verkehr und sehen seitwärts nicht so genau aus dem Fenster. Die weiträumig leer stehenden Fabrikanlagen und Spinnereien lasten nämlich auf der Seele. Sie künden von einer unwiederbringlich vergangenen Zeit, und die Wahlpropaganda einzelner Parteien auf den Plakatwänden davor weckt nur wenig Zuversicht für die Zukunft.

Santuario di Oropa

Schauen Sie lieber nach den braunen Wegweisern zum **Santuario di Oropa**, solange dieses noch nicht selbst in den Blick gerät. Und achten Sie vor den Kurven auf den Gegenverkehr, der Sie hier allerdings nicht vor echte Probleme stellt, weil die Straße breit und bestens ausgebaut ist. Muss sie doch tagtäglich einer Armada von Reisebussen standhalten, nachdem die Schmalspurbahn zwischen Biella und Oropa bereits 1958 ihren Betrieb eingestellt hat (am Kopf des südöstlichen Flügels des Santuarios kann die Endstation der Zugverbindung besichtigt werden).

Das Santuario di Oropa hat sich zu einem der bedeutendsten Schauplätze der Marienverehrung Italiens entwickelt

Das Santuario di Oropa hat sich nämlich zu einem der bedeutendsten Schauplätze der Marienverehrung Italiens entwickelt, weil in dem Heiligtum, das wahrscheinlich auf das 4. Jahrhundert zurückgeht, seit dem 14. Jahrhundert eine **Schwarze Madonna** angebetet wird. Schwarze Marien hatten wir auf unseren Reisen schon öfter, und Sie fragen sich, was es damit auf sich hat. Einen Migrationshintergrund kann man ebenso ausschließen wie eine allmähliche Schwärzung des Antlitzes durch Kerzenrauch. Sehr viel mehr hat die Religionswissenschaft bislang nicht herausbekommen, weder zur Madonna von Oropa noch zu den meisten anderen, die von Anfang an in voller

Absicht aus schwarzem Material hergestellt worden waren. Allen Schwarzen Madonnen dieser Welt werden Wunderdinge zugeschrieben; der von Oropa, dass sie trotz ihres Alters nicht wurmstichig ist, dass sich auf ihr niemals Staub bildet und dass ihr Fuß trotz der millionenfachen Berührung durch gläubige und sicher auch klebrige Hände keine Verschleißerscheinungen erkennen lässt. Die Statue wird in der alten kleinen Wallfahrtskirche aufbewahrt, welche in der Gesamtanlage kaum noch auffällt. Zur Zeit des Barock, im Verlauf des 17. Jahrhunderts, wurde nämlich das Ensemble mit der Hilfe der berühmtesten Architekten, unter ihnen Juvarra (siehe bei Turin, Tour 8), extrem erweitert, um die Pilger zu beherbergen, aber auch um den Strom der Massen zu lenken und um mit ihm ein Geschäft zu machen. An letzterem hat sich bis jetzt wenig geändert, bis hin zu einem Laden, der Gesundheitsprodukte verkauft und an dessen Sortiment man entnehmen kann, welcher Altersgruppe die modernen Kunden angehören. Die Heilmittel betreffen überwiegend Organe in der Mitte des menschlichen Körpers.

Das dominierende Bauwerk ist heute die riesige **Kuppelkirche**, die Chiesa Nova, am oberen Ende der Anlage, ein fast groteskes Religionsmonstrum, das erst 1960 fertiggestellt worden ist. Man fragt sich, ob die Bergluft auf 1160 Meter Höhe einem solchen Gebäude schadet oder ob man in der Neuzeit einfach schlechte Materialien verwendet hat. Der Riesenbau war nämlich jahrelang eingerüstet und musste grundlegend saniert werden. Für die Errichtung dieser Kirche hatte man ordentlich Geld gesammelt, was Sie bemerken, wenn Sie durch die Arkaden unterhalb schreiten und die steinernen Tafeln an den Wänden betrachten. Gedacht wird dort nicht verstorbener kirchlicher Würdenträger oder der Gefallenen beider Weltkriege, sondern der Spender, wohlgeordnet nach der Höhe der zugewendeten Beträge und auf über 100 Meter Länge *(täglich 8–20 Uhr, kostenlos)*.

Die Bauten sind zugleich das Herzstück eines kleineren **Sacro Monte**, der hier als Beiwerk fast übersehen wird und längst nicht den Reiz der Sacri Monti von Orta oder Varallo besitzt. Aber dank ihm gehört auch Oropa zum UNESCO-Weltkulturerbe.

Das alles soll nicht so klingen, als wollte ich Ihnen einen Besuch Oropas ausreden. Ganz im Gegenteil, die imposante Lage

Santuario di Oropa – rechts der Stellplatz

vor dem Halbrund des 2.335 Meter hohen Monte Mucrone gehört zu den großen Piemonterlebnissen, wenn das Wetter stimmt und der Ansturm nicht zu groß ist. Im Sommer wird bei guter Witterung noch viel mehr geboten als Frömmelei: eine Seilbahn hinauf zum Lago di Mucrone auf 1.900 Meter *(8.30–16.30 Uhr; 14 €)*, ein Botanischer Garten *(Mo. geschlossen, 5 €)*, ein Klettergarten und etwa 14 Ristoranti, Bars und Cafés. Wir kennen das Gelände nur aus dem Frühjahr, einer Zeit, in der uns nichts ferner gelegen hätte, als hier oben auf dem offiziellen Stellplatz zu übernachten, der auch nur im Sommer geöffnet ist:

056 Santuario di Oropa

GPS/Kontakt: N 45°37'43" E 7°58'33". 1.200 m, Tel. 015 25551200; www.santuariodioropa.it/area-camper/. **Max. WOMOs**: 31. **Öffnungszeit**: Ende März bis Oktober. **Ausstattung**: Ver- und Entsorgung (hinter der Schranke), Strom, Toilette, warme Dusche, Mülleimer, Picknickbänke. **Beschreibung**: Der schattige Platz liegt außerorts auf dem Gelände des Santuario, er ist im Prinzip einsam, aber im Sommer regelmäßig besucht; Betonpflaster, klappstuhlgeeignet, leicht abschüssig, Läden und Restaurants, Wanderwege, Freizeiteinrichtungen.
Preis: 17 € / Nacht. Sie müssen an der **Rezeption** etwa 200 m weiter unten (im ersten Innenhof rechts am besten schon bei der Zufahrt) eine Magnetkarte für die Schranke und einen Schlüssel für das Sanitärgebäude abholen (5 € Kaution; die Öffnungszeit dieser Rezeption bis 18 Uhr und 22–24 Uhr). **Zufahrt**: Fahren Sie vom Tal kommend links am Haupttrakt vorbei und oberhalb der Kuppelkirche sowie links der Talstation der Seilbahn auf ein ausgeschildertes Plateau.

Achtung: Zahlreiche Schilder verbieten das Parken von Wohnmobilen außerhalb des offiziellen Stellplatzes. Das ist eine abwegige Regelung, wenn man bedenkt, dass dieser Platz mehrere Monate im Jahr geschlossen ist. In der Osterwoche standen wir tagsüber mit etwa zwanzig anderen Wohnmobilen völlig unbeanstandet auf dem oberen Parkplatz in der Nähe der Seilbahnstation. Ich halte es für naheliegend, dass das auch während des Sommers möglich ist, solange Sie hier nicht übernachten.

Auf der Rückfahrt in Richtung Biella erreichen wir den stillen Ort **Favaro**, an dessen Ende sich nach einer Unterführung und vor einer linken Spitzkehre eine Abzweigung nach rechts versteckt. Diese müssen Sie nehmen, um zu einem schönen Stellplatz zu gelangen, um in **Pollone** (2.100 Einwohner) zu dem ausgeschilderten Parkplatz des **Parco della Burcina** zu gelangen, einem riesigen Botanischen Garten, den der Textilfabrikant Piacenza schon in der Mitte des 19. Jahrhunderts auf über 50 Hektar hügeliger Landschaft im Stil eines Englischen Gartens angelegt hat. Legendär ist auch hier die Blüte der vielen Rhododendren im Mai. Der Eintritt in den Park ist für Fußgänger kostenlos.

Rhododendren im Parco della Burcina

Vor dem Landschaftspark liegt ein offizieller Stellplatz, der ganzjährig geöffnet und eine deutlich tiefer liegende, also frühjahrstaugliche Alternative zu Oropa ist:

057 Pollone – *Parco della Burcina*

GPS: N 45°35'06'" E 8°00'16". Via F. Piacenza; 600 m. **Max. WOMOs**: 24. **Öffnungszeit**: Ganzjährig. **Ausstattung**: Ver- und Entsorgung, Toilette, warme Dusche (zurzeit nicht mehr in Betrieb), Strom, Mülleimer, Picknickbänke. **Beschreibung**: Der Platz mit klappstuhlgeeignetem Rasenpflaster ist von noch relativ jungen Bäumen gesäumt und liegt am Rand der Ortschaft, jedoch nicht einsam; Spielplatz, Gaststätten und Lebensmittelladen sind in der Nähe oder fußläufig erreichbar. **Preis**:14 € / Tag (inkl. Strom). **Zufahrt**: Folgen Sie in Pollone dem Wegweiser zum ›*Parco della Burcina*‹. Ab der im vorstehenden Text erwähnten Spitzkehre gelangen wir scharf nach rechts abbiegend wieder bergauf an den Ortsrand und zweigen gleich wieder links ab. Ein kleines Sträßchen schlängelt sich etwa vier Kilometer durch den Wald hinab bis zu einer T-Kreuzung, an der wir links abbiegen. Auf dieser Strecke ist eine Spitzkehre so eng, dass ein Fiat/Citroën/Peugeot mit langem Radstand zurücksetzen muss. Das ist nicht schlimm. Wer empfindlich ist, sollte diese Route daher nur bergab, also in der von uns empfohlenen Fahrtrichtung oder die weiter südliche Zufahrt nach Pollone wählen.

Die Firma *Piacenza*, deren Produktionsstätte an den Stellplatz angrenzt, betreibt übrigens in Pollone einen Fabrikverkauf, wo Sie zu hohen Preisen edle Cashmerekleidung erwerben können.

Das kleinere Gegenstück von Opa liegt südwestlich von Pollone und ist das **Santuario di Graglia** nordwestlich von **Graglia** (1.600 Einwohner). Die Straßenführung muss ich Ihnen dank der flächendeckend aufgestellten braunen Wegweiser nicht erläutern. Auch hier ist die Bergkulisse mit Abstand das Beste. Die **Wallfahrtskirche**, gewidmet der Schwarzen (!) Madonna von Loreto (siehe dazu meinen Reiseführer zu Umbrien und den Marken), stammt aus dem 17. Jahrhundert, die achteckige Kuppel wurde hier schon 1870, immerhin 90 Jahre vor derjenigen von Oropa fertiggestellt, was man von der unverputzt gebliebenen Fassade und anderen Bauteilen nicht behaupten kann, die unvollendet geblieben sind *(Mittagspause von 12 bis 14 Uhr)*.

Auch bei Graglia war ein Sacro Monte in Arbeit, auf dem man in 33 Kapellen, eine für jedes Lebensjahr, die Geschichte von Jesus erzählen wollte. Begonnen wurden nur 12 Kapellen, vollständig fertiggestellt sechs, und erhalten ist, wenn ich das richtig beurteile, nur noch eine einzige (es stehen aber weitere Figuren in der Kirche). Demnach hatten die gestrengen Inspektoren der UNESCO wirklich keinen Anlass, auch diese Anlage mitaufzunehmen.

Der mildere Prüfer des WOMO-Verlages hingegen setzt den offiziellen Stellplatz auf seine Liste:

058 Santuario di Graglia

GPS: N 45°33'43" E 7°57'26". **Max. WOMOs**: 8. **Öffnungszeit**: Ganzjährig.
Ausstattung: Ver- und Entsorgung, Toilette, Mülleimer.
Beschreibung: Der grasige, schattige und klappstuhlgeeignete Platz auf Rasengitter liegt nicht wirklich einsam, trotzdem ein wenig abgelegen; in der Nähe entdecken Sie einen Spielplatz, einen Souvenirladen und ein Restaurant *(Di. geschlossen)*; tagsüber stört etwas der vorbeifahrende Lkw-Verkehr einer nahen Mineralwasserfabrik.
Zufahrt: Folgen Sie ab Muzzano dem Wegweiser ›*Santuario di Graglia*‹. Ein Wegweiser mit Wohnmobilsymbol zeigt an der Zufahrt nach rechts und verleitet Sie, dort in eine Art Sackgasse zu fahren. Richtig ist, wenn Sie nur wenige Meter diesem Schild folgen und sofort links auf einem grasigen Weg bergab fahren. Der Stellplatz liegt dann sozusagen eine Etage tiefer als die Straße. Diese kurze, steile Zufahrt könnte rutschig werden, wenn das Gras nass ist. Auf dem großen Parkplatz unter den Bäumen an der Kirche darf man trotzdem nicht mehr stehen.

Wir verlassen die Berge, und wenn Sie uns zu unserem nächsten Ziel folgen wollen, bleibt Ihnen nichts anderes übrig, als Biella (erneut) zu durchfahren. Sie sind erleichtert, dass Sie nun erst

TOUR 5 **Ricetto di Candelo**

einmal die Kurven hinter sich haben, aber irgendwie auch traurig, weil das Biellese, eine Übergangslandschaft zur Ebene, nun zunehmend von landwirtschaftlicher und gewerblicher Nutzung geprägt wird.

Das gilt auch für **Candelo** (7.600 Einwohner), das niemand bereisen würde, gäbe es dort nicht eine der bedeutendsten Fluchtburgen Europas aus dem 14. Jahrhundert, den **Ricetto di Candelo**. Dieser Teil der Stadt ist prämiertes Mitglied der *I borghi più belli d'Italia*, also *Der schönsten Ortskerne Italiens*. Die Bezeichnung *›ricetto‹* stammt aus dem lateinischen Wort für Zuflucht und meint einen wehrhaften Ort mit Befestigungsanlage, der zu unsicheren Zeiten als Obdach diente, um Lebensmittelvorräte vor feindlichen Überfällen zu schützen. In extremen Gefahrlagen konnte sich für kurze Zeit auch die Bevölkerung mitsamt dem Vieh hierher zurückziehen.

Ricetto di Candelo

Der Ricetto di Candelo ist in seiner kompakten Bauweise als ummauerte Stadt in der Stadt fast vollständig erhalten geblieben, weil Bauern und Handwerker ihn bis vor Kurzem genutzt haben und teilweise sogar bis heute gebrauchen. Immer noch gehören die einzelnen Grundstücke den Familien, deren Urväter hier einst schon Eigentümer waren. Die aneinander gebauten, fast fensterlosen Häuser dürfen weder verkauft noch bewohnt werden. Zugelassen sind im Wesentlichen nur zurückhaltende Unternehmungen im Dienst des Tourismus. Das ist hier erfreulicher, als es klingt, denn die frühere Fliehburg ist nicht touristisch verkitscht, und man hat auch nicht die Befürchtung, dass dies in naher Zukunft geschehen könnte. Es gibt kein einziges Geschäft mit Souvenirs, es gibt vielmehr fast gar keinen Laden.

Sehenswert ist genauso die Schutzmauer, welche die historischen Häuser umgibt, und man staunt, dass die fischgrätenartig verbundenen Flusskieselsteine ausreichend stabil waren. Man kann sich gut vorstellen, wie im 15. Jahrhundert die Menschen durch kleine, darin eingebaute Sichtöffnungen ängstlich den Feind beäugt haben, zuletzt 1649 die Spanier. Und wenn man heutzutage durch die Fensterchen blickt, sieht man sogar den Stellplatz am Fuß der Festung:

059 Candelo

GPS: N 45°32'47" E 8°06'56", Via Mulini. **Max. WOMOs**: 20. **Öffnungszeit**: Ganzjährig. **Ausstattung**: Ver- und Entsorgung, Mülleimer. **Beschreibung**: Der besonders schöne, teilweise schattige und ruhige Platz liegt unterhalb eines Wiesenanhangs etwa 250 m vom Ricetto entfernt auf Betonpflaster mit grasigen Rändern und ist klappstuhlgeeignet. Einen Bäcker finden Sie am Platz vor dem Ricetto; Gaststätten sind fußläufig erreichbar. Normalerweise stehen auf der benachbarten Fläche fast keine Autos und man hat einen schönen Blick zum Ricetto. Strom funktioniert immer noch nicht, weil man kein sinnvolles Abrechnungssystem und keine praktikable Entnahmemöglichkeit installiert hat, ein klassischer Fall von Fehlplanung. **Preis**: 12 € (werden kassiert – oder auch nicht). **Zufahrt**: Folgen Sie in Candelo den Wegweisern ›*Ricetto*‹ sowie ›*Parcheggio Ricetto*‹ und zuletzt ›*Area camper*‹; mit **hohen Fahrzeugen** achten Sie, wenn Sie an der Kirche abgebogen sind, auf einen überhängenden Balkon, der möglicherweise richtigen Dickschiffen die Zufahrt zum Stellplatz versperrt. Unser Navi hätte uns fehlgeleitet.

060 Oben in Candelo gibt es noch eine weitere Entsorgungsstation mit einem einzigen eingezeichneten Stellplatz:
GPS: N 45°32'29" E 8°06'58", Via Cesare Pavese.

Wo man innerhalb der Fluchtburg einen Nippesladen vermutet, stößt man auf die ***Locanda Il Torchio 1763***. Aber als erfahrener

TOUR 5

Locanda Il Torchio

Italienreisender befürchtet man in dieser Lage wenigstens eine Touristenfalle – und staunt über das genaue Gegenteil: Hier wird nicht gourmetmäßig gezaubert, aber den fast ausschließlich einheimischen Gästen ein gutes Essen zu redlichen Preisen serviert. Für das Fünfgangmenü mit sechs Speisen sollten Sie allerdings ordentlich Hunger mitbringen, sonst sind die fairen 35 Euro schlecht angelegt. Sie können stattdessen für 30 Euro vier Gänge verputzen, oder Sie dürfen nach der Karte auswählen. In *Der Kelter* steht auch schon ein ausgezeichneten Haus-Flaschen-Wein für 12 oder 14 Euro auf dem Tisch *(Tel 015 2499028; Mi.–So.; wenn Sie durch das Tor in das Ricetto eingetreten sind, gehen Sie links, sofort danach rechts und die Straße runter bis zu deren Ende).*

Zum besseren Verständnis der geografischen Lage und der geologischen Entstehung des Lago di Viverone, der im Herzen der historischen geografischen Region **Canavese** liegt, fahren wir

Blick vom Castello di Masino

östlich erst einmal daran vorbei nach Süden. Wir benutzen dazu sogar ein Stück die Autobahn, und zwar zunächst die A 4 nach Torino und dann die Verbindung A 4/A 5 nach Aosta, die wir bei der Abfahrt ›*Albiano*‹ zum **Castello di Masino** verlassen.

Das Beste an diesem Schloss ist nämlich, jedenfalls nach unserem Geschmack und bei klarer Sicht, der Blick von seinem Vorplatz nach Norden: Am Horizont erkennen Sie auf breiter Front die hohen und bis in den Sommer hinein schneebedeckten Gipfel des Alpenhauptkamms. Das allein ist schon wunderbar, aber das kennen Sie auch von anderen exponierten Positionen im Piemont. Einmalig hingegen ist der vor den Bergen in Ost-West-Richtung schnurgerade verlaufende Rücken einer Moräne, der größten Gletschermoräne Europas – wie ein bewaldetes Lineal in der Landschaft. Vor rund einer Million Jahren schob sich ein Gletscher aus dem Aostatal nach Südosten in die Ebene und bildete an seinem nördlichen Rand diese geradlinige Geröllsaufschüttung, genannt **La Serra**, 400 Meter hoch, wie die Dicke des Gletschers. Auch auf der Südseite blieb eine, wenn auch nicht ähnlich gleichmäßige Seitenablagerung zurück, die Hügelkette, auf die das Schloss von Masino gebaut ist. Zwischen diesen beiden Moränenzügen hat sich im Laufe der Erd- und Menschheitsgeschichte eine ausgesprochen liebliche Landschaft gebildet, mit mehreren Seen, Landwirtschaftsflächen und Dörfern mit roten Dächern. Das größte dieser Gewässer ist der Lago di Viverone, den wir gleich besuchen werden.

Zunächst müssen Sie sich aber vom Blick in die Weite trennen und das **Innere des Schlosses** betreten. Dabei bezweifelt man beim Gang durch die ersten Gemächer, dass der hohe Eintrittspreis es wirklich wert ist, sich nach unzähligen Schlössern, die man im Leben schon gesehen hat, einen weiteren Prunkbau anzutun. Aber dieses Schloss ist anders: Die Adelsfamilie Valperga hat die Anlage vom 11. Jahrhundert bis ins Jahr 1987 bewohnt (das heutige Gebäude wurde nach einer Zerstörung im 16. Jahrhundert errichtet) und im historischen Zustand mit vollständigem Inventar an die gemeinnützige Stiftung FAI übergeben; teilweise mit Möbeln, die auch noch in unserer Zeit benutzbar waren und gebraucht wurden, mit einer Mischung aus Repräsentations- und Privatleben. Außerdem können die beeindruckenden Pferdeställe, die Wagenmacherei und ein großer Park besichtigt werden *(März–Okt. Mi.–So. 10–17 Uhr; 15 €, Familienermäßigung; Hunde sind nur im Park erlaubt, die von mir beschriebene Aussicht ist gratis; parken Sie nicht direkt vorm Schloss, sondern im Bereich des Busparkplatz; Sie können sonst mit größeren Wohnmobilen schlecht wenden).*

TOUR 5

Im Castello di Masino

Der **Lago di Viverone** liegt beim Blick von jener Terrasse dermaßen verlockend im Tal des ehemaligen Gletschers, dass man seine Ufer unbedingt näher kennenlernen möchte. Wenn man dann dort angekommen ist, wird die Wahrnehmung zwiespältig: Der Landschaftseindruck vom Ost- und Südufer ist großartig, weil hinter der Wasserfläche wieder die spitzen Berge aufragen, aber baden möchte man zwischen Wasserpflanzen lieber doch nicht. Mehrere Leser haben mir geschrieben, das Gewässer sei sauber

und zum Schwimmen gut geeignet, wenn man den passenden Einstieg gefunden hätte. Leider muss man danach lange suchen, ich habe das Bad im See nie selbst getestet. Der Lago di Viverone ist also weniger für einen längeren Familien-Badeurlaub geeignet, aber an der richtigen Stelle kann man hier gut ein paar erholsame und kurzweilige Urlaubstage verbringen – im Hochsommer sicher mit ein paar Stechmücken. Wir haben das meiste angeschaut und fanden, jedenfalls Anfang Juni, mit einem Campingplatz am Ostufer unseren Favoriten:

061 Lago di Viverone – *Camping La Rocca*

GPS/Kontakt: N 45°24'59" E 8°02'56", Viverone, Viale Lungo Lago 35, Tel. 0161 98416; www.la-rocca.org/.
Öffnungszeit: 1.4. - 15.10.
Ausstattung: Geräumiger Pool, Bar, Brötchendienst.
Beschreibung: Der Platz mit einer schönen Wiese unter Bäumen ist vom See und einem schmalen Strand nur durch die nachts nicht befahrene Straße mit Strandpromenade getrennt; Gaststätten, Supermarkt (an der SP 228) und weitere Geschäfte sind fußläufig erreichbar, das Zentrum von Viverone ist 1 km entfernt. Es gibt nur ein paar Saisondauercamper, aber keine Hütten. Die Sanitäranlagen sind sehr schlicht, und es steht auch etwas Gerümpel herum. Anfang Juni quälten uns keine Stechmücken, im Hochsommer dürfte das anders sein.
Preis: 23 €. Duschen und zeitweise das Schwimmbad kosten extra.
Zufahrt: Biegen Sie in Viverone von der SP 228 zum See hin ab und fahren Sie dort links; der Platz liegt dann nach etwa 250 m links.

Direkt nördlich daneben habe ich auf einem schattenlosen öffentlichen **Parkplatz** keine Verbote, jedoch zwei Wohnmobile über Nacht gesehen, ebenfalls nur durch die Straße vom See getrennt; 9–24 Uhr, 4 €–8 € je nach Wochentag, zahlbar mit Münzen oder Kreditkarte.

Wenn Sie ein **Ristorante** suchen, sollten Sie lieber die Lokale meiden, über die Sie stolpern, wenn Sie aus dem Campingplatz rechts gegangen sind. Das ist der unschöne Bereich des Sees. Schlendern Sie dort rechts um die Ecke auf einer geraden Straße bergauf in das Ortszentrum von **Viverone** (1.300 Einwohner) und gehen Sie beim Auftreffen auf die SP 228 noch etwa 200 Meter rechts. Die Number One von Viverone nennt sich ***ViverOne***, macht diesem Wortspiel alle Ehre, serviert leckere, preiswerte Gerichte und sogar Pizza, und wird von der einheimischen Bevölkerung rege besucht *(Tel. 0161 987161, ich würde reservieren; Mo. geschlossen)*.

TOUR 5

Lago di Viverone - bei Platz Nr. 061

Außer einem unakzeptabel offiziellen Stellplatz auf dem Nordufer (westlich von Viverone an der SP 228) kommen zwei Plätze infrage, an denen man wahrscheinlich sogar baden kann:

062 Lago di Viverone – *Nautica Tarello*

GPS/Kontakt: N 45°24'35" E 8°03'21", Communa, SP 41. Tel. 349 1542946. **Max. WOMOs**: 25. **Öffnungszeit**: Ganzjährig. **Ausstattung**: Ver- und Entsorgung, Strom, Toilette, Dusche, Mülleimer, Privatstrand, Spielplatz. **Beschreibung**: Der private Bootshafen/Werft *Tarello* bietet auf einer nahezu schattenlosen Wiese klappstuhlgeeignete campingplatzähnliche Stellplätze an. Wenn die Grünfläche voll belegt ist, steht man ziemlich eng. Das ist vermutlich am Wochenende der Fall. Das Gelände grenzt an den See, an dem es einen sandigen Zugang ohne Wasserpflanzen gibt. Vermutlich kann man hier sogar schwimmen. Eine Pizzeria ist angeschlossen, weitere Gaststätten sind fußläufig erreichbar. **Preis**: 20 €/24 Std. inkl. Strom. **Zufahrt**: Der Stellplatz liegt im südlichen Teil des Ostufers im Bereich der Gemeinde Communa und ist an der Straße unübersehbar beschildert.

063 Lago di Viverone – *Acqua di Lago*

GPS/Kontakt: N 45°24'07" E 8°02'23", Masseria, Strada Becco di Cigno 41. Tel. 347 9724861. **Max. WOMOs**: 40. **Öffnungszeit**: 1.4. - 31.10. Bei unserem Besuch Anfang Juni war an einem Wochentag der Platz nicht zugänglich. **Ausstattung**: Ver- und Entsorgung, Strom, Toilette, Dusche, Mülleimer, Privatstrand, Grillplatz. **Beschreibung**: Der private Stellplatz bietet auf einer geneigten Wiese mit jungen und wenigen alten Bäumen klappstuhlgeeignete campingplatzähnliche Stellplätze in Reih und Glied. Wenn die Wiese voll belegt ist, steht man ziemlich eng. Das ist vermutlich am Wochenende der Fall. Das Gelände ist durch eine sehr wenig befahrene Straße vom See getrennt, an dem es einen Strand mit sandigem Zugang ohne Wasserpflanzen gibt. Wahrscheinlich kann man hier sogar schwimmen. Gaststätten und Ferienhäuser sind benachbart. : Keile sind erforderlich. **Preise**: 23 €/24 Std. und 2 Personen; 3,50 € / weitere Person; Strom inklusive. **Zufahrt**: Der Stellplatz liegt etwa in der Mitte des Südufers im Bereich der Gemeinde Masseria-Communa.

Fährt man hier noch 500 m weiter, gelangt man zu ***Camping Hawaii***. Das ist ein Platz voller Dauercamper, auf dem vier (!) Parzellen direkt am See für Kurzzeitcamper freigehalten werden. Man steht dort sozusagen mit den Füßen im Wasser (jene zwischen ein paar Wasserpflanzen). Das ist im Prinzip sehr schön. Aber hinter einem dräut die während der Woche fast unbewohnte Laubenkolonie. So hat man sich die WOMO-Reise jedenfalls nicht vorgestellt!

Auf Sommerfrische eingestellt, möchte man weiter südlich am **Lago di Candia** den Seeurlaub fortsetzen. Daraus wird nichts. Wir kennen keine einzige Stelle, an der Sie parken und von dort überhaupt noch Zugang zum See finden können. In der Südwestecke dürfen Sie trotzdem Ihren Kindern, vielleicht sogar sich selbst, einen aufregenden Urlaubstag bescheren, wenn Sie auf dem großen Parkplatz der ***Antharesworld*** festmachen. Das ist eine Mischung aus Kletterpark, Kajakrevier und Spaßbad *(Kletterpark: 30.3. bis 9.6. sowie 10.9. bis 30.9. nur am Sa. nachmittags und So. ganztags, etwa 10.6. bis 10.9. tägl. nachmittags und So. ganztags, Okt. nur So. ganztags; zwischen 10 € und 22 €; das Freibad ist ab Ende Mai täglich geöffnet; siehe www.antharesworld.com/).* Vor dem Gelände können Sie auf einem riesigen Parkplatz übernachten und sogar auf dem Klappstuhl sitzen, was während der Öffnung des Parkes davon beeinträchtigt werden kann, dass bisweilen bis weit in die Dunkelheit Badeabende *(Daten auf der Internetseite)* mit entsprechendem Getümmel auf dem Parkplatz veranstaltet werden. Andererseits fehlt diesem Parkplatz der Übernachtungszweck, wenn die Bespaßungsanlage geschlossen ist. Sie sehen zwar den See, aber Sie können wegen Zäunen nicht hingehen

064 N 45°19'16" E 7°54'49", SP 84; Ristorante nach wenigen Schritten, nur ein einziges weiteres Haus in der Nähe.

Vielleicht liegt der tiefere Sinn Ihrer Übernachtung darin, dass Sie im Nachbarort ein weiteres Schloss besichtigen möchten. Das Mitte des 19. Jahrhunderts von den Grafen von Valperga (siehe oben beim Castello di Masino) verlassene **Castello di Mazzè** bietet viel für das Auge, weil es zu Beginn des 19. Jahrhunderts von einem Liebhaber des Mittelalters historistisch neu gestaltet worden ist, nicht stilecht, sondern romantisch überzeichnet *(Besichtigungen sind bei Drucklegung nicht möglich)*. Das Schloss wurde übrigens ebenfalls auf eine seitliche Moränenablagerung gebaut.

Wenn Sie etwas Zeit mitbringen, lohnt sich ein Abstecher zu einem Kleinod, das seltsamerweise in keinem anderen mir bekannten Reiseführer erwähnt wird, obgleich es ein perfektes

Zeugnis spätfeudaler Landgüter in den norditalienischen Ebenen ist. Sie müssen sich **Mandria**, einem Ortsteil von Chivasso, allerdings von Süden nähern, um Ihr Wohnmobil passabel abstellen zu können (N 45°14'31" E 7°55'42" – siehe auch unsere Tourenkarte). Auf einem rechteckigen Grundriss von etwa 250×450 Meter, durchkreuzt von zwei Straßen, gruppieren sich klassische landwirtschaftliche Gebäude um einen zentralen Platz. Teile der Bauwerke sind bereits saniert, andere sind in Arbeit, und Investoren sowie Makler sind am Start. Und in Turin scheint es schick zu sein, hier eine Großhochzeit zu planen.

Im nahen **Chivasso** (27.000 Einwohner) treffen Sie erstmals in diesem Buch auf den Fluss Po und bekommen in dessen Nähe unweit eines Freibades sogar einen offiziellen Stellplatz mit schlecht funktionierender Ver- und Entsorgungseinrichtung angeboten. Derart haben Sie sich allerdings einen Übernachtungsplatz nicht vorgestellt, als Sie zum ersten Mal mit einem Wohnmobil geliebäugelt haben. Und Ihre Frau schon gar nicht

065 **N 45°11'06" E 7°53'38"**, Piazza Lucio Libertini.

Sie werden diese trostlose Piazza aber gerne annehmen, um von hier mit wenigen Schritten in das historische Zentrum zur quirligen **Piazza della Repubblica** zu schlendern, wo Sie die auch als Duomo bezeichnete **Kirche Santa Maria Assunta** vom Anfang des 15. Jahrhunderts betrachten (gehen Sie vom Parkplatz auf der breiten Straße nach Westen bis zum Kreisverkehr und dort rechts auf der Via Po immer geradeaus). Kirchen und Schlösser bestimmen schon lange nicht mehr Ihre Wege, triste Stellplätze erst recht nicht. Dennoch fahren Sie nach Chivasso. Sie eilen nämlich an jenem Kirchendom rechts, um sich in der traditionsreichen *Pasticceria Bonfante*, Via Torino 29, mit unwiderstehlichen *Nocciolini* zu bevorraten. Das sind kleine halbkugelförmige Gebäckstücke aus einer Mischung von geschlagenem Eiweiß (Baiser) und Haselnüssen, kaum größer als ein Fingernagel.

Chivasso gilt als Tor zum **Canavese**, der Landschaft direkt nördlich des Po, der seinerseits das nördliche Piemont vom südlichen trennt. Im Süden dieses zentralen, quer durch Italien verlaufenden Flusses und östlich von Turin erstreckt sich die Landschaft, die man geografisch **Monferrato** nennt, und die im wesentlichen Gegenstand unserer 12. Tour ist.

Damit Sie mir bis dahin gewogen bleiben, sozusagen als Appetitanreger und weil sich das entfernungsmäßig hier anbietet, erlaube ich mir schon an dieser Stelle einen kurzen Abstecher zu einem Ziel, das Ihnen ein Leben lang in Erinnerung bleiben

TOUR 5

Abbazia di Vezzolano – Lettner

wird. Die Kirche der **Abbazia di Vezzolano** gehört nämlich zu den wichtigsten mittelalterlichen Denkmälern des Piemont (Bauzeit zwischen 1189 und 1215). Sie ist eines unserer Lieblingsziele, demnach auch Bestandteil unserer persönlichen **Top Ten**. Schon die beeindruckende Westfassade mit drei Säulenreihen ist für das Piemont ungewöhnlich, aber sie ist nichts gegen die Sensation im Innern: Einen Lettner (Schranke zwischen Chor und Langhaus) wie hier sieht man in Italien sonst nirgends: fünf Bögen auf Säulen, darüber zwei Reliefbänder mit über 60 Figuren, die einst vollständig bemalt waren. In der unteren Reihe sind 35 Könige Israels nachgebildet (das erkennt man an den Namensbändern). Eigentlich sollen es 40 sein, aber die fehlenden fünf sind an der Seitenwand nur noch als Fresken dargestellt. Offenbar haben sie nicht mehr in den Zwischenraum zwischen den beiden Langhauswänden gepasst. Schauen Sie sich die Chorschranke genau an, und Sie werden bemerken, dass auch die Bögen etwas unproportional zwischen die Wände eingefügt sind. Kunsthistoriker sind sich deshalb nahezu sicher, dass die Lettnerwand entweder für eine andere Kirche bestimmt oder dort vorher sogar schon eingebaut war oder dass sie als vorgefertigtes Bauteil – wahrscheinlich aus Frankreich – impor-

Einen Lettner (Schranke zwischen Chor und Langhaus) wie in der Kirche der Abbazia di Vezzolano sieht man in Italien sonst nirgends

tiert worden ist, sozusagen als Element eines Fertigteilebaus im Mittelalter. Seitlich ist außerdem ein Kreuzgang mit schönen Fresken aus dem 13. und 14. Jahrhundert erhalten *(die Kirche ist nur von Ende März bis Ende Oktober zu besichtigen und konnte bei Drucklegung leider nur von Do. bis So. und an Feiertagen betreten werden; schauen Sie unter www.vezzolano.it/).*

Um das Ende Schließung abzuwarten, müssen Sie hier vielleicht einen Abend überbrücken. Es gibt schlimmere Wartezeiten als eine Nacht im nahen **Albugnano** (500 Einwohner), schmückt sich doch das Dorf auf 500 Meter Höhe mit dem Beinamen ›*Balkon des Monferrato*‹. Tatsächlich reicht der Blick bei klarer Sicht vom Dorfplatz zu den ligurischen Seealpen und zu den Gipfeln des Westalpenbogens.

Leider ist der offizielle Stellplatz an einer tieferen Stelle etwas hinter Bäumen versteckt, und obendrein wurden bei unserem Besuch in einer Ecke die nicht benötigten Gemeindemülleimer aufbewahrt. Wir fanden daher den Parkplatz an der etwa 800 Meter entfernten Abtei von Vezzolano schon wegen der freien Lage wesentlich attraktiver. Zusätzlich wurde in Berzano di San Pietro, vier Kilometer nördlich von Albugnano, ebenfalls in freier Landschaft ein offizieller Stellplatz eingerichtet. Alle drei Plätze stelle ich Ihnen in der folgenden Zusammenfassung vor:

066 Albugnano

GPS: N 45°04'44" E 7°58'02", **Max. WOMOs**: 5-6. **Öffnungszeit**: Ganzjährig. **Ausstattung**: Ver- und Entsorgung, Strom (defekt), Mülleimer. **Beschreibung**: Der überwiegend schattige und klappstuhlgeeignete Platz auf Betonpflaster liegt unterhalb des Ortes an einem Hang ohne Sicht und war bei Drucklegung nicht benutzbar. Eine Gaststätte und ein Lebensmittelladen im Dorf sind fußläufig erreichbar. Schräg oberhalb hat die Gemeinde einen grasigen Picknickplatz eingerichtet. Das Gelände liegt außerhalb der Bebauung, aber nicht einsam, auch wenn es sicher wenig besucht wird. **Zufahrt**: Biegen Sie am nördlichen Ortseingang von Albugnano zur Abbazia di Vezzolano ab. Nach einem kurzen Gefälle liegt der Platz rechts der Straße in einer Kurve.

067 Abbazia di Vezzolano

GPS: N 45°04'52" E 7°57'30", Albugnano, Vezzolano. **Max. WOMOs**: 5. **Ausstattung**: Mülleimer. **Beschreibung**: Der zumindest abends klappstuhlgeeignete Platz auf Schotter bietet teilweise Schatten und liegt weitgehend in freier Natur. Nahe daneben sehen Sie einen bewohnten Bauernhof, direkt angrenzend ein nur tagsüber betriebenes Ausflugscafé.

Sie stehen auf dem Parkplatz der Abtei, der am Abend völlig leer ist. Albugnano ist gut einen Kilometer entfernt; Wanderwege.
Zufahrt: Biegen Sie am nördlichen Ortseingang von Albugnano zur Abbazia di Vezzolano ab und fahren Sie bis zum dortigen Parkplatz.

068 Berzano di San Pietro

GPS: N 45°06'00" E 7°56'52", SP 33. **Max. WOMOs**: 5. **Öffnungszeit**: Ganzjährig. **Ausstattung**: Ver- und Entsorgung, Strom (defekt), Mülleimer, Picknickbänke. **Beschreibung**: Der schattenlose, ruhige Platz liegt unweit der SP 33 in schöner, freier Natur. Das Fahrzeug steht auf Asphalt, aber am Rand einer klappstuhlgeeigneten Wiese, in der sich eine Picknickbank befindet. Das Dorf ist 1 km entfernt. Wanderwege sind beschildert. **Zufahrt**: Folgen Sie nördlich von Berzano di San Pietro an der SP 33 einem blau-weißen *P* und dem Wegweiser *›area camper‹* auf eine Fläche in der Nähe des Friedhofs.

In Albugnano können Sie entweder auf kürzestem Wege zu unserer 9. Tour in die Langhe weiterfahren. Oder Sie vergnügen sich bei der 8. Tour in Turin. Dann hätten Sie aber das Aostatal und damit einen erheblichen Teil der Bergregionen dieses Buches ausgelassen. Demnach empfehle ich Ihnen, auf schnellstem Weg die Autobahn nördlich von Turin zu erreichen, um sich mit uns in Ivrea auf den Weg zur 6. Tour zu machen.

Tour 6

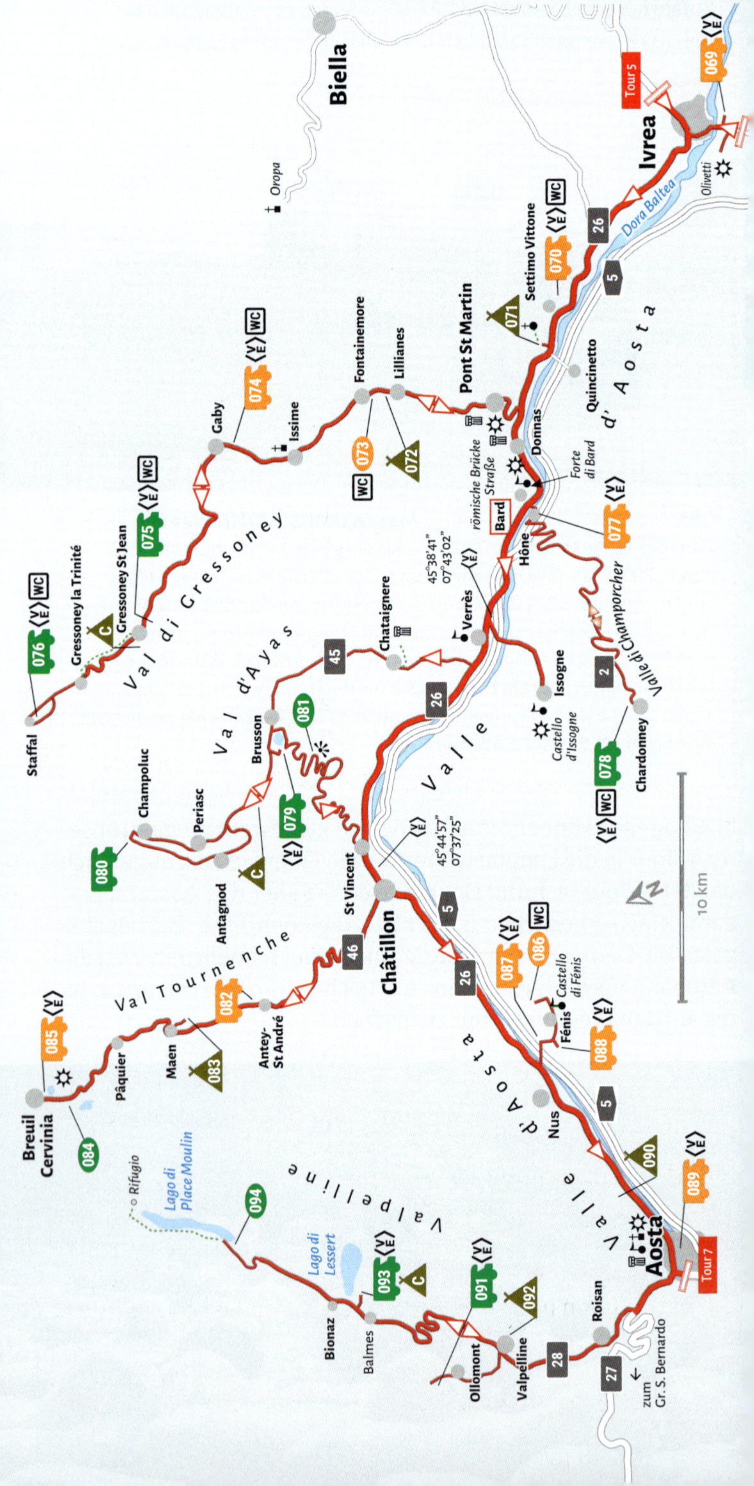
Biella
Oropa
Ivrea
Tour 5
069
Olivetti
Dora Baltea
26
Settimo Vittone
070
5
071
Pont St Martin
Quincinetto
Fontainemore
Lillianes
073
072
074
Gaby
Issime
Donnas
römische Brücke Straße
Forte di Bard
Bard
077
Hône
Valle di Champorcher
2
Chardonney
078
Val di Gressoney
Gressoney la Trinité
Gressoney St Jean
075
076
Staffal
Val d'Ayas
45
Chataignere
45°38'41"
07°43'02"
Verrès
Issogne
Castello d'Issogne
26
Brusson
081
079
Champoluc
Periasc
080
Antagnod
St Vincent
45°44'57"
07°37'25"
Valle d'Aosta
Châtillon
5
46
Val Tournenche
082
Antey-St André
083
Maen
Pâquier
085
Breuil Cervinia
084
26
087
086
Castello di Fénis
Fénis
088
Nus
5
090
089
Aosta
Tour 7
10 km
Rifugio
Lago di Place Moulin
094
Valpelline
Lago di Lessert
093
091
092
Bionaz
Balmes
Ollomont
Valpelline
28
Roisan
27
zum Gr. S. Bernardo

Ivrea und östliches Aostatal

340 km

Auf dieser Tour lernen Sie den östlichen Teil des Aostatals kennen, vor allem Ivrea, die Stadt am Beginn des Tals. Wer die Berge liebt, wird es sich nicht nehmen lassen, auch die Seitentäler mit Anschluss an hochalpine Ziele zu besuchen. Meine Empfehlungen sind:

- **Olivettifabrik und der angrenzende Stadtteil in Ivrea**
- **Römerstraße bei Donnas**
- **Forte di Bard**
- **Castello di Issogne**
- **Aosta**

Bei politisch korrekter Betrachtung gehört das **Valle d'Aosta** (Aostatal) nicht zum Piemont. Seit 1949 genießt es nämlich – ähnlich wie Südtirol – den Status einer autonomen Region, es ist also verwaltungsrechtlich dem Piemont gleichgeordnet und die kleinste Region Italiens. Die französische Sprache ist neben der italienischen gleichberechtigte Amtssprache (und Gegenstand der Abiturprüfung). Sogar die alten, während des Faschismus italianisierten Ortsnamen wurden in der französischen Fassung wiederhergestellt. Und die Hauptstadt ist mit gleichen verwaltungsrechtlichen Kompetenzen ausgestattet wie etwa Torino oder Milano und trägt als einzige Gemeinde neben ihrem französischen Namen – Aoste – weiter die italienische Bezeichnung Aosta.

Im letzten Jahrhundert vor Christus ging es den Römern bei der Erschließung des Tals ausschließlich darum, den Weg zwischen ihrem Machtzentrum in Rom und der Provinz Gallia Narbonensis – im heutigen Südfrankreich – von der See auf die Straße zu verlegen. Aber die ursprünglichen Bewohner des Tales und seiner Nebentäler, die keltischen Salasser, boten den römischen Truppen mit den Mitteln der Guerilla und begünstigt durch das unwegsame Gelände unerwartet langen Widerstand. Erst ein heimtückischer Vertrauensbruch sollte diesen Kampf entscheiden: Der Feldherr Varro Murena täuschte im Jahre 25 v. Chr. den Wortführern der Salasser Verhandlungsbereitschaft vor, ließ dann aber seine verdeckt aufmarschierten Truppen zugreifen und das ganze Volk von 36.000 Menschen vernichten, umsiedeln oder als Sklaven nach Rom verschleppen. Auf diese Weise wurden die Alpenübergänge gesichert. Alsbald wurde eine karrengängige Straße gebaut, deren Reste wir noch immer bewundern. In das mit dem Untergang des römischen Reiches entstandene

Machtvakuum stießen in der zweiten Hälfte des 5. Jahrhunderts zunächst die Burgunder, danach Langobarden und schließlich die Savoyer (zu diesen siehe Tour 8).

Das Aostatal ist eine der schönsten Gegenden, die der WOMO-Liebhaber in Italien bereisen kann. Für eine einzige Tour in diesem Buch ist es allerdings zu vielfältig. Ich schlage Ihnen demnach zwei Touren vor, bei denen Sie auch die Seitentäler kennenlernen werden. Das alles könnte man noch wesentlich intensiver beschreiben, wobei es dann aber letztlich nur noch um Ziele für Wanderer oder andere Bergsportler gehen würde. Aus diesem Grund bitte ich um Nachsicht, dass ich keinen speziellen Aosta-Bergsport-WOMO Führer geschrieben habe. Überdies halte ich es nicht für sinnvoll, diese Tour in einer einzigen Reise abzuarbeiten. Mit kurzen Unterbrechungen folgt nämlich eine Bergstrecke der anderen.

Wir starten in **Ivrea** (24.000 Einwohner) am östlichen Beginn des Aostatals. Die Stadt liegt fast noch in der Ebene und ist trotzdem schon der Einstieg in die Berge. Sie hieß zu Zeiten der Römer *Eporedia*, weshalb sich die Einwohner noch heute *Eporediesi* nennen. Ivrea war im 20. Jahrhundert ein aufblühender Industriestandort und ist immer noch ein lebendiges Mittelzentrum an der schäumenden Dora Baltea, obwohl der Niedergang der Firma Olivetti ab den Achtzigerjahren und der damit einhergehende Schwund von 6.000 Einwohnern Spuren hinterlassen haben, die bislang

Ivrea – Olivetti-Glasfassade von 1939

auch nicht vom Tourismus geglättet werden konnten. Ohne Reisevorbereitung wäre uns nämlich bei den Recherchen für die Vorauflage damals vor Ort nicht aufgefallen, dass im Jahr 2018 zahlreiche Gebäude eines ganzen Stadtteils unter der Bezeichnung ‚*Ivrea, Industriestadt des 20. Jahrhunderts*' als 54. italienische Stätte in die Liste des **UNESCO-Welterbes** aufgenommen worden sind. Wir waren an einem Werktag in der Woche nach Ostern die einzigen Touristen, die vor der beeindruckenden Glasfassade der einstigen Olivettifabrik standen; und bei der jetzigen Nachrecherche war es nicht anders:

Die Firma Olivetti – Industrie und Architektur

»*Eine moderne Vision der Beziehung zwischen Industrie und Architektur*« war nach Auffassung der UNESCO unter anderem Grund dafür, einen aus 27 Gebäuden bestehenden Komplex der Firma Olivetti in die Welterbe-Liste aufzunehmen.

Diese Vision war der Erfolgsgarant für **Adriano Olivetti**, als er 1932 von seinem Vater Camillo eine Schreibmaschinenfabrik übernommen hat, die dieser 1908 in einem roten Backsteingebäude, das heute noch existiert, mit 20 Arbeitern gegründet hatte. Mit dem Modell *M 1* war Camillo Olivetti auf dem Markt der damals steigenden Nachfrage ein Volltreffer gelungen, zu dessen Produktion bald 800 Mitarbeiter beschäftigt werden mussten.

Sein Sohn Adriano baute die Olivettiwerke rasant aus und erweiterte das Produktionsprogramm. 1940 standen bereits 6.000 Menschen auf der Lohnliste, und auf dem Höhepunkt der Firmengeschichte, Anfang der Sechzigerjahre, war die Firma Olivetti mit weltweit 26.400 Arbeitern und Angestellten Italiens zweitgrößter Privatkonzern. Das gelang, weil Olivetti vorbildliche soziale Rahmenbedingungen gewährte, einen »Sozialismus ohne Marx«, wie es schon Camillo genannt hat, mit überdurchschnittlichen Gehältern, der Förderung des Wohneigentums für Arbeiter und Fürsorgeprogrammen für Mütter, um nur einige Leistungen zu nennen.

Und Adriano Olivetti definierte erstmals, das war das Entscheidende, die **Gestaltung als tragendes Mittel des Unternehmens** und entwickelte eine vor dem Krieg noch ungewöhnliche Verbindung von Design und innovativer Ingenieurskunst, von der Reiseschreibmaschine über Büroschreibmaschinen in ungewohnten Farben und Ästhetik bis zum elektrischen Rechner.

Nach dem Krieg kam ein regelrechtes Innovationsfeuerwerk dazu, 1959 ein Computer mit Transistoren, 1965 einer der ersten Personal Computer der Welt, und 1969 gelang der NASA die erste bemannte Mondlandung mit Computern der Firma Olivetti.

Wer die Gabe besitzt, mit der Hilfe talentierter Designer bahnbrechende Produkte herzustellen, tut das nicht in grauen Fabrikhallen und langweiligen Büros. Von Camillo Olivetti wurde schon die erste Montagehalle selbst entworfen und sein Sohn Adriano beauftragte die jungen Mailänder Architekten Luigi Figini und Gino Pollini mit der Planung einer Halle im Bauhausstil (1934 - 1939) nach Vorbildern der deutschen Bauhaus-Architekten Gropius und Meyer und einer weiteren mit Glasfassade, die zwischen 1939 und 1942 errichtet worden ist.

Dazu kamen später, nach dem Krieg, diverse Neubauten. Aber leider erlag Adriano Olivetti schon 1960 mit 59 Jahren einem Gehirnschlag, was Erbstreitigkeiten und unkluge unternehmerische Entscheidungen zur Folge hatte.

Obwohl Olivetti in den Achtzigerjahren der zweitgrößte Computerhersteller der Welt war (nach IBM), konnte sich der Betrieb mit dem Einsetzen des Preisverfalls im PC-Geschäft auf Dauer nicht mehr halten. Das Unternehmen gehört heute zu *Telecom Italia* und produziert mit noch allenfalls 500 Mitarbeitern weiterhin in Ivrea, wenn auch nur noch in einem kleinen Teil der früheren Räumlichkeiten, hauptsächlich Drucker, Registrierkassen und ähnliche Geräte.

TOUR 6

Die **27 zum Weltkulturerbe gehörenden Gebäude** können fast alle von außen besichtigen werden – mit dem Wohnmobil parken Sie am besten in der Via Giuseppe di Vittorio bei N 45°27'39" E 7°52'27". Oder Sie gehen vom nachgenannten Stellplatz hinauf zur Durchgangsstraße, dem Corso Nigra. Dort spazieren Sie links, und wenn Sie am Bahnhof vorbeigekommen sind, biegen Sie nach rechts in die Via Jervis ein (vom beschrieben Parkplatz gegen Sie eine Treppe hinunter).

In der **Via Jervis** sehen Sie sofort das im vorstehenden Kasten erwähnte **Ziegelsteingebäude**, in dem 1908 die Schreibmaschinenproduktion begonnen worden ist. Daneben folgen eine Fabrikhalle im Bauhausstil und das Gebäude mit der oben ebenfalls schon angesprochenen, für den Baubeginn im Jahr 1939 sensationellen **Glasfassade**. Gegenüber sehen Sie das ehemalige Kulturzentrum mit Bibliothek (schauen Sie sich dort die schrägen Außentreppen ins Obergeschoss an, die Sie leider nicht mehr begehen können. Treten Sie auch zwischen dem älteren Gebäude mit Glasfassade und dem benachbarten jüngeren Neubau in den Innenhof, wo Sie rechts das blaue, 1955 von Eduardo Vittoria nach

Ivrea – ›Talponia‹

einem Vorbild von Mies van der Rohe entworfene **Entwicklungszentrum** sehen. Und versäumen Sie auf keinen Fall die **halbrunde Wohnanlage** Unità Residenziale Ovest (genannt ›*Talponia*‹), die Sie teilweise unter dem Rasen entdecken, entworfen und gebaut von den Architekten Gabetti und Isola, nachdem Sie in der Via Jervis nach knapp 400 Metern nach rechts in die Via Pinchia abgebogen und dort bald nach schräg rechts einem farblich auffälligen Pflasterweg gefolgt sind. Hier muss den Architekten im Jahr 1971 der Gaul vollständig durchgegangen sein, als sie Gästewohnungen für kurzzeitig Beschäftigte geplant haben (das Dach ist etwas baufällig, weshalb aus Haftungsgründen ein verblichenes Schild dessen Betreten verbietet, von dem aus Foto und Blick möglich sind).

Das aus 27 Gebäuden bestehenden Ensemble der Firma Olivetti steht völlig zurecht auf der Liste des UNESCO-Welterbes

Wenn man sich für Architektur interessiert, wird in diesem Stadtteil ein ganz großes Urlaubserlebnis geboten, eines unserer persönlichen **Top Ten**, das man auf keinen Fall versäumen darf. Inzwischen ist die Aufbereitung dieser architektonischen Sahnestücke mit einer Beschilderung in Englisch gut gelungen. Außerdem empfehle ich Ihnen die Internetseite des Museums mit einer sehr guten Karte: www.mamivrea.it/collezione/mappa.html. Bislang ist alles kostenlos zu sehen.

Wenn eines Tages mehr Touristen nach Ivrea reisen, um sich diese Industriebauten anzusehen, wird man es vielleicht auch wieder ermöglichen, den **Freskenzyklus** von Spanzotti täglich zugänglich zu halten. Dort ist auf der Lettnerwand zwischen Hauptschiff und Chor der Kirche des **Klosters San Bernardino** in 20 Szenen das Leben Jesu so meisterhaft dargestellt, dass Kenner von einem der größten Kunstwerke des Piemont aus der Zeit zwischen Gotik und Renaissance sprechen. Vor ein paar Jahren, als in den großen Industriebauten noch von Olivetti produziert worden ist, hat der Computerhersteller die Besichtigung selbst organisiert. Die Klosterkirche liegt nämlich unwirklich auf seinem Industriegelände, hinter dem Glasfassadengebäude im erwähnten Innenhof. Sie riskieren also keinen sinnlosen Umweg, wenn Sie nachsehen, ob die Kirche häufiger geöffnet ist als am ersten und dritten Sonntag eines jeden Monats von 15 Uhr bis 18.30 Uhr.

Im Übrigen ist Ivrea auch sonst sehenswert. Wenn Sie vom Stellplatz in das historische Zentrum eilen, überqueren Sie den Fluss Dora Baltea auf einer neuen Brücke neben dem **Ponte Vecchio**, der, wie der Name zeigt, alt ist, und zwar so alt, dass seine Pfeiler römischen Ursprungs sind. Gehen Sie auf dem nördlichen Ufer nach schräg rechts bergan, gelangen Sie auf die lang

TOUR 6

Ivrea - Ponte Vecchio

gestreckte, schmale Hauptstraße, von der wiederum Gassen an die Spitze des Ortes führen, wo eine alte **Backsteinfestung** aus dem 14. Jahrhundert thront, die man nicht besichtigen kann, obgleich das Strafgefängnis schon vor Jahrzehnten ausquartiert worden ist. Der benachbarte **Dom** wurde schon im 12. Jahrhundert fertiggestellt, was man ihm nicht mehr ansieht, da er im 18. Jahrhundert im barocken Stil umgebaut worden ist.

Vom Stellplatz war schon mehrfach die Rede. Er liegt für alle Aktivitäten ideal:

069 Ivrea

GPS: N 45°27'49" E 7°52'35", Via Dora Baltea 3. **Max. WOMOs**: 10. **Öffnungszeit**: Ganzjährig. **Ausstattung**: Ver- und Entsorgung, Mülleimer. **Beschreibung**: Der von einem Verein betriebene kleine Platz liegt innerhalb der Bebauung, jedoch nicht an einer stark befahrenen Straße. Sie stehen auf Asphalt, aber direkt an das Gelände grenzen weitläufige, teilweise schattige Wiesen an, die bis zum etwa 50 m entfernten Fluss reichen. Auf diesen Wiesen kann man ausgezeichnet Klapptisch und Stühle aufstellen. Ein großer Spielplatz ist benachbart; Gaststätten sind fußläufig erreichbar; einen Bäcker finden Sie, wenn Sie oben an der Hauptstraße erst rechts und an der nächsten Gabelung links gehen. Während Tag und Nacht hören Sie den wegen eines Wehrs stark rauschenden Fluss. Für große Wohnmobile über 7,50 Meter ist der Platz nicht geeignet. Solche Fahrzeuge können aber direkt daneben auf einem öffentlichen Parkplatz stehen, auf dem es nach unseren Erfahrungen jeden Abend ausreichend Raum gibt (tagsüber nur in den Schulferien).

Preis: Es wird um eine Spende in einen Schlitz gebeten.
Zufahrt: Biegen Sie von der ersten Abfahrt südlich der zentralen Flussbrücke nach Osten ab. Nach einer leicht abschüssigen Rechtskurve fahren Sie links seitlich eines größeren Parkplatzes auf den Stellplatz. Die Schranke können Sie einfach wegklappen.

In Ivrea liegt alles dicht beieinander. Sogar das **Ristorante/Pizzeria *Aquila Nera*** ist kaum weiter als ein Steinwurf vom Stellplatz entfernt. Wegen der zur Schau gestellten Fotos von den angebotenen Speisen dürfte es eigentlich nicht zu unseren Favoriten zählen. Aber an einem Abend vor einem Feiertag waren wir über den letzten Platz sehr froh und durften erleben, wie die nach uns eintreffenden Einheimischen noch bis spät in den Abend vergeblich um einen Tisch betteln mussten. Preise und Küchenleistungen (einschließlich der Pizzas) waren ideal *(Corsa Nigra; vom Stellplatz hoch auf die Hauptstraße und rechts gehen, das Lokal liegt dann bald links; Tel. 0125 641416).*

Sie übernachten lieber in freier Natur? Dann weichen Sie auf den Stellplatz aus, der nur neun Kilometer nördlich von Ivrea im Jahr 2019 frisch angelegt worden ist:

TOUR 6

070 Settimo Vittone – *Miglio 608*

GPS/Kontakt: N 45°32'15" E 7°50'29", Ortsteil Montestrutto, Via Rua 1, Tel. 348 4942902; www.miglio608.com/. **Max. WOMOs**: 12. **Öffnungszeit**: Ganzjährig. **Ausstattung**: Ver- und Entsorgung (hinter einer Schranke 4 €), Strom, Toilette, Dusche, Mülleimer. **Beschreibung**: Auf dem privat betriebenen Stellplatz stehen Sie auf Gras, klappstuhlgeeignet, aber ohne Schatten. Das Gelände liegt schön unterhalb einer Burg in der Nähe eines Kletterparks. Eine Pizzeria/Trattoria finden Sie fußläufig nördlich der Häuser von Montestrutto seitlich der SS 26. **Preis**: 12 €/24 Std. **Zufahrt**: Der Stellplatz liegt beschildert südöstlich der Häuser von Montestrutto.

Alternativ zu vorgenannten Stellplätzen steht Ihnen 13 Kilometer nördlich von Ivrea einer der in dieser Gegend seltenen Campingplätze zur Verfügung. Wenn Sie dort einfahren, möchten Sie wegen der Dauercamperhütten am liebsten sofort wieder wenden. Tun Sie es nicht! Denn im hinteren oberen Teil erwartet Sie ein gefälliges und hügeliges Wiesengelände an einem rauschenden Bach und ohne spießige Parzellen:

071 Settimo Vittone – *Camping Mombarone*

GPS/Kontakt: N 45°33'55" E 7°48'58", SS 26, Tel. 0125 757907; www.campingmombarone.it/. **Öffnungszeit**: Ganzjährig. **Ausstattung**: Kleiner Pool, Bar, behelfsmäßige Entsorgungsmöglichkeiten. **Beschreibung**: Der angenehme und empfehlenswerte Campingplatz mit überaus

freundlichen Betreiberinnen liegt im Tal am Fuß eines 2.500 Meter hohen Berges auf einer hügeligen Wiese, teilweise unter Bäumen. Viele Dauercamper stehen überwiegend in der vorderen Hälfte; dort hört man deutliche Straßengeräusche. Wanderwege sind markiert. Die **Pizzeria *Magna Rossa*** im Dorf Quincinetto auf der anderen Seite des Flusses ist absolut lohnend. Es gibt wirklich nur Pizza (oder Dolce) in großer Auswahl zu sehr günstigen Preisen. Glauben Sie nicht, hier sei Ihnen ein Platz sicher, wenn Sie nach 19 Uhr erscheinen oder nicht reserviert haben. Bei unserem Besuch wurden unzählige Pizzahungrige weggeschickt *(zwischen Tankstelle und Autobahnauffahrt, 1 km ab dem Campingplatz; Tel. 0125 757969; Mo. Ruhetag)*. Der Lebensmittelladen ist geschlossen. **Preis**: 22 €.
Zufahrt: Der Platz liegt 2,5 km nördlich von Settimo Vittone, direkt an der SS 26. Falls Sie über die Autobahn anreisen, müssen Sie diese bei ›*Quincinetto*‹ verlassen und nur noch über die Brücke des Flusses Dora Baltea fahren, nach der Brücke rechts.

TOUR 6

Pont-Saint-Martin – römische Brücke

Nun beginnt endgültig das Valle d'Aosta (Aostatal). Wir fahren bis zum Eingang des ersten Seitentals nach Norden und stoßen in **Pont-Saint-Martin** (3.700 Einwohner) auf eine weitere Hinterlassenschaft der römischen Eroberer: eine perfekte Rundbogenbrücke über den Fluss Lys, die erst im 19. Jahrhundert durch eine daneben gebaute moderne Brücke ersetzt worden ist. Vom Fahrbahnbelag abgesehen befindet sie sich immer noch im Originalzustand. Sie müssen irgendwo am Straßenrand parken, denn die Fläche des früheren Stellplatzes wurde überbaut.

Schon südlich der römischen Brücke biegen wir in das erste Seitental, das **Val di Gressoney**, ein und sind zunächst über die kräftige Steigung etwas erschrocken. Seien Sie unbesorgt, alle Wohnmobile schaffen den Berg, und es geht auch so nicht weiter. Die Steilstufe an beiden Rändern des Aostatals ist durch den Gletscher entstanden, mit dem wir uns bereits bei der 5. Tour be-

Fontainemore

schäftigt haben. Von dort wissen Sie noch, dass dieser Gletscher eine Dicke von rund 400 Metern hatte. Diese hat verhindert, dass Gletscher aus den Nebentälern in das Haupttal vorangetrieben wurden, weshalb sich die Talsohle dieser Nebentäler nicht tiefer eingraben konnte. Sie müssen also seitlich des Aostatals über eine Steilstufe diesen Höhenunterschied überwinden, bevor Sie auf den Grund der Seitentäler gelangen. Dann wird das Seitental aber schnell wieder deutlich weiter und landwirtschaftlich genutzt.

Einen niedlichen Campingplatz mit nur wenigen Plätzen für Kurzzeiturlauber finden Sie nördlich von **Lillianes** (440 Einwohner) im Ortsteil They am rauschenden Bach mit Bademöglichkeit:

072 **N 45°38'13" E 07°50'53" – *Camping Mongenet***, ganzjährig; Tel. 347 4862918.

Am südlichen Ortseingang von **Fontainemore** (430 Einwohner) wurde ein Kletterpark angelegt, und auf dem Parkplatz daneben können nicht zu große Wohnmobile über Nacht parken:

073 Fontainemore

GPS: N 45°38'46" E 07°51'33", SR 44, 770 m. **Max. WOMOs**: 10. **Ausstattung**: Wasser, Toilette. **Beschreibung**: Auf dem schattenlosen Asphaltplatz am Rand der Bebauung, auf dem man nur mit Keilen einigermaßen waagerecht steht, können die meisten Wohnmobile die eingezeichneten Markierungen nicht einhalten. Mit Fahrzeugen unter 7 Metern ist das nicht störend. Eine Dusche ist nicht mehr in Betrieb. Im nahen Ort kann man Lebensmittel einkaufen und im Ristorante essen. Den angrenzenden kleinen Kletterpark haben wir noch nicht getestet. **Zufahrt**: Der Platz liegt kurz hinter dem südlichen Ortseingangsschild auf der linken Straßenseite.

TOUR 6

Issime - vergoldeter Altar

Das nördlich folgende **Issime** (400 Einwohner) wurde im 12. und 13. Jahrhundert von den Walsern besiedelt und gilt als das am südlichsten gelegene Dorf des historischen alemannischen Sprachraums, was merkwürdigerweise für den nördlichen Nachbarort Gaby nicht mehr gilt, in dem man frankoprovenzalisch gesprochen hat. In Issime begegnen uns deutsche Beschriftungen (zum Beispiel *Gemeindehaus*) und in unserer Fahrtrichtung rechts der Straße eine **Pfarrkirche**, deren straßenseitiger Giebel im 16. Jahrhundert mit Szenen des Jüngsten Gerichtes bemalt worden ist. Die Maler kamen übrigens aus Varallo, wohin wir Sie bereits auf unserer 4. Tour geführt haben. Leider wurde das Fresko Anfang des 18. Jahrhunderts allzu farbenfreudig restauriert. Das gilt erst recht für die Bildnisse in einem Kreuzgang direkt gegenüber. Im Innern der Kirche steht ein prächtiger, vergoldeter Barockaltar mit über 30 Skulpturen. Weniger erfreulich ist der direkt hinter der Kirche aufragende Gittermast mit riesigen Antennen, die den Eindruck vermitteln, als seien sie zum Kontakt in den Himmel unentbehrlich.

Die Qualität der Stellplätze wird nun besser. An der Einrichtung von Gaby stört eigentlich nur, dass man nahe der (nachts so gut wie nicht befahrenen) Straße steht. Das wird durch das angrenzende, sehr schöne Picknickgelände aufgewogen:

074 Gaby (Vourry)

GPS: N 45°42'06" E 7°52'22", SR 44, 1.000 m. **Max. WOMOs**: 8. **Öffnungszeit**: Ganzjährig. **Ausstattung**: Ver- und Entsorgung, Toilette (sehr sauber), Mülleimer, Picknickbänke, drei Grillplätze. **Beschreibung**: An den schattenlosen Asphaltplatz direkt neben der Straße grenzt ein grasiges Picknickgelände an, dass selbstverständlich klappstuhlgeeignet ist. Das Gelände liegt außerhalb der geschlossenen Bebauung, aber in der Nähe von Häusern.
Preis: 6 € / 24 Std. zahlbar nur mit Münzen.
Zufahrt: Der Platz ist 800 m südlich von Gaby im Ortsteil Vourry beschildert.

Beachten Sie zwischen diesem Stellplatz und Gaby auf der linken Seite die filigrane zweibogige **romanische Brücke**.

Während der Stellplatz von Gaby ersichtlich nur dem Sommer-Touristen dient, werden die folgenden Plätze am Ende des Tals häufiger von Skifahrern benutzt und sind vermutlich im Winter zeitweise überfüllt. Wer keinen bergsportlichen Aktivitäten nachgeht, zumindest wandert, könnte sich etwas verloren vorkommen. Immerhin kann man in **Gressoney-Saint-Jean** (800 Einwohner) ein Schloss besichtigen, das **Castel Savoia**, das aussieht, wie ein Märchenschloss, aber erst zum Ende des 19. Jahrhunderts gebaut worden ist und Margherita von Savoyen, Frau des italienischen Königs, als Sommerresidenz diente. Ob mit oder ohne König habe ich nicht geklärt. Sie können vom Stellplatz hinlaufen *(9–19 Uhr, Mo. geschlossen)*.

Ich fasse die Plätze in diesem Gebiet, das einst von Walsern besiedelt worden ist, zusammen:

075 Gressoney-Saint-Jean

GPS: N 45°45'37" E 7°50'08", SR 44, 1.370 m. **Max. WOMOs**: 20. **Öffnungszeit**: Ganzjährig. **Ausstattung**: Ver- und Entsorgung, Strom, Toilette, Mülleimer. **Beschreibung**: Auf einem riesigen, schattenlosen Asphaltplatz am südlichen Ortseingang sind in der Nähe eines Hotels und eines Sessellifts Felder für Wohnmobile markiert. Es gibt Gaststätten, und sicher kann man auch einkaufen. Selbstverständlich sind hier Wanderwege markiert. Theoretisch kann man auch in Klappstühlen auf dem Asphalt sitzen. Uns würde das nicht gefallen.
Preis: 6 € / 24 Std. mit Münzen vom 1.7. - 15.9. und vom 1.12. - 1.5.
Zufahrt: Der Platz liegt südlich des Ortes.

Etwa 800 m weiter nördlich entdecken Sie auf der westlichen Flussseite (!) einen **Campingplatz** mit sehr vielen Dauercampern und einem kleinen Bereich für Kurzzeitcamper.

076 Gressoney-la-Trinité (Staffal)

GPS/Kontakt: N 45°51'23" E 7°48'49", SR 44, Loc Tschaval, 1.800 m; http://sostatschaval.altervista.org/joomla/it-it/.
Max. WOMOs: 36.
Öffnungszeit: Ganzjährig.
Ausstattung: Ver- und Entsorgung, Strom, Toilette.

Beschreibung: Der nicht einsame, riesige, schattenlose, mit Betonpflaster belegte Platz ist eindeutig der schönste im Tal. Hier kann man gut auf Klappstühlen urlauben, abends wird es dazu meistens zu kalt sein; Spielplatz, Wanderwege, Gaststätten in der Nähe. Leser haben empfohlen, zum Wandern mit der Seilbahn zur Mittelstation St. Anna zu gondeln. **Preise**: 12 € / Tag, zu zahlen beim Platzwart; viele Extrakosten: 5 Liter warmes Wasser für 0,20 €, einmal Haarföhnen für 0,50 €, einmal großes Geschäft verrichten für 0,20 €. **Zufahrt**: Der Platz liegt nördlich von Gressoney-la-Trinité am Eingang des Ortsteils Staffal.

TOUR 6

Hinter diesem Platz ragt deutlich sichtbar das Massiv des Monte Rosa auf, das Sie von der anderen östlichen Seite schon von unserer 4. Tour kennen. Zwei Wanderungen, auf denen man sich nicht verirren kann, bieten sich hier an:

Von Gressoney-Saint-Jean nach Gressoney-la-Trinité

Das ist eine einfach zu gehende Strecke, bei welcher der Rückweg mit dem Hinweg identisch ist, mit dem Vorteil, dass Sie unterwegs jederzeit umkehren können. Die einfache Strecke ist ungefähr 8 km lang. Der Weg ist bestens markiert, außerdem ist er auf der Kompass-Karte wie auch auf der Kompass-App eingezeichnet.

Die Tour beginnt in Gressoney-Saint-Jean. Starten Sie am nördlichen Ortsende auf einem großen Parkplatz. Dort führt eine hölzerne Brücke über den Fluss Lys, jenseits derer Sie links abbiegen. Sie bleiben bis kurz vor dem Ziel auf dieser Seite des Wassers. Das größte Problem besteht eigentlich darin, in der Nähe des Startpunktes einen legalen Parkplatz zu finden, denn die Entfernung vom Stellplatz hierher beträgt fast drei Kilometer.

Von Staffal zur Lys-Quelle

Wir wandern dazu durch Staffal immer geradeaus bis zu der Stelle, an welche die Straße einen U-Turn vollführt. Dort gibt es links und rechts einer Brücke zwei Wege. Wir wählen den rechten mit der Nummer 7. Nach etwa 2,5 Stunden erreichen wir die Quelle des Flusses Lys. Der Weg führt über ein längeres Stück auf dem seitlichen Grat einer Moräne und ist mittelschwer zu gehen. Man kann jederzeit vorher umkehren, denn auch hier ist der Rückweg mit dem Hinweg identisch.

Theoretisch kann man vor der Quelle halb rechts noch etwa 1 Stunde weiter bergauf gehen, um festzustellen, dass sich der Gletscher von der Stelle, an der der Pfad endet, inzwischen zurückgezogen hat. Auf der Kompass-Karte bzw. der App kann man das sehr gut erkennen.

Wie bei allen unserer Touren, die in die Seitentäler führen, müssen wir umkehren und in das Haupttal nach Pont-Saint-

Val di Gressoney

Martin zurückfahren, wo wir den Wegweisern nach Aosta folgen. Wir wählen auf keinen Fall die Autobahn, weil kurz nacheinander zwei Pflichtziele am Weg liegen:

Römisches Tor

TOUR 6

Am Ortsausgang von **Donnas** muss man unterhalb der Straße auf einem eigens dafür eingerichteten Parkplatz (fahren Sie am ersten Kreisverkehr nach Donnas bergab auf den Platz zwischen Straße und Fluss) unbedingt anhalten, um einen hochinteressanten Abschnitt der ersten **Römerstraße** durch das Aostatal zu besteigen. Etwas oberhalb des jetzigen Straßenniveaus befindet sich ein 200 Meter langer Abschnitt der aus dem massiven Felsen herausgearbeiteten alten römischen Trasse. Ein steinernes Tor ist hier in dem Felsen geschlagen worden – ohne jede verkehrstechnische Funktion, denn die Römer hätten die Straße genauso gut ohne Tor am Felsen vorbeiführen können. Es ging vermutlich nur um eine Demonstration der Macht und der technischen Fähigkeiten. Daneben ist ein Meilenstein im Halbrelief in der Felswand entstanden. Das war so schon eher notwendig, weil die Breite des Weges dem römischen Karrenmaß entsprechen musste und durch einen frei stehenden Meilenstein eingeschränkt worden wäre. Folglich hat man ihn nur hälftig hergestellt. Beachten Sie auch die in den Felsen gemeißelten lateinischen Inschriften.

Gleich um die Ecke erreichen Sie das **Dorf Bard** (110 Einwohner), *Einer der schönsten Ortskerne Italiens*, das man in einem schmalen

Bard – Dorf

Einschnitt um die Ecke erst gar nicht wahrnimmt. Wegen der schmalen Dorfstraße mit alten Häusern drängen sich hier aber nicht die Besucher. Grund ist vielmehr die mächtige **Festung**, mit der das Nadelöhr im Tal der Dora Baltea beherrscht werden konnte und deren Gebäudeteile nur auf der in Ihrer Fahrtrichtung rückwärtigen Westseite des Berges von dessen Spitze bis zum Fluss hinunter reicht.

Forte di Bard

An einer solchen Engstelle drängt sich für den Chauffeur eines Wohnmobils erst einmal eine einzige Frage auf: Wo kann ich parken? Fahren Sie einfach auf der SS 26 unterhalb des kleinen Dorfes vorbei, bis links, zwischen Straße und Fluss, ein Parkplatzschild auftaucht. Hier dürfen Wohnmobile abgestellt werden, wenn auch nicht über Nacht. Von diesem Parkplatz ist ein Fußgängersteg an die Uferbefestigung gedübelt, der Sie zur Festung führt. Blöderweise ist jener Parkplatz häufig belegt. Fahren Sie dann einfach weiter, biegen Sie bei nächster Gelegenheit über eine Brücke zum Ort Hône ab und stellen Sie sich dort auf den offiziellen Stellplatz (siehe gleich). Wenn auch der voll ist, beginnen endlich die echten Urlaubsabenteuer. Wir haben das aber noch nicht erlebt, jedenfalls nicht hier.

Vom Fuß des **Forte di Bard** befördern Sie drei hintereinander gebaute gläserne Schrägaufzüge (und ein vierter kleinerer senkrecht) hinauf. Der Besichtigungsrundweg innerhalb der restaurierten Festung führt Sie, wenn Sie den Aufzug vermeiden, bequem hinab auf dem ehemaligen Aufweg, den Verteidiger und Belagerer als einzigen Zugang gekannt haben.

Das heutige Bauwerk wurde erst 1838 fertiggestellt und ist die Nachfolgezitadelle einer von den Truppen Napoleons gesprengten Vorgängerbastion. Dieser war, nachdem er im Jahr 1799 – zehn Jahre nach der ersten Französischen Revolution – aufgrund eines Putsches zum französischen Alleinherrscher aufgestiegen war, im Mai des Jahres 1800 mit 40.000 Mann und 60 Kanonen nach Italien gezogen, um dort gegen Österreicher zu kämpfen, die ihrerseits Teil einer aus mehreren Nationen bestehenden Koalition waren, die sich den französischen Eroberungsgelüsten entgegengestellt hatte. Napoleons Truppen hatten die Festung von Bard zunächst mit einer List umgangen, indem sie nachts die Kanonen mit der Hand auf einer mit Mist bedeckten Straße geschoben und dabei die Räder mit Stroh umwickelt hatten, um keine Geräusche zu verursachen. Offenbar gab es zu dieser Zeit weder Spione noch Horchposten. Nachdem die Franzosen im Juni die Österreicher bei Marengo besiegt hatten, ließ Napoleon die für die französische Expansionspolitik lästige Festung vollständig sprengen. Erst nach dem Niedergang der napoleonischen Herrschaft wurde die Zitadelle von den Savoyern neu errichtet, hauptsächlich als Sperrwerk gegen Frankreich, aus dem man aber auch in andere Richtungen schießen konnte. Das Forte di Bard wurde erst 1975 aus dem Besitz der italienischen Armee herausgegeben.

Heute sind im Fort vier **Museen** (und ein Hotel) untergebracht: ein zweigeteiltes Alpenmuseum, ein Museum der Befestigungsanlagen und der Grenze und ein Gefängnismuseum (und immer noch eine Sonderausstellung). Wenn man die fremde Sprache nicht beherrscht und sich nicht tagfüllend in den dicken Mauern aufhalten möchte, ist das Gefängnismuseum *(Prigioni del forte)* das spektakulärste. Das Fort selbst ist eher langweilig. Es wird Ihnen aber hier deshalb besonders empfohlen, weil es die einzige piemontesische Alpenfestung ist, die man überhaupt relativ einfach besuchen kann, außerdem ist der Blick spektakulär, und die Schrägaufzüge werden Ihre Kinder erfreuen *(Festung und 1 Museum 8 €; Greise ab 65 zahlen weniger, der Hund nichts)*. Beachten Sie unbedingt die Öffnungszeiten, das Fort ist nämlich im größten Teil des Jahres montags geschlossen *(nur am Ostermontag und in der Zeit zwischen dem letzten Juliwochenende und dem 15. September montags geöffnet; 10–17 Uhr, an Wochenenden und während der französischen Ferien eine Stunde länger; www.fortedibard.it).*

Etwa einen Kilometer nördlich von Bard können Sie, wie schon erwähnt, über den Fluss nach Hône (1.100 Einwohner) abbiegen, von wo Sie im Falle einer Übernachtung nach einigen Schritten die Festung im Abendlicht bestaunen dürfen:

077 Hône

GPS: N 45°36'42" E 7°43'58", Via Raffort. **Max. WOMOs**: 17. **Öffnungszeit**: Ganzjährig. **Ausstattung**: Ver- und Entsorgung (etwa 100 m vor dem Platz rechts); außerdem Wasserbrunnen auf

dem Platz, Strom, Mülleimer, Picknickbänke, Grillplatz. **Beschreibung**: Der schattenlose Platz ist mit Rasengittersteinen belegt. Sie dürfen vor dem WOMO sitzen, haben dazu aber nur wenig Raum, wenn der Platz voll belegt ist (angrenzend kleine Wiese mit zusätzlichen Möglichkeiten). Gaststätten und Geschäfte sind fußläufig erreichbar, vermutlich findet man auch Wanderwege. Das Forte di Bard ist auf einem Fußweg von 1,2 km zu erreichen. Höchstdauer 48 Std.
Preis: 10 € / 24 Std. mit Münzen, Scheinen oder Kreditkarte, zu zahlen bei der Abreise. **Zufahrt**: Ab dem Ortseingang als ›*camper sosta*‹ unzureichend beschildert. Fahren Sie nach der Eisenbahnbrücke nicht (wie uns das Garmin-Navi befohlen hat, geradeaus in den engen Ort, sondern erst links und später rechts bergauf).

In Hône zweigt die Zufahrt in das **Valle di Champorcher** ab. Die Straße schlängelt sich auf den ersten zwei Kilometern über die schon erwähnte Steilstufe in mehreren Serpentinen steil hinauf und bietet in ihren Kehren wunderbare Blicke zurück in das Haupttal und auf die Festung von Bard. Im Übrigen ist der Weg das Ziel. In **Champorcher** (390 Einwohner) mit dem Ortsteil **Chardonney** werden Sie sich nämlich nur zum Wandern länger aufhalten, obgleich die Stellplatzwiese schön in den Bergen, wenn auch am Rand der nachts nicht befahrenen Straße, gelegen ist:

078 Chardonney

GPS: N 45°37'18" E 7°36'38", SR 2. 1.440 m. **Max. WOMOs**: 30.
Öffnungszeit: Ganzjährig. **Ausstattung**: Ver- und Entsorgung, Toilette, Mülleimer. **Beschreibung**: Die schattenlose, leicht geneigte (Keile erforderlich) und klappstuhlgeeignete Wiese liegt vor einem Restaurant/Hotel, also nicht einsam, vor dem Ortsteil Chardonney. Kabinenseilbahn auf 1.900 m, Wanderwege. Kein Strom, also nichts für den Winter.
Zufahrt: Der Platz liegt am Ortseingang von Chardonney rechts der Straße.

Zurück im Haupttal lockt Sie die nächste Sehenswürdigkeit auf das Westufer der Dora Baltea. Ich würde das **Castello di Issogne** sogar als Pflichtziel bezeichnen, eher als die Festung

Castello d'Issogne - Fresko des Marktstandes

von Bard. Die Fresken unter den Arkaden des Innenhofes unterscheiden sich nämlich von den meisten Fresken, die wir bislang gesehen haben. Hier werden nicht Szenen aus der Bibel oder von irgendeinem Hofe dargestellt, sondern der Alltag aus der Zeit um 1490. Auf farbenfrohen Bildern sehen Sie unter anderem einen Marktstand, eine Käserei, eine Schneiderwerkstatt und eine Apotheke. Im Rahmen einer erfreulich kurzweiligen Führung – eine freie Besichtigung ist nicht möglich – werden Sie überdies durch Kapelle und Gemächer geführt, die teilweise ebenfalls freskiert sind. In der Wohnburg soll sich eine tragische Liebesgeschichte ereignet haben, von der an den Wänden noch Graffiti zurückgeblieben sind, die bei der Führung entsprechend herausgehoben werden *(täglich 9–18 Uhr, 8 €; die Führung findet in Italienisch mit kurzen englischsprachigen Zusammenfassungen statt und ist einigermaßen verständlich)*:

Filiberta und der Reitknecht

Bewohner des Schlosses waren im 16. Jahrhundert die Herren von Challant, die einen größeren Bereich des Aostatals beherrschten. Filiberta, die schöne Tochter, liebte ihren Reitknecht, was bekanntlich in besseren Häusern fast so häufig vorkam wie ein Verhältnis des Schlossherrn zur Zofe, aber meistens schlechter ausging. Erste Intrigen beantwortete Filiberta im Jahr 1554 mit der Wandinschrift »Liebe besiegt alles«. Aber der Vater war doch mächtiger als die Liebe und arrangierte eine Hochzeit mit dem Neffen des Gouverneurs von Mailand. Das muss im Jahr 1556 gewesen sein, denn die vorerst letzte Inschrift datiert in diesem Jahr mit den Worten »Lasst uns leben und lieben«. Der Hochzeit ist Filiberta allerdings unentschuldigt ferngeblieben, sie bevorzugte stattdessen die Flucht mit dem Geliebten nach Venedig, und wurde einige Zeit später von ihrer Schwester Isabella als Ehefrau des Mailänders ersetzt.

Alle diese Geschichten haben ein ähnliches Ende: In unserem Fall wurde der Reitknecht als Dieb bezichtigt und gehängt. Und Filiberta musste fortan ohne Mann die Wände bekritzeln und schrieb 1565: »Mein Leben vergeht in Schmerz«.

Sie wären nicht die einzigen Besucher, denen sich der Verdacht aufdrängt, die Inschriften seien erst kürzlich angebracht, wenn nicht sogar erfunden worden.

Schräg gegenüber liegt das **Castello di Verrès** auf der anderen Talseite. Es gehörte ebenfalls den Challant und wurde so platziert, dass man das Nahen des Feindes, das Aufkommen von Seuchen

Castello di Verrès

oder gute Nachrichten mit Flaggensignalen durch das ganze Tal vermelden konnte. Außerdem konnte von hier, was Sie auch ohne diesen Reiseführer sofort bemerkt hätten, der Durchgangsverkehr durch das Haupttal überwacht werden, sowie ein drohender Einmarsch durch das Seitental *(ebenfalls nur mit Führung, Mo. geschlossen, 9–18 Uhr, 6 €)*.

In der Kleinstadt **Verrès** (2.600 Einwohner) führt ein Wegweiser hinauf zum nächsten nördlichen Seitental, dem **Valle d'Ayas**. Es geht am Anfang erneut steil zur Sache – die Muränenstufe der Seitentäler muss überwunden werden. Bald folgt der schönste Blick auf die Burg, den Sie in den meisten Reisebüchern wiederfinden (auch bei uns). In **Chataignere-Viran** kann man nach einem beschilderten (*›ponti romani‹*) Spaziergang hinunter zum Fluss zwei kleine romanische (oder sogar römische?) Brücken entdecken.

TOUR 6

Schon frühzeitig wird auf einen Stellplatz nördlich von **Brusson** hingewiesen, der am Wochenende sehr gut besucht ist:

079 Brusson

GPS: N 45°45'50" E 7°42'45", SR 45, Rue des Pians. **Max. WOMOs**: 45. **Öffnungszeit**: Ganzjährig. **Ausstattung**: Ver- und Entsorgung, Strom (möglicherweise nicht in Betrieb), Mülleimer. **Beschreibung**: Der Platz liegt schön am Rande eines Baches und ist trotz Betonpflasters klappstuhlgeeignet. Eine große Spielwiese mit Freizeitgelände, Hüpfburg, Spielplatz und See (Badeverbot) ist nach wenigen Schritten zu erreichen, Gaststätten und ein Supermarkt zu Fuß. Sicher gibt es auch Wanderwege, nach denen wir aber nicht geschaut haben. **Preis**: 10,80 € / 24 Std., zu zahlen am Automaten. **Zufahrt**: Der Platz liegt beschildert hinter dem nördlichen Ortsausgang, im Ortsteil Vollon links.

Den **Campingplatz** im nördlichen Nachbarort haben wir uns auch angesehen, er ist voll mit Dauercampern und nach unserem Geschmack unakzeptabel.

Die hier beginnende Hochebene wird Ru Courtod genannt. Dort breiteten sich einst moorige Hochalmen aus, die bereits im 15. Jahrhundert von dem Conte Ibleto di Challant, einem Vorfahren von Filiberta, trockengelegt wurden, um damit eine bis in die Mitte des 17. Jahrhunderts andauernde Ansiedlung von Einwanderern aus anderen Landstrichen, darunter den Walsern, auszulösen. Am Ortsausgang von Champoluc sehen Sie einen riesigen Parkplatz, auf dem an Freitagen ein Wochenmarkt abgehalten wird. Der Asphaltplatz daneben wird im Winter und der Schotterplatz südlich von diesem eher im Sommer als Stellplatz benutzt; der Schotterplatz ist offiziell ausgewiesen, er wird dadurch aber nicht schöner. Es gilt, was Sie auf dieser und der nächsten Tour noch öfter lesen werden, dass man hier ohne Affinität zu den Bergen nicht übernachtet, auf diesem Platz schon gar nicht, es sei denn, man hat Lust auf die benachbarte ***Monterosa Terme*** *(ab 37 €, am Wochenende noch teurer, im Mai/Juni geschlossen):*

080 Champoluc

GPS: N 45°50'21" E 7°43'53", SR 45. 1.580 m. **Max. WOMOs**: 50. **Ausstattung**: Mülleimer. **Beschreibung**: Der Platz ist schattenlos, Sie stehen auf Schotter und dürfen den Klappstuhl benutzen, was hier aber keinen Spaß macht. Eine Gondelbahn hinauf auf fast 2.000 m erreichen Sie nach wenigen Schritten, Wanderwege, Gaststätten, Geschäfte. **Zufahrt**: Der Platz liegt nördlich des Ortes auf der linken Seite.

Die Straße führt weiter bis hinauf nach St Jaques, das im Talschluss eingezwängt und zu klein ist, um lukrativ vom Wintersport vereinnahmt zu werden. So wendet man wahrscheinlich schon am Stellplatz von Champoluc und hat auf der Rückfahrt zum ersten und einzigen Mal eine Alternative, um in das Haupttal zurückzukehren. In Brusson beginnt nämlich eine Abkürzung nach Saint-Vincent mit vielen Kurven, aber auch mit großartiger Fernsicht aus einer Asphaltausbuchtung direkt südlich des **Col di Joux** (1.640 m), weit hinunter ins Aostatal und nach Westen bis zum Mont-Blanc-Massiv. Unerschrockene Abenteurer fahren bei klarer Sicht erst gegen Abend hier hinauf und stellen den Klappstuhl vielleicht sogar auf eine Wiese

081 **N 45°45'11" E 7°42'10"**, Mülleimer; einsam, Wanderwege, mehr oder weniger starkes Gefälle.

Die Straße ist nicht schmaler als viele andere, die Sie auf dieser und der 4. Tour gefahren sind oder auf der nächsten noch fahren werden. Aber ohne den Blick ins Tal lohnt sich die anstrengende Gurkerei nicht.

Saint Vincent bringt einen dann für nur drei Kilometer auf den Boden des Haupttals zurück. Denn schon nach Châtillon biegen wir in das nächste nördliche Seitental, das **Val Tournenche**, ab. Nach Überwindung der obligatorischen Steilstufe taucht bei Km 2 am rechten Straßenrand ein eigentümliches Gebäude auf. Bei

TOUR 6 **Blick ins Valle d'Aosta**

näherem Hinsehen identifiziert man es als **Hochofen**, in dem bis in die erste Hälfte des letzten Jahrhunderts Eisenerz verhüttet worden ist. Weiter oben, nördlich von **Antey-Saint-André**, entdecken Sie einen **Kletterpark** mit modernisierten Sicherungssystemen, der sich angeblich auch für kleiner Kinder eignet (Näheres unter www.parcoavventurantey.it/). Passend dazu kann man am Rand der SR 46 auf einem geräumigen Asphaltplatz übernachten und entsorgen, Letzteres allerdings nur gegen Entgelt

082 **N 45°48'45" E 7°35'21"**.

Hier kommt zum ersten Mal das Matterhorn in den Blick.

Ein Stück weiter, am Eingang von **Maen**, steht rechts der Straße ein schönes Wasserkraftwerk aus dem 19. Jahrhundert, das heute als Ausstellungsraum dient. Wenn Sie kurz dahinter über die Brücke gefahren und rechts auf einen **Campingplatz** abgebogen sind, beschleicht Sie der Eindruck, einige der hier abgestellten Wohnwagen und deren hölzerne Vorbauten seien kaum jünger. Man muss beim Anblick solcher Dauercamper ein dickes Fell besitzen und es tunlichst unterlassen, zu Hause den Freunden, die einen als ›*Camper*‹ sowieso immer belächeln, Fotos der temporären Nachbarn vorzulegen. Wir würden hier nur in einem Notfall übernachten und niemals bei tristem Wetter

083 **N 45°51'44" E 7°36'44"**; ganzjährig geöffnet, ortsnahe.

Viel besser ist der Rand eines Picknickgeländes nördlich eines kurzen Straßentunnels und oberhalb eines kleinen Stausees:

084 Les Perrères

GPS: N 45°54'35" E 7°36'55", SR 46, 1.800 m. **Max. WOMOs**: 15.
Ausstattung: Mülleimer. **Beschreibung**: Sie stehen am Rand einer

Zufahrt zu einem Picknickgelände, die aber auch als Parkplatz für eine sehr gut besuchte nahe, von uns noch nicht getestete **Gaststätte** (relativ hochpreisig) dient. Gegenüber liegt am Rand der SR 46 eine große, von Lesern hochgelobte Bäckerei. Außerdem gibt es in der Nähe zwei Ferienheime. Davon abgesehen stehen Sie einsam. Sie können hier loswandern. **Zufahrt**: Biegen Sie kurz nach dem Ende eines Tunnels, wenn Sie rechts der Straße eine Bäckerei und links ein rotes Schild zur **Gaststätte *La Luge***, möglicherweise auch noch einen Zebrastreifen und ein paar Flaggen, sehen, nach links ab und wählen Sie einen Weg nach schräg rechts, der nach etwa 200 Meter zu einem Picknickgelände führt; kurz vorher können Sie rechts der Straße parken.

Sie können auch zunächst 2,9 Kilometer weiterfahren, um sich den offiziellen Stellplatz von Breuil Cervinia anzuschauen und um dann die endgültige Wahl zu treffen. Disponieren Sie rechtzeitig! Be schlechtem Wetter gefällt Ihnen möglicherweise gar nichts und Sie düsen zurück ins Haupttal, was übrigens relativ gut funktioniert, da die Straße breit und sehr gut ausgebaut ist. Das ist auch notwendig, um im Winter den Massenverkehr an den nördlichen Talschluss zu ermöglichen.

Sie nähern sich nämlich einem Wintermoloch, dem berühmt-berüchtigten **Breuil Cervinia**, an dem wirklich nur die Lage unterhalb des beeindruckenden, zur Schweiz gehörenden **Matterhorns** (italienisch: Monte Cervinio) sehenswert ist. Die Entwicklung zum Wintersportort begann schon 1936 mit dem Bau der ersten Kabinenseilbahn. Sie können sich vorstellen, wie brutal das Geschäft mit dem Wintersport seitdem das ehemalige Dorf verändert hat. Allerdings ist die Seilbahn, die seit 1953 auf dem Furggen in fast 3500 Meter Höhe geendet hat, im Jahr 1993 stillgelegt worden, nachdem das Zugseil gerissen, die Kabine jedoch durch die Seilsicherung schnell abgebremst worden war (anders als in Stresa, siehe 1. Tour). Es stellte sich danach heraus, dass die Seilführung nicht mehr den aktuellen Sicherheitsbestimmungen entsprochen hat. Weiterhin benutzbar sind aber die Kabinen zum 2.600 Meter hohen Plan Maison und von dort auf das 3.500 Meter hohe Plateau Rosa. Wir haben sie noch nicht ausprobiert. Im Sommer 2023 wurde mit der Strecke von Breuil Cervinia nach Zermatt die höchste durchgegende Alpenüberquerung in Betrieb genommen.

Gehen Sie nicht davon aus, dass Sie, gutes Wetter vorausgesetzt, jederzeit überall wandern können. Gelegentlich sind auch im Sommer, vor allem nach längerer Trockenheit, Wege wegen Lawinengefahr gesperrt. Ich unterstelle, dass Leser, die in diesen Höhen Touren unternehmen, andere Informationsquellen zurate ziehen als einen Wohnmobilreiseführer. Es muss viele dieser Naturliebhaber geben, denn der Stellplatz 100 Meter nördlich diese

TOUR 6

Breuil Cervinia – Blick zum Matterhorn

schönen Kalenderfotos mit dem im See gespiegelten Matterhorn ist im Sommer meistens sehr gut besucht; sicher nicht nur, weil man auch hier das Matterhorn sieht:

085 Breuil Cervinia

GPS: N 45°55'33" E 7°37'13", SR 46. 1.980 m. **Max. WOMOs**: 50. **Öffnungszeit**: Ganzjährig. **Ausstattung**: Ver- und Entsorgung, Mülleimer, kein Strom. **Beschreibung**: Der riesige, schattenlose Asphaltplatz liegt etwa 1 km südlich des Zentrums. Am Wochenende gibt es einen Shuttlebus. Oberhalb des Stellplatzes zweigt von der Straße in der ersten Rechtskurve ein Fußweg ins Dorf ab, unten herum muss man vor dem Tunnel links gehen oder radeln. Das nächstliegende Restaurant finden Sie südlich, wohin Sie ohnehin spazieren müssen, um den kleinen See zu betrachten, von dem das klassische Foto gelingt. Leser empfehlen den Parkplatz zwischen Tunnel und Golfplatz, der ruhiger ist und Zugang zu einem Picknickplatz über dem Tunnel ermöglicht. **Preis**: 7,80 € / 24 Std. **Zufahrt**: Der Platz liegt am südlichen Ortseingang vor dem Tunnel an der rechten Straßenseite.

Breuil Cervinia (der französische und der italienische Ortsname werden heute gleichberechtigt nebeneinandergestellt) ist das Musterbeispiel für ein schon angedeutetes Phänomen: Die Verkehrsverbindung durch die Seitentäler dient in erster Linie dem Skigebiet am Talschluss, und die Ansiedlungen am Rand der Zufahrt tragen nur die Last des Verkehrs, ohne am Wohlstand teilzuhaben. Warum sollte ein Tourist hier schon anhalten, wenn der Höhepunkt noch folgt? Das ist im Sommer nicht so ausgeprägt wie im Winter, aber doch ähnlich. Deshalb gelten im Aostatal gesetzliche Bestimmungen, nach denen Baugenehmigungen zum Zweck des Wintersports die Erfüllung von Auflagen zur Renaturierung tiefer liegender Gebiete vorsehen.

Nach 27 Kilometer zurück im Haupttal fahren wir weiter nach Westen und biegen am Ortseingang von Nus Richtung **Fénis** ab. Oberhalb der Dora Baltea, leider auch oberhalb der Straße, ist vor dem Friedhof ein kleiner offizieller Stellplatz ausgeschildert. Grundsätzlich sollte man in Orten mit einer solchen offiziellen Einrichtung diese auch benutzen. Ausnahmen mache ich aber dann, wenn die Obrigkeit unsere Zunft allzu deutlich abschiebt und alternative Freizeitplätze vorhanden sind, auf denen man keinen einzigen Einheimischen stört. Von einem solchen Bereich ist hier die Rede:

086 Fénis – *Tzanti de Bouva*

GPS: N 45°44'18" E 7°29'23". **Max. WOMOs**: 5. **Ausstattung**: Mülleimer, tagsüber Toiletten. **Beschreibung**: Es handelt sich um den Parkplatz eines benachbarten Picknickgeländes mit Grillstellen, Toilette und Wasser. Das Ortszentrum mit Geschäften und Gaststätten ist problemlos zu Fuß erreichbar. **Preis:** 8-12 und 14-18 Uhr 1,50 €/Stunde. **Zufahrt**: In der Nähe der Ortsmitte zweigt von der SR 13 eine Straße zum Fluss hin ab. Folgen Sie dem braunen Wegweiser ›*area attrezzata*‹, der Sie bei der dann folgenden Gelegenheit nach links schickt. Achtung: Folgen Sie nicht dem gleichlautenden Wegweiser am Kreisverkehr zwischen Ort und Fluss. Dort werden Sie auf einen anderen Parkplatz geschickt.

Es gibt im Ort zwei weniger schöne, aber für den Notfall gut geeignete **offizielle Stellplätze**, beide mit Ver- und Entsorgung, ganzjährig geöffnet und auf halbem Weg zur SR 46:

087 einmal seitlich des Sportplatzes (am Kreisverkehr westlich des Ortes links); N 45°44'13" E 7°29'01" und

088 einmal am Friedhof unmittelbar vor der Flussbrücke; N 45°44'22" E 7°29'08".

Castello di Fénis

Das **Castello di Fénis**, einst ebenfalls Sitz der Herren von Challant, kann alle halbe Stunde besichtigt werden. Die gelangweilte Führerin verschweigt, dass große Teile einschließlich der umgebenden doppelten Festungsmauern mit Zinnen nicht authentisch sind, sondern erst zwischen dem Ende des 19. Jahrhunderts und den Dreißigerjahren hinzugefügt wurden, damit das Schloss das Aussehen erhielt, das zu dieser Zeit der Vorstellung von einer Ritterburg entsprochen hat. Konsequenterweise diente das Gebäude in der Folgezeit auch diversen Ritterfilmen als Kulisse *(April, Mai, September 9–18:30 Uhr, außer Juli/August Mo. geschlossen; 6 €)*.

Wir steuern die Hauptstadt **Aosta** (franz. Aoste, 34.000 Einwohner) an, die von Augustus an dem Ort gegründet worden ist, an dem sich das römische Militärlager befunden hat. Historiker erkennen sogar in der schachbrettartigen Stadtanlage das Muster der römischen Lagerstruktur. Die Stadt hieß damals *Augusta*

Praetoria Salassorum, übersetzt: *Augusta, Hauptstadt der Salasser*. Und wenn Sie zehnmal schnell hintereinander *Augusta* sagen, kommt *Aosta* dabei raus, womit auch die Namensherkunft geklärt wäre. Entsprechend zahlreich sind in der Stadt heute noch die römischen Spuren. Sie sollten Ihr WOMO demnach so parken, dass Sie wenigstens drei Stunden für den Stadtrundgang einplanen können. Dafür liegt der Stellplatz günstig, zur Übernachtung fanden ihn Leser geeigneter als wir:

089 Aosta

GPS: N 45°44'10" E 7°19'49", Via dei Caduti del Lavoro. **Max. WOMOs**: 30. **Öffnungszeit**: Ganzjährig. **Ausstattung**: Ver- und Entsorgung, Mülleimer. **Beschreibung**: Der schattenlose, schlichte Asphaltparkplatz liegt in der Nähe der Bahngleise und in der Stadt. Er ist ein guter **Ausgangspunkt für die Stadtbesichtigung** (gehen Sie, den Platz im Rücken, rechts und an der ersten Seitenstraße, dem Viale Garibaldi, ebenfalls rechts, bis Sie zum römischen Tor gelangen; dort biegen Sie im rechten Winkel nach links ab und gelangen so auf die zentrale Einkaufsstraße). Die Vorstellung, auf diesem tristen Gelände im Sommer einen Urlaubsabend verbringen zu müssen, lässt schnell grundsätzliche Zweifel am WOMO-Urlaub aufkommen. Im Frühjahr oder Herbst mag das anders sein, und Lesern hat es hier gefallen. Ein Supermarkt und alle Arten von Gaststätten sind selbstverständlich fußläufig erreichbar. **Preis**: 1 € / Stunde von 8 - 20 Uhr. **Zufahrt**: Der Platz liegt ausgeschildert südlich des Bahnhofs an der am Bahnhof vorbeiführenden Straße.

090 Quant – *Camping LazyBee*

GPS: N 45°44'28" E 7°23'36", www.lazybee.it/aree-camper; ab 30 €.
Gut 5 km östlich des Stadtzentrums kommt in an der SS 26 ohne Dauercamper und mit Restaurant infrage;, den wir noch nicht näher inspiziert haben.
Weitere Campingplätze westlich von Aosta beschreibe ich ausführlicher bei der 7. Tour.

Wer schon mit meinen Büchern in der Provence unterwegs war, weiß, dass der **Arco di Augusto** (Augustusbogen), der östlich des Stadtzentrums auf einer grünen Verkehrsinsel steht, kein Triumphbogen war, sondern ein sogenanntes Stadtgründungstor, um den Einwohnern die Macht der Besatzer zu demonstrieren. Das Bauwerk von etwa 25 v. Chr. hat im Laufe der Jahrhunderte ein Dach bekommen und auch ein Kruzifix, ist aber ansonsten erstaunlich gut erhalten. Geht man dort (aus unserer Richtung) rechts (nach Osten) vorbei und nach 80 Meter halb rechts auf einer breiten Straße Richtung Ivrea, liegt bald links der Straße eine gut erhaltene echte **Römerbrücke**.

Aosta – Porta Praetoria

Intakt sind auch die mächtigen Torbögen der sogenannten **Porta Praetoria**, die einst die römische Garnisonsstadt nach Osten abgeriegelt haben. Sie bummeln durch diese Toranlage hindurch, wenn Sie, den Augustusbogen im Rücken, immer geradeaus durch die lebhafte Einkaufsstraße der Stadt spazieren. Gleich westlich davon folgt rechts das eintrittspflichtige Gelände des ehemaligen **römischen Theaters** (für Schauspiele) und des Amphitheaters (für Kämpfe). Von Letzterem ist so gut wie nichts mehr zu erkennen, und beim Theater sind Wandfragmente teilweise in derartig massive stählerne Stützkonstruktionen eingefasst worden, dass man sie kaum noch erkennen kann. Besonders schön ist von hier der Blick in die Berge.

Aosta - Sant'Orso – Säulenkapitell

Auch wenn die römischen Hinterlassenschaften allein schon wegen ihres hohen Alters beeindruckend sind, ist die Hauptsehenswürdigkeit von Aosta der **Kreuzgang des Klosters Sant'Orso** (1133–1155). Vierzig zierliche Säulen aus künstlich geschwärztem Marmor, teilweise als Doppelsäulen ausgebildet, sind wegen ihrer Kapitelle in Italien einzigartig und erinnern an französische Vorbilder *(der Kreuzgang ist kostenlos; täglich 9–19 Uhr; Sie finden ihn nördlich der Haupteinkaufsstraße zwischen römischem Theater und Augustusbogen)*.

Aosta – Sant'Orso

TOUR 6

In Aosta zweigt eine der Hauptverkehrsrouten über die Alpen, die Straße über den Großen Sankt-Bernhard oder den dortigen Tunnel, nach Norden ab. Bei unserer Anreisebeschreibung finden Sie in Etroubles einen Stellplatz für die letzte Nacht im Piemont.

Sie können aber auch noch einen oder zwei Tage im Hochgebirge dranhängen – oder auf unserer 7. Tour eine ganze Woche. Der Kurztrip führt Sie nach Norden in das **Valpelline**, so heißt dieses Seitental, von dem Sie nach links, also nach Nordwesten, in ein weiteres Seitental abbiegen, um hinter **Ollomont**, im Weiler **Mont Rion** (Rey) am Fluss zu übernachten. Eine großartige Alternative und unser Tipp ist im Sommer der Campingplatz bei **Valpelline**:

091 Mont Rion

GPS: N 45°51'14" E 7°18'19", R 30, 1.400 m. **Max. WOMOs**: 10. **Öffnungszeit**: Ganzjährig. **Ausstattung**: Ver- und Entsorgung, Mülleimer. **Beschreibung**: Der schattenlose Platz auf einem Kies- und Grasgemisch ist am Abend bedingt klappstuhlgeeignet mit Häusern in der Nähe. Ob die angrenzende Gaststätte noch betrieben wird, ist nicht sicher; Wanderwege. **Zufahrt**: Der Platz liegt nördlich von Ollomont links der Hauptstraße.

092 Valpelline – *Camping Grand Combin*

GPS/Kontakt: N 45°49'28" E 7°19'49", Fraz. Les Prailles, 950 m, Tel. 0165 73250; www.grandcombin.com/campeggio.php. **Öffnungszeit**: 15.6.–15.9. **Ausstattung**: Pool, Bar, Brötchenverkauf. **Beschreibung**: Auf dem reizenden Wiesengelände am Rand eines Baches unter Bäumen stören weder Dauercamper noch feste Behausungen. In das Ortszentrum mit Gaststätte und Ladengeschäft sind es 500 m. **Preis**: 31 €. **Zufahrt**: Östlich der Ansiedlung und in der Ortsmitte an der SR 28 beschildert.

Wer noch weiter hinauf will, sollte hinter Valpelline in Richtung **Bionaz** abbiegen. Am **Lago di Lessert** (Lac Lexert) kann man zwischen Camping- und Stellplatz, die beide vom selben Betreiber unterhalten werden, wählen:

093 Bionaz – Lac Lexert

GPS/Kontakt: N 45°51'48" E 7°23'47", SR 28, 1.600 m; Tel. 0165 730109; www.campinglaclexert.it/. **Max. WOMOs**: 15. **Öffnungszeit**: Vermutlich ganzjährig. **Ausstattung**: Ver- und Entsorgung, aber ohne Toiletten und Dusche, Mülleimer, Picknickbänke, Spielplatz. **Beschreibung**: Der sehr schöne, teilweise schattige Platz auf einem Kies- und Grasgemisch liegt direkt an einem Badesee, er ist klappstuhlgeeignet mit Häusern in der Nähe, darunter einer Pizzeria mit Lebensmittelverkauf; Sie finden ein dichtes Netz von Wanderwegen.
Preis: 10 € inkl. Wasser und Entsorgung.
Zufahrt: Der Platz liegt nördlich von Balmes seitlich der Straße.

Hinweis: Hier können Sie zwischen Stell- und **Campingplatz** mit einigen Dauercampern (mit Toiletten und Duschen für 19 €–21 €) wählen.

Oberhalb von **Bionaz** (233 Einwohner) liegt auf fast 2.000 Meter Höhe der Stausee **Lago di Place Moulin**. Die befestigte Auffahrt ist auch für WOMOs gut befahrbar und endet an der imposanten Staumauer. Ein kleiner Kiosk mit einigen Terrassensitzplätzen lässt sogleich die Idee entstehen, hier nach dem Genuss einer Erfrischung die Nacht zu verbringen. Allerdings hat der Besucherzustrom, besonders an schönen Sommerwochenenden, in den letzten Jahren stark zugenommen. Die Parkmöglichkeiten wurden erheblich ausgeweitet, und es wurden sogar Busparkplätze eingerichtet. Entsprechend ist das Ende der Straße auch als Stellplatz in den Blick geraten:

Lago di Place Moulin – zuletzt mit wenig Wasser

094 Lago di Place Moulin

GPS: N 45°53'59" E 7°29'25", 1.950 m. **Max. WOMOs**: 3-4.
Ausstattung: Mülleimer. **Beschreibung**: Der schattenlose Asphaltparkplatz liegt oberhalb des türkisblauen Stausees. Die meisten Wohnmobile können die aufgebrachten Fahrbahnmarkierungen selbst dann nicht einhalten, wenn sie das Heck über den Randbereich ragen lassen. Wenn sich am Abend die anderen Touristen verzogen haben, kann man gut die Klappstühle rausstellen; möglicherweise wird es dann aber sehr einsam, falls keine Gleichgesinnten hier nächtigen. Häuser gibt es jedenfalls nicht; Wanderwege siehe im nachfolgenden Text; zeitweise Kiosk. **Preis**: 7–21 Uhr 9 €. **Zufahrt**: Der Platz liegt am Ende der SR 28. Erlaubt ist die Übernachtung nur auf der unteren Fläche.

Wanderung am Lago di Place Moulin

Die meisten am Parkplatz ausgeschilderten Wanderungen haben hochalpinen Charakter. Da können wir mit Ratschlägen nicht mithalten. Aber auch der Gelegenheitsalpinist findet Möglichkeiten für eine außergewöhnliche Kurztour, wenn er sich auf der Fahrstraße links des Sees und auf dem Niveau des Parkplatzes auf die Socken macht. Nach etwa 400 Meter zweigt von der Fahrstraße links ein Pfad bergauf ab, den man nach rechts eine Etage über dem zunächst begangenen Fahrweg entlang dem Seeufer wählt und der am ***Rifugio Prarayer*** weitere Entscheidungen verlangt:

1. Alternative: zu maßvollen Preisen einkehren, danach umkehren und, vorbei an einer kleinen Kapelle, auf der unteren Fahrstraße zurück zum WOMO spazieren. Das dauert ohne Einkehr zwei Stunden, und die Strecke auf dem unteren Weg bummelt nahezu jeder, der hierhergefahren ist. Diese Promenade zum Rifugio ist sozusagen der Sinn der Anreise und entsprechend stark begangen. Denn der Stausee leuchtet bei gutem Wetter mit einem Türkis, dass man in dieser Intensität anderswo selten sieht. Nimmt man den Weg Nr. 8 sollte man für die einfache Strecke 1,5 Stunden einplanen.

2. Alternative: Wer über die Länge dieses Spaziergangs nur lächelt, kann am Rifugio vorbei wandern, um entlang dem Bach, welcher den See speist, allmählich an Höhe zu gewinnen. Im Talschluss, unterhalb eines Gletschers, gibt es ein weiteres Rifugio, weitere 3,5 Stunde entfernt, schwarze Piste!!. Kehren Sie besser an der ersten Brücke nach dem *Refugio Prarayer* um (nach 20 Minuten). Dort waren wir aber noch nicht selbst. Der Vorteil dieses Weges besteht darin, dass Sie auf dem Hinweg zurückgehen und jederzeit umkehren können, wenn es für Sie zu alpin wird, das Wetter sich verschlechtert, die Kinder nörgeln oder der Hund getragen werden muss.

Falls Sie nicht, wie oben angedeutet, über den Großen Sankt-Bernhard die Heimreise antreten, dürfen Sie uns bei der folgenden Tour noch in den westlichen Teil des Aostatals begleiten.

Tour 7

1. Karte

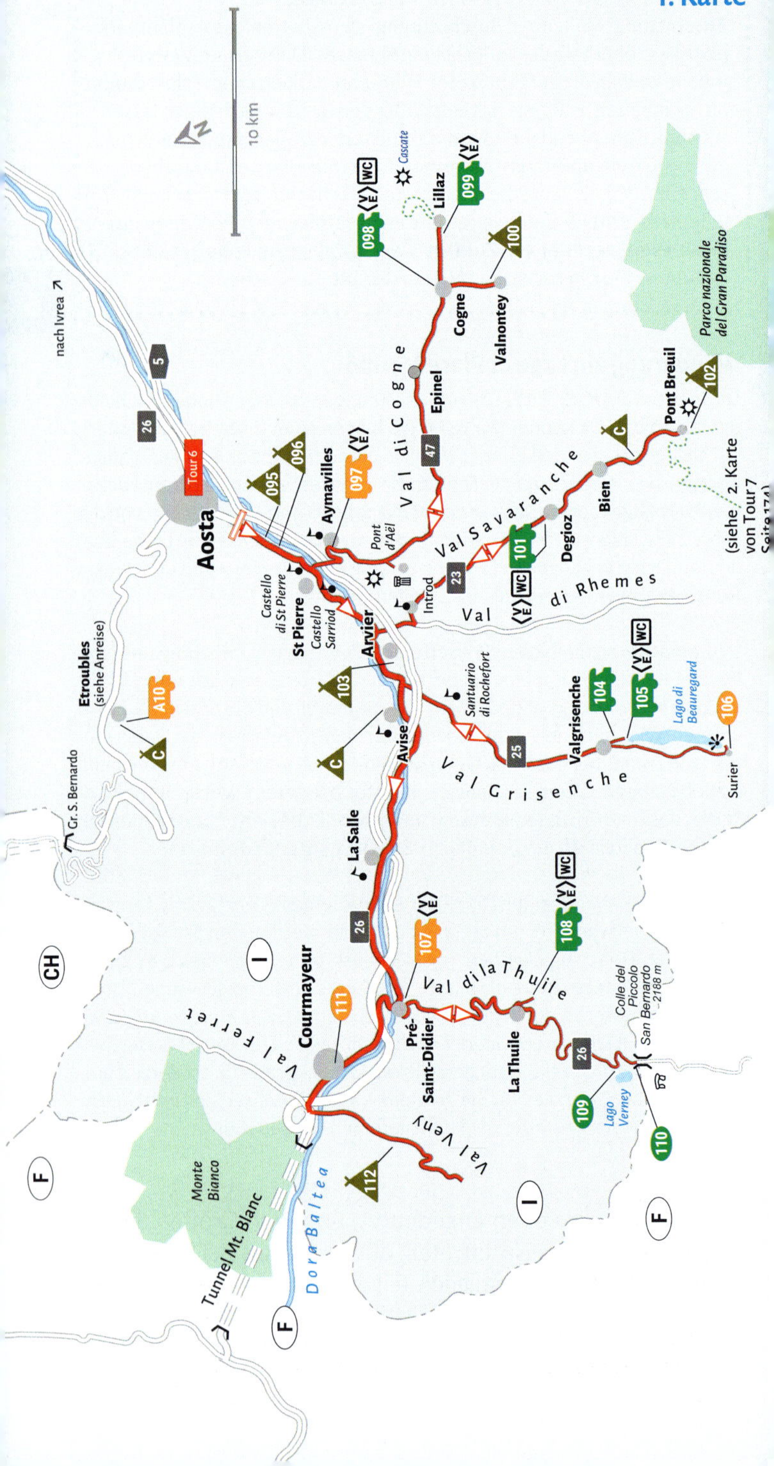

Westliches Aostatal und Valle di Locana

710 km

Der Hauptteil dieser Tour begleitet Sie durch den westlichen Teil des Aostatals und dessen Seitentäler und führt sie abermals in fantastische Bergregionen, vor allem in das Gebiet des Gran Paradiso. Damit Sie diesem auch von der anderen Seite nahekommen, ist die Tour zweigeteilt und führt sie auch von Süden nochmals ins Gebirge. Besonders empfehlenswert sind:

- **Vallon di Cogne**
- **Wasserfall von Lillaz**
- **Campingplatz von Pont**
- **Weg von dort in den Nationalpark Gran Paradiso**
- **Valle di Locana**

Einen in Aosta vermissten Campingplatz findet man ein paar Kilometer weiter westlich im Doppelpack. Da wir uns auf keinem von beiden aufgehalten haben, beruht unsere Empfehlung auf dem äußeren Eindruck. Wir würden uns für die Nr. 095 entscheiden:

095 Sarre – *International Touring*

GPS/Kontakt: N 45°43'20" E 7°16'10". SS 26, Tel. 0165 257061; www.campingtouring.com/. **Öffnungszeit**: Ende Mai bis September. **Ausstattung**: Pool, Pizzeria, großer Spielplatz. **Beschreibung**: Der Platz liegt zwischen der Hauptdurchgangsstraße und dem Fluss eindeutig weiter von der Straße entfernt als Platz Nr. 096. Die Parzellen sind überwiegend schattig. Ein Supermarkt grenzt an. In das Zentrum von Aosta sind es 3,9 km, die Bushaltestelle liegt unmittelbar vor der Tür. Radweg entlang dem Fluss, wenn Sie aus dem Campingplatz heraus gleich rechts fahren. **Preise**: 29 €–35 €. **Zufahrt**: Der Platz ist an der SS 26, der Hauptstraße nach Westen, nicht zu übersehen.

096 Sarre/Saint-Maurice – *Monte Bianco*

GPS/Kontakt: N 45°43'02" E 7°15'41", SS 26, Tel. 0165 258514; www.campingmontebianco.it/. **Öffnungszeit**: Mai bis September. **Ausstattung**: Campingplatzüblich. **Beschreibung**: Der Platz liegt zwischen der Hauptdurchgangsstraße und dem Fluss näher an der Hauptstraße als Platz Nr. 095. Die Parzellen auf Gras sind überwiegend schattig. Einen Pool gibt es nicht. Eine Einkaufsmöglichkeit finden Sie spätestens nach rund 850 m Richtung Aosta. In der Nähe können Sie unter mehreren Pizzerien auswählen. In das Zentrum von Aosta sind es 4,8 km, eine Bushaltestelle liegt unmittelbar vor der Tür. Zum Radweg siehe bei Platz Nr. 095. **Preise**: 25 €–28 €. **Zufahrt**: Der Platz ist an der SS 26 nicht zu übersehen und liegt 920 m westlich von Platz Nr. 093.

TOUR 7

Blick zurück nach Aosta und zum Castello d'Aymavilles

Westlich der Campingplätze biegen wir am westlichen Ortsausgang von Sarre nach Süden in das **Vallon di Cogne** ein und stoßen in **Aymavilles** auf einen

097 **N 45°42'05" E 7°14'22"** zentral gelegenen Stellplatz mit Ver- und Entsorgung – am Kreisverkehr von der SR 47 rechts abbiegen am Hang

und auf das imposante **Castello di Aymavilles**, das wegen seiner vier runden Ecktürme sofort ins Auge springt und frisch renoviert wurde *(9–17 Uhr, April bis Sept. bis 18 Uhr, außer Juli; August und Feiertage Mo. geschlossen; 9 €)*.

Bald folgt die viel gerühmte **römische Brücke** über den Grand Eyvia, der **Pont d'Aël** im Weiler Pondel. Den kleinen, talwärts

Pont d'Aël

zeigenden Wegweiser an der SR 47 zwischen Kilometer 5 und 6 kann man leicht übersehen (N 45°41'15" E 7°13'47"). Die etwa einen Kilometer lange Zufahrt ist von der Steigung gar kein Problem; größere Wohnmobile müssen bei seltenem, breiterem Gegenverkehr rangieren. Parken Sie auf dem kleinen Parkplatz am Ortseingang von Pondel, von dem aus Sie nach wenigen Schritten das Bauwerk erreichen, welches zunächst als 60 Meter langer Aquädukt mit oben liegendem Fußweg konstruiert wurde, um dann durch den Umbau der Brückenköpfe karrengängig ausgestattet zu werden. Auf der Nordseite sieht man eine gut erhaltene lateinische Inschrift, die Auskunft über den Zeitpunkt und den privaten Veranlasser der Baumaßnahme gibt: ein Herr aus Padua, als Augustus zum 13. Mal zum Konsul ernannt worden ist; das war im Jahr 3 v. Chr., und der Herr aus Padua förderte in der Nähe Eisenerz, das mit über diese Brücke zur Grube geleitetem Wasser ausgewaschen worden ist. Ein Wanderweg nutzt die Brücke, wobei man sich aussuchen kann, ob man auf der Oberseite spazieren möchte oder durch den ehemaligen Kontrollgang, in dem schon die Römer die Dichtigkeit der Wasserleitung im Blick hatten. Am jenseitigen Ufer erkennt man weiterhin Rudimente der sechs Kilometer langen Wasserleitung.

TOUR 7

Bis **Cogne** (1.400 Einwohner) werden Sie vermutlich nicht mehr anhalten. Den dortigen Stellplatz empfehle ich Ihnen nur, wenn Sie in der Nähe einer etwas größeren Ortschaft verweilen möchten:

098 Cogne

GPS: N 45°36'31" E 7°21'29", Rue Revettaz 23, 1.530 m. **Max. WOMOs**: 100. **Öffnungszeit**: Ganzjährig. **Ausstattung**: Ver- und Entsorgung, Strom, Toilette, Mülleimer. **Beschreibung**: Der riesige, schattenlose Asphaltplatz liegt, wie Sie unserem Foto entnehmen können, günstig direkt unterhalb der Ortschaft. Er wird vor allem im Winter sehr gut besucht, wobei ich nicht herausbekommen habe, welche besondere Anziehungskraft Cogne auf die zahlreichen Menschen hat. Sie können auf

Klappstühlen sitzen, Sie finden Geschäfte und Gaststätten, selbstverständlich auch Wanderwege. Der nahe Fluss rauscht ständig.
Preis: 17 €/ 24 Std. **Zufahrt**: Der Platz ist am Ortseingang beschildert.

Direkt vom Stellplatz führt eine Fußgängerbrücke über den Fluss und erschließt einen Wanderweg, der innerhalb einer guten halben Stunde auf den Nordhang hinaufführt zum **Ausstellungszentrum Alpinart** *(Villagio Minatori)*, einem **Bergbaumuseum** mit einigen interessanten Originalbauwerken, welche die Geschichte des Eisenerzbergbaus erzählen, der, wie Sie inzwischen wissen, schon von den Römern betrieben worden ist. Teile einer kleinen Knappensiedlung sind erhalten geblieben und ermöglichen eine Vorstellung von den schwierigen und ärmlichen Lebensbedingungen der Minenarbeiter *(Juli bis 10. September 14–18 Uhr, Mi geschlossen, Mitte Juli bis Mitte August täglich auch vormittags 9–13 Uhr; 8 €; www.grand-paradis.it)*.

Besser als Cogne gefällt uns **Lillaz** (90 Einwohner), 3,3 Kilometer weiter oben, was nicht nur an der Lage am Ende der Straße liegt. Auch der Stellplatz ist anmutiger, wenngleich ebenfalls auf Asphalt (wie fast alle Plätze in größerer Höhe, weil man sie sonst im Winter nicht vom Schnee befreien könnte) und so gut besucht, dass man auch mal keinen Platz bekommt:

099 Lillaz

GPS: N 45°35'46" E 7°23'17", 1.600 m. **Max. WOMOs**: 32. **Öffnungszeit**: Ganzjährig. **Ausstattung**: Ver- und Entsorgung, Strom, Mülleimer.
Beschreibung: Der schattenlose Platz kurz vor dem Ortseingang in Sichtweite der Häuser hat zwar einen Asphaltbelag, aber grasige Randstreifen, besonders auf der Seite zum Fluss, auf denen man gut den ganzen Tag über auf Klappstühlen sitzen kann. Begreiflicherweise sind die eingezeichneten Parkbuchten auf dieser Seite als Erstes besetzt. Das kleine Dorf mit Gaststätte und Einkaufsmöglichkeit ist problemlos zu Fuß zu erreichen. Es gibt vielfältige Wanderwege. Der Platz ist sehr gut besucht und am Wochenende oft besetzt. Zeitweise wird ein Shuttledienst nach Cogne unterhalten. **Preis**: 17,80 € / 24 Std. inkl. Strom.
Zufahrt: Der Platz liegt unübersehbar am Ortseingang von Lillaz.

Cascate di Lillaz

TOUR 7

Von hier kann man schöne Tagestouren in die Bergwelt starten. Wir begnügen uns mit einem **Spaziergang**, der vom Zentrum zu den **Wasserfällen** führt. Der Weg ist mit ›*Cascate di Lillaz*‹ gut ausgeschildert. Nach 20 Minuten erreichen wir übereinander gestaffelte Wasserfälle, in deren unterstem Becken man in kaltem Wasser planschen kann. **Im Gebiet von Cogne und Lillaz sind Tagestouren unmöglich, falls die Stellplätze belegt sind, weil außerhalb derer das Parken mit Wohnmobilen verboten ist.**

Von Cogne bietet sich vielleicht schon deshalb die Weiterfahrt in den Ortsteil **Valnontey** an, besonders wenn man einen Campingplatz in Berglage sucht. Dazu kommen wenigstens zwei infrage, einer mit Dauercamperhütten. Auf dem danebenliegenden Stellplatz dürfen Sie nicht mehr stehen, ein Stück weiter hinten nur tagsüber:

100 Valnontey – *Lo Stambeco*

GPS/Kontakt: N 45°35'18" E 7°20'36", 1.660 m, Tel. 0165 74152; www.campeggiolostambecco.it/de/. **Öffnungszeit**: Ende Mai bis Mitte September. **Ausstattung**: Brotbestellung ist möglich. **Beschreibung**: Der Platz liegt in wunderbarer Berglage am Hang vor den Häusern des kleinen Dorfes. Dauercamper mit Holzhütten gibt es nicht, aber selbstverständlich vielfältige Wanderwege. Ein Ristorante liegt in der Nähe, im Dorf kann man auch ein paar Lebensmittel kaufen. **Preis**: 24 €. **Zufahrt**: Der Platz liegt links vor dem Ort.

Nach den Häusern entdecken Sie einen weiteren Campingplatz mit Dauercampern.

Von hier können Sie wunderschöne Tagestouren in die Bergwelt des **Gran Paradiso** (siehe dazu später) unternehmen oder einen

TOUR 7

Castello di Saint-Pierre

kurzen Spaziergang auf die andere Bachseite und in den ***Giardino Alpino Paradisia***. Dort ist eine Miniaturwelt der Fauna und Flora des Gran Paradiso hergerichtet worden *(Anfang Juni bis Mitte September 10–17:30 Uhr, 8 €)*.

Auf dem Rückweg in das Aostatal liegt uns dort das **Castello di Saint-Pierre** zwischen Wein- und Apfelplantagen zu Füßen. Bei genauem Hinsehen thront es auf einer Felsnase, aber Sie können sich entspannen. Sie müssen keine Führung über sich ergehen lassen. Die Burg beherbergt inzwischen ein Museum für Naturkunde *(10 €, möglicherweise nur nach Reservierung)*. Frohlocken Sie aber nicht zu früh! Denn nur wenige Meter weiter westlich dürfen Sie im **Castello Sarriod de la Tour** eine Kassettendecke mit 180 kleinen geschnitzten Statuetten und in der Kapelle einen spätromanischen Freskenzyklus bestaunen, und seitlich der Straße dürfen Sie auf einem extra dafür eingerichteten Streifen sogar günstig parken *(Di.–So. 9–19 Uhr; bei Drucklegung wegen Umbaus vorübergehend geschlossen)*.

Vielleicht können Sie auch das nächste Seitental nach Süden, das **Val Savarenche**, nicht erwarten und brettern an den Schlössern einfach vorbei. Oder Sie fragen sich: Schloss oder Hochtal? Nehmen Sie das Hochtal!

Die Straße führt am Hang des Flusses Savara hinauf nach **Dégioz**, einem Ortsteil der Gemeinde **Valsavarenche**. Diese heißt wie das Hochtal und ist trotz der geringen Anzahl von nur 164 Einwohnern (1,18 / km²) das Verwaltungszentrum des gesamten Tals. Am Ortseingang von Dégioz wurde neben einem Ensemble von Sport-, Kinderspiel-, Müllcontainer- und Festplatz auch ein Wohnmobilstellplatz geschaffen:

101 Dégioz

GPS: N 45°35'38" E 7°12'26", SR 23. **Max. WOMOs**: 11. **Öffnungszeit**: Ganzjährig. **Ausstattung**: Ver- und Entsorgung, Mülleimer, Toilette vor der Information auf der anderen Seite des Spielplatzes. **Beschreibung**: Der mit Rasenbetonsteinen gepflasterte, klappstuhlgeeignete Stellplatz liegt sehr schön am Rand eines Bergbaches (das Baden kann gefährlich sein) und einer Wiese, in Sichtweite der Häuser und direkt neben einem gut bestückten Spielplatz. Im Ort finden Sie mehrere Gaststätten und eine bescheidene Einkaufsmöglichkeit. Wanderwege sind auf der anderen Flussseite beschildert (siehe Kompasskarte). Das Gelände ist bisweilen belegt. **Preis** 10,80 € / 24 Std., zu bezahlen im Rathaus, an der Bar oder in der *Tabaccheria*. **Zufahrt:** Der Platz liegt nördlich des Ortes seitlich der Straße.

TOUR 7

So schön und löblich diese Installation ist, so übermächtig ist die Konkurrenz am Ende des Tales, an einem Ziel, das uns bei unseren letzten Recherchetouren in den piemontesischen Alpen unter allen anderen ebenfalls großartigen Zielen am besten gefallen hat und deshalb zu unseren persönlichen **Top Ten** gehört. Den Grund erkennen Sie sofort, wenn sich kurz vor dem Ende der Straße das enge Tal weitet und einen unglaublichen Panoramablick auf den Gran Paradiso hinter einer prächtigen **Alm mit Campingplatz** freigibt:

102 Pont – *Camping Pont Breuil*

GPS/Kontakt: N 45°31'24" E 7°12'02", 1.965 m, Tel. 0165 95458.; www.campingpontbreuil.com/. **Öffnungszeit**: 15.6–20.9. **Ausstattung**: Picknickbänke, Pizzeria, Einkaufsmöglichkeit (während der Öffnung des

Campingplatzes). **Beschreibung**: Der Platz liegt wunderbar am Ende der Straße am Fuß des Gran Paradiso. Die naturbelassene Almwiese dient als Campinggelände, das in die freie Natur übergeht und ist Sperrgebiet für Dauercamper. Die Wanderwege beginnen direkt am Platz, an den ein Selbstbedienungsrestaurant mit Pizzeria angrenzt. Leser haben allerdings berichtet, das Gelände sei in der ersten Augusthälfte überfüllt und dann sehr unruhig, weil Wanderer teilweise schon um 4 Uhr aufbrechen. **Preis**: 23 €. **Zufahrt**: Das Gelände ist am Ende der Straße nicht zu übersehen.
Hinweise: Bei den letzten beiden Besuchen hatte der Betreiber in der ersten Juni-Woche noch nicht geöffnet (weshalb das Foto auch einen weitgehend leeren Campingplatz zeigt). Grund war der sehr hohe Schnee des vorangegangenen Winters, der gerade erst abgetaut war.

Vor dem Campingareal befindet sich ein sehr großer, geschotterter und klappstuhlgeeigneter Parkplatz mit **Toilette und Umkleideraum**, auf dem man ohne irgendeine Reglementierung und kostenlos parken und übernachten kann, wenn der Campingplatz geschlossen ist.
Ich weiß nicht, wie die Verbotslage bei Öffnung des Campingplatzes ausgestaltet ist und bin der Auffassung, dass alle diejenigen, die auch nur versuchen, während der Öffnungszeit des Campingplatzes hier zu übernachten, tief in sich gehen sollten. Bitte ersparen Sie sich Leserbriefe an mich, in denen Sie mir mitteilen, Sie hätten diesen WOMO-Führer nicht gekauft, um dort zu erfahren, auf welchem Camping- und offiziellem Stellplatz Sie gegen Entgelt übernachten können. Würde der WOMO-Verlag Sterne verleihen oder die »Goldene Wiese«, würde nämlich die Campingplatzalm jedes Jahr aufs Neue ausgezeichnet – nur nicht um den 15. August.

Der Platz liegt mitten im **Nationalpark Gran Paradiso**, der seinen Namen dem hinter dem Campingplatz aufragenden Bergmassiv verdankt. Wer hier oben verweilt, wird keine Sekunde zweifeln, dass das Große Paradies spätestens an dieser

Gran Paradiso

Wiese begonnen hat. Genaugenommen ist der Gran Paradiso mit 4.061 Metern der höchste Berg der sogenannten Grajischen Alpen und zudem der höchste Berg, dessen Sockel vollständig auf italienischem Terrain beginnt. Er gilt als der am leichtesten besteigbare Viertausender der Alpen. Der Nationalpark ist der älteste Italiens und der Zweitälteste der Alpen. Er ist die Fortentwicklung des königlichen Jagdreservats, das bereits 1856 zum Schutz des Alpensteinbocks geschaffen worden ist. Und wenn Sie unserem gleich beschriebenen Wanderweg folgen, werden Sie allen denen danken, die über die Jahrzehnte daran mitgewirkt haben, dass der Alpensteinbock noch nicht ausgestorben ist. Mit Glück werden Sie ihn sogar fotografieren:

Wer hier oben verweilt, wird keine Sekunde zweifeln, dass das Große Paradies spätestens an dieser Wiese begonnen hat

Der Alpensteinbock

Der Alpensteinbock fasziniert die Menschen schon seit langer Zeit und wurde deshalb auch auf Höhlenzeichnungen abgebildet. Es gab zeitweise einen regelrechten Kult, in dem die Hörner, Haut und Haar, der Mageninhalt und sogar die Exkremente zu medizinischen und anderen Zwecken eingesetzt worden sind. Wir denken in unserer Zeit an das Nashorn und wundern uns daher nicht, dass die Population ab dem 17. Jahrhundert rapide zurückgegangen ist, und dass der Steinbock in der ersten Hälfte des 19. Jahrhunderts bis auf einen Restbestand von höchstens 100 Tieren ausgerottet war. Diese lebten im Gebiet des Gran Paradiso, und hätten sich nicht ab 1820 zwei italienische Förster um die Arterhaltung bemüht, hätte auch Viktor Emanuel II., seinerzeit König von Sardinien-Piemont, keinen Anlass mehr gehabt, ab 1856 im Gebiet des heutigen Nationalparks zahlreiche Wildhüter zum Schutz der Steinböcke einzustellen.

Das hat sich gelohnt: Ende des Jahrhunderts zählte man wieder 3.000 Tiere, und heute schätzt man den Bestand auf 45.000 Stück, die genetisch von jenen 100 Steinböcken abstammen.

Steinböcke sind erstaunlich wenig scheu, weil sie im Erwachsenenalter keine natürlichen Feinde haben und weil der Mensch ihnen nicht nachstellt.

Aber sie leben in einer Höhe zwischen Wald- und Eisgrenze, zwischen 1.800 m und 3.200 m, und steigen nur im Frühjahr zum Fressen auf etwas tiefer liegende Almen hinab. Sie können Hitze schlecht aushalten und ziehen sich im Sommer auf schattige, hoch gelegene und Schneeresten nahe Gebiete zurück. Das muss man bedenken, wenn man ihnen in freier Natur begegnen möchte. Dafür leben sie in Herden mit bis zu 20 Weibchen und Jungtieren, weshalb man sie am Vormittag leicht erkennen kann.

Die beeindruckenden bogenförmigen Hörner der bis zu 120 Kilo schweren Männchen können 20 wulstige Jahresringe bilden, während ein weibliches Tier, man nennt es Steingeiß, nur ein kurzes Gehörn trägt.

Die Sterblichkeit der Jungtiere ist aus verschiedenen, nicht erforschten Gründen, möglicherweise weil durch die Umweltverschmutzung Nährstoffe schlechter geworden sind, relativ hoch, weshalb Steinböcke weiterhin geschützt bleiben.

Der Steinbock zählt zu den Ziegen, und wenn man lange genug recherchiert, darf man nachlesen, dass er sich mit Ziegen paart, nicht aber mit Gämsen, mit denen er etwas weiter verwandt ist. Ich halte es für unwahrscheinlich, dass Sie den Paarungsvorgang zwischen einem Steinbock und einer Ziege beobachten können, während Sie der nachfolgend beschriebenen Wanderung folgen, aber für höher wahrscheinlich, dass Sie Steinböcke fotografieren, falls Sie alsbald nach der Schneeschmelze am nicht zu späten Vormittag auf nachfolgend beschriebenem Weg losgehen.

Vom Campingplatz zum Gletscher

Da ich mich mit hochalpinen Wanderstrecken nicht auskenne und hier, wie hinten bei den Tipps, auf die einschlägige Fachliteratur verweise, habe ich Strecken ausgewählt, bei denen man nicht viel falsch machen kann und bei denen man bei einem Wetterumschwung oder wenn einen die Kräfte verlassen, leicht umkehren kann. Auch in Le Pont sind wir daher ein Stück gegangen, bei dem der Rückweg mit dem Hinweg weitgehend identisch ist:

Wir starten am Parkplatz von **(Le) Pont** und wandern links des Bachs auf das gewaltige Gebirge zu. Nach einer halben Stunde erreichen wir eine zeitweise bewirtschaftete **Hütte**, bei der wir die Bachseite wechseln. Ab hier sind Hunde verboten.

Nunmehr auf der rechten, westlichen Bachseite folgen wir einem gelben Wegweiser, der uns auf einem als Nr. 2 bezeichneten, allmählich ansteigenden Pfad bis auf 2.600 Meter Höhe führt. Der Weg ist am Anfang sehr deutlich zu sehen, wird dann allerdings schmaler und mühsamer. Wenn sich die Erde nicht noch schneller erwärmt, müsste spätestens 100 Minuten nach dem Wechsel auf die rechte Bachseite der Mund des Gletschers **Del Grand Etret** in Sicht kommen und es Ihnen möglich machen, abhängig von den augenblicklichen Bedingungen und ihren Kräften bis dorthin weiterzugehen.

Der **Rückweg** ist mit dem Hinweg identisch, und dass Sie bei schlechter Sicht sofort umkehren, bevor Sie den Pfad verlieren, versteht sich von selbst.

Die Strecke ist auf der Kompass App eingezeichnet.

Wenn Sie sich am Abend auf dem Campingplatz umsehen, bevor Sie sich wegen der hereinbrechenden Kälte zurückziehen, werden Sie links, also westlich oberhalb der Häuser, einen deutlichen Fahrweg erkennen, der in Serpentinen Höhe gewinnt und sich in einem Tunnel verliert. Allerdings bemerken Sie keinen Weg mehr auf der anderen Seite des Tunnels und schauen deshalb vielleicht auf die Karte.

Öffnen Sie dazu auf Ihrem Laptop die Internetseite *ViaMichelin*, vergrößern Sie so weit, bis in der linken, unteren Ecke der Maßstab »3 km« auftaucht und klicken Sie dann auf der rechten Seite auf die blaue Schrift in einem rechteckigen Fensterchen mit der Bezeichnung »Michelin Karte«. Dort klicken Sie auf das Plus in der rechten oberen Ecke und siehe da, auf der sich nun öffnenden Kartenseite ist der Tunnel eingezeichnet und eine in Planung befindliche (!) Straße, die am Colle di Nivolet, südlich des Alpenkamms, endet. Sogar seriöse Reiseführer berichten heute noch von einem Alpenübergang an dieser Stelle. Woran man sieht, dass selbst Michelin-Karten-Zeichner nicht immer ganz auf der Höhe der Zeit sind (und woran Sie bitte denken mögen, wenn Sie auf unseren Karten Fehler entdecken).

Die Planungen wurden nämlich irgendwann bald nach 1970 (!) eingestellt, nachdem die Autobahn durch das Aostatal geplant worden ist und man einen mühevollen, kurvigen, im Winter ohnehin nicht befahrbaren, kaum kürzeren Weg vom hinteren Aostatal in die Gegend von Turin nicht mehr benötigt hat. Und weil das Projekt von vornherein sinnlos war, für das unter anderem naturschutzrechtliche Genehmigungen gefehlt haben.

Wer frühere Vorauflagen dieses Reiseführers kennt, erinnert sich, dass mein damaliger Mitautor Wolfgang Barthel sehr viel Schweiß und Zeit in die Erforschung dieses gescheiterten Straßenbauprojekts investiert und herausgefunden hat, dass man vom *Rifugio Savoia*, seitlich des Lago del Nivolet (siehe dazu am Ende dieser Tour), auf einem mit Nr. 9 bezeichneten Wanderweg, der sich allerdings später im Gelände verliert, nach Pont gehen kann. Sogar auf der Kompass-App sind Wege zu sehen, sodass man die Strecke, deren Luftlinie nur sechs Kilometer beträgt, in etwa im Bereich der geplanten Trasse navigieren kann. Man kann aber auch auf einem deutlich kürzeren, mit Nr. 3 markierten Weg nach Pont wandern. Wolfgang Barthel hat sich also oberhalb des Colle di Nivolet auf die Socken gemacht und ist in Pont wieder in sein WOMO gestiegen, das seine bessere Hälfte inzwischen hierher chauffiert hat – auf 187 Kilometer. Über Länge und Intensität der zuvor innerfamiliär ausgetragenen Diskussion besitze ich allerdings keine Insiderinfos.

Unsere Tour führt zurück in das Haupttal, in dem wir nach Westen abbiegen und nach 2,5 Kilometer in **Arvier** (880 Einwohner) auf einem netten, schön und ortsnahe gelegenen Campingplatz festmachen, gegen den nur der hohe Preis spricht:

103 Arvier – *Camping Arvier*

GPS: N 45°42'07" E 7°09'52", Rue Chaussa 17, 750 m, Tel. 0165 069006; www.campingarvier.com/. **Öffnungszeit**: 1.6. – 31.8. **Ausstattung**: Kleines, ausschließlich im Juli/August geöffnetes Schwimmbad mit Badekappenpflicht. **Beschreibung**: Der Campingplatz liegt sehr schön am Rand des kleinen Ortes gut geschützt vor Straßenlärm, er ist schattig und völlig ohne Dauercamper. Das Gelände ist so groß, dass bei unserem Besuch in der ersten Juniwoche nur die Hälfte zugänglich war. Etwa 150 Meter unterhalb können Sie im einzigen Supermarkt des Dorfes einkaufen. Die nachfolgend beschriebene Gaststätte ist bequem zu Fuß erreichbar. **Preis**: 33 €. **Zufahrt**: Biegen Sie von Aosta kommend am Ortsende von Arvier links ab (ausgeschildert).

Der Platz wird von freundlichen Betreibern geführt, was auch für das **Restaurant *Le Vigneron*** gilt, das ich Ihnen wärmstens empfehle. Das kulinarische Niveau ist unerwartet hoch, wohingegen die Preise, gemessen daran, einigermaßen günstig sind. Wir bekamen an einem kühlen Abend nur auf der Terrasse einen Tisch und waren augenscheinlich die einzigen Touristen, was ja ebenfalls für die Qualität spricht *(Tel. 0165 1990011; Mo. geschlossen).*

Gleich westlich von Arvier nehmen wir die Auffahrt in das **Val Grisenche** in Angriff, was, wie Sie von der 6. Tour noch wissen, wegen der gletscherbedingten Geländestufe gar nicht so sehr übertrieben ist. Kurz vor Erreichen des Hochtals fahren Sie durch das Dorf **Rochefort** mit leider für große Fahrzeuge etwas begrenzten Parkmöglichkeiten. Sie sollten nicht zu schnell aufgeben und den gut beschilderten Fußweg hinauf zum **Santuario di Rochefort** suchen. Sie benötigen nicht länger als 15 Minuten, um an der kleinen Kapelle, die auf die Spitze eines Hügels gebaut ist, einen wunderbaren Blick auf den **Monte Bianco** (Mont Blanc) zu genießen.

Südlich des Dorfes **Valgrisenche** (190 Einwohner) erwarten Sie nacheinander zwei Stellplätze:

TOUR 7

104 Valgrisenche – Nord

GPS: N 45°37'35" E 7°3'45", Località Mondanges, 1.600 m. **Max. WOMOs**: 10. **Öffnungszeit**: Ganzjährig. **Ausstattung**: Trinkwasserbrunnen, Strom (nur im Winter). **Beschreibung**: Der offiziell ausgewiesene, baumlose Asphaltplatz grenzt unmittelbar an die so gut wie nicht befahrene Straße. Er liegt im Außenbereich, aber in der Nähe von Häusern und ist klappstuhlgeeignet. Wanderwege sind beschildert. Valgrisenche mit Gasthof und Laden ist nach etwa 400 m fußläufig erreichbar. **Preis**: 10 €. **Zufahrt**: Biegen Sie südlich von Valgrisenche direkt vor einem Straßentunnel nach links ab. Der Platz liegt dann bald nach einer Kapelle und gegenüber einem Sportplatz seitlich der Straße.

105 Valgrisenche – Staumauer

GPS: N 45°37'14" E 7°03'37"; 1.700 m. **Max. WOMOs**: 29.
Öffnungszeit: Ende Mai bis September. **Ausstattung**: Ver- und Entsorgung, Strom, Toilette, warme Dusche, Mülleimer, Picknickbänke.
Beschreibung: Der offiziell ausgewiesene Wiesenplatz ist eindeutig schöner als der vorerwähnte, aber teurer und deutlich einsamer, solange keine anderen Nutzer hier ebenfalls übernachten. Das Gelände erinnert eher an einen Campingplatz und ist selbstverständlich klappstuhlgeeignet. Valgrisenche mit Gasthof und Laden sind etwa 1,3 km entfernt. Die Kompass-App weist keine eingezeichneten Wanderwege aus, die es vor Ort allerdings gibt. **Preis**: 10–20 € / 24 Std.
Zufahrt: Biegen Sie südlich von Valgrisenche direkt nach einem Straßentunnel beschildert nach links ab.

Die gigantische Staumauer des **Lago di Beauregard** war früher noch höher und wurde im Jahr 2013 durch Sprengungen deutlich abgetragen. Als man nämlich die ursprüngliche Wand im Jahr 1957 gebaut hat, wollte man einen wesentlich größeren Stausee schaffen. Fünf ganzjährig bewohnte Dörfer wurden überflutet. Aber dann hat ein allmählicher Erdrutsch die eine Seite des Sees beeinträchtigt, und man konnte die Kapazität nur noch mit einem Zehntel nutzen, weil die Statik der Staumauer nicht entsprechend berechnet war. Dadurch ist eines der Dörfer wiederaufgetaucht.

Lago di Beauregard

Das Seeufer, beginnend direkt an der Staumauer, durfte bald nicht mehr befahren und konnte zuletzt nicht einmal mehr begangen werden (man konnte zuletzt an einem Gitter vorbeispazieren – siehe Foto). Wer das Gewässer von oben betrachten möchte, bleibt in Valgrisenche auf dem Westufer und kehrt in **Surier** um. Die Straße ist allerdings schmal, und es stellt sich die Frage, ob man in jedem Seitental so weit fahren muss, wie es geht. Aber man kann hinter den fünf unbewohnten Häusern von Surier seitlich der Straße mit traumhaftem Blick ins Tal einsam die Nacht verbringen

106 **N 45°35'09" E 7°01'47"**, zumindest ein kurzes Stück vorher ist die Übernachtung verboten.

Zurück im Haupttal machen wir einen ungewöhnlich großen Sprung nach Westen. Bevor wir in das Valle di La Thuile einbiegen, weise ich noch auf eine Übernachtungsmöglichkeiten hin, die sehr gut an der Strecke liegt und sich für die Ab- oder Anreise eignet:

107 **Pré-Saint-Didier**

GPS: N 45°45'44" E 6°59'21", Av. Mont Blanc 3. **Max. WOMOs**: 16.
Öffnungszeit: Ganzjährig. **Ausstattung**: Ver- und Entsorgung (hinter einer Schranke), Strom, Mülleimer, Picknickbänke.

Beschreibung: Der Platz vor Bäumen besitzt einen Untergrund aus Rasenbetonsteinen und einen grasigen Rand mit Picknickbänken, neben die man sehr gut Klappstühle stellen kann. Er ist durch den stark rauschenden Fluss vom Ort mit Gaststätten und Lebensmitteln getrennt, den man aber leicht zu Fuß erreichen kann. Der Platz ist nicht einsam, er liegt aber auch nicht bei Häusern. Wenn sonst niemand dort steht, kann er trostlos wirken. **Preise**: 14,50 € / 24 Std. alles inklusive. **Zufahrt**: Der Stellplatz liegt östlich des Ortes vor dem Fluss und östlich der Abzweigung zum Kleinen Sankt Bernhard seitlich der SS 26. Wenn Sie von Osten kommen, müssen Sie entweder verbotswidrig die durchgezogene Linie überfahren oder ein Stück weiter im Westen, bei der nächsten Einmündung, wenden.

Sie können von hier zu Fuß eine berühmte **Therme** besuchen. Das macht man nicht mal so nebenbei, sondern man löst vielleicht ein Geburtstagsgeschenk ein, seitdem man sich nicht mehr mit Schallplatten und kaum noch mit Büchern beschenkt. Der Eintritt beginnt nämlich bei 54 Euro – pro Person (www.qcterme.com).

Kurz hinter jenem Stellplatz zweigt in **Pré-Saint-Didier** die Straße nach La Thuile und zum **Colle del Piccolo San Bernardo** (Pass des Kleinen Sankt Bernhard) ab, steigt sofort über eine Serie von acht Serpentinen steil an und erreicht nach etwa zwölf Kilometern **La Thuile** (760 Einwohner), wo ein weiterer offizieller Stellplatz zur Nacht im Sommer allerdings nicht zwingen einlädt:

108 La Thuile

GPS: N 45°42'30" E 6°57'13", Fraz. Villaret, 1.500 m. **Max. WOMOs**: 70. **Öffnungszeit**: Ganzjährig. **Ausstattung**: Ver- und Entsorgung (zeitweise hinter einer Schranke), Strom, Toilette, Spülbecken, Mülleimer. **Beschreibung**: Der große, baumlose, deutlich abgelegene Platz am Fluss auf Betonpflaster wird im Winter häufiger besucht als im Sommer. Vermutlich ist in der warmen Jahreszeit ein Parkstreifen am breiten Grasrand frei, auf den man Klappstühle stellen kann. Zum Ortszentrum benötigen Sie mindestens 15 Minuten zu Fuß (bleiben Sie auf dem rechten Flussufer); möglicherweise werden zeitweise am Platz Brot und Getränke verkauft. Der Platz liegt hinter der Talstation einer Kabinenseilbahn, entsprechend gibt es Wanderwege. **Preis**: 15 €–20 € / 24 Std. inkl. Strom. **Zufahrt**: Der Platz liegt am südlichen Ende des Ortes und östlich des Flusses. Überqueren Sie in Ihrer Fahrtrichtung vor der Ortsmitte von La Thuile bei erster Gelegenheit nach rechts den Fluss, lassen Sie dann einen Parkplatz rechts liegen, unterqueren Sie die Landstraße und fahren Sie bis zum Stellplatz weiter.

La Thuile ist ein zersiedelter Wintersportort, in dem man den Eindruck bekommt, der Sommertourismus sei zweitrangig. Sofern man sich keine Aktivitäten vornimmt, zum Beispiel die **Rutor-**

TOUR 7 **La Thuile**

Wasserfälle hinter dem südlichen La Joux (am Stellplatz nach Süden fahren), sehe ich für eine Nacht in diesem Ort nur dann einen tieferen Sinn, wenn Ihnen die folgenden beiden Plätze zu einsam sind.

WOMOs können das Aosta-Tal heutzutage auf drei Routen verlassen, ohne den Rückweg nach Ivrea zu nehmen: durch den teuren Tunnel unter dem Mont Blanc, durch den (ebenfalls teuren) Tunnel oder über den Pass des Gran San Bernardo (Großen Sankt-Bernhard) und über den **Colle del Piccolo San Bernardo** (Kleinen Sankt-Bernhard), welcher am Ende des Valle di La Thuile liegt. Dieser Pass bietet sich an, wenn Sie auf den Alpengeschmack gekommen sind und mit den Eheleuten Newe und deren WOMO-Reiseführer *Französische Alpen*, weitermachen möchten.

Auch wenn man im Land bleiben will, lohnt sich die Auffahrt zum Pass, weil zwei Stellplätze in alpiner Umgebung locken. Der

Lago Verney

erste liegt nur knapp zwei Kilometer vor der Grenze, und es grenzt an ein Wunder, dass hier noch keine Verbotsschilder aufgestellt worden sind. Bitte verhalten Sie sich entsprechend. Nach ein paar Schritten spiegelt sich der Monte Bianco in einem Bergsee:

109 Lago Verney

GPS: N 45°41'28" E 6°53'19", SS 26, 2.100 m. **Max. WOMOs**: 3-4.
Ausstattung: Mülleimer, garantierter Murmeltierbesuch.
Beschreibung: Sie stehen völlig einsam auf gewachsenem Boden, aber immer wieder in der Nachbarschaft von Gleichgesinnten. Tagsüber parken hier viele Wanderer, dann kann der Platz auch einmal belegt sein. Wenn sich alle anderen Touristen verzogen haben, wirklich erst dann, kann man auch die Klappstühle auspacken und die Pullover überstreifen. Ein Rundweg um den nahen See dauert etwa eine Stunde, größere Wanderstrecken sind möglich. **Zufahrt**: Biegen Sie 1.900 m vor dem Pass des Piccolo San Bernardo und vor einer Serpentine nach rechts auf einen Fahrweg ab (gelbe Wanderwegweiser).

Weiter oben, direkt an der Grenze nach Frankreich, umfährt die Straße das Zentrum einer **Kultstätte** aus der Bronzezeit. Genau auf der Wasserscheide zwischen der Dora Baltea auf italienischer und der Rhône auf französischer Seite haben Kelten zu einer nicht genau bestimmbaren Zeit, möglicherweise um 2.000 v. Chr. an einem alten Handelsweg eine Steinformation aus 46 etwa murmeltiergroßen Menhiren angelegt, die einen Kreis beschreiben. Man nennt diese Figur in der Archäologie **Cromlech**. Der Zeitpunkt der Entstehung ist deshalb so schwer zu bestimmen, weil im Laufe der Jahrhunderte die meisten Steine versetzt oder sogar ersetzt worden sind. Man ist sich nicht einmal sicher, ob der Kreis nicht sogar eine Ellipse war und ob er (oder sie) einen Dolmen in der Mitte umschlossen hat. Sicher ist, dass die Römer unter Wertschätzung des Heiligtums ihre Straße in einem Bogen daran vorbei gebaut haben. Die Nachfahren waren weniger zimperlich: Unter Mussolini hat man rücksichtslos eine neue Straße kerzengerade mitten durch die Kreisellipse geführt und dabei sogar fünf Steine entfernt. Erst im Jahr 2012 wurde das korrigiert, sodass Sie nun wieder um das Gebilde, das in seiner Mitte von der Staatsgrenze durchkreuzt wird, herumfahren.

Auf den letzten italienischen Metern sehen Sie übrigens die Fundamente eines römischen Gebäudes. Sofort nach der Grenze, also bereits in Frankreich, bleiben Wohnmobile gerne auf einem Asphaltplatz seitlich der Straße über Nacht

110 Colle del Piccolo San Bernardo – N 45°40'48" E 6°53'00",

außer Mülleimern, zwei zeitweise betriebenen Lokalen und einem Nippesverkauf auf italienischer Seite keine Infrastruktur; 2.188 Meter]. Falls sich die Innenminister der Länder zusätzliche Grenzkontrollen einfallen lassen, könnte es hier ungemütlich werden.

An der Grenze und bereits in La Thuile begegnen Ihnen Plüschhunde mit einem Fässchen um den Hals, das bei ausgewachsenen Exemplaren sogar hochprozentig gefüllt ist. Damit soll die Fehlvorstellung geweckt oder ausgenutzt werden, der **Bernhardinerhund** sei am Kleinen Sankt Bernhard gezüchtet worden. Davon kann keine Rede sein. Vielmehr hat im Jahr 1050 **Bernhard von Aosta** an einem Alpenübergang ein Hospiz gegründet, welches sich der Rettung aus Bergnot verschrieb. Hospiz und Pass nannten sich fortan nach dem Gründer. Die das Hospiz betreibenden Mönche begannen im 17. Jahrhundert mit der Züchtung besonders robuster Hunde, nachdem sie bemerkt hatten, dass man mit der Witterung von Hunden verschüttete Lawinenopfer orten konnte. Der damalige Hundetyp hatte mit dem heutigen Bernhardiner wenig gemeinsam. Die jetzige Rasse ist nämlich für den Rettungszweck deutlich zu massig und wird schon lange durch andere Hunde ersetzt. Und noch nie wurde ein Lawinenopfer mit dem Inhalt eines Fässchens, das um den Hals eines Hundes gebunden war, behandelt.

TOUR 7

Die Straße über den Kleinen Sankt Bernhard wurde erst 1856 auf Betreiben von Napoleon III. gebaut und verschaffte dem Pass im Volksmund seinen heutigen Namen, weil er neben dem Großen Sankt Bernhard die zweite Möglichkeit war, das Aostatal nach Westen zu verlassen.

Zurück im Haupttal erreichen wir alsbald **Courmayeur** (2.700 Einwohner), das sich gerne ‚*Heimliche Hauptstadt der Alpinisten*' nennt,

Skyway Monte Bianco

in Wirklichkeit vom Skitourismus zerstört und verwüstet ist. Die große Attraktion ist die von uns noch nicht getestete, im Jahr 2015 in Betrieb genommene **Kabinenseilbahn**, die teuerste jemals weltweit gebaute und von Umweltschützern heftig kritisiert. Sie nennt sich ***Skyway Monte Bianco*** und führt auf zwei hintereinanderliegenden Trassen von Courmayeur auf die Pointe Helbronner auf 3.466 Meter. Die Kabine dreht sich um die eigene Achse und bietet somit einen berauschenden Blick auf den Mont Blanc. An der Endstation kommt man über ein Tunnel- und Liftsystem sogar noch weiter, und man kann mit einer anderen Bahn hinab nach Chamonix schweben *(www.montebianco.com/it; mindestens von 8:30 Uhr bis 16 Uhr alle 20 Minuten; hin und zurück 59 €, Frühbucher zahlen weniger; die Talstation liegt nördlich von Courmayeur im Ortsteil Palud, in einer Haarnadelkurve der SS 26; auf dem Parkplatz direkt an der Station sind Wohnmobile verboten; Sie müssen südlich der SS 26 auf einen großen Parkplatz ausweichen, von dem es zur Bahn nur wenige Schritte sind; N 45°48'52" E 6°57'23"; keine Übernachtung).* Übernachten können Sie 3,2 Kilometer südlich der Seilbahnstation und nördlich des Zentrums von Courmayeur

111 **N 45°47'42" E 6°57'58"**, Via dello Stadio, Climbing Center, Asphalt.

Weitere Einzelheiten zu Courmayeur klammern wir aus und wählen den Weg in das **Val Veny**. Vor uns liegt das breite Massiv des Monte Bianco (Mont Blanc, mit 4.810 m höchster Berg der Alpen). Die Straße in das Hochtal wird immer schmaler, aber bleibt machbar und passiert einen Gletscher. Wo sich das Tal weitet, erreichen Sie über eine Brücke einen schön gelegenen Campingplatz:

112 Val Veny – *La Sorgente*

GPS/Kontakt: N 45°48'18" E 6°55'25", Gemeinde Peuterey, 1.500 m, Tel. 389 9020772; www.campinglasorgente.net/. **Öffnungszeit**: 1.6.–ca. 20.9. **Ausstattung**: Pool, Minimarkt, Restaurant, Spielplatz. **Beschreibung**: Der Platz auf einer großen Wiese mit vereinzelten Bäumen ohne Dauercamper liegt etwa 5 km von der nächsten Ortschaft entfernt in sehr schöner Natur, es sind Wanderwege markiert. **Preise**: 22 €–28 €. **Zufahrt**: Der Platz ist etwa 1,5 Kilometer nach einer scharfen Linkskurve im Val Veny rechts beschildert, die Zufahrt führt noch etwa 500 Meter durch einen Tannenwald.

Wenige Kilometer weiter entdecken Sie links der Straße zwei zusätzliche Campingplätze. Es macht aber keinen Sinn, in der Hoffnung auf freie Stellplätze weiterzufahren. Hier herrscht flächendeckend Nachtparkverbot.

Wir kehren deshalb um und verlassen das Aostatal genau dort, wo wir bei der 6. Tour erstmals mit dieser Region in Kontakt geraten sind und erlauben uns von Ivrea einen Abstecher in das **Valle di Locana**, das sich auf dieser Tour deshalb anbietet, weil man von hier von Süden an den Gran Paradiso heranfährt (siehe oben). Ich fasse mich aber kurz und stelle noch vor dem Tal bei **Pont Canavese** (3.600 Einwohner) ein Ende dieses Abstechers zur Diskussion. Der Ort ist beschaulich und bietet einen entsprechenden Stellplatz an:

TOUR 7

113 Pont Canavese

GPS: N 45°25'18" E 7°36'01", Via Soana, 500 m. **Max. WOMOs**: 10. **Öffnungszeit**: Ganzjährig. **Ausstattung**: Ver- und Entsorgung, Strom, Mülleimer, Picknickbänke. **Beschreibung**: Der schattenlose, klappstuhlgeeignete Platz liegt zwischen Stadtzentrum und Fluss auf Rasengittersteinen. In fußläufiger Entfernung können Sie einkaufen und essen; ein Spielplatz ist benachbart; etwas Verkehrslärm.
Preis: 8 € (inkl. Strom), zahlbar für Ausländer nur im Rathaus.
Zufahrt: Folgen Sie den Schildern ›*Centro Storico*‹ und biegen Sie direkt hinter der Brücke rechts ab.

Im Ort selbst lohnt sich die Besichtigung zweier mächtiger Türme, Reste der mittelalterlichen Festungsmauer, die heute noch in Bauwerken integriert ist. Montags wird seit 1736 ein beachtlicher Markt abgehalten.

Locana (1.450 Einwohner), 13 Kilometer westlich von Pont Canavese, ist immer noch das wirtschaftliche Zentrum des Tals und gab ihm seinen Namen. Auch touristisch kommt Locana wieder etwas nach vorne, seitdem ein fabelhafter Stellplatz installiert worden ist:

114 Locana – *Nusiglie*

GPS/Kontakt: N 45°24'49" E 7°27'45", Via del Ponte, 600 m, Tel. 335 7205118. **Max. WOMOs**: 50. **Öffnungszeit**: Im Winter geschlossen. **Ausstattung**: Ver- und Entsorgung, Strom, Toilette, Dusche, Mülleimer,

Spielplatz, überdachter Picknickplatz, zeitweise Getränkeverkauf. **Beschreibung**: Auf grasigem Untergrund stehen Sie wie auf einem Campingplatz, zeitweise, vor allem am Wochenende, aber enger, weil das teilweise schattige Gelände gerne von Wohnmobilisten aus Turin besucht wird. Die nächsten Häuser sind etwa 200 Meter entfernt, der Bach rauscht angenehm. Im fußläufig erreichbaren Zentrum können Sie einkaufen und Pizza essen. **Preise**: 10 € / 24 Std. inkl. Strom, aber ohne Dusche. **Zufahrt**: Der Stellplatz ist an der SS 460 ab der Ortsmitte mit einem braunen Wegweiser beschildert.

Im 19. Jahrhundert hat sich ein Stück weiter westlich **Ceresole Reale** (170 Einwohner) zum Ort der Sommerfrische entwickelt, nachdem die Savoyerkönige aus Turin die Jagdgebiete entdeckt und dem Dorf Ceresole per Dekret einen königlichen Status – deshalb der Name *Reale* – verpasst haben. Sie kennen schon vom Anfang dieser Tour die Aktivitäten des Königs zum Schutz der Steinböcke und seines Jagdreservats am Gran Paradiso. Und Sie können sich gut vorstellen, dass Viktor Emanuel II. und sein Sohn Umberto I., die bekanntlich in Turin residierten, auf kürzestem Weg zur Pirsch gereist sind, also durch das Valle di Locana. Ceresole Reale liegt nahezu genau südlich der Paradiso-Gipfel und war der beste Ausgangspunkt für das Anlegen von Zugangswegen.

Den **Lago di Ceresole Reale** gab es damals noch nicht. Denn das Gewässer ist künstlich aufgestaut, wenngleich schon relativ früh. Umberto II. war nach sechsjähriger Bauzeit des Damms im Jahr 1931 als unter Mussolini machtloser Kronprinz an der Einweihung beteiligt. Der erstaunlich große, drei Kilometer lange und 700 Meter breite Stausee hat Dutzende von Häusern überspült und bietet auf 1.600 Höhenmetern einen schönen Rundweg für den Wanderfreund, einige Angebote für den Wassersportfreund und einen ausgezeichneten Stellplatz für den WOMO-Freund:

115 Ceresole Reale

GPS: N 45°26'02" E 7°13'42", 1.600 m. **Max. WOMOs**: 20. **Öffnungszeit**: April bis Oktober. **Ausstattung**: Ver- und Entsorgung, Strom, Toilette, Dusche, Mülleimer, Picknickbänke, Grillplatz. **Beschreibung**: Der privat betriebene, etwas enge Stellplatz bietet auf klappstuhlgeeignetem, gewachsenen Naturboden von mehreren Terrassen einen Blick auf den unmittelbar angrenzenden Stausee (weshalb Markisen verboten sind). Meines Wissens darf man darin nicht baden. In den Ort mit einem kleinen Lebensmittelladen und Bäckerei sowie einer Pizzeria sind es nur wenige Schritte. Wanderwege sind obligatorisch. Im Prinzip liegt der Platz etwas einsam außerhalb der Bebauung, aber er ist stets besucht. **Preis:** 11 € / Tag ohne Strom und Dusche. **Zufahrt**: Der Platz liegt westlich von Ceresole; fahren Sie am besten ganz an der Bebauung vorbei und dann im engen Winkel links an den See.

Das Valle di Locana liegt, wie gerade dargestellt, relativ nahe bei Turin und wird daher am Wochenende bei gutem Wetter stark besucht. Das sollten Sie unbedingt einplanen. Nordwestlich des Sees hat ein freundlicher Gastwirt seine Wiese an dem Bach Orco, der sich zu einem kleinen Becken weitet, als erfreulichen Stellplatz hergerichtet:

116 Ceresole Reale – *Lo Sciatore*

GPS: N 45°27'01" E 7°11'15", SP 50; Chiapili di Sotto, 1.670 m. **Max. WOMOs**: 25. **Öffnungszeit**: Ganzjährig. **Ausstattung**: Ver- und Entsorgung, Strom, Mülleimer. **Beschreibung**: Hinter der Gaststätte/ Pizzeria hat deren Betreiber auf einer geräumigen Wiese einen Stellplatz eingerichtet, der klappstuhlgeeignet ist und sehr schön im Hochgebirge am Bach mit sehr eingeschränkter Bademöglichkeit liegt. **Preis**: 8 € / Tag, ohne Strom und Wasser; Anmeldung in der Bar. **Zufahrt**: Fahren Sie etwa 2 km westlich von Ceresole bei der Beschilderung über eine schmale Brücke.

Nun steigt die Straße stetig an und eröffnet herrliche Ausblicke auf die Welt des Gran Paradiso. Dieser Naturpark wurde schon 1922 gegründet (siehe oben) und wird auf seiner viel stärker besuchten Südseite in den Sommermonaten Juli und August zeitweise von privatem Autoverkehr freigehalten. Ab dem **Lago Serrù** ist die Weiterfahrt von Mitte Juli bis Ende August am Wochenende und vom Wochenende vor dem 14. August bis zum Wochenende nach dem 14. August täglich verboten (siehe unter www.pngp.it/nivolet/regolamentazione). Die Strecke wird ab hier immer schwieriger, und es bietet sich an, unterhalb des Lago Serrù am Beginn der Verbotsstrecke bei einem Gasthaus zu übernachten. Verbote sind mir nicht bekannt, aber Sie verweilen im Bereich des Nationalparks, und ich konnte auch nach längerer Recherche nicht zuverlässig klären, ob in italienischen Nationalparks ein generelles Wohnmobil-Übernachtungsverbot gilt. Ich halte es für wahrscheinlich, dass man hier nicht übernachten darf

117 **N 45°27'47" E 7°08'05"**, 2.000 m, Ristorante *La Baracca*, Fernsicht.

Blick vom Colle del Nivolet zurück zum Lago Agnel und zum Lago Serrù

Wer in den Alpen gerne einmal ganz hoch hinauf möchte, hat außer an den wenigen Verbotstagen hier die Gelegenheit. Auf 2.075 Höhenmetern erreicht man die Staumauer des Lago Serrù, bald danach überfährt man die Staumauer des kleineren **Lago Agnel** auf 2.295 Höhenmetern und nach wenigstens 13 weiteren Serpentinen und einem prächtigen Aussichtspunkt unterhalb des **Colle del Nivolet** (unser Foto) biegt man um eine Felsnase herum und sieht am *Rifugio di Città di Chivasso* auf 2.504 Metern die beiden **Laghi del Nivolet** unter sich, wo man seitlich des zweiten Sees das WOMO am ***Rifugio Savoia*** abstellen kann.

Diese Strecke ist theoretisch auch für größere Wohnmobile befahrbar, es verkehrt sogar ein richtiger Linienbus. Wenn der einem allerdings an einer ungeeigneten Stelle begegnet, wünscht man, man hätte sich niemals auf dieses Abenteuer eingelassen. Wenn ich mit einem weißen Riesen unterwegs wäre, würde ich bei Platz Nr. 117 umkehren. Und allen Kastenwagen- und Vanabenteurern sei gesagt, dass sie sich auf schmaler Straße bisweilen an schwindelerregenden Abgründen entlangtasten, wie Sie auf unserem Foto erkennen. Falls die Empfangsbedingungen es zulassen, können Sie sich ja zusätzlich auf *Google Street View* betrachten, worauf Sie sich einlassen. Die Fahrt wäre jedenfalls, von den genannten Sommertagen abgesehen, völlig legal. Die Nacht ist es auch, wenn man am Rifugio steht:

118 Laghi del Nivolet

GPS: N 45°29'09" E 7°08'38", SP 50, 2.534 m. **Max. WOMOs**: 5. **Ausstattung**: Keine. **Beschreibung**: Es handelt sich um einen typischen Wanderparkplatz, von dem aus Hochgebirgstouren unternommen werden. Man steht oberhalb eines Bergsees und vor dem ***Rifugio Savoia*** (täglich Hausmannskost von Mitte Juni bis Anfang September; auf der Internetseite des *Rifugio* sieht man mehrere davor parkende Alkoven-WOMOs – www.rifugiosavoia.com). Man darf hier übernachten und wird von den Parkwächtern auch durchgelassen, wenn man das *Rifugio Savoia* als Ziel angibt. Aber man darf nicht campen; schon mit rausgefahrener Trittstufe oder Keilen verwirkt man nach Berichten bei *park4night* 50 € Bußgeld. Leser haben hier unbeanstandet übernachtet (schreiben Sie mir weiterhin). **Zufahrt**: Wenn Sie von Ceresole kommen, liegt der Platz rechts der Straße.

Das Valle di Locana und gerade die Region oberhalb des Lago di Ceresole Reale waren ein Zentrum des Widerstands gegen das faschistische Mussolini-Regime. Hierüber berichten Sabine Bade und Wolfram Mikuleit (siehe Stichwort *Literatur*) in ihrem Buch *Partisanenpfade im Piemont*. Sie werden sich nach einer Nacht vor dem *Rifugio Savoia* gedanklich vielleicht gar nicht so lange damit beschäftigen, denn schneller als erwartet, jedenfalls wenn Sie am Lago di Ceresole Reale die Serpentinen hinter sich gelassen haben, konzentrieren Sie sich auf Turin und damit auf unsere 8. Tour, dahin sind es nämlich nur 85 Kilometer.

Laghi del Nivolet – am *Rifugio Savoia*

Tour 8

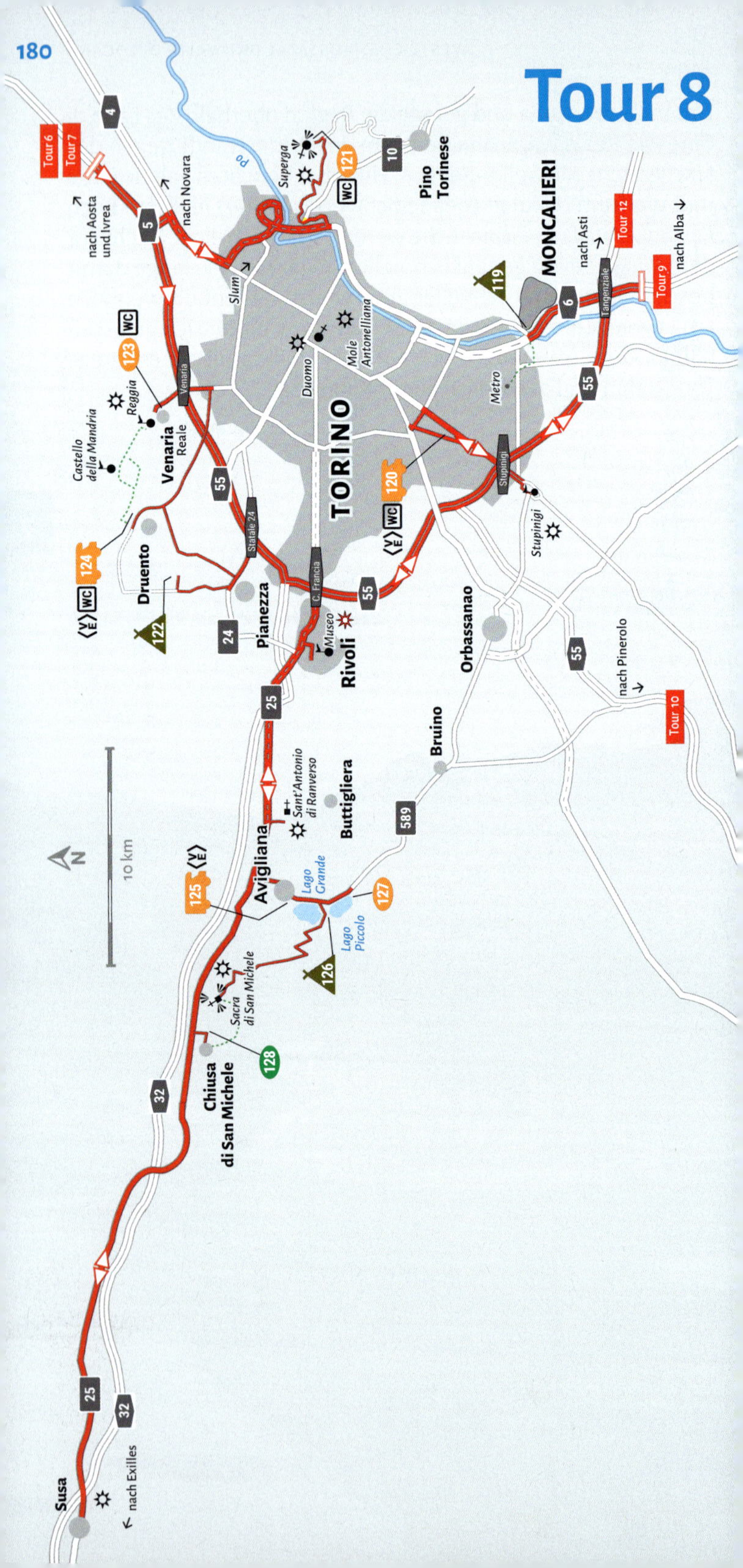
Tour 6
Tour 7
nach Aosta und Ivrea
nach Novara
Po
Superga
121
WC
10
Pino Torinese
MONCALIERI
nach Asti
Tour 12
nach Alba
Tour 9
Tangenziale
119
6
Slum
Mole Antonelliana
Duomo
TORINO
Metro
55
Stupinigi
120
Venaria
123
Reggia
Venaria Reale
Castello della Mandria
124
Druento
122
Statale 24
Pianezza
24
C. Francia
Museo
Rivoli
Orbassanao
nach Pinerolo
Tour 10
25
Sant'Antonio di Ranverso
Buttigliera
Bruino
589
10 km
N
125
Avigliana
Lago Grande
Lago Piccolo
127
126
Sacra di San Michele
128
Chiusa di San Michele
32
Susa
nach Exilles

Turin und Umland

117 km

Auf dieser Tour erfahren Sie, weshalb Sie bei einer Piemontreise unbedingt nach Turin fahren sollten. Das haben Sie sich ohnehin schon gedacht, wenn es nur nicht das Problem gäbe, dass ein Wohnmobil in einer Fastmillionenstadt hinderlich ist. Deshalb wird Ihnen geholfen. Und als Zugabe bringen wir Sie durch das Valle Susa zu einem der spektakulärsten Kirchenbauwerken. Besonders zu empfehlen sind:

- **Turin, solange Sie mögen**
- **Heißgetränk bei Baratti & Milano**
- **Schlösser der Savoyer**
- **Fresken in der Kirche Sant'Antonio di Ranverso**
- **Kirchenfestung Sacra di San Michele**

Zum Besuch von Millionenstädten wurde das Wohnmobil nicht erfunden, auch Industriestädte liegen nur selten an seinem Weg. Wenn **Torino** (Turin) in diesem Buch dennoch fast eine ganze Tour füllt, hat das weniger damit zu tun, dass mit 900.000 Einwohnern die Million knapp verfehlt wird. Und auch nicht damit, dass die Zahl der Beschäftigten bei Fiat nur noch weniger als die Hälfte des Höchststandes aus dem Jahre 1979 beträgt, als 248.000 Arbeiter auf der Lohnliste von Gianni Agnelli standen (die ***F****abbrica* ***I****taliana* ***A****utomobili* ***T****orino* produziert heute zu rund 60 Prozent im Ausland).

Der wahre Grund ist, von der Notwendigkeit abgesehen, in einem Reiseführer über das Piemont auch dessen Hauptstadt zu erwähnen, die Schönheit dieser Stadt, die Sie mit der Hilfe dieses Buches unter sorgfältiger Umfahrung der hässlichen Stadtteile erkunden können – und besonders ausführlich von oben.

Turin – von der Mole Antoniellana

Und vielleicht auch als Erstes von oben. Dazu sollten Sie die von Norden oder von Süden in die Stadt führenden Autobahnen bis zu deren Ende nehmen. Am besten zielen Sie dann auf den höchsten Hügel, auf dessen Spitze Sie schon von Weitem die Silhouette einer gewaltigen Kuppelkirche mit zwei Türmen erkennen, die **Basilica di Superga**. Dieses Ziel ist jedenfalls angesagt, wenn die Sicht so klar ist, dass Sie bei der Anfahrt nach Torino die Zacken des Alpenbogens erkennen können. Denn die schmalen Kurven zur Superga nehmen Sie hauptsächlich wegen der Fernsicht, die Sie oftmals über Tage schmerzlich vermissen. Bei einigen unserer Besuche sahen wir im Sommer an keinem einzigen Tag die Alpen, weshalb man die Gunst des sich verziehenden Dunstes sofort ausnutzen muss. Insbesondere, wenn die Sicht am Anfang Ihres Turin-Besuches klar ist, weil Sie dann hier oben ein Gefühl für die sich unter Ihnen nach Westen ausbreitende Stadt entwickeln. Genießen Sie von den am Rand aufgestellten Bänken den Blick über die Stadt bis zu den Schneeresten der Westalpen.

Basilica di Superga

Am 4. Mai 1949 herrschten solche Sichtverhältnisse nicht. Wolken voller Schneeregen hatten den Berg eingehüllt, als ein aus Lissabon kommendes Flugzeug zur Landung ansetzen wollte. In ihm saßen die ruhmreichen Fußballer des AC Torino (der heute FC Torino heißt), darunter zehn aktuelle Nationalspieler. Vermutlich gab es gar keine Sicht, sonst wäre die linke Tragfläche des Fliegers nicht an das Kirchengebäude gestoßen, und es hätten nicht alle 31 Passagiere den Tod gefunden. Keiner dieser Menschen wurde hier oben bestattet, denn die **Gruft** (Tombe dei re e dei principi) ist nur für die Königsfamilie gebaut worden, nachdem Vittorio Amedeo II. die Kirche im Jahre 1706 zum Dank dafür in Auftrag gegeben hat, dass er den Belagerungsring französischer Truppen um seine Residenzstadt Torino sprengen konnte. Er selbst ist hier beigesetzt und neben ihm alle in Torino regierenden Könige des

Hauses Savoyen. Das Innere der großen Kuppelkirche ist eher schmucklos und von außen macht vor allem die monumentale Fassade Eindruck, an der man die Handschrift des **Architekten Juvarra** erkennt, von dem es in Turin einiges zu sehen gibt *(Kirche 10–13 und 14:30–17 Uhr, Gruft nur mit Führung 10:30–13 und 14:30–17:15 Uhr, Mi. geschlossen, 5 €; www.basilicadisuperga.com/)*.

Am Parkplatz sind hinter diversen Nippesbuden Wanderwege markiert und auf einer Tafel anschaulich dargestellt; begangen haben wir sie mit einer Ausnahme noch nicht. Wir haben hier auch immer noch nicht selbst übernachtet, aber Leser haben seit unserer ersten Veröffentlichung im Jahr 2005 eifrig geschrieben und uns berichtet, dass sich das Gelände bei der Basilika von Superga im praktischen Urlaubsleben als übernachtungstauglich erweist, wenn man am Wochenende damit umgehen kann, dass dann die (meisten) WOMOs die einzigen parkenden Autos sind, an denen nicht die Federn quietschen. Wir dachten an junge Burschen, die in Italien besonders lange bei der Mutter wohnen und sich hier mit ihrer Freundin treffen. Es sind jedoch überwiegend verheiratete Männer, die für Sex am Straßenstrich bezahlen. Trotzdem bekomme ich immer noch Leserzuschriften, die den Stellplatz loben.

Die Basilica di Superga ist weiterhin ein sehr schöner Anlaufpunkt für einen ersten Überblick über Torino. Aber meine frühere Empfehlung, von hier aus die Stadtbesichtigung anzugehen (was wegen der Busverbindung durchaus möglich wäre) und auf dem Parkplatz mehrtägig auszuharren, habe ich schon in der Vorauflage aufgegeben. Es gibt zurzeit nahe bei Torino nur einen einzigen guten Campingplatz und in der Stadt einen Stellplatz, der sich seit der Vorauflage aber verschlechtert hat:

119 Moncalieri – *Grinto*

GPS/Kontakt: N 45°0'34" E 7°40'20", Corso Trieste 94, Tel. 392 2088455; www.grinto.it/il-camping/.

Öffnungszeit: Ganzjährig, Mittagspause 12:30–15 Uhr, die sehr lästig ist, weil man den Platz nicht befahren darf. Der Platz ist gut besucht. Eine Reservierung wird empfohlen.

Ausstattung: Großes Ristorante (dazu Näheres im folgenden Text), Fahrradvermietung.

Beschreibung: Das ist eher ein relativ neuer, aufgelockerter Stellplatz mit nur rund 55 Parzellen und einer Zeltwiese, der sich *Camping* nennt. Die Sanitäranlagen sind unterdimensioniert und in schon wieder reparaturbedürftiger Leichtbauweise erstellt. Sie vernehmen deutliche Geräusche von einer benachbarten sechsspurigen Straße (hinter dem vorderen Sanitärgebäude hören Sie bei geschlossenen Fenstern fast nichts). Das Gelände liegt etwa 6,5 km vom Zentrum entfernt. Sie können auf einem ausgeschilderten Radweg sehr gut dorthin radeln. Zu allen Wegen und Möglichkeiten in die Innenstadt bekommen Sie an der Rezeption einen Plan. Ein Bus hält vor der Tür (umsteigen in die einzige Metrolinie der Stadt). Am besten spazieren Sie 1, 4 km zur Metrostation (gehen Sie auf einem Steg über die breite Straße, nach einer Grünanlage rechts über die Flussbrücke und dann immer geradeaus zur Metro an der Piazza Bengasi, das ist zugleich die Endstation). Die Metro fährt in 10 Minuten zum Bahnhof an der Porta Nuova und damit in die Innenstadt. Der letzte Zug verkehrt werktags um 22:30 Uhr. Tickets erwerben Sie auf dem Campingplatz oder an der Station. Es gibt eine Zugangssperre, die man einfach mit der Kreditkarte öffnen kann (gelbe Markierung). Hunde sind erlaubt und kosten nichts. Wir haben auch das Taxi getestet (21.50 € nach der Taxiuhr).

Preise: Ab etwa 35 €. **Zufahrt**: Ich empfehle die Anfahrt von Süden, indem Sie auf der Autobahn westlich an Turin vorbeifahren. Nähern Sie sich auf diese Weise vom Autobahnkreuz südlich von Turin (es kreuzen die A 55 und die A 6) nach Norden Richtung ›Moncalieri‹, später ›Torino‹. Nach der Flussbrücke und wenige Meter, nachdem das Ende der Autobahn angezeigt wird (die Straße bleibt sechsspurig), sehen Sie rechts den Campingplatz. Unser Navi hat uns, obwohl wir von Norden kamen, genau so geleitet.

120 Torino – *Caio Mario*

GPS: N 45°01'44" E 7°38'22", Corso G. Agnelli 193.
Max. WOMOs: 57.
Öffnungszeit: Ganzjährig.
Ausstattung: Ver- und Entsorgung, Strom, Toiletten mit Papier und Seifenspender, warme Dusche (1 Cent/Sekunde), der Reinigungszustand ist sehr wechselhaft; für diese Dienste braucht man eine Karte bezahlt, die 10 € Kaution kostet (das Guthaben wird erstattet), Mülleimer. **Beschreibung**: Sie stehen unter jungen Bäumen auf Rasenbetonsteinen und können die Klappstühle vor die Tür stellen, was nur beschränkt reizvoll, aber möglich ist.

Ins Zentrum an den Dom sind es 5,8 km. Die Straßenbahnlinie Nr. 4 (möglicherweise in Zukunft Gelenkbusse) hält unmittelbar vor dem Platz und benötigt weniger als eine halbe Stunde. Sie verkehrt tagsüber alle 6 bis 8 Minuten, ab 21:00 Uhr bis nach Mitternacht alle 20 Minuten, Tagesticket 3 €; Hunde sind erlaubt. Steigen Sie auf dem Hinweg an den Haltestellen ›*Garibaldi*‹ oder ›*Duomo*‹ aus; zur Heimfahrt müssen Sie in einer Parallelstraße, etwa 150 Meter westlich, der Via Milano, einsteigen und bei der Haltestelle ›*Caio Mario*‹ (nicht ›*San Marino*‹) aussteigen.

Tickets bekommen Sie bei der Information/Serviceraum am Parkplatz, wo Sie auch bezahlen.
Einen Lebensmittelladen mit frischen *Panini* finden Sie nach 250 m: Überqueren Sie am Stellplatz die vierspurige Straße an der Haltestelle, gehen Sie 80 Meter stadteinwärts, dann rechts und die erste Straße links. Im Umkreis gibt es mehrere Gaststätten.
Preise: 18 € / 24 Std.; gestaffelte Preise für kürzeres Parken; längstens 120 Stunden. Wenn Sie aber den Tagespreis nur eine Minute überziehen, also nach 24 Stunden und einer Minute, bezahlen Sie bereits das Entgelt für 48 Stunden, also 36 €. **Zufahrt**: Der Platz liegt im Süden des Zentrums, gegenüber dem Fiat-Werk, zwischen dem Corso Agnelli und dem Corso Unione Sovietica. Wenn Sie auf der A 55 südlich um die Stadt fahren, nehmen Sie die Ausfahrt Stupinigi, die ins ‚*Centro*' und zum ‚*Corso Unione Sovietica*' weist. Am zweiten, sehr großflächigen Kreisverkehr fahren Sie halb links, dort taucht der Parkplatz-Wegweiser auf.
Hinweise: Dieser professionell betriebene Stellplatz ist der einzige in der Innenstadt, den ich aus Sicherheitsgründen empfehle. Bei *Park4night* wird hier selten von Aufbrüchen berichtet. Wir fanden ihn, wenn auch an Ostern bei geschlossenen Fenstern, weniger laut als befürchtet. Die Möglichkeit, mit der Straßenbahn ins Centro zu fahren, ist optimal. An Ostern war der Platz sehr gut besucht, wenn nicht gegen Abend sogar belegt. An solchen Tagen muss man früh kommen. Bei uns ging die Schranke bei der Einfahrt nicht hoch, da der Platz schon ziemlich gefüllt war, man hat sie uns geöffnet, nachdem wir die Lautsprechertaste gedrückt haben. Wenn der Platz besetzt ist, kann man nach unseren Beobachtungen auf einem südlich direkt angrenzenden Nachbarparkplatz (preiswerter) nächtigen. Wir wissen nicht, ob bzw. wie man dann die Toilette/Dusche benutzen kann; notfalls bei der Information nachfragen!

TOUR 8

121 Torino – Basilica di Superga

GPS: N 45°04'46" E 7°46'02", Strada Comunale della Basilica di Superga.
Max. WOMOs: 10. **Ausstattung**: Toiletten (tagsüber), Mülleimer.
Beschreibung: Ich habe oben im Text schon darauf hingewiesen, dass auf dem Asphalt zeitweise die Liebe verkauft wird. Außerdem wird am Wochenende hier manchmal laut und bis in die Nacht gefeiert. Während der Woche kann man hier, jedenfalls wird mir das immer wieder berichtet, gut übernachten; die Sicht ist das jedenfalls wert. Es gibt Wanderwege und in der Nähe eine Gaststätte. Außerdem fährt ein Bus ins Zentrum. Ob aktuell von Aufbrüchen des unbeaufsichtigten Wohnmobils berichtet wird, kann man bei *park4night* erfahren.
Einen lohnenden Ausflug unternehmen Sie, wenn Sie auf einem der Wanderwege ins Tal wandern und mit der Bergbahn von 1884, die 1934 erneuert und elektrifiziert worden ist, wieder nach oben zurückkehren. Der Weg zur Talstation führt über die Sentieri Nr. 27 und Nr. 28.
Zufahrt: Wenn Sie von Norden kommen, wählen Sie am Autobahnende den Wegweiser ›*Asti*‹, bis Sie den Po überquert und danach an der Ampel einer breiten vierspurigen Straße links abgebogen sind. Sie dürfen nun nicht auf der Hauptstraße Richtung Asti bergauf fahren (falls doch, sollten Sie umdrehen), sondern Sie müssen noch unten, sofort nach der Überquerung der vierspurigen Straße, etwa 50 m nach

links fahren, um dann erst bei der nach Superga führenden Bergbahn das schmale Sträßchen bergauf zu nehmen. Sie finden schon ein Stück vorher Wegweiser zur ›*Basilica di Superga*‹, und die schmale Straße ist auf Ihrer Autokarte auch deutlich sichtbar eingezeichnet.
Wenn Sie von Süden kommen, nehmen Sie die Straße entlang des Po, möglichst bald auf dessen Ostufer, bis Sie an oben bezeichneter Kreuzung wieder den Wegweiser zur Basilica sehen und der Versuchung erliegen, auf der ersten breiten Straße bergauf zu fahren, anstatt auf der ein Stück dahinter, bei der Bergbahn einmündenden schmalen Straße. Auf der Berghöhe müssen Sie noch einmal scharf nach links abbiegen, das ist aber unmissverständlich beschildert.
Weiter unten nenne ich zusätzliche Plätze nördlich der Stadt.

TOUR 8

Früher habe ich Ihnen in Torino einen weiteren **Campingplatz** empfohlen, den ältesten Italiens, gegründet 1954. Auch Tradition hat Investoren offenbar nicht davon abgehalten, dem hochbetagten Betreiber oder dessen Erben ein Angebot zu unterbreiten, das in der Hügellage zu verlockend gewesen sein muss, um es abzulehnen. Den Platz gibt es schon lange nicht mehr, und es ist nicht der einzige gut gelegene, dessen Dahinscheiden wir in unseren Büchern beklagen mussten.

Der Ersatz in Moncalieri (siehe oben) ist wegen der Entfernung nicht gleichwertig, der bei **Pianezza**, westlich von Torino, auch wenn man per Shuttle-Bus die Metro und damit das Zentrum von Torino erreichen kann, noch weniger. Wir haben hier eine Nacht verbracht, aber nicht die Beförderungsmöglichkeit nach Torino am eigenen Leib erprobt:

122 Pianezza – *Camping Bella Torino*

GPS/Kontakt: N 45°07'31" E 7°33'26", Via Grange 71, Tel. 011 9678119; https://campingbellatorino.com/. **Öffnungszeit**: Außer vom 8.–28.2. ganzjährig, Mittagspause 13–15 Uhr. **Ausstattung**: Brot- und Getränkeverkauf, Spielplatz. **Beschreibung**: Der sympathische, sonnige Platz liegt 15 km westlich des Zentrums von Turin, aber auch außerhalb jeglicher geschlossenen Ortschaft in einem landwirtschaftlich geprägten Gebiet. Außer Brot und Getränken können Sie nichts einkaufen, wir kennen auch kein fußläufig erreichbares Lokal. Mit Hilfe von eines Shuttlebusses werden Sie zur Haltestelle gebracht und abgeholt. Möglicherweise kann man einen kleinen Mietwagen mieten. Es gibt 63 Plätze, darunter wenige mit Dauercampern. Der Platz könnte also in der Hochsaison auch mal belegt sein. Die Sanitäranlagen sind neu und freundlich. Zu dem Gelände gehört ein Abstellplatz für Wohnwagen und Wohnmobile auf dem sehr viele Fahrzeuge stehen, der aber nicht stört, weil man ihn zunächst gar nicht bemerkt. **Preise**: 25 €–48 €, je nach Zeitpunkt und Parzellengröße. **Zufahrt**: Der Platz ist ab dem Kreisverkehr der SP 24 nördlich von Pianezza beschildert. Nehmen Sie an der A 55 die Ausfahrt ›*Statale* 24‹.

Zur Stadtbesichtigung sollten Sie schon wegen des Aufbruchrisikos Ihr Wohnmobil auf den Plätzen Nr.119 oder Nr. 120 abstellen. Bevor man sich die wesentlichen Sehenswürdigkeiten der Stadt vornimmt, sollte man wissen, dass der Montag dazu ungeeignet ist, weil dann das meiste geschlossen ist. Außerdem muss man sich ein wenig mit der Geschichte vertraut machen, wobei ich mir erlaube, den historischen Exkurs stark zu straffen:

Turin – Palazzo Reale

Die Savoyer in Turin

Wer sind die Savoyer?

In der französischen Alpenregion Savoyen lebte im **Mittelalter** eine eher unbedeutende gräfliche Familie. Instabile Machtverhältnisse und das dadurch ausgelöste Vakuum waren die idealen Bedingungen, um in Savoyen den Entschluss zu wecken, auf die andere, östliche Alpenseite in das Gebiet des heutigen Turin zu ziehen, wo die Dynastie bereits Herrschaftsgebiete besaß.

Nach zwischenzeitlicher Vertreibung, und als Frankreich im Krieg gegen Habsburg um das Herzogtum Mailand im **Jahr 1563** eine Niederlage hinnehmen musste, erhielt der savoyische Herzog Emanuele Filiberto I. (den Herzogstitel hatten die Savoyer schon Anfang des 15. Jahrhunderts vom Deutschen Kaiser gekauft) sein Gebiet wieder zurück und verlegte endgültig die Residenz des Hauses Savoyen **aus dem französischen Chambéry nach Turin**. Das war bis dahin eine unbedeutende Kleinstadt, lediglich aufgewertet durch den Sitz eines Bischofs. In dessen Palast, er lag hinter dem Dom, der Herzog einzog.

Turin wird Residenzstadt

In den folgenden 70 Jahren wurde Turin stark ausgebaut und befestigt. Das Herzogtum der Savoyer gewann an Macht, es wurde aber auch immer wieder zum Objekt französischer Begehrlichkeit und im Jahre 1630 von den Franzosen sogar fast vollständig besetzt. Der damalige Herzog war allerdings mit der Schwester des französischen Königs verheiratet, mit Christina di Francia, die für einige Jahre die Macht übernahm, gefolgt von ihrer Schwiegertochter Giovanna Battista, ebenfalls einer Französin, weshalb das Piemont als »das Vorzimmer des französischen Königs« belächelt wurde.

Erst **1684**, als **Vittorio Amedeo II.** seine Mutter, jene Giovanna Battista, entmachtet hatte, gestaltete sich die Politik gegen Frankreich wieder eigenständiger, was nichts daran änderte, dass Turin im sogenannten **Spanischen Erbfolgekrieg**, als Österreich und Frankreich um die Krone in Spanien kämpften, erneut buchstäblich zwischen die Fronten geriet und im Jahre 1706 monatelang von den Franzosen belagert wurde. Nachdem Vittorio Amedeo II. diese Herausforderung mit Hilfe des berühmten Feldherrn Prinz Eugen und österreichischer Unterstützung gemeistert hatte, baute er, wir haben es oben schon erwähnt, die Kirche von Superga.

Turin – Brücke über den Po

Der savoyische Herzog wird König von Sardinien-Piemont

Mit dem Sieg über die Franzosen konnte Vittorio Amedeo II. seinen Herrschaftsbereich ausdehnen, und er bekam sogar den Königstitel zuerkannt, indem ihm die Großmächte das vormals spanische Königreich Sizilien zusprachen und danach zusätzlich die Insel Sardinien. Die Savoyer waren nun die absolutistisch herrschenden **Könige** von Sizilien-Sardinien, bzw., nachdem sie Sizilien wieder verloren hatten, von **Sardinien-Piemont**.

Nach der **Französischen Revolution** wurde der savoyische König jedoch von Revolutionstruppen vertrieben, und im Jahre 1800, nach der berühmten Schlacht von Marengo, als Napoleon die österreichischen Habsburger vernichtend besiegt und das Piemont besetzt hatte, konnten die Menschen während einer relativ liberalen, aber nur kurzen Epoche aufatmen.

Doch schon bald nach dem Sturz Napoleons im Jahr 1814 wurde auf dem **Wiener Kongress** mit österreichischer Unterstützung der savoyische Feudalstaat wieder reaktiviert. Österreich war nun erneut die Schutzmacht.

Das Königreich Italien

Aber es entwickelte sich mithilfe der ebenfalls von den Österreichern geknechteten Mailänder allmählich eine **italienische Einigungsbewegung**. Im Jahr 1858 schloss der berühmte **Graf di Cavour**, Minister im piemontesischen Kabinett, mit Frankreich ein Angriffsbündnis gegen Österreich, das im Jahre 1859 bei der erfolgreichen Doppelschlacht bei Solferino und S. Martino (am Gardasee) eine herbe Niederlage einstecken musste. Nach diesem Sieg gegen die österreichischen Besatzer war der Weg frei, um im Jahre 1861 den savoyischen **König Vittorio Emanuele II.** als Herrscher über das neu geschaffene **Königreich Italien** auszurufen. Turin war die Hauptstadt, und das Haus Savoyen stellte alle italienischen Könige bis zum Beginn der Republik im Jahre 1946.

Der Wegzug des Königs

Die Herrlichkeit in Turin dauerte nach Gründung des italienischen Staates **nur 4 Jahre**, weil der Regierungssitz im Jahr **1865** zunächst nach Florenz und im Jahr 1871 nach Rom verlagert worden ist. Turin hatte fast über Nacht den gesamten Staatsapparat verloren, den König, sein Gefolge, die Beamten, die ausländischen Gesandtschaften und alles, was die Größe der Stadt ausmachte.

Ein brutaler Niedergang wäre die Folge gewesen, hätte nicht **Giovanni Agnelli** im Jahr **1899** am Stadtrand von Turin mit der Autofabrikation begonnen und damit der Stadt zu einer neuen industriellen Bedeutung mit wirtschaftlichen Verhältnissen verholfen, die das barocke, im Auftrage der Savoyer am Reißbrett entworfene Stadtbild bis heute fast unbeschädigt bewahrt haben.

Aus Vorstehendem wird deutlich, dass ein Rundgang durch Torino erst einmal ein Flanieren in einer ehemaligen Barockstadt ist, in der im Gegensatz zu allen anderen piemontesischen Städten auf das mittelalterliche Stadtbild nicht ein barockes aufgesetzt worden ist. Weil es vorher die Stadt so gut wie nicht gab, konnte Torino von vornherein nach dem Vorbild von Paris und anderen absolutistischen Residenzen als städtebauliches Gesamtkunstwerk entworfen werden.

Fast alle Straßen münden rechtwinklig ineinander, bzw. auf eine Hauptachse, an deren Ende in Nachbarschaft des Domes der Palazzo Reale steht, der Königspalast. Hier befand sich einst der oben erwähnte Bischofspalast, unmittelbar daneben steht demnach weiterhin der **Dom**.

In der Mitte des neuen Kuppelbaus ließen die Savoyer in einem dunklen Marmorbehältnis das Grabtuch Jesu (Sindone) aufbewahren.

Zwischen diesen und den Palast ließen die Savoyer im 17. Jahrhundert vornehmlich durch den Architekten Guarini einen Kuppelbau setzen, die heutige **Cappella della Santa Sindone** (Kapelle des heiligen Tuchs). Schon in ihrer alten Heimat, in Chambéry, hatten sie ein Tuch in Besitz, das sie im Jahre 1578 mit nach Torino brachten, das **Grabtuch Jesu**, eine der berühmtesten christlichen Reliquien. Um ihrem absolutistischen Anspruch zu genügen (ein absolutistischer Herrscher glaubte sich nur von der Gnade Gottes und am allerwenigsten von seinem Volke abhängig), wurde jene Kapelle so konstruiert, dass man sie wie eine Privatkapelle vom Herzogspalast aus betreten konnte. Auch zum Dom, nun eher eine Vorhalle der Kapelle, gab es zwei Treppen. Und in der Mitte des neuen Bauwerkes ließen die Savoyer in einem dunklen Marmorbehältnis jenes Grabtuch (Sindone) aufbewahren. Nur in unsicheren Zeiten kam es vorübergehend auch einmal nach Cherasco. Bis zu jener unheilvollen Nacht des 11. April 1997, als die Kapelle infolge von Handwerksarbeiten nahezu ausbrannte und mutige Feuerwehrmänner die große Urne mit dem Stofftuch in einer dramatischen Aktion, die heute weiterhin im Internet zu sehen ist, gerade noch retten konnten (*www.sindone.org* – Untermenüpunkt *l'incendio* im Menü *La Sindone*).

Die berühmte Kuppel Guarinis, ein architektonisches Meisterwerk, und der Innenraum wurden inzwischen nach historischem Vorbild rekonstruiert, waren aber bei unserem Besuch kurz vor Drucklegung wegen Arbeiten nicht zugänglich: Die Besichtigung der Cappella della Santa Sindone erfolgt nicht durch den Dom, sondern über die Königlichen Museen *(siehe unten; der Dom hingegen ist kostenlos; 7–12:30 und 15–19 Uhr).*

Das Grabtuch von Turin

Das Grabtuch, mit dem Christus nach der Kreuzabnahme bedeckt worden sein soll, wurde zuletzt 2020 dem Publikum gezeigt (nach 1931, 1933, 1978, 1998, 2000, 2010,2015). Bei der Präsentation *(Ostensione)* im Jahr 2000 haben an 72 Tagen über eine Million Menschen den Stoff betrachtet und angebetet, die nächste ist für 2025 geplant.

Außerhalb der seltenen Phasen öffentlicher Ausstellung bleibt den staunenden und sich heftig bekreuzigenden Pilgern und Touristen nur der Anblick der marmornen Kiste (darüber ein Foto eines Teils des Tuches; eine vollständige Reproduktion der Stoffbahn wird im Dom auf Monitoren präsentiert). Herkunft und Alter des 4,36 Meter langen und 1,10 Meter breiten Lakens sind äußerst umstritten. Viele Wissenschaftler halten ein Alter von 2.000 Jahren für ausgeschlossen. Die *Sindonologie*, das ist die Grabtuchforschung, hat mittels Radiokohlenstoffdatierung herausgefunden, dass der Stoff aus dem 14. Jahrhundert stammt. Möglicherweise wurde dabei aber nur ein späterer Flicken erforscht. Wenn man sich näher mit dem Thema beschäftigt, stößt man auf mehrere Versuche, diese zeitliche Einordnung mit der Legende in Einklang zu bringen, zu sehen sei das Blut Christi. Auf jenen Bildschirmen wird Ihnen suggeriert, jeder einzelne braune Fleck könne einer bestimmten Wunde zugeordnet werden – von der Geißelung bis zur Dornenkrone, und vieles scheint dabei nicht mal unplausibel. Jedoch hat man bei Untersuchungen der Farbe festgestellt, dass die Pigmente nicht im Menschenblut vorkommen. Aber selbst das ist umstritten.

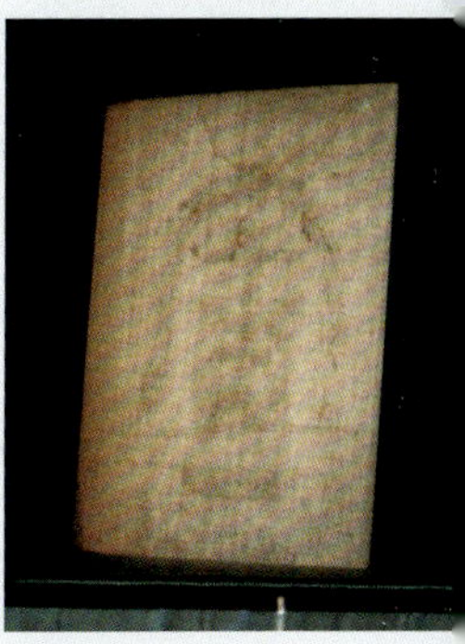

Erstaunlich ist ferner, dass Jesus erst richtig zu erkennen ist, wenn man ein fotografisches Negativ des Gesichtsabdruckes herstellt, was die These nährt, im Mittelalter sei mit einer unzweifelhaft bekannten Methode von einer Statue ein fotografieähnlicher Effekt auf die Stoffbahn übertragen worden. Gerade dieser Positiv-/Negativeffekt gibt Anlass zu vielfältigen Spekulationen, die in unzähligen wissenschaftlichen, religiösen und spiritistischen Abhandlungen breitgetreten werden.

Wenn Sie mich fragen, kann die Echtheit des Linnens nicht bezweifelt werden: Schauen Sie doch selbst in den blutig-schweißigen Abdruck des Antlitzes! Sieht der Gekreuzigte dort nicht genauso aus, wie wir ihn tausendfach von Bildern und Fresken kennen?

In der Nähe des Domes erkennt man noch die **Reste der römischen Stadt** Augusta Taurinorium, ein Theater und das gewaltige Stadttor, die **Porta Palatina**. Nicht alles, was man dort sieht, stammt jedoch von den Römern.

Auf der anderen Seite des Doms steht man nach wenigen Schritten vor dem **Palazzo Reale** (Foto Seite 188), der um 1720 vor allem von dem Architekten Juvarra geplant worden ist, dem wir auch die Basilica di Superga verdanken. Man kann das Innere besichtigen und schreitet dabei durch prunkvolle Repräsentationsräume eines absolutistischen Herrschers, die wir im Rahmen dieses Buches nicht im Einzelnen darstellen wollen. Die wichtigste Funktion des Besuchs der **Königlichen Museen** besteht inzwischen vermutlich darin, auf diesem Weg in die wieder aufgebaute Cappella della Santa Sindone zu gelangen *(9–18 Uhr, Mo. geschlossen, ich bin nicht sicher, ob das immer so ist; 15 €, unter 18 Jahren kostenlos, 18–25 Jahre 13 €; keine Hunde; zeitweise wird man ohne Vorbuchung nicht eingelassen; www.museireali.beniculturali.it/).*

Zum Besichtigungsprogramm gehört außerdem die weltberühmte **Biblioteca Reale** (kostenlos). Und wer Spaß an antiken Waffen und Rüstungen hat, kann sich in der königlichen Rüstkammer des Palastes die namhafte **Waffensammlung** zu Gemüte führen, bevor man wieder auf der **Piazza Castello** steht, dem Hauptplatz Torinos, in dessen Zentrum noch ein mittelalterliches Kastell die Zeit überdauert hat, an dem übrigens Teile eines römischen Stadttores verbaut wurden. Vor diese Burg hat Juvarra eine prächtige Barockfassade gesetzt und dahinter eines der bedeutendsten Treppenhäuser der Barockarchitektur: Ein von Kunstkennern hochgeschätztes Zeugnis absolutistischer Monumentalarchitektur, dessen Auftraggeberin die (oben im Kasten) erwähnte Französin Madama Christina war bzw. deren Schwiegertochter Giovanna Battista, die Mutter von Vittorio Amedeo II., die von ihrem Sohn entmachtet und in eben diesen Palast verbannt worden ist. Seitdem heißt dieser **Palazzo Madama**, und besonders sehenswert ist auch der Freskenzyklus eines Österreichers namens Seyter, der dort um 1690 Giovanna Battista gemalt hat *(10–17 Uhr, Di. geschlossen 12 €).*

Turin – Palazzo Madama

Der Palazzo Reale, die Biblioteca, die Waffensammlung und der Palazzo Madama gehören zu den 22 Objekten, darunter 13 in Torino, die im Jahr 1997 unter der Bezeichnung *Residenzen des Königshauses Savoyen* in die Liste des **UNESCO-Weltkulturerbes** aufgenommen worden sind.

Eine Sehenswürdigkeit an der Piazza Castello übersieht man leicht, dabei sollten Sie der **Kirche San Lorenzo** besondere Aufmerksamkeit schenken *(9–12 und 15:30–18 Uhr, an Sonn- und Feiertagen nur nachmittags)*. Die Kuppel stammt nämlich ebenfalls von Guarini, wenn auch als Abklatsch des Hauptwerkes der Grabtuch-Kapelle, gleichwohl ein überwältigendes architektonisches Verwirrspiel, das man unbedingt sehen muss, weshalb Sie die lange mittägliche Schließung in Ihre Planungen einbeziehen müssen. In San Lorenzo wurde das Grabtuch übrigens zuerst aufbewahrt, nachdem die Savoyer im Jahr 1578 den Stoff von Chambéry nach Torino hatten bringen lassen.

Turin – San Lorenzo

Gehen Sie, das Königsschloss im Rücken, durch die breite Straße geradeaus, sie wird später unterbrochen von der halbrunden Jugendstil-Fassade des Bahnhofs und endet viele Kilometer weiter beim Jagdschloss Stupinigi (siehe unten). Auf der Hälfte des Weges zum Bahnhof gelangen Sie auf die **Piazza San Carlo**, den harmonischsten Platz Torinos, mit einladenden Cafés hinter hohen Arkaden (darunter die Cafés *San Carlo* und *Torino*, in denen angeblich schon die Könige, Brigitte Bardot und andere Berühmtheiten dieser Welt gastierten).

Nordöstlich stößt an diesen Platz fast das berühmte **Ägyptische Museum** an, eines der umfangreichsten ägyptischen Museen der Welt, und ebenfalls so beliebt, dass Sie zeitweise vorbuchen müssen *(Museo Egizio, 9–17:30 Uhr, Mo. bis 13 Uhr; zuletzt konnte man das Ticket nur im Internet erwerben; 18 €).*

Turin – Palazzo Carignano

Schräg gegenüber entdecken Sie die Rückseite des **Palazzo Carignano**. Dessen Fassade stammt von Guarini (und ist deshalb eines der Objekte auf der UNESCO Liste), und das Gebäude wurde später als Parlamentsgebäude erweitert. Es kam aber nie zum bestimmungsgemäßen Einsatz, weil noch während der Umbauarbeiten der Regierungssitz nach Florenz verlegt wurde. Heute ist dort das **Museo del Risorgimento** untergebracht, quasi das historische Museum für die Zeit vom 18. Jahrhundert bis zum Zweiten Weltkrieg, in dem die Ereignisse der Geburt des Königreiches Italien um 1860 im Vordergrund stehen *(10–17 Uhr, Mo. geschlossen, 10 €).*

Torino ist, wie Sie vielleicht schon bemerkt haben, auch außerhalb der Museen durchaus für einen Regentag geeignet, es nässt dort auch häufiger als Ihnen möglicherweise lieb ist (für die Recherchen zur Erstauflage eines WOMO-Führers über das Piemont mussten wir eine zusätzliche Reise nach Torino einplanen, weil es einmal, an Ostern, derart langanhaltend geregnet hatte, dass die damals aufgenommenen Fotos zur Veröffentlichung nicht geeignet waren, und bei einer unserer Reisen hat es zwei Tage am Stück

Turin – Mole Antonelliana

geregnet). Das wird Sie vielleicht gar nicht so sehr stören, weil Sie in der Innenstadt unter einem fast geschlossenen, 18 Kilometer langen System von **Arkaden** wandeln, dem Sie die umfassende barocke Stadtplanung vortrefflich ansehen. Ganze Straßenzüge tragen die Handschriften einzelner Architekten.

Es gibt Leute, die fahren nur wegen der **Mole Antonelliana**, dem 167,50 Meter hohen Wahrzeichen, nach Torino. Das ist das spitze Gebäude, das Ihnen vielleicht schon auf der Rückseite der alten italienischen 2-Cent-Münze aufgefallen ist. Eigentlich wollte die jüdische Gemeinde den Architekten Antonelli nur mit dem Bau eines neuen Gebets- und Seminarhauses beauftragen, das wegen der geringen Grundstücksgröße schon ein wenig höher als gewöhnlich ausfallen sollte. Antonelli war bei Auftragsvergabe im Jahre 1860 als Spezialist für klassizistische Hoch- und Kuppelbauten ausgewiesen und begann im Jahre 1863, er war damals immerhin schon 65 Jahre alt, wohl auch weisungsgemäß. Irgendwann muss er aber die Interessen seiner Bauherrschaft hinter den eigenen Ambitionen vergessen haben, was nach etwa 4 Jahren Bauzeit auffiel, als man bemerkte, dass die Höhe des Gebäudes bei Weitem nicht den Plänen entsprach und dass die Größe der Kuppel alle Vorstellungen übertraf. Begreiflicherweise konnte nun die israelitische Gemeinde den Bau nicht mehr bezahlen, und vermutlich befürchtete sie auch die Folgen seines Einsturzes. So verschenkte sie den unfertigen Rohbau an die Stadt, und die ließ nach einigen Jahren, um 1878, Antonelli weiterbauen. Der war nun endgültig nicht mehr zu bremsen und erhöhte noch mehrfach, ehe er 1888

Viele Touristen fahren nur wegen der Mole Antonelliana, dem 167,50 Meter hohen Wahrzeichen, nach Turin.

als 90-Jähriger starb, nachdem er gerade noch die Fertigstellung der Kuppel erleben durfte. Mit dem Aufzug können Sie durch den ungeheuren Hohlraum der Kuppelschale bis in ein zweigeschossiges Tempelchen fahren, wo Sie von 85 Meter einen umfassenden Blick über die Stadt genießen. Oberhalb dieser Terrasse mussten in neuerer Zeit Stahlverstrebungen angebracht werden, die man zunächst für Bauteile des Gesamtkunstwerkes hält, die aber, wenn man ältere Fotos anschaut, doch eher stören und daher auf unserem Foto noch fehlen. Die Mole Antonelliana war bei ihrer Fertigstellung das zweithöchste begehbare Gebäude der Welt, zeitweise das höchste Gebäude Europas und bis 1953 das höchste Ziegelsteinbauwerk der Welt. Sie gehört zu unseren persönlichen **Top Ten**.

Im Inneren befindet sich heute das hochinteressante **Nationale Film-Museum** (Museo Nationale del Cinema), in dem man wesentlich mehr Zeit verbringt als zuvor geplant. Vor allem, wenn man auch Filme anschaut, beispielsweise die größten Liebesszenen der Kinogeschichte vom roten Plüschsofa aus *(9 - 18 Uhr, Museum und Aufzug sind Di. geschlossen, 17 €, der Aufzug allein 9 €, das Filmmuseum 12 €; www.museocinema.it/it).*

Ganz in der Nähe, an der Kreuzung Corso San Maurizio/Via G. Barolo, entdecken Sie ein Haus, das ebenfalls von Antonelli gebaut worden ist, es ist an der rechten Seite nur 54 Zentimeter tief. Von links, wo die Haustiefe immerhin noch 4,35 Meter beträgt, wird die **Casa Scaccabarozzi** immer flacher, bis rechts nur noch Fenster in der Fas-

Casa Scaccabarozzi

Turin – Piazza Vittorio Veneto

sade ohne Zimmer dahinter übrig bleiben. Nachdem der Meister das benachbarte Grundstück nicht erwerben konnte, baute er aus Protest derart schmal, dass die Leute das gelbliche Gebäude heute *Polentascheibe (Fetta di Polenta)* nennen. Was aussieht, als würde es bald zusammenstürzen, hat im Jahr 1887 ein schweres Erdbeben überstanden *(gehen Sie bei der Mole Antonelliana nach Osten, bis Sie auf eine vierspurige, mit Bäumen bestandene Straße, den Corso San Maurizio, treffen; dort wenden Sie sich nach rechts, bis von links die Via Giulia di Barolo einmündet).*

Der Vollständigkeit halber (wobei man die touristischen Leckerbissen Torinos auch in dickeren Wälzern nur schwer vollständig darstellen kann) weisen wir noch auf folgende Sehenswürdigkeiten hin: Die **Piazza Vittorio Veneto**, über die Sie wahrscheinlich ohnehin gehen werden und von welcher der Blick auf die gegenüberliegenden Hügel, östlich des Flusses, besonders schön ist; darunter den **Monte dei Cappuccini**, die kleine Erhöhung mit Kirche, von der man ihrerseits schön auf die Stadt herabblicken kann, vornehmlich auf den **Parco del Valentino**, wo sich das **Castello del Valentino** (ebenfalls Weltkulturerbe) befindet. Madama Christina (siehe oben) hat sich hier ein Lustschloss gegönnt. Und im Jahre 1884 hat man daneben anlässlich einer Nationalausstellung ein mittelalterliches Dorf (Borgo Medievale) nachgebaut, ein Freiluftmuseum des späten 19. Jahrhunderts, wo schon verwirklicht wurde, was erst unlängst anderswo üblich geworden ist: Man ließ schon damals in rekonstruierten Werkstätten real arbeiten *(9-19 Uhr, kostenlos).*

Zu den Topsehenswürdigkeiten gehört auch der größte Freiluftmarkt Europas, der **Mercato** an der **Porta Palazzo**. Er ist täglich von 7 bis 13 Uhr, sonntags bis 19 Uhr geöffnet, und am Samstag kaufen hier angeblich bis zu 100.000 Menschen bei knapp 1.000 Händlern auf 50.000 Quadratmetern ein. Versäumen Sie dort im hinteren Teil nicht die Besichtigung der alten Markthalle von 1836 *(Piazza della Repubblica, gegenüber dem Duomo nach Westen und in der Via Milano nach rechts, etwa 400 m ab dem Dom).*

Osteria L'Acino

Ihnen ist es lieber, wenn man Ihnen die Marktprodukte tellerfertig serviert. Dann müssen Sie um 19.15 Uhr auf der Matte stehen (später sollten Sie ohne Reservierung nie anklopfen und besser reservieren), wenn Sie in der ***Osteria L'Acino*** einen Tisch ergattern möchten. Das Lokal ist wegen der regionalen Gerichte ein Geheimtipp, der sich viel zu sehr herumgesprochen hat *(Via San Domenico 2 A; das ist unweit westlich des Doms; Tel. 011 5217077; So. geschlossen, nur abends, ebenfalls mit kleinem Freisitz; maßvolle Preise)*. Bei unserem letzten Besuch hatte man wegen des Jahresurlaubs geschlossen, und wir mussten ganz in der Nähe in der ***Bottega Mia*** einen fast gleichwertigen Ersatz finden *(Via Palazzo di Citta 19, Tel. 011 7652642; Di. geschlossen, mittlere Preise)*. Wahrscheinlich werden Sie am liebsten im **Restaurant** bei ***Camping Grinto*** speisen, weshalb wir auch das getestet haben. In der Innenstadt würde ich die Küche nicht empfehlen, aber die Lage ist sehr praktisch, und das große Lokal wird über-

Turin – Galleria Subalpina

wiegend von Einheimischen besucht. Die meisten Gäste verspeisen längliche Pizzas *(kein Ruhetag, Sie sollten reservieren)*.

Das eindrucksvollste **Café** Turins ist das **Baratti & Milano**, gegründet 1875, wo wir ein Heißgetränk zu uns nehmen, eine Mischung aus Kaffee, Kakao, Sahne und Zucker, kalorisch eine vollwertige Mahlzeit – und preislich beinahe ebenso *(südöstliche Ecke der Piazza Castello, in einer Arkade, Sie kommen daran vorbei)*. Versäumen Sie nicht einen Blick in die überdachte Passage direkt daneben, in die **Galleria Subalpina**.

Die Stadt zeigt auch andere Seiten: Zu keiner Zeit waren Italien und andere EU-Staaten willens, das Problem afrikanischer Flüchtlinge menschenwürdig zu lösen. Tausende wurden, wenn nicht unter schlimmen Bedingungen im Süden als Erntehelfer eingesetzt, von der Bürokratie durch das Land getrieben, dauernd auf der Suche nach ein wenig Schutz vor dem Wetter und nach Nahrung. So haben sich in Randlagen der Metropolen, besonders in Rom und Milano, große Flüchtlingslager ohne jede Planung etabliert. Auch in Torino, am nördlichen Ufer der Stura, direkt gegenüber der Verwaltung von *FIAT IVECO*, existiert ein **Slum** *(Baraccopoli)* der Gestrandeten. Hier vegetieren geschätzt 3.500 Menschen ohne Wasser, ohne Strom, ohne Recht. Das ist in einem EU-Staat eigentlich unvorstellbar, das ist eine Schande! Auf manchen Landkarten (und auf Google Earth) sind die Baraccopoli di Lungo Stura Lazio sogar eingezeichnet. Hier die Koordinaten: N 45°06'19" E 7°43'04".

TOUR 8

Weiteren Aktivitäten außerhalb des Stadtkerns unternehmen wir mit dem WOMO: Vom Stellplatz Nr. 120 orientieren wir uns schnurgerade nach Süden (oder wir wählen an der A 55 die Ausfahrt ›*Stupinigi*‹). Denn die **Palazzina di Caccia di Stupinigi**, das sogenannte Jagdschloss (deswegen der Hirsch auf dem Dach der

Jagdschloss Stupinigi

Kuppel) von Stupinigi, gehört zum Pflichtprogramm der feudalen Architektur der Savoyer. Vittorio Amedeo II. benötigte wie seine Berufskollegen in anderen Ländern, nachdem er König von Sizilien geworden war, ein prächtiges Lustschloss, das ihm Juvarra ab 1729 darbrachte (die Vokabel *bauen* ist für diese Architektur zu platt). Es war durch eine schnurgerade, zehn Kilometer lange Allee mit dem südlichen Stadttor Turins und der auf das Königsschloss im Stadtinneren zuführenden Achse verbunden und sollte von außen imposanter aussehen als es innen tatsächlich war. Die Umsetzung dieses Auftrages ist Juvarra vortrefflich gelungen, weil er vor dem Palast, um diesen noch protziger erscheinen zu lassen, schlichte Backsteinbauten errichten ließ. Man steht vor einem Monumentalbau und ist beim Rundgang durch die mit Barock- und Rokoko-Möbeln ausgestatteten Räume erstaunt, wie klein diese im Verhältnis zum zentralen Festsaal scheinen. Schautafeln erklären die Ausstattung recht gut, weshalb ich mich hier kurzfassen kann, nicht ohne darauf hinzuweisen, dass das Schloss nur ein oder zweimal im Jahr für adelige Landjagdpartien benutzt worden ist, ansonsten aber leer stand. Allerdings hat Napoleon hier gewohnt, bevor er sich im Jahre 1805 in Mailand zum König von Italien krönen ließ. Auch dieses Schloss steht als Teil der *Residenzen des Hauses Savoyen* seit 1997 auf der Liste des UNESCO-Weltkulturerbes *(10–17 Uhr, Sa. und So. bis 18 Uhr, Mo. geschlossen, Führungen mit Audioguide 12 €, Schüler, Studenten, Greise u.a. 8 €; vermutlich keine Hunde).*

Wer hofft, in der Nähe eines Jagdschlosses einen verschwiegenen Stellplatz zu finden, wird bitter enttäuscht. Vor dem Schloss gibt es zwar bei den sehenswerten Gebäuden ehemaliger landwirtschaftlicher Betriebe viel Parkraum (und Wasser), aber der tosende Verkehr wird kreisförmig um das Schloss geleitet.

Für die Weiterfahrt nach Norden empfehle ich Ihnen den Autobahnring, sonst müssen Sie die Fastmillionenstadt doch noch zwischen plattenbauartigen Schlafstätten und Gewerbegebieten kennenlernen. Folgen Sie auf der Autobahn stur den Wegweisern *›Aosta‹* und verlassen Sie die A 55, das ist jetzt die Tangenziale Nord, bei der Ausfahrt *›Venaria‹* und folgen Sie den Schildern nach Venaria und später zur *›Reggia‹*.

Ziel ist die etwa zehn Kilometer nordwestlich von Torino gelegene Stadt **Venaria Reale** (34.000 Einwohner), die nicht als Ortschaft bekannt ist, sondern wegen **La Venaria Reale**, der prächtigen **Reggia** (Königspalast) der Savoyer, die nach langen Renovierungen nicht nur dem Publikum zur Verfügung steht, sondern sogar auf der UNESCO Weltkulturerbeliste. In der Mitte des 16. Jahrhunderts – also lange vor Stupinigi – hat Amedeo di Castellamonte für Karl Emanuel II. ein Jagd- und Lustschloss gebaut und den angrenzenden Ort Venaria, den es bis dahin nicht gab, gleich mitgeplant. Die Schlossanlage wurde während des Pfälzischen Erbfolgekrieges 1698 von den Franzosen niedergebrannt, aber bis ins Jahr 1728 von Juvarra wiederaufgebaut und dabei zum zweitgrößten Schloss Italiens erweitert. Vor allem die **Galleria Grande di Diana** entstammt dieser Maßnahme. Im Jahr 1798 musste der savoyische Herzog vor den ins Piemont eingedrungenen französischen Revolutionstruppen fliehen, und die Anlage wurde über

TOUR 8

Venaria Reale – Reggia mit Wasserballett

Reggia – Galleria Grande

zwei Jahrhunderte (!) hinweg als Kaserne, als Straflager und als Lagerplatz der städtischen Behörden missbraucht, alles Verwertbare wurde gestohlen, und zuletzt diente sie vor der Renovierung als Treffpunkt von Freaks und Junkies.

Am Beginn eines Rundgangs durch die reparierten Gemächer durchschreiten Sie eine Installation von Peter Greenaway, der als Filmregisseur bekannt geworden ist und sich vermutlich niemals einen Namen als Museumspädagoge machen wird. Noch einigermaßen lehrreich sind die in einem langen unterirdischen Gewölbekeller beidseits des Laufwegs in Lebensgröße aufgestellten Protagonisten der Savoyerdynastie. Unverständlich – und das nicht nur wegen der italienischen Sprache – sind hingegen Filmszenen mit absurden Stroboskopblitzen. Das Beste sind die Darstellungen über die Wiederherstellung der verfallenen Riesenruine zwischen 1999 und 2007, die vermitteln, was hier zum einen unwiederbringlich verloren gegangen ist (zum Beispiel ein Teil der Malereien und Farben an den Stuckverzierungen), aber auch mit welcher Meisterleistung man einen sehr teuren, aber realisierbaren Wiederaufbau durchgeführt hat. Die bedeutendsten Räume sind die schon erwähnte Galleria, die allein schon den Eintritt wert ist und die **Capella Sant'Uberto**.

Von der riesigen barocken **Gartenanlage** war bei Beginn der Restaurierung nichts mehr zu sehen. Wer Zeit hat, kann hier locker einen halben Tag zwischen streng geometrischen Pflanzenbeeten und künstlichen Wasserflächen zubringen, was sich im Sommer wegen des wenigen Schattens nicht empfiehlt. Eine Publikumsattraktion ist das täglich um 12 Uhr aufgeführte sogenannte **Wasserballett**. Zu Beethovens *Ode an die Freude* spritzen dann die Wasserfontänen des Ehrenhofs im Takt. Wenn Sie sich um diese Zeit in der großen Galleria aufhalten, erkennen Sie unschwer, von welchen Balkonen Sie das überbewertete Spektakel betrachten können (*Schloss und Gärten Mo. außer an Feiertagen geschlossen, 10–16 Uhr, zeitweise länger; Schloss und Garten 16 €, Garten alleine 5 €; am Wochenende und an Feiertagen drohen bisweilen lange Warteschlangen; am Ostermontag haben wir beispielsweise keine Karte bekommen; www.lavenaria.it/).*

Vor der Großanlage können Sie gut parken und dürfen dabei sogar übernachten:

123 Venaria Reale

GPS: N 45°08'12" E 7°37'40", Via Amedeo di Savoia. **Max. WOMOs**: 30. **Ausstattung**: Toilette, Mülleimer. **Beschreibung**: Sie dürfen auf dem öffentlichen Parkplatz, der mit einer Schranke ausgestattet ist, übernachten. WOMOs bis etwa 8 m Länge. Von hier aus sind es zum Schloss etwa 300 m, zu Lebensmittelgeschäften kaum mehr. Diverse Gaststätten sind leicht erreichbar. Lange Wohnmobile stellen sich am besten an die grasigen Randstreifen, wie man es auf unserem Foto sieht. Theoretisch kann man auch von hieraus die Innenstadt von Turin besichtigen, jedenfalls fährt ein **Bus** in der Nähe (*Supercinema*, Fußweg entlang des Wassers nach Süden, dann noch etwa 100 m auf einer Straße bis zu einem Platz). Wir haben ihn noch nicht getestet. **Preise**: 0,80–1 €/Stunde, ab der 5. Stunde 0,50 €/Stunde. **Zufahrt**: Der Parkplatz liegt unmittelbar vor dem Zugang zum Königsschloss. Folgen Sie ab der Ausfahrt ›*Venaria*‹ der A 55 den Wegweisern ›*La Venaria Reale– Reggia*‹ (nicht ›*Scuderia*‹).

In ruhigen Zeiten können Sie stattdessen in der **langen Allee** parken, die von diesem Parkplatz parallel zu dem Schlossgarten nach Nordwesten führt, dem Viale Carlo Emanuele II. Seitlich dieser Allee und fast an deren Ende finden Sie jeweils einen weiteren größeren Parkplatz.

Ob Sie direkt vor dem Schloss parken (und übernachten), hängt von Ihrer Strategie ab. Nördlich an den Garten des Schlosses von Venaria Reale grenzt nämlich das 6.500 Hektar große Areal des **Parco Regionale La Mandria** an, in dem die Savoyer zur Jagd bliesen und ihre Pferde züchteten. Das Gelände ist heute ein beliebtes Naherholungsgebiet. Dort wird heute noch ein Gestüt betrieben, und man kann im Schlösschen **Castello della Mandria** die möblierten Salons besichtigen, in denen Vittorio Emanuele II. in der Mitte des 19. Jahrhunderts die Freizeit verbracht hat (*ebenfalls Weltkulturerbe; 10–15:30 Uhr, am Wochenende bis 16:30 Uhr, Mo. außer an Feiertagen geschl., 8 €, Kombiticket mit Reggia möglich).*

Wir verbinden die Besichtigung der Reggia mit einer Wanderung durch den Park und starten dazu auf der nordwestlichen Seite des *Parco*, wo man ruhig übernachten kann:

124 Druento

GPS: N 45°08'30" E 7°34'20", Viale Medici del Vascello. **Max. WOMOs**: 20. **Öffnungszeit**: Ganzjährig. **Ausstattung**: Ver- und Entsorgung, Toilette, Strom. **Beschreibung**: Sie können Klappstühle benutzen, aber nicht mehr direkt neben dem Spielplatz 150 m weiter vorne stehen. Wenigstens eine Gaststätte liegt in der Nähe, das Zentrum des Ortes Druento ist etwa 700 m entfernt. Der Platz eignet sich hervorragend als Ausgangspunkt für einen Ausflug oder eine kleine Wanderung in den Park von La Mandria. **Zufahrt**: Der Parkplatz liegt nördlich des Zentrums der kleinen Gemeinde Druento. Verlassen Sie die Tangenziale Nord, das ist die A 55, bei der Abfahrt ›*Statale 24*‹ und folgen Sie den Wegweisern ›*Druento*‹ und ›*La Mandria*‹ bis rechts der Straße ein größeres Parkplatzgelände auftaucht; der erste Parkplatz ist für Wohnmobile zugänglich, die beiden folgenden sind gesperrt.

Durch den Parco de La Mandria zur Reggia Venaria Reale

Wir schnüren die Schuhe, die nicht unbedingt Wanderstiefel sein müssen, am **Platz Nr. 124**, spazieren am Parkplatzgelände vorbei, rechts über die angrenzende Flussbrücke und freuen uns am bald folgenden Eingang, dem sogenannten **Gittertor von Druento**, dass der Spaziergang durch den Park kostenlos ist (allerdings ist er für Hunde verboten). Gleich nach dem Tor halten wir uns rechts und wandern entlang der alten Umfassungsmauer, bis von links ein Zuweg zum Gestüt, der **Cascina Vittoria**, einmündet.

Auf diesem Weg gehen wir auf das flache, lang gestreckte bäuerliche Anwesen zu und rechts daran vorbei (am Wochenende Getränkeverkauf). Nach dem Gestüt biegen wir rechts ab und halten uns immer geradeaus, bis wir am südlichen Haupteingang, dem **Besucherzentrum Ponte Verde**, den Park verlassen.

Auf etwa einem Kilometer wandern wir weiterhin kerzengerade, bis rechts das große Schloss zu sehen ist (ein dortiger Eingang in den Garten ist stillgelegt). Auf dem normalen Zugangsweg gelangen wir über den zentralen Platz vor den **Schlosseingang**.

Castello della Mandria

Auf dem **Heimweg** folgen wir nach Ponte Verde den Wegweisern zum **Castello della Mandria** und halten uns hinter dem Schloss wieder links, um am Ausgangspunkt anzukommen. Der Hinweg hat eine Länge von etwa 4,8 Kilometer, der Rückweg misst 5,5 Kilometer. Wegen der ausgezeichneten Beschilderung und weil man obendrein auf Sicht spaziert, kann man sich nicht ernsthaft verlaufen.

Man darf den Park mit dem **Fahrrad** besuchen und kann unsere gesamte Strecke problemlos abfahren. Am Wochenende ist das Gelände bei Einheimischen als **riesige Picknickwiese** äußerst beliebt. Die Öffnungszeiten des Parkes sind: 8 bis 18 Uhr (bis letztes Märzwochenende), bis 19 Uhr (Oktober bis letztes Wochenende), bis 20 Uhr während der Sommerzeit (www.parchireali.it/parco.mandria/).

Zum **Castello di Rivoli** wählen Sie sinnvollerweise erneut die A 55, nun allerdings, um Richtung ›*Frejus*‹ nach Westen zu düsen und um die dann folgende A 32 bei der ersten Abfahrt ›*Rivoli*‹ wieder zu verlassen. Winken Sie nicht voreilig ab, auch wenn Sie ein weiteres Savoyer Schloss aus der UNESCO-Liste nicht auf dem Zettel haben. Das Castello steht nämlich auf römisch-antiken Grundmauern und ging schon im 13. Jahrhundert in den Besitz der Savoyer über. Nach der unausweichlichen Zerstörung durch französische Truppen im Jahr 1693 wurde es unter anderem von Filippo Juvarra, von wem auch sonst, in sichtbarer Terrakotta-Technik neu begonnen. Aber sogar den Savoyern ging irgendwann das Geld aus, und der Bau wurde schon 1734 eingestellt. Erst 250 Jahre später, nach Vernachlässigung und Verfall, wurde ab 1979 die Bauruine restauriert, aber nicht fertig gebaut, was den Reiz ausmacht und einen starken Rahmen für das schon 1984 eröffnete Museum für zeitgenössische Kunst, das **Museo d'Arte Contemporanea**, bildet. Hier sind viele aktuelle Künstler vertretenen, Joseph Beuys, Sol Lewitt, Dennis Oppenheim und Anselm Kiefer, um nur wenige zu nennen *(Di.–So., 10–16.45 Uhr, Wochenende bis 1745 Uhr, 10 €; www.castellodirivoli.org/biglietti/).*

Was wünschen sich fast 100 Prozent aller WOMO-Reisenden an dieser Stelle, nach Großstadt und Schlössern? Kein frisch gezapftes Fassbier, keine Pizza und auch keinen ungestörten Satellitenempfang! Endlich mal wieder eine Freskenwand! Winken Sie nicht vorschnell ab, denn die Sache ist spektakulär und schnell erledigt. Kompliziert ist allenfalls die Wegfindung zur ehemaligen **Klosterkirche Sant'Antonio di Ranverso** (deshalb die Ko-

Sant'Antonio di Ranverso

Kreuzigungsfresko in Sant'Antonio di Ranverso

TOUR 8

ordinaten: N 45°04'54" E 7°26'56", biegen Sie östlich von Ferriera von der SS 25 etwa 500 Meter nach Süden ab – siehe unsere Tourenkarte). Sehenswert sind eine ungewöhnliche und aufwendige Fassade in Backsteingotik, gotische Gewölbe und Spitzbögen und, das ist die Hauptattraktion, wunderbare Fresken aus der Zeit um 1430, unter anderem eine lebhafte Kreuzigungsszene (Mi.–So. 9:30–12:30 Uhr und 14–17 Uhr; 5 €).

Avigliana (12.400 Einwohner), wenige Kilometer weiter westlich, wurde schon von den Römern gegründet, ist aber später irgendwie ins Abseits geraten. Über einem unattraktiven neuen Ortsteil hat eine relativ gut erhaltene, aber verschlafene mittelalterliche Altstadt die Zeit überdauert, mit Uhrturm, schönem Marktplatz

und Burgruine. Der Stellplatz liegt ein Stück außerhalb, Richtung Westen, schon fast an einem der Seen:

125 Avigliana

GPS: N 45°04'23" E 7°23'26", Piazza Grande Toro. **Max. WOMOs**: 12.
Ausstattung: Ver- und Entsorgung, Strom, Mülleimer, Picknickbänke.
Beschreibung: Der am Rand belaubte und ruhige Asphaltplatz ist nicht extrem schön, aber man kann dort Klappstühle aufstellen und zum See spazieren. In die Altstadt läuft man gut 20 Minuten, Geschäfte gibt es nicht, aber am See findet man Gaststätten (siehe im folgenden Text). Im Internet wird ein schlecht funktionierendes Bezahlsystem am Automaten beklagt, das bei unserem Besuch nicht in Betrieb war. Dafür hat auch bei uns nachts ein Hund gebellt. **Preis**: 15 € / 24 Std.
Zufahrt: Fahren Sie von Avigliana Richtung ›*Laghi*‹, biegen Sie am westlichen Ortsende nach rechts Richtung ›*Campo Sportivo*‹ ab und folgen Sie dann den Ausschilderungen.

Am Abend des Ostersonntages haben wir im historischen Zentrum von Avigliana ein Ristorante gesucht. Die erstaunlich wenigen Lokalitäten waren alle geschlossen. So haben wir uns zurück an den See geschleppt und sind in der *Pizzeria Lago Grande* gelandet. Die Lage am See und das Fassbier waren wirklich angenehm, aber *TripAdvisor* hat manchmal doch recht: Platz 49 von 51!

Die **Laghi di Avigliana**, zwei Seen, die aus Gletschermoränen entstanden sind, liegen idyllisch vor den hohen Bergen, aber sie sind wegen ihrer Nähe zu Torino an Wochenenden von erholungssuchenden Werktätigen sehr stark besucht, wenn nicht überlaufen. Außerdem ist das Ufer teilweise verschilft und oben-

Avigliana – Lago Grande

drein eingezäunt. Im Kleinen See darf man nicht baden und am Großen See (Lago Grande) haben wir keinen geeigneten Zugang gefunden. Der enge **Campingplatz** *(Avigliana Lacs)* zwischen den beiden *Laghi* ist stark vernachlässigt, unordentlich, relativ teuer und besitzt keinen Zugang zum Wasser. Ich erwähne ihn nur der Vollständigkeit halber

126 **N 45°03'34" E 7°23'12"**, Via Giaveno 23.

Auch der Parkplatz am Lago Piccolo wird niemals zu unseren Lieblingsorten zählen:

127 Lago Piccolo

GPS: N 45°03'08" E 7°23'49". **Max. WOMOs**: 5-8. **Ausstattung**: Liegewiese, Mülleimer. **Beschreibung**: Der geschotterte Parkplatz liegt zwischen Straße und See, fast am Wasser, in der Nähe von Häusern. Das Gelände wurde an einem Kreisverkehr neu gestaltet und eignet sich nicht für Fahrzeuge über 6,50 m Länge, falls nicht die Übernachtung völlig verboten wird. In der Nähe befinden sich zwei Pizzerien, eine Einkaufsmöglichkeit besteht nicht. Es gibt einen Spazierweg rund um den See. **Zufahrt**: Fahren Sie von Avigliana Richtung Pinerolo, der Platz liegt dann am Südende des kleinen Sees.

In diesen Teil des Piemont reist man nicht wegen der beiden Seen, sondern weil man eines der berühmtesten Sakralbauwerke Italiens und einen unserer persönlichen **Top Ten** besuchen möchte, dass Kloster **Sacra di San Michele**, neben dem Mont-Saint-Michel in der Normandie eines der bedeutendsten Michaelsheiligtümer der Welt – und genau auf einer Linie zwischen einem Michaelsheiligtum in Irland, jenem Mont-Saint-Michel und Jerusalem.

Kurz vor der ersten Jahrtausend-

Sacra di San Michele

wende wurde von vielen Christen der Weltuntergang befürchtet, bei dem man möglichst im Himmel ankommen wollte. Um die Wegstrecke dorthin etwas abzukürzen, begab sich ein Einsiedler ins Gebirge. Aber schon um das Jahr 983 gründeten hier Benediktiner eine Abtei, die sich im Hochmittelalter als beliebter Rastplatz für Rompilger entwickelte. Dadurch wurde es auf der Bergspitze immer enger, und das Kloster wurde zu einer kleinen Gipfelstadt ausgebaut. Nach einer langen Phase der Misswirtschaft musste die Abtei im Jahr 1622 aufgelöst werden und diente fortan als Festung, bevor sie, Sie ahnen es, 1793 von den Franzosen geplündert und erst 1836 von den Savoyern dem Rosminianerorden übergeben worden ist, der die Anlage noch heute verwaltet.

Als Fundament des Abteigebäudes musste man ab dem Jahr 1131 zunächst eine mächtige Subkonstruktion mit über 40 Meter Höhe errichten, die man heute im Inneren nach dem Durchschreiten des Eingangstores, der Porta Ferrata, erklimmen muss. Eine gewaltige Stiegenrampe, die sogenannte Treppe der Toten, zum Teil aus dem massiven Gestein herausgearbeitet, führt unter vier aufsteigenden Bögen neben großartigen Steinmetzarbeiten vor das Portal der Kirche. In dieser gelten der Raumeindruck, 139 romanische Säulenkapitelle und die gotische Apsis mit dem Mittelfenster als Hauptsehenswürdigkeiten des Gebäudes, das Merkmale der Romanik und der Gotik vereint.

Viele der heutigen Besucher kommen nur wegen

Sacra di San Michele

des Blicks von der Terrasse, wegen der Picknickmöglichkeiten unterhalb des Gebäudes oder weil in der Kirche Teile des Films *Der Name der Rose* gedreht worden sind *(9:30–17:30 Uhr, So. wegen Gottesdienst erst ab 10:45 Uhr; 8 €; keine Hunde; www.sacradisanmichele.com/de/).*

Man kann auf relativ schmaler, aber wegen einer Einbahnstraßenregelung gut machbarer Straße mit dem Wohnmobil hinauffahren und parken (ab hier Fußweg etwa 15 Minuten), wenn man ab Giaveno der Beschilderung folgt. Das haben wir aber nicht selbst ausprobiert, weil wir den Klosterberg in Ehrfurcht erwandert haben:

Zur Sacra di San Michele

TOUR 8

Ausgangspunkt unserer Wanderstrecke ist der nachstehend beschriebene Parkplatz in **Chiusa di San Michele**, an dessen oberem Ende wir nach rechts zum Dorf hin abbiegen. Unmittelbar rechts der Kirche erkennen wir ein Wanderzeichen, das uns an der Kirche vorbei in den Wald führt.

Auf einem uralten, bestens markierten Maultierpfad und auf Jahrhunderte alten Steinplatten sind nun nur noch unsere Geduld und Kondition gefordert. Wir steigen nämlich allmählich von 330 Meter auf 960 Meter an. Das geschieht vollständig in einem schattigen Wald und ist weniger mühevoll, als wir befürchtet haben. Unterwegs kommen wir an ein paar Stellen vorbei, an denen man auf einer Beschilderung sieht, wie weit wir uns schon emporgearbeitet haben.

15 Minuten vor dem Ziel passieren wir den Parkplatz und marschieren ab hier nicht mehr allein.

Der Rückweg findet auf dem Hinweg statt und dauert erwartungsgemäß weniger lang (hin 1 Stunde 40 Minuten, zurück 1 Stunde 20 Minuten – altersbedingt sind Sie womöglich deutlich schneller). Eine Karte ist nicht erforderlich.

Ausgangspunkt ist ein auch für die Übernachtung gut geeigneter Parkplatz:

128 Chiusa di San Michele

GPS: N 45°06'10" E 7°19'52", Via Roma. **Max. WOMOs:** 10. **Ausstattung:** Wasser. **Beschreibung:** Der öffentliche, sehr geräumige, schattenlose Asphaltplatz liegt seitlich des Ortes in Sichtweite der Häuser. Man kann zu Fuß einen Picknickplatz, Restaurants und Geschäfte erreichen. Hier beginnen mehrere Wanderwege. Das

Kloster von San Michele thront hoch über dem Platz. Ein großer Spielplatz grenzt an. Neben dem Parkplatz gibt es einen schattigen Bereich, in den man Klappstühle stellen kann. **Zufahrt**: Der Parkplatz ist südlich der SP 201 und östlich von Chiusa di San Michele nicht zu übersehen. Der **offizielle Stellplatz** mit Ver- und Entsorgung und Strom liegt benachbart in der Via Pragallo, 50 m entfernt und kostet 10 €. Normalerweise veröffentliche ich keinen kostenlosen Konkurrenzplatz. Eine Ausnahme mache ich nur, weil das freie Gelände deutlich schöner liegt. Bestimmt wird hier bald ein Verbotsschild montiert.

Den weiteren westlichen Teil des Valle di Susa lasse ich in diesem Reiseführer aus, weil ich sonst eine zusätzliche Alpentour beschreiben und den Schwerpunkt des Buches noch mehr ins Gebirge verlegen müsste. Wer allerdings eine Schwäche für antike römische Bauwerke hat, sollte sich einen Abstecher ins etwa 20 Kilometer entfernte **Susa** (6.400 Einwohner) genehmigen, um einen Triumphbogen, ein gewaltiges Stadttor und die Reste eines römischen Aquäduktes zu bestaunen. Und wer sich gerne historische Festungen anschaut, fährt sogar noch 14 Kilometer weiter, Richtung Frejus-Tunnel und besteigt das **Forte di Exilles**. Das heutige Bauwerk wurde 1829 auf Veranlassung des piemontesischen Königs errichtet, nachdem Napoleon die Vorgängerfestung bis auf die Grundmauern hat einreißen lassen (das kennen Sie so ähnlich schon von der Festung Bard, Tour 6), und ist nach dem Wiederaufbau nach Westen, also gegen Frankreich, gerichtet. Ich habe die gewaltige Bastion wegen der ungünstigen Öffnungszeiten selbst noch nicht besichtigt *(Juli/August Di.–So. 10–18 Uhr, Sept. nur Sa. und So.)*.

Wir machen stattdessen einen Riesensprung und setzen die Reise wieder südöstlich in Alba fort.

Forte di Exilles

Tour 9

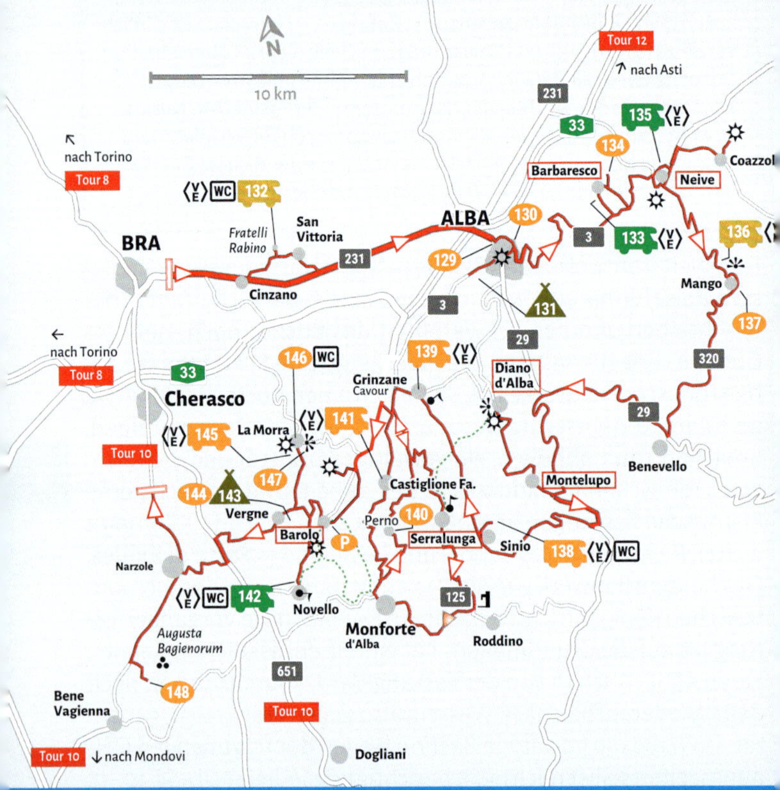

Tour 9

Durch die Langhe

140 km

Darf man als Autor eines Reiseführers verraten, welches darin die Lieblingstour des Verfassers ist? Wenn ja, dann erfolgt das im nachfolgenden Text. Die berühmten Wein- und Haselnusshügel werden Sie nirgends typischer finden. Hebt man trotz dieser Preisgabe zusätzlich bestimmte Ziele heraus, sind das:

- **Traumblick von Neive**
- **Campingplatz in Vergne**
- **Wanderung von Novello nach Montforte**
- **Balustrade von La Morra**
- **Capella del Barolo**

Der gewöhnliche Piemont-Besucher fühlt sich bei seiner ersten Reise erst am Ziel, wenn er in **Alba** (31.500 Einwohner) eingeparkt hat. Vermutlich ist es dann auf dem riesigen Platz vor der Stadt gar nicht so einfach, eine Lücke zu finden, und ebenso wahrscheinlich weht ihm in den Altstadtgassen der unverwechselbare, mitunter sogar penetrante Duft frischer Trüffeln um die Nase. Um das zu riechen, verschlägt es jenen Reisenden hierher.

Im Oktober.

Ebenso wie alle anderen Genussreisenden, die nur im Oktober nach Alba fahren, allenfalls noch Anfang November, und deren Piemont kurz hinter Barolo schon wieder endet.

Die Landschaft um Alba, die **Langhe**, ist für die meisten der Inbegriff des Piemont, zumindest wenn es sich um Feinschmecker und Weinliebhaber handelt, um Verschwender also, die eigentlich ohne WOMO-Führer zurechtkommen und meinen Ehrgeiz, das Piemont einer etwas breiteren Masse fahrender Individualisten nahe zu bringen, als ein Sakrileg empfinden.

Es hängt also vom Zeitpunkt Ihrer Reise ab, ein wenig auch davon, ob Sie zu den Insidern oder den Eindringlingen gehören, wie Sie Alba und die Langhe erleben. Verschlafen und touristisch unbeleckt oder zwischen Önotheken und Trattorien.

Man würde dem »Piemont«, also der Langhe, wirklich unrecht tun, sähe man die Attraktivität auf Weine und essbare Köstlichkeiten begrenzt. Es ist vor allem die Landschaft, die uns immer wieder anzieht, um Ostern und im Frühsommer fast noch mehr als im Herbst, die ins Unendliche reichende Hügellandschaft mit ihren kleinen Dörfern und Burgen. Das Landschaftserlebnis ist der wahre Grund für die Reise ins »Piemont«.

In Alba zählt allerdings noch mehr das Urbane, für das ein Stellplatz sinnvoll wäre, den es in einer Stadt mit derart großer touristischer Bedeutung merkwürdigerweise noch nicht in offizieller Form gibt. Wenn dieser eines Tages vielleicht doch noch geschaffen wird, liegt er vermutlich in der Nähe des Großparkplatzes, auf dem Sie eher nicht parken, wenn Sie vorliegenden WOMO-Führer erworben haben. In diesem wird Ihnen nämlich eine wesentlich ruhigere, beschaulichere und am Abend sogar klappstuhlgeeignete Alternative empfohlen:

Alba – Dom

129 Alba – Großparkplatz

GPS: N 44°42'12" E 8°01'45", Viale Torino. **Max. WOMOs**: 30. **Ausstattung**: Mülleimer. **Beschreibung**: Der asphaltierte Großparkplatz liegt fußläufig vor der Innenstadt mit Geschäften und Gaststätten. Der Platz ist sehr geräumig, aber nicht schön. Je nach Länge des Wohnmobils kann man sich an einen Grünstreifenrand unter Bäume stellen, möglicherweise muss man auch mehr in der Mitte des Platzes die Markierungen überschreiten und zwei markierte Bereiche hintereinander benutzen. Bisweilen stört Schokoladengeruch von der nahen Ferrero-Fabrik. Zeitweise ist auf einem Teil des Geländes ein Jahrmarkt aufgebaut. **Zufahrt**: Der Platz liegt an der Piazza Medford, am nordwestlichen Rand der Altstadt. Seitlich der Zufahrt zur (vierspurigen) Umgehungsstraße, der Straße nach Asti, kommen Sie an einem riesengroßen Freigelände vorbei, wo sich auch das Kongresszentrum befindet.

130 Alba – Grasplatz

TOUR 9

GPS: N 44°42'12" E 8°02'23", Via San Rocco. **Max. WOMOs**: 8-10. **Ausstattung**: Es gibt keine unmittelbare Infrastruktur. **Beschreibung**: Es handelt sich um ein Wiesengelände hinter einem asphaltierten Parkplatz. Auf dieser Wiese parken tagsüber relativ viele Einheimische, wir haben trotzdem stets einen Platz gefunden. Am Abend steht man fast schon lauschig vor Bäumen und Büschen und kann gut die Klappstühle herausholen. Die Innenstadt mit Geschäften und Gaststätten ist mit wenigen Schritten zu erreichen. Bei Regen wird das Gelände matschig mit Pfützen. **Zufahrt**: Wenn Sie von der Autobahn kommen, fahren Sie auf die Stadt zu, und wenn rechts der vorgenannte Großparkplatz liegt, halten Sie sich am folgenden Kreisverkehr links und fahren bald rechts um eine Kurve. Der Platz liegt links, wenn die die Stadt umrundende Straße erneut nach rechts abknickt. Sie müssen den Asphaltplatz durchfahren (auf dem Wohnmobile bis 6,50 m ebenfalls stehen können) und an dessen Ende nach rechts abbiegen; links liegt dann die genannte Wiese.

Wegen der geringen Anzahl piemontesischer Campingplätze wird in Alba das Grundstück mit einer Mischung aus Hotel-, Club- und Campingplatzanlage gerne besucht. Ich wollte mir den Platz ansehen und habe mich zu diesem Zweck pflichtgemäß beim Pförtner angemeldet. Ich musste meinen Personalausweis abgeben, um das Gelände betreten zu dürfen und hatte meine Kamera über der Schulter hängen. Nachdem Herr Zerberus mir allerdings verboten hat, das Gelände mit Fotoapparat zu besuchen und sich nicht einmal mit dem Hinweis auf vorliegenden, im deutschen Sprachraum weitverbreiteten Reiseführer besänftigen ließ, musste ich mein Vorhaben leider abbrechen. Ich werde nach dieser Erfahrung hier niemals übernachten:

131 Alba – *Camping Alba Village*

GPS/Kontakt: N 44°41'07" E 8°00'37", Corso Piave 219, Tel. 0173 280972; https://albavillagehotel.it/. **Öffnungszeit**: Anfang April bis Ende November. **Ausstattung**: Unbekannt. Gegenüber gibt es eine beschilderte und **frei zugängliche Entsorgungsstation** mit technischen Problemen. **Beschreibung**: Das Gelände liegt etwa 2,2 km vom Zentrum entfernt. Es gibt eine Buslinie (nicht am So.). Ich bin nicht sicher, ob und wie lange die Campingplatzmöglichkeiten weiter bestehen. Auf der Internetseite ist nur noch von einem Hotelbetrieb die Rede, wenngleich man im Jahr 2023 hier noch campieren konnte. **Preis**: Unbekannt.
Zufahrt: Der Corso Piave zweigt vom Straßenring um Alba im Süden der Innenstadt nach Südwesten ab (und verläuft parallel zur Straße nach Gallo und Barolo). Sie kommen am beschilderten Campingplatz vorbei.

TOUR 9

Etwa elf Kilometer westlich von Alba können Sie schön auf einem Weingut stehen, das ich seit Jahren zum Weineinkauf empfehle und das auf den dadurch ausgelösten Zuspruch von Wohnmobilfreunden mit dem Bau eines Stellplatzes reagiert hat:

132 Santa Vittoria d'Alba – *Fratelli Rabino*

GPS/Kontakt: N 44°41'56" E 7°55'25", Via Rolf 5, Tel. 0172 478045; www.fratellirabino.com/contatti/. **Max. WOMOs**: 4. **Öffnungszeit**: Ganzjährig, täglich 8–12 und 14–18 Uhr. Sie sollten vorher anrufen, man spricht gut Englisch. **Ausstattung**: Ver- und Entsorgung, Toilette, Strom, Picknickbank, Weinprobe; siehe auch hinten bei den Tipps. **Beschreibung**: Sie stehen schön auf Kies und werden wahrscheinlich nirgends freundlicher empfangen. Das Dorf mit Lebensmittelgeschäft ist 1 km entfernt. **Preis**. 5 €, Strom 5 €.
Zufahrt: Die Azienda Agricola ist westlich des Dorfs beschildert.

In der Nähe der Plätze Nr. 129 und 130 werden Sie auch parken, wenn Sie **Alba** nur am Tage erleben möchten. Sie schlendern durch die ruhigen, nur wenig geschäftigen historischen Straßenzüge zum zentralen Domplatz, vorbei an Stadtpalästen mit se-

In Alba

henswerten alten Fenstergalerien und Terrakotta-Friesen, aber auch vorbei an ehemaligen Lagerhäusern vornehmer Kaufleute. Der **Dom** steht seit dem 12. Jahrhundert dort, wo in römischer Zeit das Forum war, die neuesten Teile sind allerdings fast 700 Jahre jünger. Wenigstens drei der 800 Jahre alten **Geschlechtertürme** haben die bewegte Geschichte Albas überdauert, das einst eine selbstständige Stadtrepublik war, bis es im Jahr 1259 der Republik Asti unterlegen ist. Wirklich große Sehenswürdigkeiten werden Sie vermissen. Alba lebt vielmehr von seinem Stadtbild als Ganzem und den Fassaden einzelner Häuser.

Die Schaufenster der Feinkostgeschäfte und die der Önotheken bremsen den Besichtigungsdrang, Sie werden jedoch wohlwollend zur Kenntnis nehmen, dass Alba keineswegs, zumindest nicht während elf Monaten im Jahr, touristisch geprägt ist.

Samstags ist in beinahe dem gesamten historischen Zentrum ein Markt aufgebaut, und viele Reiseführer empfehlen Ihnen gerade dann den Besuch der Stadt. Wir finden allerdings Alba an den marktfreien Tagen sehenswerter, wenn nur ein kleiner Tick von Geschäftigkeit in den Gassen zu spüren ist. Der berühmte **Trüffelmarkt**, der im Oktober in einer Passage der Via Vitt. Emanuele II (zweigt vom Domplatz ab) stattfindet, gilt als nicht so sehenswert, weil die Trüffeln nicht ausgestellt sind, sondern, um nicht auszutrocknen und damit an Gewicht und Wert zu verlieren, unter feuchten Tüchern aufbewahrt werden. Außerdem sind Trüffelgeschäfte überwiegend Schwarzgeschäfte. Selbst mit weißen Trüffeln, die äußerlich eher hellbraun scheinen.

Trüffeln

Noch zu Zeiten der ersten Auflage dieses Reiseführers war die Trüffel im Deutschen weiblich – und auf unseren Speisekarten eine Seltenheit. Letzteres hat sich inzwischen geändert – und damit auch die fortwährend fehlerhafte Verwendung des Geschlechtes. Die Herrschaften, die unsere Sprache hüten, wollten sich vermutlich nicht länger mit den immer gleichen Grammatikverstößen beschäftigen, so ist die Trüffel inzwischen männlich oder weiblich, und es ist Ihnen erlaubt, auch von dem Trüffel zu sprechen. Nur bei der Mehrzahl ist man noch nicht kompromissbereit. Es heißt weiterhin die Trüffeln.

Von der ordinären schwarzen Sorte möchte ich hier nicht reden und auf mein Buch über Umbrien und die Marken verweisen. Denn im südlichen Piemont wächst *Tuber magnatum pico*, einer der wertvollsten Bodenschätze Italiens, laut Gesetz **Alba-Trüffel** genannt, umgangssprachlich eher Weiße Trüffel, obgleich zumindest auf der Außenseite hellbraun. Dass Sie Gelegenheit haben werden, die angeblich potenzfördernde Wirkung der Knolle zu verspüren, ist unwahrscheinlich, müssten Sie dazu diese in nicht ganz geringer Dosis einnehmen. Das würde teuer.

Zwischen zwei und drei Euro kostet das Gramm (!), und die Preiskurve ging in den Jahren mit trockenen Sommern, die dem Wachstum abträglich waren, möglicherweise auch wegen gestiegener Nachfrage, steil bergauf. Trüffelsucher sind Schatzsucher, ihre Hunde, überwiegend Mischlinge, sind ein wertvolles Betriebskapital, das liebevoll gehegt und noch besser bewacht wird; 5.000 Euro ist der Vierbeiner locker wert, auf dessen feine Nase das Herrchen angewiesen ist, wenn es gilt, im Morgengrauen an geheim gehaltenen Stellen das Aroma aus bis zu 50 Zentimeter Tiefe zu schnuppern. Trüffeln wachsen an den Wurzeln einer Wirtspflanze, an Eichen, Weiden, Pappeln oder Linden, und es ist noch nicht gelungen, sie anzubauen oder plantagenartig zu vermehren.

TOUR 9

Die Gesamternte im Piemont liegt zwischen 3.000 und 5.000 Kilo pro Jahr, was vom Wetter abhängt; mehr allerdings davon, ob die hellbraune Knolle »weiß« oder »schwarz« verhökert wird. Die »schwarzen« Erzeugnisse bleiben der Statistik fern, was wohl der Hauptgrund dafür ist, dass statistisch Jahr für Jahr geringere Mengen geerntet werden. Die größten und aromatischsten weißen, also hellbraunen Knollen wachsen, auch wenn sie »schwarz« wachsen, um Asti, bei Moncalvo (Tour 12) und im südlichen Monferrato.

Zum Kauf bieten sich die **Trüffelmärkte** in Alba *(Mitte September bis 31. Dezember, Sa. 7:30–13:30 Uhr)* und Asti *(Piazza San Secondo, 21. November von Sonnenaufgang bis -untergang)* an. In Alba bekommen Sie während der Saison aber auch in Geschäften frische Trüffeln. Sie können sich beinahe von Ihrer Nase leiten lassen, denn der sehr starke Geruch dringt bis auf die Straße und wird auch in Ihrem WOMO lange haften bleiben.

Bislang ist uns noch nicht aufgefallen, dass die Trüffeln vor Ort die in Deutschland inzwischen bisweilen anzutreffende bis zur Ungenießbarkeit führende Behandlung erfahren. Riechen Sie daran, und lassen Sie die Finger weg, wenn Sie eine Mischung aus Petroleum und Mottenpulver erschnüffeln – oder auch nur erahnen. Dann wurden die weißen Nuggets gegen Schimmel behandelt, um sie besser feucht halten zu können. Feuchtigkeit verbessert angeblich den Geschmack, vor allem aber erhöht sie das Gewicht – und damit den Profit.

Jedenfalls sollten Sie Trüffeln nicht länger als eine Woche aufbewahren, am besten in Küchentüchern im Kühlschrank. Sie dürfen sie nur bürsten, keinesfalls waschen, bevor Sie die Kostbarkeit mit einem Trüffelhobel (ein absolut unverzichtbares Utensil, ohne das Sie sich die hohe Geldausgabe für den teuren Pilz wirklich sparen können) in hauchdünnen Scheibchen über den Spaghetti verteilen. Ein wenig hochwertiges (!!) Trüffelöl verbessert das Geschmackserlebnis erheblich. Außer Nudeln eignen sich auch Spiegel- oder Rühreier, in denen Sie die Trüffelspäne ziehen lassen.

Bedenken Sie, dass ein Steak auch Geld kostet, und vergleichen Sie damit die für die Trüffeln aufgewendeten Kosten, werden Sie feststellen: Trüffeln sind nicht viel teurer. Eine nicht zu kleine Knolle reicht locker für zwei Personen als Gabe zum Nudelhauptgang.

Vergessen Sie alle Formen von konservierten Trüffeln. Wir haben dazugelernt: Jeder frische Zucht-Champignon schmeckt besser.

Die Trüffeln begegnen Ihnen nur ein paar Wochen im Jahr, im Gegensatz zu zwei anderen Naturprodukten der Gegend, dem Wein (dazu gleich mehr) und den Haselnüssen. Man hat fast den Eindruck, dass die Hügel der Langhe mehr mit Haselnussplantagen als mit Weinkulturen bepflanzt sind, weil in früheren Zeiten viele Winzer den mühevollen Weinbau zugunsten der bequemeren Nusszucht aufgegeben haben. In Alba ist die Firma *Ferrero* zu Hause und produziert dort ihre berühmten Haselnusspralinen. Das Fabrikgelände liegt in der Nähe des oben erstgenannten Stellplatzes und ist flächenmäßig größer als die Altstadt.

Beim Stadtrundgang werden Sie zudem kaum den Verlockungen des süßen *Torrone* widerstehen können, einer Masse aus Honig, Zucker, Eiweiß und erlesenen Haselnüssen. Es gibt weichen und harten *Torrone*, der, wenn gut gemacht, deutlich weniger an den Zähnen klebt, als man befürchtet.

Ein beliebter Zeitpunkt für die Reise nach Alba ist der erste Sonntag im Oktober, weil dann in Alba der **Palio** nebst bombastischem Umzug stattfindet. Das Rennen wird hier als ironischer Kontrast zum Pferderennen von Asti (siehe Tour 12) mit **Eseln** ausgetragen, zumal Reiter aus Alba in Asti vor Jahren ausgeschlossen wurden. Der *Palio degli Asini* zieht heute mindestens so viele Zuschauer an wie das Original in der rivalisierenden Nachbarstadt.

In Alba starten wir zu einer Reise durch die Langhe und halten zum ersten Mal in **Barbaresco** (650 Einwohner) an, wo wir am Ende einer aussichtsreichen Straße eine dem berühmten Namen ebenbürtige touristische Infrastruktur erwarten, aber nur auf ein wunderschön gelegenes, kleines und bis auf drei Restaurants (eines

In Barbaresco

mit Café) vom Fremdenverkehr fast unberührtes Dorf treffen. Dabei kommt von hier der berühmte Rotwein, dessen Spitzenpreise weit über denen des *Barolo* liegen. Vor allem das Traditionsweingut *Gaja* hat den Ort und das ihn umgebende gleichnamige Weinanbaugebiet berühmt gemacht. Falls Sie auf eine Besichtigung von *Angelo Gajas* Keller spekulieren, vergessen Sie es. Nur professionelle Käufer und Autoren werden nach Voranmeldung eingelassen (man kann im Ort bei anderen Weingütern verkosten).

Ersatzweise haben wir unseren Testehrgeiz auf das Ristorante daneben verlagert, da es sonst außer der Beschreibung der schönen Lage und dem inzwischen zum Besteigen ertüchtigten 36 Meter hohen historischen **Turm** *(Aufzug, Mittagspause 13–14 Uhr; 5 €)* nicht viel über Barbaresco zu berichten gibt. Beinahe hätten wir uns als Laien geoutet, nachdem wir im **Ristorante *Antinè*** für das Abendessen reserviert hatten. Um das zu verstehen, muss man wissen, dass das Restaurant im ersten Stock eines Hauses an der Hauptgasse von Barbaresco liegt, und dass der ebenerdige Eingang tagsüber verschlossen ist. Aber nach energischem Klingeln konnten wir bei einer freundlichen Dame durch ein geöffnetes Fenster einen Tisch reservieren. Aufgrund akustischer und sprachlicher Dissonanzen war jedoch die Öffnungszeit der Küche nicht eindeutig zu erfahren. So waren wir um 19:30 Uhr, als die Haustür immer noch verschlossen war, nur wenig misstrauisch und haben uns weiter die Beine vertreten. Wie auch noch nach 19:45 Uhr und nach 20 Uhr. Jedes Haus von Barbaresco durften wir bei unseren Rundgängen mindestens dreimal betrachten. Bis uns lange nach acht klar geworden war, dass man hier **immer** läuten muss, um ein ausgezeichnetes Essen zu genießen, dessen Preis von 80 Euro pro Menü mehr als grenzwertig, aber das Geld wert ist. Und den verloschenen Michelinstern hätten wir erneut – und zwar doppelt – verliehen *(Tel. 0173 635294; Di. und Mi. geschlossen)*. Danach stehen zwei Übernachtungsmöglichkeiten zur Wahl:

TOUR 9

133 Barbaresco – SP 3

GPS: N 44°43'20" E 8°05'01", SP 3. **Max. WOMOs**: 7. **Öffnungszeit**: Ganzjährig. **Ausstattung**: Ver- und Entsorgung, Mülleimer, Picknickbank. **Beschreibung**: Der asphaltierte Platz liegt auf den ersten Eindruck nicht sehr einladend etwas vom Ort entfernt an der Straße, bietet aber bei klarem Wetter einen wunderbaren Fernblick auf die Westalpen, abends ist er sogar eingeschränkt klappstuhlgeeignet. Gaststätten

und ein Geschäft erreichen Sie nach etwa 250 m, der Wanderweg und eine Fahrradstrecke (siehe unter *Radfahren*) führen vorbei, Häuser sind in der Nähe. Möglicherweise stören gegen morgen Geräusche von der nahen Straße. Es sind nur 12 Stunden am Stück erlaubt, aber per Parkuhr (die man weiterdrehen kann, was man aber nicht darf).
Zufahrt: Der Platz ist an der Straße nach Neive nicht zu verfehlen.

134 Barbaresco – Friedhof

GPS: N 44°43'43" E 8°04'57". Strada del cimitero. **Max. WOMOs**: 10. **Ausstattung**: Mülleimer, Wasser im Friedhof. **Beschreibung**: Der asphaltierte Platz liegt ruhiger, aber ohne Sicht, klappstuhlgeeignet, etwas einsamer und kaum näher am Ort. Aber es gibt grasige Randbereiche mit Schatten und Büschen, und man übernachtet, das ist der Hauptvorteil, nicht so auf dem Präsentierteller. Der Friedhof, den man eigentlich gar nicht sieht, stört nicht.
Zufahrt: Nehmen Sie die Ortszufahrt nördlich des offiziellen Stellplatzes (!) und fahren Sie am Ortseingang von Barbaresco Richtung ›*Cimitero*‹ bergab bis auf eine große Fläche.

TOUR 9

In Neive

Nach Barbaresco ist auch ein lohnender Wanderweg ab **Neive** (3.100 Einwohner) beschildert. Selbst wenn Sie nicht die Stiefel schnüren, sollten Sie unbedingt in dieses Dorf fahren, dessen alter Ortsteil auf einem Hügel – völlig zu Recht – als eines der schönsten Dörfer der Langhe und sogar Italiens gilt (Mitglied im Club *I borghi più belli d'Italia*). Zum Zeitpunkt unserer allerersten

Rundreise war der populäre **Romano Levi** noch am Leben, dessen Grappa wir erst zu schätzen wissen, seit wir gelernt haben, einen Grappa von einem Grappinchen zu unterscheiden. Wir denken an den am 1. Mai 2008 verstorbenen Romano Levi, indem ich noch einmal von unserer ersten Begegnung erzähle:

In Erinnerung an Romano Levi

Bei unserer ersten Piemontreise, es ist schon viele Jahre her, wurden wir von Freunden, D. und W., sofort in den neueren, tieferliegenden Ortsteil von Neive gelotst, mit dem Versprechen auf eine der größten Attraktionen des »Piemont«. Die Umsetzung dieser Ankündigung nahm ihren Lauf, als wir seitlich der Straße vor einem ordinären Hoftor anhielten. Vergeblich suchte ich ein Namensschild, während W. läutete und bedeutungsvoll erklärte, er werde uns nun Romano Levi vorstellen. Nett von ihm, aber wer war Romano Levi?

»Das weißt Du nicht?«

D. konnte es kaum glauben.

Ins »Piemont« fahren und Romano Levi nicht kennen ist, so wurde mir nun erklärt, wie nach Rom zu reisen und zu fragen, wer Franziskus sei. Die Parabel sei zudem besonders passend, weil es sich bei Romano Levi um den Papst handele, den Papst der Grappa-Brenner. Genau genommen um Gottvater der Grappisten! Welcher Kleingeist sucht schon an der Himmelspforte nach dem Namensschild?

Dort öffnete ein junger Herr, und W. bat um eine Audienz, einen Probeschluck und um die Gnade einer Flasche. Zwei würde er auch nehmen. Er würde sich glücklich schätzen, sülzte W., wenn er kaufen dürfe, und beflissen führte uns der Adlatus zu einem großen Fass, aus dem er mit einem speziellen Schöpfgerät Probiergläschen füllte, um sie uns gönnerhaft zu reichen. In jubilierenden Tönen lobten wir den Herrn, um dann in ein Kabuff geleitet zu werden, wo wir jenen bei der Arbeit antreffen durften. Er malte gerade seine berühmten Flaschen-Etiketten und schien wenig geneigt, unsere Anwesenheit überhaupt zur Kenntnis zu nehmen.

Das ändert sich, als W. ein Gastgeschenk auf den Tisch stellte, drei Flaschen *Rothaus-Bier* aus dem Schwarzwald. Das verfehlte seine Wirkung nicht, womöglich hätten wir sogar das große Fass leer trinken dürfen. Wir erwarben eine Flasche, D. und W. deren zwei, und wir wurden verabschiedet wie Freunde.

Schon zu Lebzeiten von Romano Levi kosteten in Deutschland diese Grappe etwa 100 Euro pro Flasche, vor Ort ein Viertel davon. Die Flaschen mit den vom Meister handgemalten Etiketten sind beliebte Sammelobjekte (bei *eBay* kann man, während ich das schreibe, eine Flasche für 793,50 € sofort kaufen), und ein schönes Unikat wurde mir anlässlich eines runden Geburtstages, selbstverständlich auf einer gefüllten Flasche, überreicht (es war eine echte Überraschung, denn mir war an Ort und Stelle der konspirative Handel nicht aufgefallen).

Zum damaligen Zeitpunkt war ich ein Grappa-Amateur und erkostete in dem hochprozentigen Elixier (über 50 Prozent Alkohol) einen Beigeschmack, bei dem ich mich nicht festlegen wollte, ob er in die Richtung von Benzin, Azeton oder doch eher Terpentin tendierte. D. nimmt mir das heute noch übel.

Zwei Schüler des großen Romano führen dessen Werk fort und verkaufen – mit gedruckten Etiketten – weiterhin Grappa nach altem Rezept. Die Brennerei heißt ***Levi Serafino*** und liegt an der Zufahrt vom alten in den neuen Ortsteil direkt an der Durchgangsstraße (SP 3), der Via XX Septembre, 91; N 44°43'17" E 8°06'59" *(Di.–So. 8–12 und 14–18 Uhr; www.distilleriaromanolevi.com/. Die Flasche ist ab etwa 45 Euro zu haben).*

Im Gegensatz zu den meisten anderen Dörfern der Umgebung gibt es in Neive einen Hauch von touristischer Infrastruktur – und einen brauchbaren Stellplatz:

135 Neive

GPS: N 44°43'39" E 8°06'48", Via Crocetta. **Max. WOMOs**: 6-8. **Öffnungszeit**: Ganzjährig. **Ausstattung**: Ver- und Entsorgung (Wasserhahn hinter einem Blumenkübel), Strom, Mülleimer. **Beschreibung**: Der gekieste, klappstuhlgeeignete Platz liegt direkt unterhalb des Dorfes mit Einkaufsmöglichkeit und mehreren Gaststätten. Unser Wanderweg beginnt hier. Im Jahr 2023 wurde die kleine Trinkkneipe am Platz geschlossen. Seitdem kostet der Platz nichts mehr (und schon stehen hier entsprechende Fahrzeuge). Auch die Toilette und die

Dusche wurden abgesperrt. Der Strom hat noch funktioniert. Hier ist die Entwicklung noch nicht zu Ende. Unter den Bäumen kann man nicht mehr stehen. **Zufahrt**: Biegen Sie von der SP 3, dem Weg von der Neustadt zur Autobahn, unterhalb des *Centro storico* erst beim Wegweiser ›*Cimetero*‹ ab und fahren Sie bergauf, bis der Platz links der Straße liegt. Falls Sie schon kurz vorher bergauf gefahren sind, müssen Sie den historischen Ort umrunden und dann abwärtsfahren. Der Platz liegt so auf der rechten Seite.

Wenn Sie nach Neive reisen, müssen Sie, falls Sie auswärts speisen möchten, sinnvollerweise schon am Vortag, eine wichtige Entscheidung treffen. Sollten Sie schon in der Langhe weilen und die Westalpen über dem Dunst erkennen, und sollte die Wettervorhersage keine durchgreifende Änderung befürchten lassen, besteht die realistische Chance für ein Essen mit Traumblick, wie Sie ihn so schnell nicht wieder erleben werden. Was Ihnen von der (inzwischen überdachten) Terrasse des **Ristorante *Donna Selvatica*** geboten wird, ist sensationell und zählt zu unseren persönlichen **Top Ten**. Sogar an diesigen Tagen ist das Breitwandpanorama der Weinberge bis nach Barbaresco einmalig und immer lohnend (siehe unser Foto). Das Essen ist gut, aber nicht ganz so außergewöhnlich wie die Aussicht, die man leider mitbezahlen muss *(den Blick genießt man auch von innen, wenn man in der ersten Reihe tafelt; Tel. 0173 551111; vermutlich kein Ruhetag; das Lokal liegt im Gebäude des Hotels Borgo Vecchio oben neben der nördlichen Kirche – über dem Stellplatz; Menüs ab 55 €).*

TOUR 9

Blick vom Ristorante *Donna Selvatica*

Bei ungünstiger Witterung empfehle ich eher das **Ristorante *La Luna nel Pozzo***, wo man immer zufrieden ist, aber in einem Untergeschoß ohne Sicht für das Menü nicht weniger bezahlt, jedoch einen Tick einfallsreicher bekocht wird *(Piazza Italia 23, Tel. 0173 67098; Di. abends und Mi. geschlossen).*

Den nötigen Hunger holen Sie sich bei einer Wanderung, die so ähnlich in nahezu jedem Reiseführer beschrieben wird:

Von Neive nach Barbaresco

TOUR 9

An der Stellplatzzufahrt von **Neive** gehen wir nach rechts die Straße abwärts und halten uns bei nächster Gelegenheit erneut rechts. Mithilfe der nun auftauchenden rot-weißen Markierung wandern wir am Friedhof vorbei bis zum Weiler **Gallina**, wo wir nach links abbiegen. Mindestens 400 Meter später in einem deutlich vom ersten Ortsteil abgesetzten zweiten Häuserensemble zweigt erneut nach links ein kurzer Feldweg leicht den Hang hinauf ab (rechts desselben grenzt das letzte Haus mit einem metallenen Zaun an; Sie können theoretisch auch auf der Straße weiter bis ins Tal spazieren, dann ist der Weg mindestens einen Kilometer weiter; bei feuchtem Boden sollten Sie die Straße wählen). Auf jenem Weg stiefeln wir hinter dem Haus vorbei und suchen uns zwischen Weinbergparzellen eine steile, hinunter zur Straße führende Passage. Auf der Straße gehen wir ein paar Meter nach rechts, biegen in eine dort einmündende Asphaltstraße ein und verlassen diese bei einer kleinen Brücke schon nach wenigen Metern, um zwischen einer relativ neu angelegten Plantage parallel zur Landstraße nach links zu gehen. Bald stoßen wir auf einen Querweg, auf dem uns das rot-weiße Wanderzeichen nach rechts bergauf nach **Barbaresco** geleitet.

Der **Rückweg** ist ab Barbaresco bis zu diesem Zeichen mit dem Hinweg identisch. Jetzt gehen wir allerdings, Barbaresco im Rücken, geradeaus, überqueren eine ehemalige Eisenbahnstrecke und stiefeln rechts an einem Weingut vorbei, hinter dem wir uns links halten. Wo wir auf die SP 3 stoßen, zeigt die Markierung auf einen Pfad zwischen Weinberg und Straße und begleitet uns am Ende oberhalb eines Kreisverkehrs von Süden durch Neive zum WOMO zurück (kein Schatten, überwiegend Asphalt, **7,8 km**).

Im sechs Kilometer entfernten **Mango** (1.300 Einwohner) halten wir erneut in einem Dorf mit Burg an, in dem wir mehrere Alternativen für die Nacht kennen:

136 Mango – *La Trava*

GPS/Kontakt: N 44°41'21" E 8°08'48", SP 51, Tel. 0141 89591.
Max. WOMOs: 7. **Öffnungszeit**: 1.3.–30.11. **Ausstattung**: Ver- und Entsorgung, Strom, Mülleimer, Weinverkauf. **Beschreibung**: Der von einer freundlichen Winzerfamilie betriebene Stellplatz bietet eine sensationelle Sicht und ist klappstuhlgeeignet. Sie können zu Fuß ein Lebensmittelgeschäft und eine Gaststätte erreichen. **Preis**: 14 € plus Kauf von 6 Flaschen Wein (es wird Wein für unter 10 Euro/Flasche angeboten). Bei mehrtägigem Aufenthalt muss man den Wein nur einmal erwerben. **Zufahrt**: Das Weingut liegt nördlich von Mango an der Straße nach Neive.

Zwischen Neive und Barbaresco

137 Mango – Friedhof

GPS: N 44°41'12" E 8°09'20", Via Ospizio Cane. **Max. WOMOs**: 3-4. **Ausstattung**: Mülleimer, Wasser im Friedhof. **Beschreibung**: Den asphaltierten Platz mit schöner Aussicht hatte ich früher aus dem Programm genommen, weil sich direkt darunter die Wertstoffmüll- und Altglassammelstelle des kleinen Dorfes befindet. Mehrere Leser haben berichtet, das sei nicht störend. Eine Gaststätte und ein Lebensmittelgeschäft sind fußläufig erreichbar. Nicht für Fahrzeuge über etwa 6,50 m Länge. **Zufahrt**: Der Stellplatz liegt östlich des Ortes gegenüber dem Friedhof; folgen Sie in Mango den Wegweisern ›*Cimitero*‹ oder ›*Impianti Sportivi*‹.

Alternativ stehen Sie etwa 200 m weiter unten, halb links auf etwas abschüssigen Parkbuchten in der Nähe von Gaststätte und Sportplatz.

TOUR 9

Spätestens in Mango haben Sie Gefallen an den Fernblicken über die Hügel gefunden. Besonders schön ist das Spiel des Lichts mit mehr oder weniger Dunst, wenn die Kuppen im Gegenlicht liegen und die Sonne noch nicht allzu lange aufgegangen ist oder in wenigen Stunden untergeht. Ständig hält man zum Fotografieren an, wenngleich selten so klare Sicht herrscht wie an dem Tag, an dem uns das folgende Foto (nach einem Regentag) gelungen ist.

Einen der großartigen Aussichtspunkte der Langhe entdecken Sie in **Diano d'Alba** auf der Plattform seitlich des Kirchturms. Dort liegen Ihnen die Wein- und Haselnussfelder zu Füßen, bei kla-

Blick über die Langhe zu den Westalpen

Sinio

rem Wetter vor den Westalpen. Leider ist der frühere Parkplatz mit einer Kette gesperrt. Diano d'Alba hat außer dieser wirklich schönen Aussicht nichts zu bieten, aber man kann gut **wandern**, zum Beispiel nach Serralunga (runter ins Tal bei Marengo, jenseits wieder hoch bis in die Nähe von Baudana und entlang der Straße nach Serralunga).

Gute Wohnmobilbedingungen bietet **Sinio** (530 Einwohner) mit dem Schönheitsfehler, dass das Dorf nicht auf einem Hügelkamm liegt, sondern eher im Tal und man daher nicht in die Weite, sondern auf den Kirchturm blickt:

138 Sinio

GPS: N 44°36'04" E 8°01'20", Via Cavour. **Max. WOMOs**: 7. **Öffnungszeit**: Ganzjährig. **Ausstattung**: Wasser und ein Bodeneinlauf, Toilette, warme Dusche, Strom, Mülleimer. **Beschreibung**: Der schattenlose, klappstuhlgeeignete Platz auf Natursteinpflaster liegt schön oberhalb des Dorfes vor dem Sportplatz direkt bei Häusern. Ein kleiner Laden und eine Gaststätte sind zu Fuß erreichbar. **Preise**: 5 € das reine Übernachten, 10 € alles inklusive, zu bezahlen in der nahen Bar am Ortsplatz; möglicherweise kann man auch eine angeschlagene Telefonnummer anrufen und bekommt auf diesem Weg einen Schlüssel für Strom und Toilette. **Zufahrt**: Fahren Sie am Kreisverkehr in einem Bogen links um das Dorf und bei den ersten Häusern auf einem kurzen, steilen Stück links auf den Parkplatz.

Blick zum Castello di Grinzane Cavour

Die Straßen verlaufen hier in Nord-Süd-Richtung, und man ist geneigt, auf kurzem Weg mal schnell von dem Tal, in dem sich Sinio verbirgt, hinauf auf die SP 125 zu kurven, um sich lange Umwege zu ersparen. Wir haben das ausprobiert, es funktioniert, ist aber relativ schmal und steil und für größere Fahrzeuge nicht zu empfehlen.

So fahren wir durch den Bergeinschnitt zu dem viereckigen Klotz des **Schlosses** von **Grinzane Cavour**, ein sehenswertes Kastell aus dem 12. Jahrhundert, das aber in späterer Zeit erweitert worden ist. Beispielsweise die Türmchen stammen erst aus dem 16. Jahrhundert. Bekannt ist der sogenannte Maskensaal im ersten Stock. Der wegen seiner Kassettendecke und der dort dargestellten weiblichen Portraits so heißt, was ich hier nicht kommentiere. Noch berühmter ist die Enoteca im Gewölbe des Erdgeschosses *(täglich außer Di. 10–18 Uhr, mit Museum der Langhe; 8 €)*. Weitaus am prominentesten aber ist der Name ***Cavour***, der Ihnen bei der Italien-Reise zigfach begegnet. So heißt nämlich in jeder größeren Stadt eine der Hauptstraßen, und auch Grinzane schmückt sich mit dem Beinamen *Cavour*, weil im Schloss der berühmteste *Cavour* wohnte (seine Eltern nannten ihn *Camillo Benso*), der von 1832 bis 1849 Bürgermeister des kleinen Ortes war. In dieser Zeit stieg er außerdem in Turin zum Ministerpräsidenten des Königreiches Piemont auf und hat maßgeblich an der Einigung Italiens und der Gründung des neuen Staates mitgewirkt.

Die Parkplätze am Schloss sind für WOMOs gesperrt. Dafür wurde in der Nähe ein beschilderter Stellplatz angelegt. Wir hätten uns dafür einen größeren Bereich mit einem noch schöneren Blick gewünscht, aber Sie können dort gut stehen:

139 Grinzane Cavour

GPS: N 44°39'19" E 7°59'22", Via Brico. **Max. WOMOs**: 3 (möglicherweise auch mehr). **Öffnungszeit**: Ganzjährig. **Ausstattung**: Ver- und Entsorgung, steinerne Bänke und Tische, Mülleimer. **Beschreibung**: Der asphaltierte und an seinem Rand klappstuhlgeeignete Platz liegt gegenüber der Schule und bietet ein wenig Sicht. Eine Einkaufsmöglichkeit kennen wir nicht. Sie können aber zu Fuß nach Gallo gehen und finden dort alles. Der Platz ist etwas abschüssig und leider trotz Verbotsschild bisweilen von Pkw zugeparkt, vor allem während des Schulbetriebs. **Zufahrt**: Der Platz ist am Schloss von Grinzane Cavour beschildert; von dort noch etwa 400 m.

Während die Burg von Grinzane Cavour eine Doppelfunktion hatte, sie diente nämlich eigentlich dem Schutz von Alba, aber ihre Herren konnten darin auch wohnen, wurde das **Castello** von **Serralunga d'Alba** ausschließlich mit militärischer Zweckrichtung erbaut. Der Herr aus Barolo, dessen Schloss schlecht geschützt im Tal lag, ließ im 14. Jahrhundert auf den umliegenden Hügeln Burgen errichten, mit hohen Türmen, die weite Fernblicke und untereinander Sichtkontakt erlaubten. Historiker erkennen heute in der Burg wie auch in der um sie gruppierten Dorfanlage ausschließlich militärische Motive, von der Lage des Brunnens bis hin zu den vorspringenden Türmen. Es gibt in der ganzen Langhe keine besser erhaltene Festung. Dass Sie allerdings den schönen

Serralunga d'Alba

Blick aus einem der Fenster genießen werden, nehmen wir eher nicht an, da Sie nur im Rahmen einer lästigen geführten Besichtigung in das Gebäude eingelassen werden *(nur am Wochenende, Mai bis Okt. täglich außer Di. und Mi. nachmittags; 6 €)*. Sie werden sich wahrscheinlich nicht ernsthaft mit dem Gedanken einer Visite beschäftigen, weil Sie nämlich keinen Parkplatz mehr finden, seitdem die einzige Möglichkeit zu einer Grünanlage umgebaut worden ist.

Sie fahren weiter nach **Perno**, einem kleinen Dorf mit (privatem) Schloss und einer Freifläche, die ich nur aus Tradition von Auflage zu Auflage rette, weil hier bei unserer allerersten Piemontreise an einem kristallklaren Morgen der Westalpenbogen und die aus ihm herausragende Spitze des Monviso fast vor unserer Wohnmobiltür in den Himmel strebten. Die atemberaubende Sicht auf die Alpen bleibt Ihnen aber im Sommer wegen des Dunstes häufig versagt. Im Frühjahr, besonders im Winter, sind die Berge gerade nach Regentagen manchmal zum Greifen nahe. Ein richtiger Stellplatz ist das nicht:

140 Perno

GPS: N 44°36'21" E 7°58'29". **Max. WOMOs**: 2. **Ausstattung**: Mülleimer, Wasser und Toilette (im Friedhof gleich rechts). **Beschreibung**: Der einsame Friedhofsvorplatz eignet sich nur für kleine Fahrzeuge mit leistungsfähigen Keilen. Für diverse neuere WOMOs ist der Platz zu eng. Am nördlichen Ortsrand von Perno beträgt die Durchfahrtsbreite zwischen zwei Häusern 2,50 m, wir kamen früher mit einem Alkoven-Wohnmobil durch. **Zufahrt**: Es ist der Parkplatz vor dem Friedhof südlich des Dorfes, das Sie nur mit Mühe auf Ihrer Karte westlich von Serralunga finden. Sie fahren von Serralunga ein Stück nach Norden, Richtung Alba, hinter Sorrano links und folgen dann dem Wegweiser nach Perno. Der Stellplatz liegt etwa 500 m südlich des Dorfes in einer scharfen Kurve unmittelbar vor dem Friedhof. Sie können sich ihm genauso auch von Süden nähern.

Sollte es Ihnen vor dem Friedhof zu einsam werden, können Sie auf den **Platz des kleinen Dorfes**, seitlich der Durchgangsstraße und in der Nähe der genannten Engstelle, umziehen.

Auch **Castiglione Falletto** (670 Einwohner) war ursprünglich nichts anderes als ein **Kastell** zur Sicherung der Residenz in Barolo, die den *Falletti* gehörte, womit der neuzeitliche Name des Dorfes erklärt wäre. Auch hier ragt der Turm so hoch in die Luft, dass man sich zu Zeiten der Benutzung mit den Soldaten in Serralunga durch Zeichen verständigen konnte. Heute ist die Bastion teilweise Ruine und allenfalls sonntags zu besichtigen. An der schönen Sicht können Sie sich hingegen an sieben Tagen in der Woche erfreuen, wenn auch nicht mehr einfach aus dem WOMO-Fenster:

141 Castiglione Falletto

GPS: N 44°37'21" E 7°58'26", SP 9. **Max. WOMOs**: Offiziell 4, mehr sind eingeschränkt möglich. **Öffnungszeit**: Ganzjährig. **Ausstattung**: Ver- und Entsorgung, Picknickbank, Mülleimer. **Beschreibung**: Der schattige Platz liegt direkt unterhalb der Bebauung und ist trotz Asphalts eingeschränkt klappstuhlgeeignet. Gaststätten und Geschäfte sind fußläufig erreichbar. Das empfehlenswerte **Ristorante *L'Argaj*** mit Fernsichtterrasse und guter Küche liegt direkt über dem Platz.
Es sind Parkbuchten für WOMOs markiert, die leider zugewachsen sind. Schöner und mit freier Sicht nach La Morra stehen Sie auf einem Pkw-Parkplatz, woran sich niemand stört, weil normalerweise nachts hier kein Pkw parkt. Leider wurden hier unsinnige Markierungen angebracht. Der Platz ist unangenehm hell erleuchtet, was die Sicht ebenfalls beeinträchtigt. **Zufahrt**: Der Platz liegt seitlich der am Ort vorbeiführenden Straße und ist eine Etage tiefer, unterhalb eines Geländers nicht zu verfehlen, zumal als Stellplatz beschildert.

Den Weg hierher haben Sie wahrscheinlich über **Monforte d'Alba** gewählt, einem für die Gegend ungewöhnlich großen Dorf (1.900 Einwohner), *Eines der schönsten Dörfer (Ortskerne) Italiens*, aber ohne geeigneten Stellplatz.

Barolo

Bei korrekter Betrachtung muss ich Letzteres auch für **Barolo** (710 Einwohner) vermelden, denn in der ganzen Gemeinde ist inzwischen jegliches Campingverhalten untersagt. Nach den Zuschriften wird das reine Schlafen im Wohnmobil zumindest zeitweise toleriert:

P Barolo

GPS: N 44°36'42" E 7°56'36", Via Alba. **Max. WOMOs**: 3-5. **Ausstattung**: Toilette (an der oberen Etage bergseitig), Wasser (daneben). **Beschreibung**: Im Zentrum befindet sich ein großer Parkplatz, den man mit dem Wohnmobil nicht befahren darf. Eine Etage tiefer hingegen kann man eine Parkfläche ansteuern, um sich dort mit einem Fahrzeug bis 7 m Länge auf Asphalt auszuruhen oder um von dort den Ort zu betrachten. Campingverhalten ist allerdings in ganz Barolo verboten. Wenn man von diesem Platz Barolo nach oben (also nicht nach unten, Richtung Friedhof) verlässt, fährt man an einem weiteren Parkplatz vorbei, der allerdings überwiegend schräg abfällt. Das ist eigentlich die schönere Stelle. Im Ort finden Sie Gaststätten, einen Metzger, einen Bäcker, und unsere Wanderung kommt hier vorbei. **Zufahrt**: Am besten fahren Sie von Norden zum Platz, wenn Sie nördlich von Barolo von der SP 3 bei einer Gabelung und dem Wegweiser ›*Barolo*‹ abbiegen.

Barolo ist immer noch kein besonders herausgeputzter Touristenort, wenngleich die touristische Infrastruktur wächst: Sie finden einige Weinläden und beim Bäcker teures Olivenöl. Der Lebensmittelladen hat nicht überlebt, es gibt aber noch einen Metzger. Die Ristoranti sind kaum zahlreicher geworden. Vielleicht sollte sich die Verwaltung deshalb das mit dem Stellplatz noch mal genauer überlegen.

Dann steht vielleicht auch mal mehr als ein einzelner Tourist an der Kasse des **Schlosses**, der sich dort das **Weinmuseum** und den namhaften Weinkeller nicht entgehen lassen möchte, oder die Wohnräume der Gräfin *Falletti* im ersten Stock. Das Schloss war ursprünglich Bestandteil einer Verteidigungsanlage, die hier, wie in vielen Orten der Umgebung, im 10. Jahrhundert gegen die *Sarazenen* errichtet worden war. Wer die *Sarazenen* waren, von deren Untaten schon mehrere meiner Reiseführer künden, will ich hier nicht schon wieder vertiefen; fragen wir lieber nach den *Falletti*, bei denen auch ein einzelner männlicher Spross nicht etwa *Falletto* hieß: Es waren Kaufleute, die sich um 1250 hier einkauften und sich sodann, wie Sie bereits wissen, mittels auf die umliegenden Hügel gebauter Kastelle absicherten. Irgendwann wurden sie auch geadelt und lebten in ihrem Schloss bis zum Jahre 1864. Die Gemahlin des letzten *Falletti*, Giulia Colbert *Falletti*, eine gebürtige Französin, war, wenn man so will, die Erfinderin des Barolo. Sie ließ nämlich um 1830 die örtlichen Nebbiolo-Trauben im Keller des Schlosses von Winzern aus der französischen Heimat keltern. Woraus bekanntlich ein berühmter Wein wurde, weil sich die Traubensorte für einen guten Rotwein eignete (und immer noch eignet) und die Franzosen ihr Handwerk verstanden. In der Enoteca des Schlosses dürfen Sie den Wein verkosten und kaufen, Castello und Museum können inzwischen ohne Führung besichtigt werden *(täglich;10:30–18 Uhr; 9 €)*.

Um 1830 wurden die Nebbiolo-Trauben erstmals von französischen Winzern mit Methoden aus der Heimat gekeltert

Im hinteren Teil des Buches informiere ich Sie darüber, bei welchen Winzern wir eingekauft haben. Wenn Sie in der ***Locanda La Gemella*** einkehren, können Sie den edlen Rotwein glasweise bestellen und dazu auch sehr gut essen *(Tel. 0173 388324; Piazza Eraldo Cabutto 5; am oberen Rand der Hauptstraße; Mi.–So.; mittlere Preise, für die ausgezeichnete Qualität erstaunlich maßvoll, trotz etwas übersichtlicher Portionen wahrscheinlich das beste Ristorante in Barolo)*.

TOUR 9

Leider findet das berühmte **Musikfestival Collisioni**, auf dem schon Bob Dylan, Marc Knopfler und Elton John aufgetreten sind; nicht mehr in Barolo, sondern inzwischen in **Alba** statt. Näheres siehe bei www.collisioni.it/.

Novello – Schloss

Sollte es uns gelingen, Sie zu einer vielbeschriebenen Piemont-Wanderung zu animieren, wird das Schloss von Barolo an Ihrem Weg liegen, der in **Novello** (800 Einwohner) beginnt, einem Dorf, das die drei Attribute vieler Langhe-Dörfer vereint: wenig Tourismus, wunderbare Lage und Stellplatz mit etwas Fernsicht. Außerdem wird Sie die hohe Kuppel der örtlichen **Kirche** beeindrucken und das im Jahre 1880 wieder aufgebaute **Schloss**, dem auch der kunstgeschichtlich Unbeleckte ansieht, dass der gewählte Baustil, von nachempfundener Gotik abgesehen, nichts anderes ist als wilder Kitsch des späten 19. Jahrhunderts – vielleicht ist es gerade deswegen sehenswert. Lohnend ist der Gang an die Balustrade, von der Sie weit hinab ins Tal des Tanaro blicken. Nicht schlecht ist auch die Sicht von unserem Stellplatz:

142 Novello

GPS: N 44°35'28" E 7°55'41", Via Giordano.
Max. WOMOs: 2-5.
Öffnungszeit: Ganzjährig.
Ausstattung: Ver- und Entsorgung, Toiletten (beim Sportplatz), Mülleimer.
Beschreibung: Auf dem teilweise schattigen Platz am Rand der Bebauung sind 2 trotz Asphalts klappstuhlgeeignete Stellplätze markiert. Man kann aber auch danebenstehen. Gaststätten und Geschäfte sind fußläufig erreichbar. Unsere Wanderung durch die von der UNESCO geschützte Landschaft beginnt hier. Der große Platz dient gelegentlich auch mal einem Lkw zur Rast, den jungen Leuten des Ortes als Zuflucht für einen Joint oder einen Quickie (oder beides), dennoch ist er ein schöner Stellplatz, wenn man von den Mülleimern absieht. **Zufahrt**: Fahren Sie von Barolo hoch nach Novello und am Ortseingang auf den großen Parkplatz rechts der Straße und oberhalb des Sportplatzes.

TOUR 9

Am Parkplatz beim Ortseingang von Novello beginnt auch die erwähnte klassische Wanderung über Barolo nach Monforte, zu der Sie genauso in Barolo starten können. Wir kennen nur wenige Wanderwege, die ähnlich spektakulär durch eine Kulturlandschaft führen, die mit den anderen piemontesischen Weinanbaugebieten Roero und Monferrato im Jahr 2014 in die **UNESCO Welterbe-Liste** aufgenommen worden ist, vornehmlich wegen des Gebietes, durch das unser Weg verläuft:

Von Novello nach Monforte

Sie spazieren vom vorgenannten Stellplatz am **Ortseingang** von **Novello** ein paar Meter nach Norden (Richtung La Morra), und sehen dann sehr bald an einem schräg nach rechts unten führenden Weg die rot-weiße Markierung (die merkwürdigerweise auf unserer Wanderkarte nicht eingezeichnet ist). Ich bin auch nicht mehr ganz sicher, ob die Wegzeichen bis Barolo beibehalten werden. Falls nicht, wird Sie das nicht irritieren, da Sie Barolo bald vor sich sehen und einfach links der Straße drauf zuwandern. Wege gibt es genug. Im Gegensatz zu Schatten, denn wo Sie auf Sicht marschieren, fehlen die Bäume, weshalb diese Wanderung nichts für heiße Sommertage ist.

Nach deutlich weniger als einer Stunde laufen Sie in **Barolo** ein, um dort auf dem Parkplatz vor dem Schloss links bergab ins Tal zu wandern (direkt am oben erwähnten Parkplatz wurde ein nie ganz fertiggestellter Weg angelegt, der in einer Kurve hinter dem Schloss hinab führt). Nach dem Neubau eines Weingutes wählen Sie den Weg, der nach rechts hoch in den Weinberg führt und entscheiden sich an der nächsten Gabelung abermals für die rechte Alternative. Der Weg müsste jetzt bestens markiert sein, zu-

Blick auf Barolo

mal er auf der Karte als Wanderweg eingezeichnet ist. Später erreichen Sie einen Fahrweg, wo Sie sich rechts halten, in Richtung zum Weingut *Cascina Boschetti*.

Der weitere Streckenverlauf bis Monforte ist markiert, er führt am Weiler S. Giovanni vorbei, danach auf einer Teerstraße, die man schon nach etwa 150 Metern nach links in einen Waldweg wieder verlässt, durch einen Hohlweg und am Ende nach dem Gehöft *Bettola* wieder auf Asphalt bis **Monforte**.

In Monforte

Für den Rückweg nehmen Sie zunächst für etwa einen Kilometer ab dem Ortsmittelpunkt von Monforte den Hinweg, den Sie kurz vor der *Cascina Bettola* verlassen, was etwas missverständlich klingt, denn Sie bleiben auf der Asphaltstraße und wandern bergab, bis Sie ein Wegweiser auf einen Pfad durch den Weinberg schickt. An der nächsten Gabelung gehen Sie ein Stück auf der Autostraße links, danach nochmals links, und wenn Barolo schon wieder nahegekommen ist, stoßen Sie etwa auf halber Strecke zwischen Novello und Barolo, auf den Hinweg.

Die ganze Wanderung ist etwa **13 Kilometer** lang, sie dauert 3,5 Stunden, und die Karte des Istituto Geografico Centrale Nr. 18, *Langhe Meridionali* ist nützlicher als man ihr zutraut. Schief gehen kann nichts, denn von kleineren Teilstücken abgesehen, wandern Sie auf Sicht.

Unter den Dörfern südlich von Alba haben wir nun die berühmtesten erwähnt, aber eines fehlt noch: La Morra. Wenn Sie von Novello dorthin fahren, kommen Sie etwa auf der Höhe von Barolo am **Castello della Volta** vorbei, über das lange Jahre Pläne existiert haben, es zu einem Luxushotel umzubauen. Lage und Legende würden einen wertvollen geschäftlichen Grundstock bilden. Die Geschichte des Schlosses ist nämlich mehrfach verfilmt und endet damit, dass während eines »lustvollen Festes« die Decke über den Gästen einstürzt. Wobei Sie, geneigte Leser, bezüglich der Lustbarkeiten an das Falsche gedacht haben. Denn in der Langhe dreht sich, wie Sie seit dieser Tour wissen, fast alles um die Trüffeln und den Wein. Und das Unglück, das nur vom Personal überlebt wurde, geschah anlässlich einer Völlerei.

Ob Sie auf dem Höhenkamm sofort nach La Morra abbiegen, hängt von der Tageszeit und Ihren Gewohnheiten ab. Geradeaus und leicht bergab gelangen Sie nämlich nach **Vergne**, einem Ortsteil von Barolo mit nur wenigen Häusern, den niemand bereisen würde, gäbe es dort neben der obligatorischen Fernsicht vieler Langhe-Dörfer nicht einen Campingplatz für den Sommer, einen etwas zweifelhaften Stellplatz für die Wintermonate und ein **Ristorante** für die Zeit von Donnerstagabend bis Dienstag. Das ***Buon Padre*** gehört wie die *Locanda La Gemella* in Barolo, dem Weingut *Viberti*. Es gilt seit Jahrzehnten als Geheimtipp, denn das Ambiente und der Blick auf die Westalpen sind allein eine Nacht in Vergne wert *(Menüs ab 40 € – Viergang, wobei der erste Gang aus drei Gerichten besteht, oder für 54 €; Tel. 0173 56192; Mi. und Do. mittags geschlossen)*. Der Campingplatz liegt gegenüber hinter einem großen Parkplatz in Sichtweite und ist schon, weil es ihn überhaupt gibt, erwähnenswert. Aber besonders zu loben ist die Konsequenz, mit der in außergewöhnlich schöner Lage auf jeden Firlefanz und vor allem jegliche Art mobiler oder barrackiger Mietunterkünfte verzichtet wird; ein Campingplatz im Grünen, wie früher fast alle waren:

TOUR 9

143 Barolo/Vergne – *Sole Langhe*

GPS/Kontakt: N 44°36'44" E 7°55'16", Barolo, Piazza della Vite, Tel. 0173 560510; www.solelanghe.com/.
Öffnungszeit: Unbekannt.
Ausstattung: Pool mit schöner Sicht (7 €–10 €/Tag extra).
Beschreibung: Der schattige Platz liegt schön auf einem Hügel. Zur Gaststätte und einem Lebensmittelladen (direkt neben dem Ristorante mit betagten Betreibern) sind es 200 m. Es gibt keine Dauercamper und keine Mobilhomes. Kenner bezeichnen den Platz als sehr hundefreundlich. **Preise**: 30 €–36 €.
Zufahrt: Der Platz ist in Vergne nicht zu verfehlen. Nach Vergne fahren Sie im Verlauf unserer Tour am besten von Barolo oder Novello.

Auf dem großen Gelände davor steht ein Schild, das Campingverhalten verbietet. Das Verbotsschild fehlt auf dem kleineren Parkplatz unterhalb des Restaurants:

144 Barolo/Vergne

GPS: N 44°36'48" E 7°55'12", Via Alba. **Max. WOMOs**: 2-3. **Ausstattung**: Wasser (an der Einfahrt des Parkplatzes, eine Etage höher). **Beschreibung**: Auf dem geschotterten Parkplatz unterhalb des Ristorante ist Campingverhalten genauso verboten wie überall in Barolo (zu dem Vergne gehört). Ich kann mir aber nicht vorstellen, dass hier jemand einschreitet. Trotzdem ist der kleine Platz, auf dem man sich nicht aufhalten sollte, solange der Campingplatz geöffnet ist und noch Kapazitäten frei hat, eher ein Notstellplatz. Zum Lebensmittelgeschäft und dem Ristorante siehe vorstehend. **Zufahrt**: Der Platz unterhalb des Ristorante *Buon Padre* ist nicht zu übersehen.

TOUR 9

Blick auf La Morra

La Morra (2.500 Einwohner), 2,5 Kilometer entfernt, liegt von fast jedem Ort der Langhe in Ihrem Blick und trägt folgerichtig den Beinamen *Balkon der Langhe*. Warum das so ist, wissen Sie, wenn Sie durch die pittoresken Gassen an den obersten Punkt des Ortes spazieren, um am Balkongeländer vor Ergriffenheit die Luft anzuhalten, weil Sie die Hügel der Langhe in den letzten Tagen schon vielfach schön, aber noch nie so schön unter sich gesehen haben (Foto Seite 239). Sie verstehen dort sofort, weshalb diese wunderbare Landschaft in die **UNESCO-Welterbe-Liste** aufgenommen worden ist (siehe oben) – und zu unseren persönlichen **Top Ten** gehört. Leider ist am Aussichtspunkt das Ristorante *Belvedere* geschlossen. Ein Fensterplatz oder gar ein Essen im Freien wären von der Lage nicht mehr zu toppen, falls sich mal wieder ein neuer Betreiber findet. Ihr Nachtlager würden Sie auf allen Alternativen zu Fuß erreichen:

145 La Morra – *Laghetto*

GPS/Kontakt: N 44°38'16" E 7°55'42", Via Laghetto, Tel. 327 5441063. **Max. WOMOs**: 10. **Öffnungszeit**: Über Winter unregelmäßig geschlossen. **Ausstattung**: Ver- und Entsorgung, Strom, im Sommer kleine Gaststätte, Mülleimer. **Beschreibung**: Der geschotterte, teilweise schattige Platz liegt am Rand der Bebauung, er ist klappstuhlgeeignet, man kann sich hier mit Freude auch mehrere Tage aufhalten. Das Ortszentrum mit Gaststätten und Geschäften ist etwa 600 m entfernt (in der Kurve Fußwegabkürzung). Das Gelände grenzt an einen Weiher (*Laghetto*). Wir wissen nicht, ob davon außer Froschgequake im Frühjahr weitere Störungen ausgehen. Leider fehlt jegliche Fernsicht, da der Platz in einer Mulde liegt. Mo. und Di. nur nach vorheriger telefonischer Reservierung. **Preis**: 10 € / 24 Std. **Zufahrt**: Fahren Sie von Novello/Vergne auf dem Höhenkamm und der SP 58 nach La Morra, der Platz ist nach einer leichten Rechtskurve nach links beschildert, was man aus dieser Fahrtrichtung nur schwer erkennt.

146 La Morra – Sporthalle

GPS: N 44°38'19" E 7°55'53", Piazza Vittorio Emanuele. **Max. WOMOs**: 5-7.
Ausstattung: Toilette (um die westliche Ecke), Wasser (in der Nordwestecke des Platzes eine Etage höher), Mülleimer.
Beschreibung: Der schattenlose Platz auf Asphalt liegt innerhalb der Bebauung. Geschäfte, Bäcker und Spielplatz erreichen Sie fast direkt oberhalb des Platzes nach wenigen Schritten; Gaststätten sind kaum weiter entfernt. Wegen der eingezeichneten Markierungen überwiegend nur für Pkw geeignet; WOMOs werden aber geduldet, auch wenn sie die Markierungen nicht einhalten. Leider kann man sich nur noch eingeschränkt direkt an die Brüstung stellen, was man immer weniger bedauert, seitdem die schöne Sicht fast vollständig zugewachsen ist. Das ist eher ein Platz für die kalte Jahreszeit.

Zufahrt: Folgen Sie von allen Seiten den Wegweisern bis La Morra und biegen Sie dort auf den großen Parkplatz bei der Markt- und Mehrzweckhalle ab, an dem Sie stets vorbeikommen. Sie fahren dann rechts der Markthalle auf die untere Etage bei einer Sporthalle.

147 La Morra – Geheimtipp

GPS: N 44°38'12,5" E 7°56'04,5", Via G. Marconi. **Max. WOMOs**: 3-4. **Ausstattung**: Keine. **Beschreibung**: Das ist kein Stellplatz und wird auch nicht als solcher bezeichnet. Solange an der kleinen Betonfläche in wunderbarer Lage noch kein Verbotszeichen angebracht ist, können Sie aus Ihrem WOMO-Fenster den in La Morra ersehnten Blick über die Weinberge genießen, fast einen Blick, wie von der Aussichtsstelle weiter oben. Erstaunlicherweise werden WOMOs noch geduldet, obgleich auch die Nutzer von *park4night* das Plätzchen inzwischen von mir übernommen haben. Bitte keine Klappstühle und keine WOMO-Riesen!
Zufahrt: Fahren Sie wie zu Platz Nr. 145, biegen Sie aber von der SP 58 erst etwa 80 Meter weiter bergauf, bei einem gelben Haus nach rechts in die Via G. Marconi ab. Sie fahren unterhalb einer großen Mauer leicht bergab (nie bergauf!) und wenn sich die Sicht vor Ihnen weitet, parken Sie links auf einer Freifläche.

Sie werden sich nicht nur an der oben erwähnten **Balustrade** umsehen, die zweifellos die Hauptsehenswürdigkeit des Dorfes bildet, sondern auch in den Gassen und dann bald feststellen, dass der Barolo-Wein hier noch größere Bedeutung hat als im gleich-

La Morra – Belvedere

namigen Ort. Etwa 35 Prozent seiner Gesamtmenge werden im Gemeindegebiet von La Morra angebaut und nicht nur in der ***Cantina Comunale*** (im oberen Teil des historischen Zentrums rechts; lohnt sich auch nur zum Gucken) können Sie alles kaufen, was Rang und Namen hat und weiter hinten bei den Tipps von uns empfohlen wird. Die Preise sind dort angeblich nicht höher als direkt beim Winzer. Von einem Einkauf in den Weingeschäften im unteren Teil des alten Ortskerns, beim Aufgang zum Belvedere, rate ich hingegen ab. Sie verlieren dort den Überblick, weil auch viele fremde, nicht Piemontesische Produkte angeboten werden.

Hinten bei den Tipps empfehlen wir Ihnen unter dem Stichwort *Wein* noch ein relativ teures **Weingut mit Stellplätzen** zwischen La Morra und Barolo.

Capella del Barolo

In der Nähe davon und zum Gemeindegebiet von La Morra gehörend finden Sie in den Weinbergen die **Capella del Barolo**, die eigentlich **Capella delle Brunate** heißt, eine kleine Kapelle, die dem Weingut *Ceretto* gehört und in dessen Auftrag restauriert sowie im Jahr 1999 von den Künstlern Sol Lewitt und David Tremlett bunt bemalt worden ist (Foto in der vorderen Umschlagklappe – allerdings kann man die dort noch abgebildete Freifläche rechts nicht mehr befahren, man parkt nun oberhalb). Das Gebäude wurde erst 1914 gebaut, nie als Gotteshaus geweiht und diente hauptsächlich als Schutz während der Arbeit in den Wingerten. Sie finden die kleine Attraktion, wenn Sie unten im Tal, also östlich von La Morra, von der SP 3 (Grinzane Cavour nach Barolo) abbiegen. Wo sich die Straßen gabeln (und Sie zum Friedhof von Barolo die linke Straße wählen), biegen Sie beim Wegweiser ›*Ceretto*‹ nach Westen (also an den Fuß von La Morra) und gleich danach links ab. Die Straße windet sich ein Stück relativ schmal bergauf (N 44°37'41" E 7°56'42"). Man kann die 1,3 Kilometer seit der Abzweigung auch zu Fuß gehen. Von dem südlichen Ortsende von La Morra, wo die Zufahrt ebenfalls beschildert ist, sind es fußläufig 1,6 Kilometer bei schönster Fernsicht. Diese Strecke kann man ebenfalls befahren, eher nicht mit Dickschiffen.

Wenn Sie Freude an solchen bemalten Kapellen haben, finden Sie östlich von Neive die **Chiesa di Coazzolo**, die ebenfalls von Da-

Chiesa di Coazzolo

vid Tremlett koloriert worden ist (siehe Tourenkarte; N 44°43'07" E 8°09'35"; beschränkter Parkraum für Elefanten).

Sie sind im Sommer unterwegs, und gerne würden Sie ein wenig ausspannen, sich in den Halbschatten setzen, vielleicht sogar ein wenig sonnen und den Tag vertrödeln. Dafür bestens geeignet ist nahe der Ortschaft Bene Vagienna der Parkplatz des **Ausgrabungsgeländes Augusta Bagienorum**. Er wurde mit erheblichem Aufwand angelegt, aber die Natur hat begonnen, sich das Gelände zurückzuholen. Wer fährt schon zu römischen Ausgrabungen, bei denen man nur Fundamente sieht und dazu noch kleine Fußmärsche unternehmen muss? Für echte Fans sind die Reste der antiken Stadt, in der bis zu 17.000 Menschen gelebt haben könnten, aber nicht uninteressant. Es gibt alles zu sehen, eher zu erahnen, was zu einer römischen Stadt gehört hat: Stadtmauer, Tore, Forum, ein Theater und ein Amphitheater; aber man braucht angesichts der Reste schon ein wenig Fantasie. Ob Sie auf dem einsamen Parkplatz auch übernachten, muss bezweifelt werden, für den Tag ist er jedoch gut geeignet:

148 Augusta Bagienorum

GPS: N 44°33'25" E 7°50'38". **Max. WOMOs**: 10. **Ausstattung**: Wasser, Bänke und Tisch, Mülleimer. **Beschreibung**: Der teilweise schattige Platz auf Rasenbetonsteinen liegt außerhalb der Bebauung in den Feldern. Die nächsten Häuser sind etwa 100 Meter entfernt. Hier können Sie die Klappstühle nach Herzenslust gebrauchen. Zu den nächstliegenden Fundamenten der römischen Stadt müssen Sie ein kleines Stück laufen. **Zufahrt**: Die Abzweigung ist an der Straße von Narzole nach Bene Vagienna beschildert, dann noch etwa 300 m Asphaltstraße.

Tour 10

1. Karte

Zwischen Westtälern und Langhe

400 km

Diese Tour führt Sie entlang dem Fuß der Westalpen, aber noch in der Ebene, in nordsüdlicher Richtung fast durch das halbe Piemont, was umständlicher klingt, als es tatsächlich ist. Sie müssen ja nicht die gesamte Strecke nachfahren, sondern Sie können sich unsere besonderen Tipps heraussuchen:

- **Abbazia di Staffarda**
- **Oberstadt von Saluzzo**
- **Fresken im Schloss von Manta**
- **Oberstadt von Mondovi**
- **Wallfahrtskirche von Vicoforte**
- **Friedhofsportal von Dogliani**

Die zurückzulegenden Strecken werden nun wieder länger, wenn Sie auf der West- und Südseite des Gebiets unserer vorherigen Touren den Süden des Piemonts erreichen. Sollten Sie in La Morra starten, kommen Sie allerdings nicht weit, weil **Cherasco** (9.000 Einwohner) zu berühmt ist, um einfach daran vorbeizufahren.

Das hat weniger mit dem Kongress der Schneckenzüchter zu tun, der hier alljährlich im September zusammentritt, oder damit, dass Cherasco sich Hauptstadt der Schnecken nennt und Sitz des Internationalen Instituts für Schneckenzucht ist (wir beschäftigen uns jetzt nicht mit den passenden Lokalitäten und der Kräuterbutter). Cherasco beherbergt vielmehr einige respektable **Kunstschätze**. Immerhin wurde hier im Jahre 1706 während der Belagerung Turins durch die Franzosen das berühmte Grabtuch Christi (Santa Sindone) verwahrt, im **Palazzo Salmatoris**, wo zuvor schon ein Friedenskongress stattgefunden und danach im Jahr 1796 Napoleon Quartier bezogen hatte. Der Aufbewahrungsort des Lakens ist reich freskiert. Das aber wissen wir nur vom Hörensagen, denn das Haus ist allenfalls am Wochenende geöffnet. Und es schien uns, als würden die meisten Urlauber an der quadratisch angelegten, aber äußerst provinziell wirkenden Kleinstadt vorbeifahren. Eine größere Sehenswürdigkeit ist von außen zu bewundern, der

In Cherasco

Cherasco – Spolien an der Kirche San Pietro

Arco del Belvedere, einer von zwei Triumphbögen, angebaut an die Kirche S. Agostino und wie diese gestiftet, weil die Stadt und der in seine Zweitresidenz aus Turin geflohene Savoyer Hof von der Pest verschont blieben. Am besten gefällt uns die Fassade der Kirche San Pietro im romanisch-frühgotischen Stil, weil dort eine niedliche Blendbogengalerie verbaut und römische Reste, sogenannte Spolien, recycelt wurden. Spolien sind antike Bauteile, hier vorwiegend Marmorköpfe, die spätere Generationen wiederverwertet haben. Sehenswert ist im nördlichen Teil der Innenstadt, in der Via Nostra del Popolo, auch der großartige, strahlend weiße Barockbau **Santuario della Madonna del Popolo**.

Wenn Sie mit Kindern unterwegs sind, können Sie denen bei einer Stadtbesichtigung auch mal was bieten, Sie müssen dazu allerdings südlich des Zentrums die Jahrhunderte alte **Platanenallee** finden, in deren hohlen Stämmen Platz für ganze Sippen von Zwergen, Wurzelkindern und sogar für Ihren eigenen Nachwuchs ist. Der offizielle Stellplatz, ebenfalls südlich der Innenstadt, ist nicht mehr als ein großer Asphaltplatz:

149 Cherasco

GPS: N 44°38'56" E 7°51'17", Piazza Giovanni Paolo II. **Max. WOMOs**: 15. **Öffnungszeit**: Ganzjährig. **Ausstattung**: Ver- und Entsorgung, Strom, Toilette, Mülleimer. **Beschreibung**: Der schattenlose Asphaltplatz liegt am Rand der Bebauung, er ist nachts ruhig, gegen Morgen wegen der Müllabfuhr eher laut und nicht besonders schön. In den Ort mit Ristorante und Geschäften sind es nur wenige Schritte. **Zufahrt**: Sie finden den beschilderten Platz südlich des Zentrums (Richtung Narzole) und westlich der Durchgangsstraße.

So richtig kommen Sie nicht in Fahrt, falls Sie sich entschlossen haben, wenigstens die schönsten Städte nicht auszulassen. **Savigliano** (21.000 Einwohner) gehört dazu, und ohne Hetze, allerdings auch ohne Heißgetränk, brauchen Sie für den Rundgang

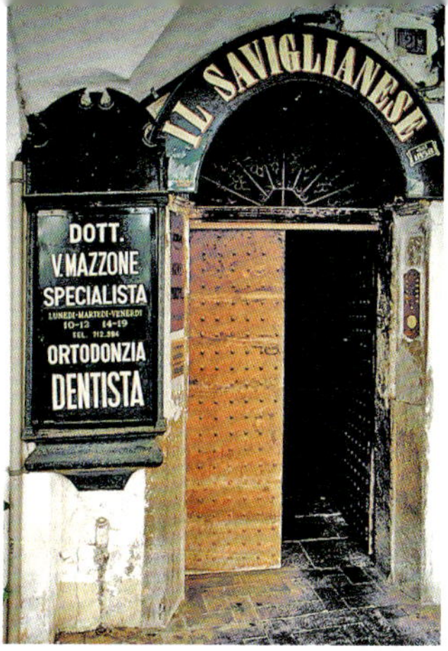

nicht wesentlich länger als eine Stunde, da Sie in der Innenstadt parken können und somit schon nach wenigen Schritten am Ziel angekommen sind: Das ist die lang gezogene, autofreie **Piazza Santarosa**, die von Arkaden im Erdgeschoss hoher malerischer Häuser gesäumt ist. Diese haben ihr barockes Aussehen, das ihnen zu Zeiten der Savoyer Herrschaft aufgepfropft wurde, im Gegensatz zum sie überragenden Turm, allmählich wieder verloren. Die schönste Straße der Stadt beginnt hinter dem Triumphbogen am Südende der Piazza. Sie sollten dort den **Palazzo Taffini** (schräg gegenüber der Kirche und Sitz der Sparkasse) ansehen, vor allem den Innenhof und die Fresken im sogenannten ›Königlichen Saal‹. Sehenswert ist auch der **Palazzo Cravetta**, Sie werden hier eine der schönsten Innenhoffassaden des gesamten Piemont bestaunen (in der Via Jerusalem, die nahe dem Palazzo Taffini abzweigt).

Savigliano – Piazza Santarosa

Wahrscheinlich rühren Sie dann auf der Piazza doch noch im Kaffee, vermutlich sind Sie die einzigen Touristen, die das auf dieser Piazza tun und danach noch etwa 15 Kilometer in das nördlich gelegene **Racconigi** (10.000 Einwohner) fahren, obwohl das 1404 erbaute und Mitte des 19. Jahrhunderts klassizistisch aufgerüstete **Königsschloss** in der Reiseliteratur hoch gehandelt wird und zum UNESCO-Weltkulturerbe der *Residenzen des Hauses Savoyen* zählt *(dazu siehe Tour 8; Do. 9–17 Uhr nur geführte Besichtigungen, Fr.–So. freie Besichtigung von 9-12 und 14–18 Uhr; 8 €; Schlosspark Do.–So. 9:30-18:30 Uhr, 2 €)*. Hier erblickte Prinz Umberto II. das Licht der Welt, und hier schaute im Oktober 1909 Zar Nikolaus II. tief in sein Barolo-Glas. Vielleicht

Castello di Racconigi

gibt es deshalb auch eine Enoteca, ohne die in diesem Teil des Piemont offenbar kaum noch eine historische Sehenswürdigkeit über die Runden kommt. Uns gefallen besonders der Vorplatz des Schlosses, zugleich zentraler Platz des Städtchens, und die auf dem Dach des Schlosses landenden Störche, denen seit einigen Jahren im nahen **Naturschutzgebiet *Centro Cicogne e Anatidi*** Lebensraum geboten wird (*9:30–19 Uhr, Mo. geschlossen; 7 €*). Der offizielle Stellplatz unter Bäumen ist leider bestenfalls eine Notlösung

150 N 44°46'01" E 7°40'08", Via Regina Margherita.

Von Racconigi gondeln Sie am besten quer durch das Land, zur **Abbazia di Staffarda**, einer der bekanntesten Sehenswürdigkeiten im südlichen Piemont. In der Zisterzienserabtei, in Italien eine Rarität, bekommen Sie einen authentischen und vollständigen Einblick in ein mittelalterliches Kloster (1135 gegründet, um 1300 vollendet, später vor allem von den Truppen Ludwigs XIV. und Napoleons geplündert und teilweise zerstört). Trotzdem ist fast alles noch zu sehen und wird mithilfe eines tragbaren Bandgerätes in bestem Deutsch wunderbar erklärt (*weshalb ich hier auf Einzelheiten verzichten kann; April bis Oktober 9–12:30 und 13:30–17:30 Uhr, die restliche Jahreszeit bis 16 Uhr; Mo. geschlossen; 6,50 €*).

Abbazia di Staffarda

Zum Klosterkomplex gehört ein großes Landgut, früher fast ein kleines Dorf, das bei meiner ersten Reise am Anfang des Jahrtausends in betriebsamer Blüte stand. Inzwischen sind nur noch wenige Ställe belegt, und die Gebäude verkommen. Trotzdem kann man hier stimmungsvoll die Nacht verbringen. Wir haben das aktuell nicht wieder getestet, aber schon früher hörte man nachts allenfalls das eine oder andere tierische Gebrumme und Geraschel, während unangenehme Gerüche nicht gestört haben:

151 Abbazia di Staffarda

GPS: N 44°43'15" E 7°26'10". Via San Maurizio. **Max. WOMOs**: 5. **Ausstattung**: Toilette, Wasser, Bänke und Tische in der ehemaligen Markthalle aus dem 11. Jahrhundert, Mülleimer. **Beschreibung**: Der schattenlose Platz auf Flusskieselpflaster liegt neben der historischen Markthalle innerhalb des bewohnten Komplexes. Man steht ziemlich auf dem Präsentierteller. Eine Gaststätte ist benachbart. Dem Internet habe ich entnommen, dass dort am Freitag und Samstag bisweilen lärmige Feiern stattfinden. Am Wochenende würde ich den Platz meiden, zumal sonntags bisweilen auch schon mittags Familienfeiern stattfinden. **Zufahrt**: An der Straße von Saluzzo nach Cavour kommen Sie an der Abbazia di Staffarda vorbei. Parken Sie im großen Innenhof.

TOUR 10

Sollten Ihnen beim Kloster seitlich einer alten, kleinen Markthalle (11. Jahrhundert) Geräusche und Gerüche oder feiernde Gäste zu penetrant erscheinen, fahren Sie einfach neun Kilometer weiter nach **Cavour** (5.400 Einwohner), wo Sie innerhalb einer lebhaften Stadt zwei Übernachtungsmöglichkeiten antreffen:

152 Cavour – offiziell

GPS: N 44°47'16" E 7°22'35"; Via Vigone. **Max. WOMOs**: 18. **Öffnungszeit**: Ganzjährig. **Ausstattung**: Ver- und Entsorgung (hinter der Schranke), Toilette, warme Dusche, Strom, Mülleimer, ital. Bar. **Beschreibung**: Sie stehen innerhalb der Bebauung auf Schotter. Es gibt Vorrichtungen für Schattendächer (deshalb für sehr hohe Fahrzeuge ungeeignet, schätzungsweise ab etwa 3 m), aber noch keinen Schatten. Sie können auf Klappstühlen sitzen. Das Gelände liegt 500 m vom Zentrum entfernt, ist praktisch, aber nur bedingt einladend. **Preis**: 10 €. **Zufahrt**: Die Via Vigone zweigt nördlich des Zentrums von der SS 589, der Straße nach Pinerolo, ab.

153 Cavour – unter Platanen

GPS: N 44°47'02" E 7°22'15", Corso Marconi. **Max. WOMOs**: 5-7. **Ausstattung**: Toilette, Wasser (beides seitlich der Markthalle), Mülleimer, Spielplatz. **Beschreibung**: Der schattige Platz liegt innerhalb der Bebauung und ist eher nicht klappstuhlgeeignet, aber bei mehreren unserer Nächte überraschend ruhig (bei *Park4night* haben sich Nutzer allerdings über die Geräusche beschwert) und nach meinem Geschmack interessanter. Gaststätten und Geschäfte sind benachbart (Bäcker gegenüber), Mineralwasserabfüllstation. **Zufahrt**: Der Parkplatz liegt am Nordwestrand des Ortes. Fahren Sie auf der für Lastwagen empfohlenen Umgehungsstraße Richtung Barge. **Hinweise**: Parken Sie – anders als auf unserem Foto – so, dass Sie vorwärts zwischen den Baumstämmen wegfahren können; stellen Sie sich in der Nacht auf Dienstag nicht zu dicht an die Baumstämme (Wendekreis). Am Dienstagmorgen findet in der Nähe ein großer Wochenmarkt statt, Sie können dann trotzdem übernachten, Sie sollten aber beim Frühstück darauf achten, nicht eingeparkt zu werden.

Die Stadt trägt ihren Namen nach dem Grafen di Cavour (siehe vorherige und 5. Tour) und war bis Ende der Fünfzigerjahre des letzten Jahrhunderts Austragungsort des jährlichen *Concorso dei Grassoni (Wettkampf der Dicken)*. Sportstätte war die *Posta*, in der heute noch Fotos an die Schwergewichtskämpfe erinnern. Der damalige Wirt, ein Hänfling unter den Athleten, brachte 130 Kilo auf die Waage, nichts gegen den Champion aller Zeiten, eine Dame mit satten 227 Kilo. Die idealen Wettkampfbedingungen haben, das behaupten jedenfalls Kenner, unter den Generationenwechseln bei der Wirtsfamilie nicht gelitten, so erfreut sich die ***Posta dei Grassoni***, wie sich das **Ristorante** heute noch nennt, stets guten Zuspruchs. *(Ende Juli bis Mitte August und Fr. geschlossen; Tel. 0121 69989, mittlere Preise).*

Forte di Fenestrelle

Wenn Sie Zeit und Lust haben, können Sie von hier aus nach 45 Kilometern die **Forte di Fenestrelle** (Festung von Fenestrelle) besichtigen – die größte Festungsanlage und zugleich die mit 4.000 Stufen längste gedeckte Treppe Europas sowie, man glaubt es kaum, nach der Chinesischen Mauer das angeblich zweitgrößte Mauerbauwerk der Welt. Sie fahren über Pinerolo in das **Val Chisone**, das schon immer als Einfallstor von Frankreich nach Piemont und umgekehrt gefürchtet war.

Im Jahr 1694, das Gebiet wurde damals von den Franzosen beherrscht, wurde auf Anweisung von Ludwig XIV., dem »Sonnenkönig«, deshalb mit dem Bau der Festung Mutin, am südlichen Ufer des Flusses, die heute noch vorhanden ist, begonnen. 1713 wurde in einem Friedensvertrag das **Val Chisone** den Savoyern zugesprochen, und Vittorio Amedeo II. ließ auch den nördlichen Bergrücken uneinnehmbar befestigen. Zwischen 1728 und 1789, letztlich sogar bis 1850, entstand so nach den Plänen von Ignazio Bertola eine Bastion von etwa drei Kilometern Länge, die einen Höhenunterschied von 600 Metern überwindet und aus drei Festungen besteht, welche durch einen Tunnel verbunden sind, in dem die erwähnte längste überdachte Treppe Europas, die *Scala Coperta*, verläuft.

Die Riesenfestung war offenbar so furchteinflößend, dass sie nur bei wenigen kleinen Scharmützeln und während eines kurzen Gefechts im Zweiten Weltkrieg zwischen den italienischen Partisanen und den deutschen Besatzern bestimmungsgemäß im Einsatz war. Während der längsten Zeit war sie im 19. Jahrhundert Gefängnis, zeitweise für normale Kriminelle, meistens allerdings für politisch Verfolgte.

Zu besichtigen ist die Festung nur nach telefonischer Voranmeldung unter Tel 0121 83600. Auf eigene Faust kann man nur die *Scala Coperta* begehen *(9:30–17 Uhr, 3 €, möglicherweise nicht Di. und Mi.)*. Drei Führungen werden – häufig auch in Englisch – angeboten: Die kleine Führung *(1 Stunde, nur im Eingangsbauwerk; um 10 und 15 Uhr, im Winter 14:30 Uhr)* für 5 €; die mittlere Führung *(3 Stunden, bis zum Drittelpunkt der Anlage; um 10 und 15 Uhr, im Winter 14:30 Uhr)* für 10 €; und die große Führung *(7 Stunden, bis zum Kopfbau; 9 Uhr)* für 15 €. Wahrscheinlich nicht Di. und Mi. Da Sie sich sowieso telefonisch (auf Englisch) anmelden sollten, erfahren Sie auch den Ruhetag (siehe auch www.fortedifenestrelle.it/le-visite/). Der Aufstieg durch die *Scala Coperta* ist anstrengend, weil die Stufen der Treppe auf das Schrittmaß der Pferde und Esel abgestimmt wurden, die für die Versorgung der Anlage und ihrer Besatzung von 1.750 Soldaten notwendig waren.

Für ein solches Besichtigungsvorhaben ist ein Stellplatz fast schon notwendig:

154 Fenestrelle – *Area Le Casermette*

TOUR 10

GPS: N 45°02'13" E 7°03'01", 1.170 m. **Max. WOMOs**:20. **Öffnungszeit**: Ganzjährig. **Ausstattung**: Ver- und Entsorgung, Strom, Mülleimer. **Beschreibung**: Der schattenlose Platz auf grasigem Naturboden ist klappstuhlgeeignet und liegt am Rand der Bebauung in relativ schöner Berglandschaft, allerdings hinter einer früheren Kaserne. In das Ortszentrum sind es höchstens 500 Meter, zur Festung 1,3 km. **Preis**: Im Sommer 10 € /24 Std. **Zufahrt**: Die Zufahrt zweigt nordöstlich der Festung im Ort in der Nähe einer Trattoria spitzwinklig und beschildert von der SS 23 ab.

Das westliche Nachbardorf **Usseaux** (190 Einwohner) gehört zu den *Schönsten Dörfern (Ortskernen) Italiens*, und unterhalb desselben betreibt ein Hotel an einem kleinen See einen sehr schönen Privatstellplatz:

155 Usseaux – *Hotel Lago Laux*

GPS: N 45°02'28", E 7°01'24", 1.400 m. **Max. WOMOs**:40. **Öffnungszeit**: Mai bis September. **Ausstattung**: Ver- und Entsorgung, Strom, Mülleimer, Spielplatz. **Beschreibung**: Der schattenlose Wiesenplatz liegt in wunderbarer Bergwelt am Rand eines vermutlich nicht zum Baden geeigneten Sees, an den wiederum ein Hotel mit sehr gutem Ristorante angrenzt. Es gibt Wanderwege, man kann auch gut zur Festung spazieren, was wir noch nicht selbst ausprobiert haben. Es gibt keine Einkaufsmöglichkeit. Usseaux ist 2 km entfernt. **Preis**: Im Sommer 20 € / 24 Std. alles inklusive, zu zahlen im Hotel. **Zufahrt**: Die Zufahrt zweigt unterhalb von Usseaux beim Wegweiser ›*Laux*‹ von der SS 23 nach links ab.

Saluzzo – Oberstadt

Wir fahren über Cavour wieder zurück und kommen südlich von Cavour, seitlich der Straße nach Saluzzo, an der **Abbazia di S. Maria** vorbei, den Resten eines im Jahre 1073 gegründeten Klosters, von dem noch die romanische Krypta erhalten ist nebst Spolien (siehe oben bei Cherasco) aus römischer Zeit.

Wer Cavour oder Fenestrelle auslässt, wird schon beim Kloster Staffarda abbiegen, um sich an der Lage von **Saluzzo** (17.500 Einwohner) vor dem dahinter aufragenden Monviso, dem Paradeberg des südlichen Piemont, zu erfreuen (3.841 m – siehe auch bei Tour 11). Uns war das bei keinem Besuch vergönnt, weil jedes Mal der Dunst zu stark war und wir von der Pyramidenform des Bergriesen hinter Saluzzo absolut nichts sehen konnten. Aber auch ohne dieses Panorama lohnt sich die Stadt, die ihr mittelalterliches Bild besonders gut, wenn auch anders als erwartet, bewahrt hat. Das liegt daran, dass die Savoyer, nachdem sie Ende des 16. Jahrhunderts Saluzzo erobert hatten, die vorhandene Bausubstanz nicht mit barocken Elementen aufgehübscht haben. Saluzzo lag strategisch bedeutungslos schon zu dicht an den Alpen. An deren Rand wächst die Stadt den Berg hinauf, und im flachen Bereich breitet sich heute die neuere, lebhafte Unterstadt aus, in der sich die Geschäfte befinden und auch ein stattlicher spätgotischer Dom (sehenswert sind in der Kapelle an der linken Seite des Chorumgangs die bemalten Tafeln von Hans Clemer aus dem Jahr 1495).

Saluzzo hat in der Oberstadt in einer Hanglage sein mittelalterliches Stadtbild besonders gut bewahrt

Gegenüber dem Dom, jenseits eines alten Stadttores, wird es ausgesprochen malerisch. Und wenn Sie nach ein paar Treppen die **Salita al Castello** erreicht haben, die zum Schloss hochführende und im 15. Jahrhundert angelegte Prunkstraße, werden Sie

Saluzzo – an der Salita al Castello

sich wundern, weshalb außer Ihnen kaum andere Touristen vor den Renaissance-Palazzi stehen bleiben und beim Palazzo del Comune zu **Kirche und Kloster San Giovanni** abbiegen. Selten werden Sie auf Ihrer Piemontreise beim Betreten eines Kirchenraums in gleicher Weise beeindruckt: Das gegen Ende des 15. Jahrhunderts mithilfe gewaltiger Stützmauern über den Hang hinausgebaute Kirchenschiff betreten Sie nämlich in halber Höhe, um vom Eingang hinab (!) in den Kirchenraum zu schauen. Hauptattraktion ist der spätgotische Chor mit Grabstätten der Saluzzer Markgrafen. Vergessen Sie nicht den Kreuzgang, den Sie vom linken Seitenschiff aus erreichen.

Nachdem Sie die Kirche verlassen haben, sollten Sie sich nach rechts wenden und die Via Giovanni noch ein Stück weitergehen, zur **Casa Cavassa**, einem reinen Renaissance-Palast, wie er im Piemont selten anzutreffen ist. Er diente den Markgrafen als Stadthaus und beherbergt heute das berühmte **Museo Civico**, dessen größter Schatz die Bilder von Hans Clemer sind, graue, sogenannte Grisaille-Fresken an den Wänden der überdachten

Saluzzo – Casa Cavassa mit den berühmten Grisaille-Fresken

Balkone und ein wunderbares goldenes Bild im Obergeschoß *(10–13 und 14–18 Uhr, Mo. geschlossen; 5 €)*. Das Werk des Flamen Clemer wird Ihnen vielleicht farbenfroh in Elva, auf unserer 11. Tour, erneut begegnen.

Am Ende der Salita al Castello stoßen Sie auf das im Jahre 1992 aufgegebene Gefängnis. Das war in der ehemaligen markgräflichen Burg untergebracht, die einst prunkvoll ausgestattet war, wovon aber nichts mehr zu sehen ist. Dafür dürfen Sie inzwischen ein **Gefängnismuseum** oder ein edel ausgebauten Ristorante besuchen. Richtig empfehlenswert ist der offizielle Stellplatz:

156 Saluzzo

GPS: N 44°38'18" E 7°29'32", Via Matteo Olivero 4.
Max. WOMOs: 19.
Öffnungszeit: Ganzjährig.
Ausstattung: Ver- und Entsorgung, gesonderter Wasserhahn 30 m weiter in einem Rondell, Strom (Münzen) , ein einziger kleiner Mülleimer.
Beschreibung: Der nur wenig schattige Platz liegt schön am Rand der Bebauung und ist auf Betonrasenpflaster klappstuhlgeeignet. Da er nichts kostet, sind leider mehrere WOMOs abgestellt. Geschäfte und Gaststätten erreichen Sie in der Neustadt, die etwa 600 m entfernt ist. In die Neustadt gehen Sie außerhalb des Platzes ein paar Meter bergab und dann geradeaus. Lohnender ist der Weg, auf dem Sie die ältere Oberstadt durchqueren: aus dem Platz links in einer Kurve bergauf und dort rechts. Authentisch und relativ preiswert haben wir in der ***Locanda Corona di Ferro*** gegessen *(das Lokal liegt in der Unterstadt in der Via Martiri della Liberazione 48, Tel 0175 218975; Mi. geschlossen)*.
Zufahrt: Fahren Sie in Saluzzo auf der SS 589 Richtung Cuneo stadtauswärts, an einem Kreisverkehr rechts bergauf *(›Giardino botanico‹)*, danach immer geradeaus, bis der gut beschilderte Parkplatz links der Straße liegt.

Fresko im Schloss von Manta

Das südlich gelegene **Manta** (3.200 Einwohner) dürfen Sie auf Ihrer Piemont-Reise auf keinen Fall auslassen, denn die **Fresken** im **Schloss** gehören nicht ohne Grund zu unseren persönlichen **Top Ten** – am besten in Verbindung mit der nachfolgenden Wanderung. Sie sind eine der ganz großen Sehenswürdigkeiten, eine Schöpfung der Gotik (also nicht der späteren Renaissance), wie man sie angeblich weltweit kein zweites Mal findet. Auf der einen Seite des Festsaals sind 18 Figuren dargestellt, neun Heldinnen und neun Helden, gleichzeitig Bildnisse der Markgrafen von Saluzzo und ihrer Frauen. Am Anfang der Galerie, als Hector, steht der Schlossherr, der um 1420 die Galerie in Auftrag gegeben hat: Valerano, unehelicher Sohn von Tommaso III., einem Saluzzer Markgrafen, der seinem Abkömmling die Burg übertragen hatte.

TOUR 10

Schloss von Manta - Jungbrunnen

Der begegnete dem Makel, ein Bastard zu sein, indem er sich an die Seite seiner Vorfahren stellen ließ – und seine Gemahlin (über dem Rundbogen einer Tür) an die Seite deren Frauen. Gegenüber, etwas weniger kunstvoll, weshalb man annimmt, dass es die Helfer des Meisters der Heldengalerie gemalt haben, das vergnüglichere und ironische Fresko des **Jungbrunnens**: Greisinnen und Greise, des Gehens nicht mehr mächtig, werden zu einem Brunnen geschleppt, den sie auf der anderen Seite in jugendlicher Frische verlassen. Die Männer, kurz zuvor noch scheintote Gruftis, hofieren schon wieder die Damen, noch ehe sie dem Wasser entstiegen sind. Besonders nett ist der alte Herr, nicht ganz so gebrechlich wie die anderen, der sich die Strümpfe auszieht, bevor er ins Wasser steigt.

Gäbe es nicht diesen Fresken-Saal, das Castello della Manta würde in der Reiseliteratur nicht erwähnt werden, trotz seines schönen, kleinen Parkes *(10–18, im Winter bis 17 Uhr, Mo. und Di. geschlossen; 11 €; zwei WOMOs können auf dem Parkplatz schräg parken, notfalls muss man vom Dorf zum Schloss spazieren; die Öffnungszeiten haben sich oft geändert, deshalb hier www.castelliaperti.it/it/strutture/lista/item/castello-della-manta.html).*

TOUR 10

Man kann den Besuch sehr gut in eine leichte Wanderung einbauen (nicht montags und dienstags):

Von Saluzzo zum Schloss von Manta

Die Wanderung ist deshalb reizvoll, weil das historische Zentrum von Saluzzo wie auch die überaus sehenswerte Burg von Manta an der Strecke liegen.

Gehen Sie in **Saluzzo** durch den alten Ortsteil hoch zur ehemaligen Burg (bzw. dem ehemaligen Gefängnis, siehe oben; vom Stellplatz wandern Sie links bergauf, an der Spitzkehre scharf rechts bis kurz vor die Festung). Hinter (aus Sicht des Stellplatzes vor) der Burg biegen Sie bei einer riesigen Mauer in die Straße S. Lorenzo bergauf ab und wandern entlang der Straße und vorbei an der ehemaligen **Kapelle San Lorenzo**. Sie bleiben fortan stets weiter auf der Asphaltstraße, der Via Creusa (Wegweiser ›*S. Christina*‹ oder ›*Pilone Botta*‹).

An einem **rosafarbenen Bildstock** (Pilone Botta) wandern Sie halb rechts in den Wald. Nach etwa 500 m verzweigt sich der Weg. Rechts geht es zu S. Christina, Sie halten sich aber links und bei nächster Gelegenheit leicht rechts (rechts an einer Lichtung, bzw. Baumplantage vorbei). Am Ende dieses Weges gehen Sie bei einem Haus scharf links und dann einfach abwärts. Auf einer Asphaltstraße wandern Sie, bis ein Wegweiser nach rechts zum **Castello della Manta** zeigt.

Castello della Manta

Der **Heimweg** ist ganz einfach. Sie stiefeln dazu vom Schloss abwärts, wenden sich in Manta an der Kirche links und verlassen auf der kerzengeraden **Via Saluzzo** den Ort. Etwa 150 m nördlich einer kleinen Kirche biegen Sie nach links in die Via S. Bernardino ab und können nun auf dem restlichen Heimweg (insgesamt etwa 4 km) nichts mehr falsch machen, da die Via S. Bernardino an der eingangs erwähnten Spitzkehre in Saluzzo ankommt. Eine Karte ist nicht erforderlich; der Weg ist sowohl auf der kostenlosen App von *maps.me* wie auch auf der MTB-Karte von *Ape@map* dargestellt (dazu Näheres hinten unter *Wandern*; ***gut 3 Stunden***).

Nach dem Kunstgenuss von Manta müssen Sie die Entscheidung treffen, wie die Reise weitergehen soll. Vielleicht in die sogenannten Westtäler, die fast vor Ihrer Tür beginnen und wohin wir Sie auf unserer nächsten Tour mitnehmen. **An dieser Stelle müssten Sie also zur 11. Tour abbiegen**.

Oder Sie wählen die Südkurve mit einem östlichen Abstecher über **Fossano**, einer lebhaften Stadt mit 24.000 Einwohnern und einem mittelalterlichen Castello. Infrage kommt auch die Strecke über Cuneo, die sich unter anderem dann anbietet, wenn Sie mit oder ohne meine Reiseführer zur Côte d'Azur reisen (Band 38 der WOMO-Reihe) oder falls Sie die Ligurische Küste von Westen her in der Abfolge aufrollen, die ich Ihnen in Band 74 der WOMO-Reihe vorschlage.

Cuneo – Piazza Galimberti

Die Provinzhauptstadt **Cuneo** (56.000 Einwohner) zählt nicht zu den wichtigsten Zielen dieses Buches, wenngleich wir mit großer Freude durch das historische Zentrum, das ist der nördliche Teil der Innenstadt, gebummelt sind: unter sehenswerten Arkaden auf der Hauptstraße, der Via Roma, zur Piazza Galimberti, und so ähnlich wieder zurück. Wirklich schön ist der Blick auf die

Berge über die äußerst geräumige Piazza Galimberti, die nach einem Widerstandskämpfer benannt ist (Geburtshaus mit Museum am Platz) und die der Piazza San Carlo in Turin ähnelt und von nicht wenigen Touristen nur wegen der ***Pasticceria Arione***, an der südwestlichen Ecke, besucht wird – und wegen des Marktes am Dienstag.

Der schönste Gassenzug der Altstadt ist die **Contrada Mondovi**, die von der Via Roma etwa auf halber Strecke nach Osten abzweigt. Und wenn Sie den Stellplatz oder seinen Nachbarparkplatz benutzen, kommen nach 1,1 Kilometer auch die Leser auf ihre Kosten, die statt Süßes zu naschen lieber in der ***Trattoria Il Nuovo Zuavo*** typisch piemontesisch essen *(im Zentrum, Via Roma 23, Tel. 0171 602020; So. geschlossen; Menüs ab 32 €)*:

TOUR 10

157 Cuneo

GPS: N 44°23'08" E 7°33'07", Piazzale Walther Cavallera. **Max. WOMOs**: 8; mehr sind auf dem Nachbarplatz möglich.
Öffnungszeit: Ganzjährig.
Ausstattung: Ver- und Entsorgung (vor der Schranke), Strom, Picknickbänke, Mülleimer.
Beschreibung: Der nur wenig schattige Platz liegt außerhalb der Bebauung und unterhalb der Innenstadt. Bogenförmig sind acht Wohnmobilplätze auf Schotter angelegt, man kann dort über Rasen auf Klappstühlen unter Bäumen sitzen. In das Zentrum führt ein Schrägaufzug (am nördlichen Ende des Platzes). Meistens reichen die 8 offiziellen Platz wegen Dauercampern nicht aus. Man darf auf dem benachbarten Großparkplatz die Nacht verbringen.
Preis: 5 € (bei unserem Besuch stand die Schranke offen).
Zufahrt: Der Platz liegt östlich von Cuneo zwischen historischem Zentrum und dem Fluss Gesso (nicht zu verwechseln mit der Stura auf der anderen Seite der Stadt). Fahren Sie an der Nordumgehung, der Straße nach Savona, an einem sehr großen Kreisverkehr rechts, aber nicht in eine breite Straße (Richtung *›ospedale‹*), sondern direkt links davon in eine schmale Straße mit braunen Wegweisern (u.a. *›area camper‹*).

158 Am südlichen Stadtrand finden Sie in der Via San Maurizio, westlich der SS 20, einen ganzjährig geöffneten **Campingplatz** mit vielen Dauercampern bei N 44°21'54" E 7°30'51", 4 km ins Zentrum.

Sollten Sie von Cuneo an die Côte d'Azur oder nach Ligurien weiterreisen, werden Sie vermutlich den bei Drucklegung noch gesperrten Tenda-Tunnel (Tunnel de Tende) benutzen, zu dem ich im Ligurien-Führer und im Buch über die Côte d'Azur nähere Informationen veröffentlicht habe.

Bei Drucklegung ist die Wiedereröffnung für das Frühjahr 2024 prognostiziert. Etwa 13 Kilometer nördlich davon, also noch im Piemont, können Sie ruhig übernachten:

159 Vernante

GPS: N 44°14'41" E 7°31'57". **Max. WOMOs**: 10. **Ausstattung**: Wasser (an einer Hütte bei der Einfahrt), Mülleimer. **Beschreibung**: Der schattenlose Asphaltplatz ist nur durch einen rauschenden Fluss von der Bebauung mit Gaststätten und Geschäften getrennt. Das ist kein Platz für einen längeren Aufenthalt, für die reine Übernachtung ist er aber gut geeignet. **Zufahrt**: Biegen Sie nördlich des Zentrums von der E 74/SP 2059 über die Brücke ans andere Flussufer ab.

Die Sehenswürdigkeit von **Vernante** (1.200 Einwohner) sind mehr als 150 auf die Mauern gemalte Bilder, auf denen die Geschichte von Pinocchio, der berühmtesten Holzpuppe der Welt, erzählt wird. Die Wandgemälde sind nachgemalte Kopien der Zeichnungen von Attilio Mussino, der die letzten Lebensjahre in Vernante verbracht und 1911 erstmals eine Pinocchioausgabe illustriert hat (Näheres zu Pinocchio siehe in meinem WOMO-Führer über die Toskana).

Östlich von Cuneo hat uns ein Campingplatz sehr gut gefallen. Dieser ist umso erfreulicher, als es in der Gegend nur wenige Campingplätze gibt. Wir haben hier Leser getroffen, die sich mit Freude mehrere Tage aufgehalten und von hier Entdeckungsfahrten unternommen haben. Der Ort **Peverango** (5.500 Einwohner) hingegen ist leider uninteressant:

160 Peverango – *Il Melo*

GPS/Kontakt: N 44°19'39" E 7°36'19", Tel. 0171 383599; http://www.campingilmelo.it/de/.
Öffnungszeit: Ganzjährig, Pause 12:30–15 Uhr.
Ausstattung: Pool, E-Bike-Vermietung.
Beschreibung: Auf dem schön gelegenen Platz mit sehr guten Sanitäranlagen stören die Dauercamper nicht. Der Ort mit Läden ist 900 m entfernt; dienstags war kein Ristorante geöffnet. Bei Regen ist die Wiese einiger Parzellen rutschig; suchen Sie deshalb eine Fläche, von der Sie abwärts wegfahren können. Uns musste der freundliche Besitzer mit seinem Traktor rausziehen.
Preise: Ab 20 €. **Zufahrt**: Der Platz ist in Peverango beschildert.

Im von Cuneo nur 30 Kilometer entfernten und östlich gelegenen **Mondovi** (22.400 Einwohner) hätte beinahe Napoleon seinen Alterssitz genommen, bevor ihn die Realität der Verbannung eingeholt hat. Er hätte die Wahl gehabt zwischen zwei gänzlich unterschiedlichen Stadtteilen, der im 16. Jahrhundert entstandenen und demgemäß barocken Unterstadt namens *Breo* und der wesentlich älteren **Oberstadt**, die von den Einheimischen *Piazza* genannt wird. Sie thront auf einem Felsplateau und sieht von innen fast so schön aus wie aus der Ferne, was jeder Italien-Kenner zu schätzen weiß, der schon bei manchem von außen so malerischen Felsplateau-Dorf in Tränen ausbrechen musste, wenn er in langweiligen Gassen zwischen Alu-Türen und Leerstand vergeblich suchte, was er von Ferne vermutet hatte. In Mondovi könnten wir sogar die Standseilbahn (im unteren Stadtteil Breo, Wegweiser ›*Funicolare*‹) benutzen, um zu testen, ob uns auch hier die Illusion wieder einen Streich spielt. Wir bleiben in unserem WOMO und parken in der Oberstadt genau dort, wo die pittoresken alten Gassen beginnen; und es gibt Alternativen – wenigstens als Parkplatz:

161 Mondovi – Stadtteil *Piazza* – Via Carassone

GPS: N 44°23'29" E 7°49'47", Via Carassone. **Max. WOMOs**: 4-5. **Ausstattung**: Keine. **Beschreibung**: Der teilweise schattige Platz liegt am Rand der Bebauung (der Altstadt), der Naturboden ist etwas uneben und spätestens gegen Abend klappstuhlgeeignet. Gaststätten und Geschäfte sind fußläufig erreichbar. Sie teilen sich auf zwei Terrassen den Platz mit Pkw, vermutlich ist die untere Terrasse die bessere (siehe unser Foto). Der Platz eignet sich nicht für Fahrzeuge über 7,50 Meter, und Sie müssen sich trauen, eine steile Strecke von etwa 10 m zu fahren (falls die Räder durchdrehen, können Sie problemlos rückwärts rollen). Wo an der Parkplatzzufahrt das Einbahnstraßenschild steht, könnte man verbotswidrig noch ein paar Meter unter Bäume fahren (dort unter 7 m Länge und noch unebener). **Zufahrt**: Unser Garmin-Navi hätte uns durch enge Gassen geschickt. Der Platz liegt am nördlichen Rand der Altstadt. Fahren Sie in der Neustadt auf der SS 28 nach Süden und biegen Sie auf die SP 36 bergauf (bis hierhin können Sie dem Navi folgen Navi). Aber am ersten kleinen Kreisverkehr (vor einer hohen Mauer) fahren Sie links (missachten Sie das Einbahnstraßenschild, das Sie nur von 12:50–13:20 betrifft) und bleiben Sie immer auf der Straße, von der Sie nicht abbiegen und weiter aufwärtsfahren (hier gilt in Schulzeiten ein kurzzeitiges Durchfahrtsverbot von 12:50–13:20). Nachdem Sie Häuser passiert haben, fahren Sie um eine Rechtskurve und biegen vor einem Einbahnstraßenschild rechts auf die erwähnte steile r Parkplatzauffahrt ab.

162 Mondovi – *Stadtteil Piazza* – Strada della Polverera

GPS: N 44°23'01" E 7°49'51", Via Strada della Polverera. **Max. WOMOs**: 15. **Ausstattung**: Spielplatz. **Beschreibung**: Das ist eine klappstuhlgeeignete asphaltierte Fläche mit schattigen Rändern, die ruhig und praktisch ist und von allen Fahrzeuggrößen angefahren werden kann, aber weniger lauschig ist als die vorgenannte Alternative. In die Oberstadt gehen Sie auf der Straße, auf der Sie gekommen sind, rechts bergauf und am Kreisverkehr links (500 m). **Zufahrt**: Wenn Sie bei der Zufahrt zum vorgenannten Platz an besagter Mauer rechts fahren, kommen Sie hin. Der Parkplatz liegt rechts unterhalb der Straße in die Oberstadt kurz vor einer Tankstelle.

163 Mondovi - Stadtteil *Breo*

GPS: N 44°23'23" E 7°49'07", Piazza d. Repubblica. **Max. WOMOs**: 15. **Ausstattung**: Keine. **Beschreibung**: Der schattenlose Großparkplatz ist kein wirklicher Stellplatz, sondern wird Ihnen hier als Parkplatz genannt, auf dem man notfalls auch die Nacht verbringen kann. Das neue (untere) Ortszentrum und die Seilbahn sind auf der anderen Flussseite nach wenigen Schritten zu erreichen. **Zufahrt**: Der Platz liegt in der Unterstadt nahe der SS 28, zwischen den zwei Kreisverkehren und westlich des Flusses.

Mondovi – Piazza Maggiore – Stadtteil *Piazza*

Sehenswerter als vermutet sind in der **Oberstadt *Piazza*** der lang gezogene Marktplatz, die **Piazza Maggiore**, mit traditionellen Läden hinter historischen Werbetafeln, und an der Südseite die **Kirche San Francesco Saverio**, auch **Chiesa della Missione** genannt, derentwegen alleine die Reise nach Mondovi ins Programm gehört! Der **Maler Andrea Pozzo** hat die Kuppel nach 1670 freskiert und damit ein illusionistisches Kunstwerk höchster Perfektion

Illusionistische Deckenmalerei von Andrea Pozzo

2. Karte

geschaffen, das auf den ersten Blick beim besten Willen nicht erkennen lässt, welches Architekturteil real existiert und welches als Scheinarchitektur lediglich gemalt wurde. Beachten Sie die zuletzt beschränkten Öffnungszeiten *(nur am Wochenende; siehe www.infinitumondovi.it/infinitum-prenota-la-tua-visita/)*. In der Oberstadt sind überdies noch der Dom, auf der anderen Seite des Platzes, und der kleine Park mit einer Aussicht über weite Teile des Piemonts interessant.

Die gewaltige Kuppel der Wallfahrtskirche von Vicoforte, ist der größten elliptische Kuppelbau der Welt,

Als Pozzo, ein weithin anerkannter Meister, seines Fachs, später damit beauftragt wurde, die gewaltige Kuppel der **Wallfahrtskirche** von **Vicoforte**, den größten elliptischen Kuppelbau der Welt, auszumalen, scheiterte er allerdings. Denn das Wesen der Illusionsmalerei besteht gerade darin, Bauteile, Fläche und Raum vorzugaukeln, die es in Wirklichkeit nicht gibt. Bei einer derart großen Kuppel hingegen, die schon ungeschminkt genauso groß wirken sollte, wie sie war – deshalb war sie ja von den Savoyern zum Zeichen deren Macht gebaut worden – war es logischerweise nicht angezeigt, einer kleineren Wölbung die Illusion einer großen zu vermitteln. Pozzos Technik musste deshalb zwangsläufig versagen. Erst 15 Jahre nach Fertigstellung der Kuppel, im Jahre 1748, gelang es einem gewissen Bortoloni, die Illusion zu vermitteln, als schwebten Maria und die Engel aus den Lichtöffnungen gen Himmel. Bortoloni verstarb allerdings vor der Fertigstellung. So dauerte es noch bis zum Jahre 1906, um alle Arbeiten zu Ende zu bringen. Und seit dem Jahr 2017 ist die Wallfahrtskirche die Ruhestätte des ehemaligen italienischen Königs Victor Emanuel III. und seiner Gemahlin. Jener starb schon 1947 im ägyptischen Exil und wurde unter Protest eines Teils der Bevölkerung hierher umgebettet.

Santuario di Vicoforte

Santuario di Vicoforte

Wohnmobilfahrer wissen die Vorzüge einer Wallfahrtskirche zu schätzen: riesige, überwiegend schattige Parkplätze, Picknickbänke auf grünen Wiesen und eine Toilettenanlage, geräumig und proper, wie man sie bei Wallfahrten und nach längeren Busreisen benötigt:

164 Santuario di Vicoforte

GPS: N 44°21'48" E 7°51'43". **Max. WOMOs**: 10. **Ausstattung**: Wasser, Toiletten, Mülleimer, Picknickbänke und Tische, Frömmelei. **Beschreibung**: Seitlich und hinter der Wallfahrtskirche finden Sie ausgedehnte Parkplätze, auf denen zum Teil nur Pkw zugelassen sind; woran sich bei unseren Besuchen niemand gehalten, aber auch niemand gestört hat. Jedoch waren zu dieser Zeit keine Wallfahrer unterwegs; Sie werden auf jeden Fall eine geeignete Stelle finden. Leser fanden den Busparkplatz hinter der Kirche am ruhigsten (er ist auch am abgelegensten), andere haben möglichst dicht an der Kirche vor einer Wiese und bei den Bänken genächtigt. Geschäfte und Gaststätten liegen in Sichtweite. **Zufahrt**: Sie können die Kirche nicht verfehlen.

TOUR 10

Höhlenfans, denen keine Führung, erklärt sie auch stets das Gleiche, zu langatmig, keine Grotte zu kalt, kein Eintritt zu hoch und keine Höhle zu zweitklassig ist, schlagen sich südlich von Vicoforte ins Gebirge. Falls Sie zu diesen Fanatikern gehören, liegt die **Tropfsteinhöhle Grotta di Bossea** bei Frabosa fast am Weg. Zumindest kommt Ihnen das dann so vor. Wer mit mir schon im Paradies der Tropfsteinhöhlen, in Südfrankreich, war, weiß, wie schnell ich bei der Beschreibung der Unterwelt unsachlich werden kann *(nur Führungen Mo.–Fr. um 11:30 und 15 Uhr, Sa., So. und Fei. um 10, 11:30, –14:30 nur So.–, 16 Uhr und –17:30 nur So.; 14 €)*.

Vielleicht haben Sie eine zweite Urlaubshälfte in Ligurien geplant? Dann wählen Sie die Strecke über Ceva und Garessio nach Albenga. **Garessio** liegt gerade noch im Piemont und wird daher in vorliegendem Buch ebenso erwähnt wie im Ligurienführer. Gemeint ist nicht die Neustadt mit etwa 3.000 Einwohnern und Kurbetrieb, sondern der an der Straße zum Colle S. Bernardo liegende historische Ortsteil, Mitglied bei den *Borghi più belli d'Italia*, mit sehenswerter mittelalterlicher Bebauung und gewaltigen Kirchen. Zwei Stellplätze kommen infrage:

Garessio

165 (165) Garessio – Neustadt

GPS: N 44°12'24" E 8°01'03" **Max. WOMOs**: 8. **Öffnungszeit**: Ganzjährig. **Ausstattung**: Ver- und Entsorgung, Strom (Münzen), Picknickbank. **Beschreibung**: Der schattenlose Platz mit Rasenpflaster liegt am Rand der Bebauung und ist klappstuhlgeeignet. Häuser liegen in Sichtweite, allerdings auf der anderen Flussseite. In den Ort mit Ristorante und Geschäften sind es etwa 400 m Fußweg. In den historischen Teil sind es 1,4 km.
Zufahrt: Biegen Sie nördlich der Neustadt bei einem Kreisverkehr von der SP 582 nach rechts ab; der Platz liegt dann seitlich der Sportstätten am Fluss.

166 Garessio – Centro Storico

GPS: N 44°11'58" E 8°01'32", SP 582. **Max. WOMOs**: 30. **Ausstattung**: Wasser, Ablauf, Mülleimer. **Beschreibung**: Der teilweise schattige, riesengroße Platz liegt am Rand der Bebauung und ist trotz Asphalts klappstuhlgeeignet, aber nicht lauschig und auch nicht weit von der Durchgangsstraße entfernt. Gaststätten und Geschäfte sind im Centro storico nach etwa 500 m erreichbar. **Zufahrt**: Der Parkplatz liegt nördlich des historischen Ortskernes und direkt seitlich der SP 582 auf dem Weg in die Neustadt.

TOUR 10

Falls Sie unsere 10. Tour nicht als Durchgangsroute nach Ligurien gestalten, sondern als Rundtour, um an den Ausgangspunkt zurückzukehren, nehmen Sie den Weg über das Dorf **Murazzano** (800 Einwohner), dessen größte Attraktivität, die ***Trattoria Da Lele*** ist, die wir immer noch nicht selbst getestet haben, wo Sie bis zu 12 Gänge abarbeiten müssen. Erwarten Sie für 36 Euro keine Kochkunstwerke, sondern auf Platten und in Schüsseln aufgetragene piemontesische Gastfreundschaft, wie sie inzwischen fast ausgestorben ist *(Tel. 0173 798016; Sie sollten reservieren, da sich die Qualitäten herumgesprochen haben, Do. geschlossen, abends nur von Fr. bis So. geöffnet, im August täglich außer Do.; zur Anregung: www.trattoriadalele.it/).* Nach einer solchen Mühe ist ein Grappa womöglich unvermeidbar, und der nahe Parkplatz ist ein Segen:

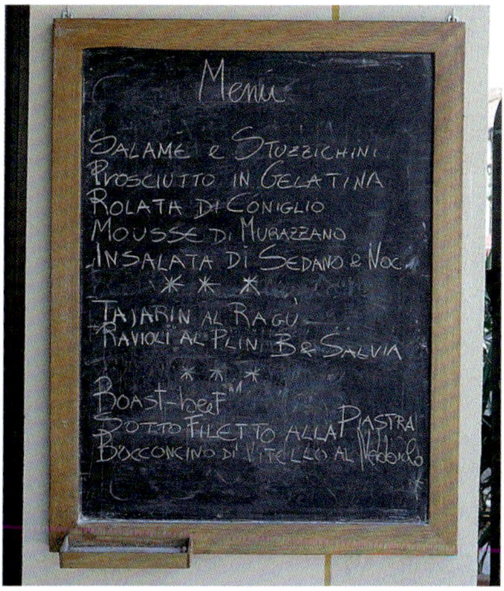

167 Murazzano

TOUR 10

GPS: N 44°28'33" E 8°01'14", Piazza Dadone. **Max. WOMOs**: 5-6. **Ausstattung**: Mülleimer. **Beschreibung**: Der Asphaltplatz liegt mitten im Ort, zu den Gaststätten und Geschäften sind es nur wenige Schritte. Wohnmobile über 6,50 m können die Markierungen nicht einhalten, was vermutlich unschädlich ist. Möglicherweise stehen Sie an der Zufahrt in den höher gelegenen nördlichen Ortsteil, in dem sich das Lokal und der Stellplatz befinden, unter Bäumen, parallel zur Fahrbahn und mit etwas Sicht, sogar besser. Dort finden Sie auch eine Toilette. **Zufahrt**: Biegen Sie von der SP 61 in den höher gelegenen Ortsteil ab, halten Sie sich bei einer Gabelung rechts und folgen Sie der Beschilderung zur *Trattoria Da Lele*, an der Sie rechts zu einem Parkplatz vor einer kleinen Kirche vorbeifahren.

Alleine die **Kammstraße** nach Norden lohnt den Schlenker, und nicht ohne Grund fährt man durch einen Ort mit dem klangvollen Namen **Belvedere Langhe**. Bald danach finden Sie Anschluss an unsere 9. Tour und am südlichen

Dogliani – Friedhofsportal

Murazzano

Ortseingang von **Dogliani** (4.700 Einwohner) eine ungewöhnliche Sehenswürdigkeit: Giovanni B. Schellino hat dort zum Ende des 19. Jahrhunderts ein bizarres **Friedhofsportal** geschaffen. Der Stil, man nennt ihn Eklektizismus (bei dem ein vergangener Architekturstil nachgeahmt und verfremdet wird), erinnert an die Gotik und ist Ihnen vielleicht noch vom Schloss in Novello (Tour 9) in Erinnerung, das ebenfalls von Schellino entworfen worden ist. Der Friedhof liegt direkt an der SP 661 (N 44°31'33" E 7°56'50"). Entweder hinter dem Friedhof oder wenige Hundert Meter weiter nördlich und nach der nächsten Linkskurve der SP 661 sollten Sie seitlich der Straße parken, um sich nach einem kurzen Fußweg oben im alten Ortsteil auf eine der **Panoramabänke** zu setzen, wie sie nach dem Entwurf des amerikanischen Designers Chris Bangle inzwischen mehrfach im Piemont aufgestellt sind.

Tour 11

Savigliano
Saluzzo
Manta
589
Tour 10
nach Cavour
20
CUNEO
nach Mondovi
Busca
589
Tour 10
Rossana
Piasco
24
422
168
Venasca
Dronero
169
Maria Delibera
Costanzo al Monte
22
175
Melle
Frassino
176
Valle Varaita
10 km
N
422
Valle Maira
C
Sampeyre
Colle di Sampeyre 2.284 m
San Peyre
335
Stroppo
173
S. Martino
Marmora
Elva
104
Santa Maria Assunta
174
Casteldelfino
251
172
Prazzo
Acceglio
171
Ponte Maira
Chiappera
263
170
Monviso 3.841 m
Rifugio Helios
Maddalena
Castello
Lago di Castello
Colle dell'Agnello 2.748 m
Chianale
177
178
F
I
Band 91
Französiche Alpen

Valle Maira und Valle Varaita

150 km

Die Tour durch die beiden sogenannten Westtäler gehört mit etwas Geduld zu einer typischen Piemontreise und belohnt Sie mit aufregenden Alpenlandschaften. Hier meine Empfehlungen:

- **Dronero**
- **Campingplatz bei Marmore**
- **Fresken in Elva**
- **Sessellift und Wanderung zum Belvedere Monviso**
- **Chianale**

Diese Tour führt Sie in eine weitere weniger bekannte Gegend des Piemonts – in die **Westtäler Valle Maira** und **Valle Varaita**. Seit dem Mittelalter hatten diese als Übergang von Frankreich eine nicht unerhebliche Bedeutung und dienten im 16. Jahrhundert den dort vertriebenen Hugenotten als Fluchtweg nach Osten. Inzwischen gibt es nur noch aus dem Valle Varaita heraus eine Passüberquerung nach Frankreich, den Colle dell'Agnello. Damit mag es zusammenhängen, dass die jeweils in Ost-West-Richtung verlaufenden Einschnitte in den Westalpenbogen bis heute den Anschluss an die touristische Entwicklung etwas verschlafen haben – und gerade deswegen so lohnend sind.

Wir kommen aus Cuneo (10. Tour) und durchqueren die Obstplantagen des südlichen sogenannten Saluzzese. In **Dronero** (7.000 Einwohner), einer lebhaften Kleinstadt mit gut besuchtem Wochenmarkt am Montag, übernachten wir immer wieder gerne auf der Wiese vor der Stadtmauer:

168 Dronero

GPS: N 44°28'05" E 7°21'51", Vicolo Dietro Mura. **Max. WOMOs**: 6-8. **Öffnungszeit**: Ganzjährig. **Ausstattung**: Ver- und Entsorgung für Grau-

wasser (um die Ecke des letzten Hauses: ›*servizi per camper*‹), Mülleimer.
Beschreibung: Der stimmungsvolle, aber nur wenig schattige Platz auf grasigem Naturboden ist jedenfalls am Abend klappstuhlgeeignet und grenzt an die Außenseite der ehemaligen Stadtmauer. In das Stadtzentrum sind es nur wenige Schritte. Man hört die Straße.
Bei Regen wird das Terrain leicht matschig. Am Montagvormittag ist das Gelände wegen des Marktes zugeparkt.
Zufahrt: Der Platz ist auf der Nordseite von Dronero, von der Umgehungsstraße nach Saluzzo, der SP 24, oberhalb eines tiefer liegenden Parkplatzes beschildert.

Dronero – Ponte del Diavolo

Wenn Sie vom Stellplatz (über ein Stück Rasen) nach links in das Stadtzentrum gehen, stoßen Sie auf die Hauptstraße. Dort sollten Sie sich links halten, um bald nach rechts zum *Ponte del Diavolo* (*Teufelsbrücke* – braunes Schild) abzubiegen, einer **mittelalterlichen Brücke**, die zinnenbekrönt die Maira überspannt. Die Sage erzählt, dass im Jahr 1428 der schwierige Bau über der hohen Schlucht nur mit der Hilfe des Teufels gelingen konnte. Dieser forderte als Gegenleistung die Seele des ersten Benutzers. Listig schickten die Erbauer als Erstes einen Hund ans andere Ufer – vielleicht auch eine Katze, je nach der Tierliebe des heutigen Erzählers.

Fast am westlichen Ende der Hauptstraße, der man ansieht, dass die Stadt früher einmal bedeutungsvoller gewesen sein muss,

Dronero – Markthalle

stößt man auf eine kleine, ehemalige **Markthalle** für Getreide und Sardellen, die aussieht wie eine achteckige Kapelle.

Und biegt man vor dem westlich folgenden baumbestandenen Platz, der Piazza Marconi, nach links ab, entdeckt man dort auf der linken Seite das **Ristorante *Rosso Rubino***, eines unserer Lieblingslokale. Das ausgesprochen leckere Viergangmenü für 35 Euro stillt den schlimmsten Hunger *(Tel. 0717 905678; Mo. und Di. geschlossen; günstige, sehr gute Rotweine).*

Wir kennen zum Stadtstellplatz eine ruhigere und schattige Alternative und fahren dazu auf einer kleinen Straße nach Norden (Beschreibung beim folgenden Stellplatz) zu den Heiligtümern **Santa Maria Delibera** und **San Costanzo al Monte**. Zuerst stoßen wir nach 1,5 Kilometer auf die Klosterkirche S. Maria Delibera, die nur in Absprache besichtigt werden kann. Man darf aber die Benediktinerkirche und das ehemalige Seminargebäude umgehen und hoffen, dass die Grill- und Feuerstellen des Picknickplatzes dem Pilger irgendwann wieder in besserem Zustand zur Verfügung stehen:

169 Santa Maria Delibera

TOUR 11

GPS: N 44°28'46" E 7°21'50".
Max. WOMOs: 10.
Ausstattung: Brunnen, zahlreiche Holztische und -bänke, Grillplatz, Mülleimer, Spielplatz.

Beschreibung: Der schattige, stille Platz auf Schotter ist klappstuhlgeeignet, aber trotz eines Hauses in der Nähe einsam. Wenn Sie niemanden stören, stehen Sie unterhalb der Kirche am Rand einer Wiese freier und mit schönem Blick.
Zufahrt: Biegen Sie von der SP 24, der nördlichen Umgehung um Dronero, an der tiefsten Stelle nach Norden ab, Wegweiser ›*Santuario*‹, und fahren Sie bergauf bis zum Grillplatz nach dem ersten Kirchenkomplex.

Im Mairatal wird immer noch nicht nur von den Senioren ein altfranzösischer Dialekt gesprochen. Seit einigen Jahren wird die Sprache Okzitaniens aber auch den Kindern wieder nahegebracht, und die Ortsnamen sind häufig zweisprachig ausgeschildert: *San Damiano* heißt beispielsweise *San Dümian*. Bitte wundern Sie sich daher nicht darüber, dass die Schreibweise von Ortsnamen in diesem Reiseführer nicht immer den Straßenschildern oder den Bezeichnungen in Ihren Wanderkarten entsprich

Okzitanisch

Die okzitanische Sprache *(Langue d'oc)* entwickelte sich im frühen Mittelalter aus dem Lateinischen. Sie war verbreitet vom Atlantik, etwa von der Linie südlich von Bordeaux, bis fast nach Turin. Die *Langue d'oc*, die Sprache des ›*oc*‹, was ›*ja*‹ heißt, war die Sprache der Troubadoure, aber auch die der Albigenser, der Ketzer, die sich schon lange vor Luther von der Kirche losgesagt hatten.

Aber mit der Unterwerfung des selbstständigen Okzitaniens im 13. Jahrhundert, mit der Ausrottung und Vertreibung der Katharer erfuhr auch die Oc-Literatur ihren Niedergang – und damit deren Sprache, die sich fortan in Einzeldialekte aufsplitterte und im 16. Jahrhundert mit der Erfindung des Buchdrucks und erst recht nach der Französischen Revolution, als es nicht mehr dem Zeitgeist entsprach, wenn ein Teil der Franzosen den anderen nicht verstand, den amtlichen Todesstoß erhielt.

Die Menschen unterhielten sich trotzdem in ihrer althergebrachten Mundart weiter, genauso wie 150 Jahre später, als sich der Diktator Mussolini vor allem im Aostatal alle Mühe gab, die italienische Einheitssprache durchzusetzen.

Nach unserem Eindruck sprechen die Alten immer noch eine Mischung aus Italienisch und Französisch. Und das Aostatal genießt bekanntlich eine besondere Selbstständigkeit gerade zum Schutz der Sprache. Okzitanisch, wie die Mundart heute heißt, ist aber seit 1969 in Frankreich bei Abiturprüfungen wieder als gleichwertige Sprache anerkannt.

Wer durch die Westalpentäler fährt, sieht häufig die okzitanische Fahne mit dem markanten Malteserkreuz, und bei den Olympischen Winterspielen von Turin, im Jahr 2006, war Okzitanisch sogar eine Olympische Sprache.

Die Straße steigt im Mairatal allmählich aus der Ebene hinauf. Unterhalb von Stroppo haben wir beinahe 1.000 Meter erreicht und könnten den Wegweisern nach Elva folgen.

Zunächst fahren wir stattdessen durch das Maira-Tal bis zu seinem westlichen Talschluss und verweilen in **Chiappera** in eindrucksvoller Berglage:

170 Chiappera – *Rifugio Campo Base*

GPS/Kontakt: N 44°29'52" E 6°55'11", 1.650 m, Tel. 334 8416041; www.campobaseacceglio.it/. **Öffnungszeit**: Anfang Juni bis Ende September. **Ausstattung**: Gaststätte (reichhaltiges, einfaches Abendmenu in Berghüttenatmosphäre). **Beschreibung**: Das ist eine Mischung aus (renoviertem) Campingplatz und Berghütte am Bach mit Wanderwegen für einfache Strecken und Bergtouren. **Preis**: 30 €.
Zufahrt: Biegen Sie nördlich von Chiappera beschildert links ab.

Der Stellplatz von **Acceglio** (177 Einwohner – um das Jahr 1900 waren es noch fast 2.000) kann stimmungsmäßig nicht mithalten, dafür ist ein Ort in der Nähe:

171 Acceglio

GPS: N 44°28'31" E 6°59'07", SP 263, 1.240 m. **Max. WOMOs**: 10. **Öffnungszeit**: Ganzjährig. **Ausstattung**: Ver- und Entsorgung, Toilette (beides nur im Sommer), Strom, Mülleimer. **Beschreibung**: Der teilweise schattige Platz auf Naturboden ist klappstuhlgeeignet. Über dem früheren Stellplatz ist ein weiterer Parkplatz für Wohnmobile angelegt, der etwas einsam und kostenlos ist. Direkt angrenzend gibt es einige Plätze, die als *Campeggio* ausgewiesen sind, Stromanschluss und eine Toilettennutzung bieten, aber 10 € kosten. Möglicherweise kann man sich auf der anderen Straßenseite im Bach abkühlen. Man kann zu Fuß in das Dorf laufen, wo es wenigstens zwei Gaststätten geben müsste. **Zufahrt**: Der Platz ist an der Durchgangsstraße westlich des Ortes beschildert.

TOUR 11

Das ist aber nichts gegen den wunderbaren Campingplatz im Seitental der **Marmora**, unterhalb des gleichnamigen Dorfes. Auf ehemals bäuerlichen Wiesen in fast 1.200 Meter Höhe und sehr schöner Lage betreiben inzwischen Sandra und Roland, ein deutsches Paar, mit viel Elan und Herzblut einen unserer Lieblingsplätze:

172 Marmora – *Lou Dahu*

GPS/Kontakt: N 44°27'26" E 7°05'31", 1.200 m, Tel. 0171 1874392; www.campingloudahu.com/de/. **Öffnungszeit**: Mitte Mai bis Anfang Okt.

Ausstattung: Im Sommer kleiner Laden, Gaststätte, Bademöglichkeit im Bergbach mit einer auch für Kinder geeigneten Badegumpe. **Beschreibung**: Der familiäre Campingplatz liegt stimmungsvoll in Berglage oberhalb eines rauschenden Bachs, etwa 500 Meter vom Dorf entfernt. Selbstverständlich finden Sie Wanderwege. Sandra bekocht Sie täglich und sorgt jeden Morgen für knusprige Croissants und Brot. Bei beiden Betreibern können Sie sich bestens über die Region (und die Zufahrt nach Elva) erkundigen. Zwischen dem 20.7 und 20.8. sollten Sie sicherheitshalber reservieren, denn zum Gelände gehört auch ein bei Italienern geschätztes kleines Indianerdorf.
Preise: 26 €–30 €. **Zufahrt**: Der Platz ist ab der SP 422 beschildert. Wegen zwei Tunnels an der Zufahrt nur bis 3,30 m Höhe.

Sie sollten nicht auf die Idee kommen, die Straße von Marmora nach Demonte als Abenteuerstrecke zu testen. Sie ist nämlich für Wohnmobile verboten.

Notfalls kommt auch das Terrain seitlich eines Kletterparkes infrage mit einer Mischung aus Wanderparkplatz und Campingplatz:

173 Prazzo – *Campingpark Valle Maira*

TOUR 11

GPS/Kontakt: N 44°29'40" E 7°05'59", Pian del Ferriera 1, 1.000 m, Tel. 348 8138308; www.campingparkvallemaira.com/. **Öffnungszeit**: Mitte Juni bis Mitte September, der Baumkletterpfad hat längere Öffnungszeiten. **Ausstattung**: Baumklettergelände, Café und Bar, Abkühlung im Bach. **Beschreibung**: Das ist ein Baumkletterpark mit Campingmöglichkeiten und Wanderwegen in schattiger Berglage, aber direkt an der Straße. **Preis**: 24 €. **Zufahrt**: Der Platz liegt an der SP 422 westlich von Stroppo.

Früher sind wir hier nach Norden, Richtung **Elva abgebogen** (bei Google Maps und auf manchen Karten als **Serre** bezeichnet). Das geht nicht mehr. **Die SP 104 ist infolge von Bergrutschen schon seit Sommer 2018 gesperrt** und auf neueren Karten nicht mehr eingezeichnet (zu Unrecht aber noch bei den Navis und bei Google Maps, was die von mir bisweilen beobachtete Unzuverlässigkeit dieser App beweist; Via Michelin hingegen hat die Straße inzwischen gestrichen; es liegen 30 Millionen Euro bereit, um die Strecke wieder befahrbar zu machen). Wir wählen daher die Zufahrt auf der SP

Blick von San Peyre auf Stroppo

335 über Stroppo und San Martino Superiore, die wir mit unserem Kastenwagen, aber mit langem Radstand und 6,40 Meter Länge, problemlos bewältigt haben, als wir die Befahrbarkeit für diese Neuauflage erneut getestet haben. Es gibt keine ernsthaft steilen Passagen, Sie müssen sich jedoch zutrauen, bei (relativ seltenem) Gegenverkehr teilweise an abgründigen Hängen etwas zu rangieren. Die Straße ist so schmal, dass ich mich nicht mit Wohnmobilen von 2,20 m Breite oder mehr trauen würde, wenngleich 15 Tonnen erlaubt sind. Von den insgesamt 17 Kilometern der Zufahrt wird es erst nach 1,5 Kilometern richtig schmal, und die letzten etwa drei Kilometer sind wieder weniger problematisch. Der Zustand des Straßenbelages ist zudem schlecht, aber es ist noch überall Asphalt vorhanden.

Es wäre aber sehr schade, wenn Sie die **großartigen Fresken von Elva** (Serre) in Ihrem Piemont-Programm auslassen müssten. Wer sich mit dem WOMO diese Strecke nach Elva nicht zutraut, kann vielleicht ab dem Campingplatz *Campingpark Valle Maira* (siehe oben) zu Fuß aufsteigen (wir haben dazu keinerlei eigene Erfahrung, und die ehemalige Straße ist auch für Fußgänger gesperrt, aber die Kompass-App und Ape@map weisen Wege aus; die klassische Wanderroute führt von San Martino nach Elva).

Nach 17 Kilometer und der Überwindung von 700 Höhenmetern erreichen wir ein Hochplateau, an dessen Kante auf 1.637 Meter Höhe der (tatsächlich!) ärmste und vielleicht schönste Ort Italiens liegt, Elva.

Unterwegs und schon 3,4 Kilometer oberhalb der Abzweigung bei **Stroppo** fahren Sie direkt an der hart an den Abgrund gebauten Kirche **San Peyre** (San Pietro) vorbei, wo lebendige, aber schlichte Fresken besichtigt werden können *(Parkmöglichkeit oberhalb spätestens nach etwa 350 Metern an einer Ausbuchtung bei einem Gehöft; N 44°30'40" E 7°07'43" die Kirche ist an den ersten Samstagvormittagen im Monat um 10 Uhr im Rahmen einer Führung geöffnet, unter www.vallemaira.org/attrazioni/chiesa-dl-san-peyre/ erfahren Sie möglicherweise weitere Öffnungszeiten und einen Kontakt zur Schlüsselübergabe; wir haben es noch nicht ausprobiert).*

San Peyre

Am Ziel in **Elva** (100 Einwohner) hat die karge Gegend ihren Bewohnern schon immer viel abverlangt. Die Straße, die wir befahren, wurde erst um 1950 gebaut, die Asphaltpiste zum Sam-

Elva – Fresken von Hans Clemer

peyrepass 1956 und die inzwischen wieder unbenutzbare Rampe der SP 104 sogar noch später. Vorher war Elva mit dem Auto nicht zu erreichen. Wie abgeschieden die Lage ist, sieht man schon am Schicksal der SP 104, die mit unzureichenden Mitteln durch schwieriges Gelände getrieben worden ist.

Aus ungeklärten Gründen haben in dieser Abgeschiedenheit am Ende des 15. Jahrhunderts die Gebrüder Zebreri hier, auf einem Felssporn oberhalb einer Schlucht, die **Pfarrkirche Santa Maria Assunta** gebaut und von dem renommierten flämischen Maler **Hans Clemer** mit sensationellen **Fresken** ausstatten lassen, die in kraftvollen Bildern und leuchtenden Farben die Geschichte Jesu erzählen. Man wusste lange nicht, wer der Künstler war, und nannte diesen ›Meister von Elva‹, eine Bezeichnung, die Hans Clemer behalten hat, auch nachdem man ihn als Urheber identifizieren konnte. Betrachten Sie auch das steinerne Taufbecken aus dem 14. Jahrhundert – und betätigen Sie den Lichtschalter innen links des Eingangs. Den Schlüssel zur Kirche holt man sich, falls die Tür nicht offensteht, einfach in dem kleinen Laden (geradeaus oberhalb der Kirche) oder an der Bar des

einzigen Gasthauses und bringt ihn dorthin wieder zurück. Wäre dieses Buch kein Wohnmobilführer, würde ich wegen dieser Fresken keine Sekunde zögern, Elva auf die Liste meiner persönlichen Top Ten zu setzen, wo es auch in der Vorauflage stand. Aber ich möchte unerfahrene Chauffeure breiter Fahrzeuge nicht zu einem Abenteuer verleiten und auf jener Liste keine Ziele mehr nennen, die nur für einen Teil der Leser infrage kommen.

In Elva sollten Sie sich außerdem das **Museo dei Pels (Capelli)** anschauen, das Museum der **Haareinkäufer**, die von hier ausschwärmten, um den Frauen ihre Haare abzuschwätzen, die dann als Perücken die Häupter der Reichen in aller Welt zierten (*Öffnungszeiten zuletzt ab Mai von Do. bis So., siehe unter www.vallemaira.org/attrazioni/museo-dei-capelli-museo-dei-pels/*).

Haareinkäufer aus Elva

Wann und warum das Geschäft ausgerechnet in Elva begonnen hat, ist unklar. Wahrscheinlich war einem in Paris arbeitenden Auswanderer aufgefallen, dass dort Perückenmacher für lange Haarzöpfe hohe Beträge bezahlten, und er erinnerte sich an das kräftige, lange und schwarze Haar seiner Schwestern in Elva – und an ihre Armut. So nahm der erste sogenannte *Caviè*, ein Haareinkäufer aus Elva, seine Tätigkeit auf.

In Elva – Ende April

Am Anfang des 20. Jahrhunderts, besonders in der Zeit nach dem Ersten Weltkrieg, konnte man von der Haarbeschaffung gut leben, zumal die Investitionskosten niedrig waren. Es bedurfte nicht mehr als einer Schere und eines Jutesacks für die abgeschnittenen Haare. Das Geschäft des *Caviè* konnte aber nur funktionieren, wenn dieser mit der Gabe eines gewinnenden Auftretens und der Kunst, auch zögernde Mädchen und Frauen zu überreden, gesegnet war. War das Haar nämlich erst einmal abgeschnitten, sah man den Frauen den Makel der Armut monatelang an.

Das Haar wurde in Elva während des langen Winters, wenn man nicht in der Landwirtschaft arbeiten konnte, gewaschen, entwirrt und nach Farbe, Länge und Stärke sortiert. Und sogar ausgekämmtes Haar war gefragt. Echthaar aus dem Piemont und besonders aus Elva erfüllte nämlich höchste Qualitätsansprüche.

Später suchten die geschäftstüchtigen Haarabschneider auch in benachbarten und entfernteren Dörfern der Alpen ihr Glück, sogar im Veneto, in der Po-Ebene und im Trentino. Gefragt war jedes Haar, je länger, desto teurer, möglichst schwarz oder silbergrau (für die Perücken der englischen Lords). Nur einen Rotstich durfte es nicht haben und erst recht keine Läuse, die einen *Caviè* über Nacht ruinieren konnten. In den Glanzzeiten gab es eine regelrechte Handelskette von den Abschneidern über Zwischenhändler in Dronero und Saluzzo zu den Perückenmachern.

In der zweiten Hälfte des 20. Jahrhunderts kam das Geschäft jedoch sehr schnell zum Erliegen, nachdem Kunsthaar an die Stelle echten Haares getreten war.

TOUR 11

Man kann in und direkt oberhalb (hier abschüssig) von Elva noch parken (N 44°32'23" E 7°05'21", 1.637 m; schönes und gutes Ristorante, am Einbahnstraßenschild weiter abwärts und die untere Zufahrt nehmen), aber nicht mehr übernachten, nachdem die Freifläche immer kleiner geworden ist. Aber 3,4 Kilometer oberhalb ist seitlich der Straße ausreichend Freiraum:

Blick ab Elva

174 Elva – *La Sousta dal Col*

GPS: N 44°31'33" E 7°06'09", 1.920 m. **Max. WOMOs**: 2-3. **Ausstattung**: Mülleimer. **Beschreibung**: Sie können 3,4 km oberhalb von Elva, ziemlich genau dort, wo die Straße zum Sampeyrepass abzweigt, seitlich der SP 335 beim **Rifugio *La Sousta dal Col*** übernachten. Um Ihnen die Situation zu zeigen, musste ich ein Foto bei strömendem Dauerregen aufnehmen. Sinnvollerweise fragt man beim Hüttenwirt und genießt dessen Hausmacherküche (alles von uns nicht getestet). Hier ist ein Wanderweg markiert. **Zufahrt**: Der Platz liegt oberhalb von Elva an der SP 335.

Ich bin nach meinen Besuchen in Elva stets auf der SP 335 nach Stroppo zurückgefahren. Häufig bleibt Ihnen auch keine andere Möglichkeit, weil die Straße über den 2.284 Meter hohen **Colle di Sampeyre** frühestens ab Mitte Mai schneefrei ist. Ich habe mich intensiv mit zuverlässigen Lesern ausgetauscht, die mir versichert haben, die Strecke über diesen Pass sei auch für WOMOs mit langem Radstand weniger anspruchsvoll als die von mir benutzte Passage. Allerdings sei sie bisweilen, besonders nach Unwettern, kurzzeitig gesperrt. Dieser Weg bietet sich also möglicherweise im Sommer als Rückweg von Elva und als Einstieg in das nördliche Valle Varaita an. Ich habe keine aktuellen Informationen im Sommer vor dieser Neuauflage erhalten und empfehle daher sicherheitshalber diese Strecke ausdrücklich nicht.

Wir fahren daher erneut durch Dronero und erreichen über Rossana das **Valle Varaita**, welches mit weitläufigen Wiesen und Obstplantagen beginnt, sich aber zunehmend verengt. Erst in den letzten 40 bis 50 Jahren ist der Wald taleinwärts bis an das Ufer gewachsen, wo bis dahin über Jahrhunderte Landwirtschaft betrieben worden ist.

Gleich hinter **Venasca** könnte man neben der Straße auf einem ausgeschilderten Stellplatz übernachten, was allerdings ein Fehler wäre, weil weiter westlich deutlich schönere Plätze folgen. Als Erstes in **Melle** (335 Einwohner), wo am zweiten Sonntag im August zu Ehren des örtlichen Bergkäses, des *Tumin dal Mel*, ein Fest gefeiert wird:

175 Melle

GPS: N 44°33'45" E 7°19'02", SP 8. **Max. WOMOs**: 15. **Öffnungszeit**: Ganzjährig. **Ausstattung**: Ver- und Entsorgung, Toilette, Strom, Spülbecken (alles nur im Sommer), Picknickbänke, Mülleimer. **Beschreibung**: Der beliebte Stellplatz bietet Schatten, ist klappstuhlgeeignet und liegt neben Häusern am Rande des Dorfes, in welchem Sie Gaststätten und Geschäfte finden. **Preis**: 7 € inkl. Strom. **Zufahrt**: Biegen Sie von der SP 8 bei der Beschilderung zum Tal hin ab.

Möglicherweise noch schöner und vor allem ruhiger schlafen Sie in **Frassino**, wo über dem Ufer des rauschenden, aber leider allenfalls nur knietiefen Baches ein weiterer hochoffizieller Stellplatz ausgestattet worden ist:

176 Frassino

GPS: N 44°34'15" E 7°16'43", Via del Varaita. **Max. WOMOs**: 10-12. **Öffnungszeit**: Ganzjährig. **Ausstattung**: Ver- und Entsorgung, Toilette, Spülbecken, Mülleimer. **Beschreibung**: Der mit Betonpflaster belegte und klappstuhlgeeignete Platz liegt innerhalb der Bebauung, wo Sie Gaststätten und Geschäfte finden, bietet aber leider keinen Schatten. **Preis**: 5 €. **Zufahrt**: Biegen Sie von der SP 8, in der Ortsmitte beim Wegweiser mit dem Wohnmobilsymbol, zum Bach hin ab.

In **Sampeyre** (1.080 Einwohner), dem Hauptort des Valle Varaita (mit Tankstelle und Banken) sind WOMOs nicht gerne gesehen, und den nahen Campingplatz finden wir wegen seiner Dauerbehausungen unschön. Wer von Elva auf direktem Weg in das Varaital gefahren ist (siehe oben), stößt genau bei diesem Campingplatz ans Ufer der Varaita. Wer auf Kunst steht, schaut sich in der gotischen **Kirche** an der Piazza della Vittoria auf beiden Seiten des Mittelschiffs die Fresken der Brüder Biazaci an, darunter eine stillende Madonna.

Auf dem Weg nach Westen windet sich vor **Casteldelfino** die Straße über einige Serpentinen plötzlich hinauf. Das Panorama des Westalpenbogens weitet sich. Unser Etappenziel ist der **Stausee Lago di Castello**, der 1930 unter Inkaufnahme des Verlustes eines Teils des Dorfes Castello (heute ein Ortsteil von Pontechianale) angelegt worden ist. Wir fahren am Nordufer des Sees, in dem man leider nicht baden darf, bis zum 1.650 Meter hoch gelegenen **Maddalena**, dem bedeutendsten Ortsteil von **Pontechianale**. Das klingt nach Größe. Der Schein trügt jedoch. In der gesamten Gemeinde leben heute ganzjährig 187 Einwohner – auf 94 km². Das sind nicht einmal zwei Menschen auf einem Quadratkilometer.

Und die meisten sprechen Okzitanisch wie im französischen Languedoc (siehe im Kasten weiter oben), denn das obere Valle Varaita, das Valle Maira und das Valle Grana gehörten bis 1713 zu Frankreich. Die vielen Wohnungen in Maddalena sind also Zweitwohnungen, vornehmlich für Wintersportler. Der Ort entwickelt sich mehr und mehr zu einem kleinen, leicht alternativen Ferienzentrum mit zwei Campingplätzen und einem schön gelegenen Stellplatz am Bach:

177 Pontechianale – *Camping Libac* und *Camping Acti Lago*

GPS/Kontakt: N 44°37'14" E 7°01'44". Tel: 0175 950133 *(Libac)*; *340 6563705 (Lago)*. **Öffnungszeiten**: Ende Mai bis Mitte Sept. *(Libac)*: 1.6.-30.8. *(Lago)*. **Ausstattung**: Keine Besonderheiten. **Beschreibung**: *Camping Acti Lago* liegt schöner, teilweise mit Blick auf den kleinen Stausee und ohne Dauercamper, verfügt aber über schlechtere Sanitäreinrichtungen, die möglicherweise modernisiert sind. Der Platz wird von einem Verein betrieben. Auf dem Gelände von *Camping Libac* sind die meisten Dauercamper in eine Ecke verbannt. Auf der schönen Wiese stehen fast keine unbewohnten Fahrzeuge. Von beiden Campingplätzen ist das kleine Ortszentrum mit einer Gaststätte, Geschäften und der Seilbahn mit wenigen Schritten zu erreichen. **Preise**: 16 €–24 €. **Zufahrt**: Beide Plätze liegen fast nebeneinander und sind in Pontechianale/Maddalena nicht zu verfehlen.

178 Pontechianale – Area di Sosta *Libac*

GPS: N 44°37'16" E 7°01'43". **Max. WOMOs**: 30. **Öffnungszeit**: Mai bis September. **Ausstattung**: Ver- und Entsorgung, Toilette (gegenüber *Camping Lago* unter dem Parkplatz), Mülleimer. **Beschreibung**: Sie stehen klappstuhlgeeignet auf grasigem Schotter in schöner Bergwelt,

aber am Wochenende auch mal ziemlich dicht am Nachbarn. Das kleine Ortszentrum mit einer Gaststätte, Geschäften und der Seilbahn ist mit wenigen Schritten zu erreichen. **Preis**: 8 € zu entrichten an der Bar *Pineta Nord* auf dem benachbarten Campingplatz *Libac*, zu dem der Stellplatz gehört.
Zufahrt: Der Platz liegt auf dem Weg zu *Camping Libac* noch vor der Brücke über die Varaita.

Im Ortsteil Maddalena finden Sie einen ambitionierten Bäcker und daneben einen kleinen Supermarkt mit einer großen Auswahl hiesiger Käsesorten. Aber es gibt nur noch eine einzige, mittwochs geschlossene Pizzeria.

Maßgeblichen Anteil daran, dass in Pontechianale ein kleines Wintersport- und Sommertourismuszentrum entstanden ist, hat sicher der im Jahr 2012 generalüberholte **Sessellift**, der Sie von knapp 1.700 Meter auf 2.340 Meter befördert. Das dauert rund 15 Minuten und schafft ideale Voraussetzungen, um in die alpine Bergwelt einzutauchen, um Murmeltiere zu beobachten und den **Monviso**, den ›Überall Sichtbaren‹, den bekanntesten Bergzacken des südlichen Piemont, von ganz nahe zu betrachten. Auch unsere Wanderempfehlung wäre ohne die *Seggiovia*, die im Juli und August täglich, im September nur noch an Wochenenden fährt, völlig anders ausgefallen:

Der Sessellift schafft ideale Voraussetzungen, um in die alpine Bergwelt einzutauchen und um Murmeltiere zu beobachten

Lago di Castello

Blick zum Monviso

Von Maddalena zum Belvedere Monviso

In Pontechianale/Maddalena besteigen wir den Sessellift, der uns in rund 15 Minuten zum bewirtschafteten **Rifugio Helios** befördert. Wir halten uns oberhalb der Aussichtsterrasse rechts und folgen den Wegweisern zum **Belvedere Monviso**. Nach etwa 15 Minuten erreichen wir bereits einen Kamm, der den Blick nach Norden zu jenem berühmten Bergzacken freigibt, der so nah scheint, als könne man mit etwas Geschick und Mut zu ihm emporklettern. Zwei Aussichtsstellen, die durch aufgeschichtete Steinplatten kenntlich gemacht sind, kommen infrage. Wir gehen zu beiden, wobei der Weg zu dem nördlichen Punkt zwar ungefährlich scheint, wegen des steilen Hangs aber doch ein wenig Umsicht erfordert und Plastikschlappen, die uns hier tatsächlich begegnen, absolut verbietet. Sie könnten nun zu dem hinteren Aussichtspunkt, genannt **Le Conce**, und weiter in das Tal hineinlaufen, bis der Pfad auf einen von unten kommenden Weg stößt, auf den man zurückwandern kann, um dann in Castello, am nordöstlichen Ende des Sees, wieder in die Zivilisation einzutauchen. Es fehlt hier aber die Fernsicht, und der hohe Monviso wirkt bedrohlich, als Wolken aufziehen.

TOUR 11

Am Rifugio Helios

Murmeltier

Wir entscheiden uns daher für den einfacheren **Rückweg**, auf dem wir bis zum Ende der Wanderung eine **fantastische Sicht** in das Varaitatal und den Lago di Castello genießen (Foto Seite 282/283). In vielen Kehren schlängelt sich der Fahrweg allmählich hinunter ins Tal, und man kann sich beim besten Willen nicht verirren. Nur unterhalb des zweiten Schleppliftes kommen an einer Gabelung Zweifel auf: Gehen Sie hier rechts.

Immer wieder bleiben wir stehen, um den possierlichen **Murmeltieren** zuzusehen, die man auf Anhieb gar nicht erkennt, weil sie aussehen wie Steine auf der Wiese. Am besten entdecken Sie die im Spätsommer wohlgenährten Tiere, wenn Sie auf Steinplatten achten, auf denen sich die graubraunen Nager gerne sonnen. Auch die großen, runden Löcher zu den Bauten, in denen die Murmeltiere einen bis zu sieben Monate dauernden Winterschlaf halten, sind nicht zu übersehen.

So dauert der Rückweg viel länger, als wir ihn am Rifugio Helios abgeschätzt haben: Planen Sie für den Abschnitt vom Rifugio nach rechts zum Belvedere Monviso und den Rückweg von dort zum Rifugio eine Stunde ein und für den Abstieg ab dem Rifugio Helios bis nach Maddalena weitere zwei Stunden. Eine Wanderkarte ist nicht erforderlich. Der Rückweg ist ab dem Rifugio mit blau markierten Wegweisern beschildert.

Die Fahrt mit dem Sessellift ist hier ein echter Geheimtipp, ähnlich wie der kurze Abstecher von Maddalena nach **Chianale**, etwa vier Kilometer oberhalb des Stausees an der Straße zum Colle

Chianale

dell'Agnello. Die kleine Ansiedlung gehört, wie der Name vermuten lässt, ebenfalls zur Gemeinde Pontechianale und darf sich mit der Auszeichnung *Eines der schönsten Dörfer (Ortskerne) Italiens* schmücken. Das ist nicht übertrieben und absolut lohnend. Von Maddalena führt auch ein Wanderweg entlang der Varaita hier hinauf. Aber der Parkplatz nordwestlich des Ortes ist inzwischen für Wohnmobile gesperrt.

Nach angenehmen Nächten in dieser wunderbaren Bergluft und Stille fahren wir am nächsten Morgen weiter nach Westen Richtung **Colle dell'Agnello**. Zunächst erreichen wir eine verlassene Mautstation, hinter der sich das Sträßchen weiter in die Höhen der Westalpen bis auf 2.748 Meter schlängelt. Wir kehren hier um. Sie können auf diesem Weg jedoch Ihren Alpenurlaub mit einem Abstecher nach Frankreich und mit Band 91 der WOMO-Reihe,

In Chianale

Französische Alpen, ausdehnen: Durch die Landschaft des französischen Queyras und über Briançon erreichen Sie, nun wieder mit diesem Buch, das Valle di Susa und die Festung von Exilles, die wir am Ende unserer 8. Tour besucht haben. Ebenso gut können Sie auf dieser Strecke von Westen in das Val del Chisone gelangen und damit nach Usseaux, Fenestrelle und zu unserer 10. Tour. Von Pontechianale nach Susa oder nach Fenestrelle sind es jeweils etwa 130 Kilometer.

Aber wenn Sie mit uns zurück an den Lago Maggiore fahren möchten, wenn wir Sie auf der 12. Tour auf einem Stück nach Hause begleiten sollen, müssen Sie zuvor das Piemont einmal von Westen nach Osten durchqueren. Noch nie war in meinen Büchern der Beginn einer Tour weiter vom Ende der vorausgehenden Tour entfernt.

Colle dell'Agnello

Tour 12

1. Karte

Monferrato, Reisebene, östlicher Lago Maggiore

340 km

Auf unserer letzten Tour fahren Sie am Ostrand des gesamten Piemont von Süden nach Norden. Sie genießen noch einmal die unterschiedlichsten Landschaften. Dabei durchqueren Sie das Monferrato sowie nördlich davon das bekannte Reisanbaugebiet. Am Ende erreichen Sie sogar das Ostufer des Lago Maggiore und wieder die Berge. Besonders lohnend sind:

- **Acqui Terme**
- **Sacro Monte di Crea**
- **Asti**
- **Eremitenkloster Santa Caterina del Sasso**
- **Wochenmarkt von Luino**

Unsere 12. Tour werden Sie nur dann von Anfang an nachfahren, wenn Sie aus Ligurien über die A 7 heimwärts starten (Sie können aber genauso gut auf halber Strecke einsteigen). Diese Tour überwindet eine große Distanz und führt Sie durch sehr unterschiedliche Landschaften. So kehren Sie vielleicht auf jener Heimreise gerne der A 7 bei der Anschlussstelle ›*Serravalle*‹ den Rücken.

Selbst wenn Sie, wie ich, nicht zu den Bewunderern des Festungsbaus zählen, könnte Ihnen ein Abstecher nach **Gavi** (4.500 Einwohner) gefallen, denn die ehemalige genuesische Kanonenfestung beeindruckt vor allem von Weitem. Das **Forte di Gavi** ist deshalb so gut erhalten, weil es seit etwa 1815 bis zum Ende des Zweiten Weltkrieges als Gefängnis Verwendung gefunden hat, und weil hier zu Zeiten der Reblausplage in den Zwanzigerjahren des vorigen Jahrhunderts sogar ein Weinforschungsinstitut eingerichtet worden ist. Letzteres war nötig, weil der Saft der Cortese-Rebe zu den besten Weißweinen Italiens gehört und unter der Herkunftsbezeichnung *Gavi* erfolgreich vermarktet worden ist und weiterhin gerne gekauft wird, auch wenn man leider viel zu oft mäßige Qualitäten bekommt *(Fort: unregelmäßige Öffnungszeiten siehe unter http://polomusealepiemonte.beniculturali.it/; 5 €).*

Eines der beliebtesten Zwischenziele im südlichen Piemont ist, wie Leserbriefe zeigen, **Ovada** (12.200 Einwohner), obwohl der Name der Stadt

Ovada

ein wenig klangvoller scheint als deren touristische Bedeutung. Auch die Altstadt sieht von der Ferne malerischer aus. Das ist aber nicht nur hier so, und das *Centro Storico* auf einer Bergkuppe gehört auf jeden Fall ins Programm der nicht ganz oberflächlichen Piemontreise. Die wenigen baulichen Sehenswürdigkeiten sind beschildert (und müssen deshalb hier nicht erläutert werden), die Gassen sind eng, aber übersichtlich, und der Weg vom Park- und Stellplatz könnte einfacher und kürzer kaum sein. So lässt kaum jemand diese Stadt aus, deren Stellplatz vor allem deshalb so beliebt ist, weil er nahe zur Autobahn liegt:

179 Ovada

GPS: N 44°38'25" E 8°38'59", Via Antonio Gramsci. **Max. WOMOs**: 20. Öffnungszeit: Ganzjährig. **Ausstattung**: Ver- und Entsorgung, Mülleimer. **Beschreibung**: Das Gelände mit Rasenpflaster und einer benachbarten Schotterfläche liegt wenige Schritte unterhalb des historischen Zentrums (aber auch einer nachts mäßig befahrenen und nicht störenden Straße). Unter wenigen Bäumen kann man an heißen Sommerabenden auf Klappstühlen sitzen. Am nahen Fluss kann man auf Kiesbänken entspannen und die Kinder gut beschäftigen. **Zufahrt**: Der Platz liegt östlich der Altstadt zwischen dieser und einem Fluss. Sie können ihn nicht verfehlen, wenn Sie die Altstadt umrunden.

Wenn Sie eine richtig gute Pizzeria suchen, werden Sie im **Ristorante *Borgo di Dentro*** garantiert nicht enttäuscht. Die Pizzas kommen aus dem Holzofen, sogar die Ravioli bleiben lange in Erinnerung und die Preise, auch diejenigen der sonstigen Speisen einschließlich der hochgelobten Fischplatte, sind erstaunlich niedrig (*Tel. 0143 381400; Lungo Stura Oddini 5; direkt oberhalb des Stellplatzes; Mo. geschlossen*).

Bei Acqui Terme – Blick zum Monviso

Wer sich für eine lebhafte Innenstadt und den morbiden Charme eines ehemals römischen Kurortes interessiert, sollte von Ovada direkt nach **Acqui Terme** (19.300 Einwohner) fahren. Hier liegt der Stellplatz weniger weit vor dem Zentrum, als man zunächst befürchtet, und ich rate Ihnen, davon Gebrauch zu machen, denn Acqui Terme ist eine sehenswerte Stadt, in der Sie einmal übernachtet haben sollten:

180 Acqui Terme

GPS: N 44°39'55" E 08°28'14", Viale Einaudi. **Max. WOMOs**: 30. **Öffnungszeit**: Ganzjährig. **Ausstattung**: Ver- und Entsorgung, Strom, Toilette (Münzen), Spülbecken, Mülleimer. **Beschreibung**: Der schattige Platz auf grasigem Betonpflaster ist klappstuhlgeeignet und liegt am Rande eines brausenden Flusses. Leider rauscht auch der Verkehr unüberhörbar. Zwar nicht nachts, aber doch schon in den Morgenstunden. Wir wurden nicht gestört, allerdings bei geschlossenen Dachöffnungen. Der leicht faulige Geruch, der Sie umweht, wenn Sie nach wenigen Metern auf dem Weg in die Innenstadt über die Brücke eines kleinen Seitenbachs spazieren, kommt vom Schwefel aus kalten und warmen Quellen. Auf der andern Flussseite ist ein Supermarkt zu Fuß erreichbar, in die Innenstadt sind es 15 Minuten. Unsere Wanderung beginnt hier. **Preis:** 10 € / 24 Std. inkl. Strom mit Münzen, Kreditkarte oder Park-App. **Zufahrt**: Der Platz liegt südlich der Innenstadt, von Ovada kommend Richtung ›*Centro Storico*‹ rechts des Viale Einaudi.

Acqui Terme – Piazza della Bollente

Schräg gegenüber wünscht man sich beim Anblick der alten Therme für einen sehr kurzen Moment in die Zeit zurückversetzt zu sein, in der noch schwefeliges Wasser, heilende Hände und ein unwirklicher Bäderbetrieb anstelle von Pillen die Leiden von Rheumatismus und Atemwegserkrankungen linderten. Geheilt wurden vermutlich die wenigsten, aber der Badebetrieb war eine gesellschaftliche Einrichtung von großer Bedeutung und mit angenehmen Folgen für die einheimische Wirtschaft. Schon bei den Römern war Aquae Statiellae ein beliebtes Bad. Sogar Seneca und Tacitus haben hier gekurt; möglicherweise in der heute sogenannten **Piscina Romana** *(auf dem Weg zur Stadtmitte am Corso Bagni nördlich einer Eisenbahnbrücke, schräg gegenüber einer Grünanlage; Mi.–Sa. 17–19 Uhr, So. 10–12:30 und 17–19 Uhr; 2 €; zuletzt wegen Arbeiten geschlossen).*

Das Zentrum des modernen Kurbetriebs ist das mondäne Grandhotel *Nuove Terme* (wo man vermutlich ohne Übernachtung nicht baden kann). In der Nähe des Stellplatzes hingegen, in der früheren *Terme Regina*, sieht es so aus, als hätten sich hier vor ein paar Jahren noch Kassenpatienten bei nüchternem Kurprogramm gelangweilt, und als sei dann plötzlich das Geld vollständig ausgegangen. Jedenfalls ist sie nicht mehr in Betrieb.

Auch das daneben liegende Freibad mit angeblich einem der größten Badebecken in Italien musste dauerhaft schließen; der private Investor hat angeblich hohe Verluste erlitten.

Wenn Sie ab dem früheren Bassin bergwärts spazieren (wie beim Beginn der nachfolgenden Wanderung) und ein kurzes Stück in das Tal hineinlaufen, gelangen Sie zur **Fonte Fredda**, einer umbauten Schwefelquelle für Trinkkuren, an welcher Sie entdecken dürfen, dass kaltes Schwefelwasser genauso riecht wie heißes.

Der nahe **Aquädukt**, er stammt ebenfalls aus römischer Zeit, hat allerdings mit den Schwefelquellen wenig zu tun und diente, wie alle Aquädukte in römischer Zeit, dem Zweck, Frischwasser in die Innenstadt zu leiten und um das reichlich vorhandene heiße Thermenwasser auf Trink- und Badetemperatur abzukühlen. Dem imposanten Rudiment der heute noch vorhandenen Bögen fehlt die oberste Etage; ausgerechnet der Teil, durch den das Wasser geleitet worden ist (in einem nahen Feld sehen Sie noch weitere Reste der einst kilometerlangen Wasserleitung). Das und die Funktionsweise der römischen Frischwasserversorgung wird Ihnen auf Schautafeln lebhaft erklärt.

Aquädukt

Der (oder das) Aquädukt ist im heutigen Sprachgebrauch nicht das, was man bei wörtlicher Auslegung des Begriffs annehmen müsste, eine Wasser*leitung*, sondern in der Regel eine Wasser*brücke*. Meist ist es eine römische, weil die Römer in unserem Reisegebiet als Bewohner oder Besatzer allgegenwärtig waren, und weil neuzeitliche Wasserbrücken selten sind.

Aquädukte gab es bereits in Ägypten, bei den Griechen und bei den Persern – perfektioniert allerdings erst von den Römern, die auf gewölbte Bogenstellungen Wasserleitungen aufgelegt haben und so schon um 300 vor Chr. ihre Stadt mit über elf Aquädukten und mit 64 Kilometer Bogenlänge (und 2,5 km Tunnel) versorgt haben. Der bekannteste Aquädukt ist heute zweifellos der Pont du Gard (Languedoc, Band 22 der WOMO-Reihe), berühmte Wasserbrücken stehen auch in Segovia (Zentralspanien, Der Westen, Band. 100 der WOMO-Reihe), Tarragona (Katalonien, Band 28), Pergamon und Aspendos (Türkei) sowie in Spoleto (Umbrien, Band 12 der WOMO-Reihe, allerdings aus der Zeit um 500 n. Chr.). Auf der ganzen Welt gibt es auch neuzeitliche Aquädukte, beispielsweise eine Brücke von 7.000

Aquädukt bei Acqui Terme

m Länge in Portugal. Und die Mütter und Väter unseres Geldes, die sich für die Abbildungen Brücken und Tore ausgedacht haben, ließen den Fünf-Euro-Schein mit einem Aquädukt versehen (nachgebildet nach dem Pont du Gard in Südfrankreich).

Überall war (und wird) notwendigerweise auf die Bögen ein wasserführendes Bauteil aufgesetzt, meistens ein Steinkanal, der zum Schutz vor Verdunstung und Verschmutzung mit Steinplatten abgedeckt worden ist. Man kann sich heute mit einiger Fantasie noch vorstellen, wie die Römer mithilfe von Sklaven unter schwierigsten Bedingungen Gerüste gebaut und große, behauene Steine mörtellos aufeinander gefügt haben. Für den Laien unvorstellbar hingegen sind die Berechnungen, die erforderlich waren, um über lange Strecken ein gleichmäßiges Gefälle von etwa 0,5 Prozent einzuhalten. Das sind auf tausend Meter nur fünf Meter! Ohne dieses Gefälle hätte ein Aquädukt jeglichen Sinn verloren, weil das Wasser, um frisch zu bleiben, stetig fließen muss. Im antiken Rom wurde auf diese Weise Wasser über hundert Kilometer weit befördert, und man kann nachlesen, dass damals etwa eine Million Einwohner mit täglich 992.000 Kubikmeter Wasser versorgt wurden. Das sind fast tausend Liter pro Nase und mehr als doppelt so viel wie angeblich im Jahr 1968.

Der Aquädukt von Acqui Terme gehört nicht zu den bedeutendsten seiner Art. Aber freuen wir uns, dass er auch ohne Wasserrinne so gut erhalten ist, was wir übrigens darauf zurückführen, dass die Menschen den Respekt vor der architektonischen Meisterleistung früherer Generation bewahrt und die Bögen nicht ganz so rücksichtslos eingerissen haben wie Häuser und Theater. Vielleicht sind die Bögen aber auch nur deshalb übrig geblieben, weil sie weit außerhalb der Städte standen und es sich nicht gelohnt hat, die Steine über weite Strecken zu transportieren.

Achtung, heiß!

Von hier oder dem benachbarten Stellplatz benötigen Sie bis ins **Zentrum** zu Fuß etwa 15 Minuten, um dann verblüfft zu bemerken, dass das Schwefelwasser inmitten der Stadt so heiß über eine Brunnenschale rinnt, dass man die Hand erschreckt zurückzieht. Das Wasser entstammt einer etwa 75 Grad warmen Schwefelquelle, die in der Ecke der kleinen **Piazza della Bollente** *(Der kochende Platz)*, aus einem Brunnenhaus von 1879 quillt (Foto Seite 292).

Rechts oberhalb dieses sehenswerten Platzes zweigt eine Gasse zu einem unserer **piemontesischen Lieblingslokale**. Im **Ristorante *La Loggia*** genießt man die leckeren Speisen der nicht zu langen

Karte im Garten ähnlich stimmungsvoll wie in den Innenräumen *(Via die Dottori 5, Tel. 334 6114267; Preise in der unteren Mitte, Mo. geschlossen; hier setzt sich der eine oder andere Gast gerne ans Klavier).*

Ristorante *La Loggia*

Direkt am Stellplatz beginnt auch der Wanderweg, der in leicht unterschiedlicher Streckenführung in nahezu jedem seriösen Piemont-Führer abgehandelt wird und Ihnen am Ende auch die wassergeschwängerte Vergangenheit von Acqui Terme näherbringt:

Rundwanderung bei Acqui Terme

Am oberen Ende des **Stellplatzes von Acqui Terme** wandern wir auf der von der Hauptstraße abzweigenden Seitenstraße direkt seitlich des Freibades bergwärts und entscheiden uns gleich hinter der alten Therme für die nach links bergauf führende Asphaltstraße (Wegweiser ›*Lussito*‹) und die an dieser Stelle erstmals sichtbare rot-weiß-rote Markierung, die schon bald zusätzlich die Ziffer 531 trägt. Diese rot-weiß-rote Markierung wird uns auf der ganzen Strecke den Weg weisen.

TOUR 12

Etwa 200 m oberhalb des Hotels *Pineta* zweigt der Weg nach rechts ab und gabelt sich nach wenigen Schritten erneut. Wir wählen dort die linke Alternative (bei unserer Testwanderung war der rechte Weg der Gabelung, der direkt nach Lussito führt, nicht markiert). Links hingegen müssen wir bald einen erstaunlich steilen, bei feuchtem Untergrund auch etwas glitschigen Anstieg durch ein Wäldchen bewältigen, an dessen Ende wir fast schon die Straße bei der Antennenanlage des **Monte Stregone**, des mit 408 m zweithöchsten Punktes der Wanderung, erreicht haben.

Die Markierung geleitete uns von hier zunächst ein Stück bergab und veranlasst uns, etwa 800 m nach den Antennen eine kreuzende Asphaltstraße zu überqueren, um danach auf einem wieder etwas unwegsameren Pfad erneut anzusteigen. Am Gipfelkreuz des 434 m hohen **Monte Mari-**

no können wir wählen, ob wir rechts mit der Nummerierung 531 A zu Tale schreiten, die Wanderung wäre so ein Spaziergang und würde nur gut zwei Stunden dauern. Stattdessen entscheiden wir uns für die weiterhin mit Nr. 531 gekennzeichnete Wegstrecke, die erst etwa 700 m nach dem Gipfelkreuz auf Asphalt stößt und dort mit Nr. 531 B markiert worden ist.

Hier gehen wir rechts auf Asphalt allmählich bergab, halten uns am Beginn der Ortschaft **Ovrano** rechts, um dann alsbald dem Schild zur **Chiesa S. Nazzario e Celso** zu folgen. So ist eine kleine romanische Kirche bezeichnet, die einsam auf einem Friedhof steht. Vor dem Gotteshaus führen Stufen abwärts zu einem weiter nach Westen führenden Pfad, der wieder in die Straße mündet. An der nächsten Abzweigung halten wir uns rechts und wandern seitlich eines Baches gemütlich hinunter nach Acqui Terme. Nach einem kleinen privaten Museum (alte Gebrauchsgegenstände) kommen wir an der sogenannten **Fonte Fredda** (kalte Quelle) vorbei (siehe oben im Text).

Fonte Fredda

Wer den **Aquädukt** noch nicht gesehen hat, begibt sich ganz zum Schluss der Wanderung noch auf das Gelände seitlich der Flussbrücke.

Nach etwa **drei Stunden** kommen wir wieder an unserem Wohnmobil an. Eine Karte ist für die Wanderung nicht erforderlich. Denn am Ausgangspunkt der Strecke ist seitlich des Schwimmbades der Wanderweg angeschlagen (man kann den dortigen Plan fotografieren und unterwegs aufs Display schauen). Außerdem erhält man vom Fremdenverkehrsamt eine Fotokopie der Beschreibung des Wanderwegs. Man kann sich auch die Karte Nr. 19 des IGC (Istituto Geografico Centrale) – vor Ort oder über deutsche Händler – kaufen.

TOUR 12

In Nizza Monferrato

Zu unserer 12. Tour gehört auch ein Besuch in **Nizza Monferrato** (10.300 Einwohner), der angeblich heimlichen Hauptstadt des **Monferrato**. Das und die Namenskombination wecken hohe Erwartungen, die der Stellplatz nur teilweise erfüllt:

181 Nizza Monferrato

GPS: N 44°46'16" E 8°21'13", Piazzale S. Pertini 2. **Max. WOMOs**: 14. **Öffnungszeit**: Über Winter geschlossen. **Ausstattung**: Ver- und Entsorgung (nicht frei zugänglich), Dusche, Strom, Mülleimer.

Beschreibung: Der schattige Platz liegt fast zentral in der Stadt und ist auf grasigem Schotter klappstuhlgeeignet. Direkt hinter dem Gelände verläuft eine stark befahrene Brückenrampe, sodass der Lärm von schräg oben kommt. Wir haben hier aber nicht selbst übernachtet, da es uns genervt hat, dass man erst einmal über eine angezeigte Telefonnummer einen Verwalter anrufen muss, der einem das Tor aufschließt (und vermutlich dazu einen Schlüssel aushändigt). Man kann jedenfalls nicht einfach auf den Platz gehen und sich umsehen (oder ein Foto für diesen Reiseführer aufnehmen). An den Markttagen ist der Platz gut besucht oder belegt. **Preis**: 5 € / 24 Std. inkl. Strom. **Zufahrt**: Der Platz liegt wenige Schritte südlich des großen zentralen Platzes, der Piazza Garibaldi, und ist ab dort ausgeschildert.

Sie entdecken ein paar schöne Gassen mit Arkaden und historischen Geschäften. Die großen Tage der Stadt sind allerdings die Markttage, wegen derer man nach Nizza kommt: der **Wochenmarkt** am Freitag sowie der **Trödel- und Antiquitätenmarkt** an jedem dritten Sonntag im Monat. Dann ist die Piazza Garibaldi auf der für den Markt bestimmten Seite mit Ständen fast vollgestellt – und das sagt bei dieser Platzgröße alles!

Nizza Monferrato – Trödelmarkt

TOUR 12

Liebhaber einsamer Stellplätze suchen die Natur des **Parco naturale di Rocchetta Tanaro** und wundern sich, dass man hier an einer Picknickstelle unbeanstandet übernachten darf:

182 Parco naturale di Rocchetta Tanaro

GPS: N 44°51'21" E 8°19'04". **Max. WOMOs**: 5. **Ausstattung**: Wasser, Picknickbänke, Mülleimer. **Beschreibung**: Das ist ein Rastplatz, der einsam im Wald liegt, an dem die Fahrstraße aber direkt vorbeiführt. Auf Naturboden können Sie selbstverständlich die Klappstühle heraus-

stellen und von dort dem Rascheln der Waldtiere und dem schaurigen Ruf der Eulen lauschen. Im Sommer werden Sie statt Wölfen Moskitos abwehren müssen. Wanderwege sind beschildert. Ich habe zu dieser Stelle auffallend lobende Zuschriften erhalten.
Zufahrt: Am nordwestlichen Ortsausgang von Rocchetta Tanaro ist an der SP 27 vor der in Sicht kommenden Brücke über den Fluss nach links die Straße in den Naturpark mit ›*S. Emiliano*‹ beschildert. An der nächsten Gabelung fahren Sie rechts und biegen nie mehr ab. Die schmale Asphaltstraße windet sich an verstreuten Bauernhöfen vorbei, bevor an einer Gabelung eine Infotafel aus geschnitztem Holz auftaucht. Hier darf man nicht geradeaus weiterfahren, sondern muss sich links halten. Nach weiteren zwei Kilometern liegt rechter Hand der Parkplatz.

In Rocchetta Tanaro hat Giacomo Bologna in den 1980er-Jahren erstmals den Ausbau der Barbera-Rebe in Barrique-Fässern gewagt und damit seinem Weingut *Braida* weltweite Anerkennung verschafft. Dessen Kultwein *Bricco dell'Uccellone* bekommt man inzwischen nicht mehr unter 50 Euro.

Die gegenteilige Entwicklung ist dem *Asti Spumante* widerfahren. Die Älteren unter uns werden sich noch dunkel daran erinnern, dass ein Glas dieses Schaumweins für sie in der Jugend ein Schluck Wohlstand bedeutet hat. Danach waren aber erst die klebrige Restsüße aus der Mode gekommen und danach die Plastikkorken. Geblieben ist der Wunsch, **Asti** (76.200 Einwohner), die Stadt des früheren Fernwehs, selbst zu besuchen.

TOUR 12

Mittendrin und unter keinen Umständen zu verfehlen ist dort der riesenhafte **Campo del Palio**, der als Marktplatz dient *(Mittwoch und Samstag)*, aber nicht mehr dem berühmten **Palio**, nach dem er benannt ist. Das Pferderennen ähnelt dem von Siena (Toskana), wo ebenfalls schon seit Jahrhunderten die Reiter der Stadtteile gegeneinander antreten. In Asti steigt das von einem

Asti – Piazza San Secondo

Umzug mit über 1.200 Teilnehmern eingeleitete Großereignis am ersten Sonntag im September auf der dreieckigen **Piazza Alfieri**, nördlich und nahe der Piazza Campo del Palio. Letztere hatte man in den Achtzigerjahren extra für das Derby geplant, bevor man einsehen musste, dass nur in der Enge zwischen den Häusern (und den davor errichteten Tribünen) die richtige Wettkampfstimmung aufkommt. Reumütig war man deshalb zur Piazza Alfieri zurückgekehrt. Der Wettkampf geht ohne Sattel über drei Runden, das sind, wie im olympischen Laufsport oder bei den Bundesjugendspielen, 1.200 Meter *(siehe unter https://visit.asti.it/de)*.

In der wettkampffreien Zeit sollten Sie auf der Piazza del Campo parken und nordwestlich davon in das historische Zentrum eintauchen, um mittelalterliche Bauwerke zu bewundern: Schon bald stoßen Sie auf die kleine **Piazza San Secondo**, an deren Rand neben dem Rathaus die gleichnamige gotische Kirche steht. In der ersten rechten Seitenkammer werden die Banner der Sieger des Palio aufbewahrt, weil sich in der Kirche, weiter hinten rechts, auch die Kapelle des Stadtheiligen San Secondo befindet, dem das Pferderennen gewidmet ist *(7:30–19 Uhr)*.

Asti – Cattedrale Santa Maria Assunta

Noch sehenswerter ist die **Cattedrale Santa Maria Assunta** am nordwestlichen Rand der Altstadt, das größte gotische Bauwerk im Piemont (1350 fertiggestellt). Hauptanziehungspunkt ist das **seitliche Portal** im gotischen Flamboyantstil mit einer Darstellung der Himmelfahrt und – ganz oben – dem Kopf eines Herrn Peletta, der in der Mitte des 15. Jahrhunderts den kunstvollen Vorbau bezahlt hat. Im Innern lohnt sich vor allem der Blick auf die Weihwasserbecken, die auf Resten römischer Säulen ruhen.

Eine Besonderheit sind in Asti (wie im toskanischen San Gimignano oder im ligurischen Albenga) die noch existierenden **Wohntürme** der einst einflussreichsten Familien, deren höchster die (beschilderte) **Torre Troyana** ist. Die 44 Meter dieses Turms durften im Mittelalter nicht von anderen Geschlechtern übertroffen werden, weil die einflussreichste Familie stets den höchsten Turm hatte. Die runde, genau genommen 16-eckige Torre Rosa am westlichen Ende der Hauptstraße, des Corso Alfieri, hingegen war nur Teil der Stadtbefestigung. Der Name **Alfieri** kommt Ihnen bekannt vor? Kein Wunder, werden im Piemont nämlich allenthalben Straßen und Plätze so benannt. Berühmt sind Vater (Benedetto) und Sohn (Vittorio). Der Alte war ein Baumeister, und der Sohn, ein Zeitgenosse Schillers, gilt als einer der größten Schriftsteller Italiens. Seine Berühmtheit, zumindest der Umstand, dass nach ihm Straßen und Plätze benannt sind, liegt weniger an der bis zu seinem Tod gepflegten wilden Ehe mit einer Gräfin als an 22 Tragödien, zahlreichen Gedichten und politischen Schriften. Der Vater besaß die Fähigkeiten und das Geld, sich einen Palast zu bauen, an dem Sie auf dem Corso Alfieri (und südlich der Kathedrale) mit Sicherheit vorbei schlendern und in dem Vittorio, wie man so schreibt, das Licht der Welt erblickt hat.

Torre Troyana

Die Piazza Campo del Palio wird gerne als Stellplatz empfohlen. Wir haben dort noch nicht selbst genächtigt und werden es vermutlich auch nie tun. Der Platz wäre uns im Gegensatz zu Lesern, die hier gut geschlafen haben, zu groß und auch zu laut:

183 Asti

GPS: N 44°53'51" E 8°12'37", Campo del Palio. **Max. WOMOs**: 20. **Ausstattung**: Ver- und Entsorgung (in der nordöstlichen Ecke hinter einem kleinen, gestreiften Haus; zum Anschluss des Wasserschlauches muss man einen Blechdeckel hochheben), Mülleimer. **Beschreibung**: Das ist ein zentral gelegener, riesengroßer, asphaltierter Parkplatz, der hier hauptsächlich aus diesem Grund aufgeführt wird. Die ganze Stadt liegt sozusagen vor Ihrer Tür. Tagsüber ist das Gelände von parkenden Autos stark belegt. Wir haben aber stets

noch eine Lücke gefunden. In der Nacht auf Mittwoch und Samstag ist das Gelände wegen des Marktes nur eingeschränkt nutzbar. **Zufahrt**: Die Piazza Campo del Palio ist gut ausgeschildert, sie liegt südlich der Altstadt zwischen dieser und dem Bahnhof.

Wer sich über Nacht in Asti aufhalten möchte, dürfte mit dem Campingplatz im Norden der Stadt, der auch Stellplätze für Wohnmobile anbietet, besser bedient sein:

184 Asti – *Umberto Cagni*

GPS/Kontakt: N 44°55'16" E 8°12'21", Strada Valmanera 152, Tel: 0141 271238; https://campingcagniasti.it/. **Öffnungszeit**: 1.4.–30.9. **Ausstattung**: Laden, Pizzeria. **Beschreibung**: Der Campingplatz liegt außerhalb der Bebauung in einer Wiesenlandschaft zwischen einzelnen Gehöften. Der Fuß- oder Radweg ins Zentrum bemisst sich auf 2,5 km. **Preis**: 21 €. **Zufahrt**: Der Platz liegt nördlich der Stadt und nördlich der Autobahn zwischen den beiden Abfahrten.

185 Alternativ kommt 2 km weiter nördlich die ***Azienda Agripassione***, ein **Agriturismo** mit 4 Stellplätzen, infrage, wenn Sie die Straße einfach weiterfahren; mit einem im Sommer täglich in den Übergangszeiten am Wochenende geöffneten Ristorante. **Preis**: 15 €. **GPS/Kontakt**: N 44°56'17" E 8°12'11", Strada Valmanera 63a, Tel: 0334 9777658; www.agripassione.it/agri-campeggio/.

Etwa 25 Kilometer nördlich von Asti und nördlich von **Moncalvo** (Trüffelmesse an den beiden letzten Oktoberwochenenden), entdecken Sie ein weiteres Heiligtum der Gegenreformation, den **Sacro Monte di Crea** (Santuario di Crea). Zum geschichtlichen Hintergrund der Sacri Monti habe ich mich bereits bei der 3. Tour geäußert.

Das hiesige Exemplar ist ebenfalls Bestandteil des UNESCO-Weltkulturerbes und gehört zu den besonders sehenswerten, auch wenn es etwas abseits liegt und vielleicht gerade daraus seinen eigenen Reiz entwickelt. Hier beginnt der Kreuzweg durch die im bewaldeten Hügel fast untergegangenen Marien-Kapellen, von denen einige wegen ihrer strengen Schlichtheit auch für diejenigen sehr beeindruckend sind, die sich weniger für die religiösen Hintergründe interessieren. Ursprünglich waren sogar 40 Kapellen geplant, und die ersten der ab dem Jahr 1589 realisierten 23, von denen die Kapelle der Marienkrönung, genannt ***Il Paradiso***, am oberen Ende der Anlage, die schönste ist, wurden bereits ab 1820 restauriert. Terrakottafiguren hat man dabei teilweise durch Gipsimitate ersetzt, was der Eigentümlichkeit aber wenig schadet, auch wenn einzelne Installationen inzwischen ziemlich

Sacro Monte di Crea - *Il Paradiso*

verstaubt sind. Regelrecht bizarr sind in der Kirche die Bilder, die zum Dank dafür gemalt worden sind, dass die schützende Hand des Herrn nicht erlahmt ist, als der gottesfürchtige Künstler Opfer eines Autounglücks oder eines Banküberfalls wurde.

Nördlich von Moncalvo weist uns ein braunes Schild nach links und noch vor dem Heiligtum erreichen wir einen famosen Parkplatz:

186 Sacro Monte di Crea

GPS: N 45°05'40" E 8°16'10", SP 19. **Max. WOMOs**: 15. **Ausstattung**: Picknickbänke, Mülleimer. **Beschreibung**: Sie stehen klappstuhlgeeignet auf Gras und Naturboden, bei Bedarf auch schattig. Wenn Sie sich im vorderen Bereich platzieren, genießen Sie eine Traumsicht, die auf unserem Foto deshalb fehlt, weil dieses an einem grauen Regentag aufgenommen worden ist. Das Gelände liegt am Rand einer nachts nicht befahrenen Straße, das nächste Haus ist 250 Meter entfernt, ein Weingut etwa 400 Meter. Zum Sacro Monte mit Tages-

gaststätte sind es ebenfalls 400 Meter. Wasser finden Sie an der Außenwand des Friedhofs von Ponzano, 1.100 Meter unterhalb; Sie fahren auf der SP 19 daran vorbei. **Zufahrt**: Der Platz liegt vor dem Sacro Monte an der SP 19, wenn Sie nördlich von Moncalvo über Ponzano Monferrato anreisen. Nehmen Sie die SP 19, nicht die Zufahrt nördlich davon!

Wir wenden uns mit einem kleinen Schlenker in östlicher Richtung nach **Casale Monferrato** (34.200 Einwohner). Wahrscheinlich muss man hier genauso wenig wie in anderen größeren Städten übernachten und wahrscheinlich benötigt man deshalb auch keinen Stellplatz. Lange habe ich mich als Autor verpflichtet gefühlt, in oder bei namhaften Städten Stellplätze aufzulisten, die bestenfalls zweitklassig sind und auf denen ich selbst gar nicht über Nacht bleiben würde, weil ich nach getaner Besichtigungsarbeit die Städte meistens wieder verlasse. Schlechte Plätze finden Sie auf den Stellplatz-Apps genug. In diesem Buch erwarten Sie Empfehlungen. Deshalb liefere ich nachfolgend nur ein paar Daten, vornehmlich zum Parken oder Entsorgen

187 N 45°08'16" E 08°26'50", Piazza Castello, nicht in den Nächten auf Di. und Fr. und

188 N 45°07'32" E 8°27'43", Piazzale Azzurri e Veterani, wo man bei einer Ver- und Entsorgungsstation einsam und unschön übernachten könnte.

Auch die Sehenswürdigkeiten sind überschaubar und beschränken sich fast auf die romanische **Cattedrale di Sant'Evasio**, die schon im 12. Jahrhundert geweiht worden ist. Durch eine ungewöhnlich große Vorhalle gelangt man über einige Stufen hinunter in einen fünfschiffigen, imposanten Kirchenraum. Dort gelten ein Kruzifix aus dem 12. Jahrhundert und Mosaike mit biblischen Szenen aus derselben Zeit als die größten Schätze *(Mittagspause 12–15 Uhr)*. Der Dom ist nicht weit vom Herzstück der Stadt entfernt, der Piazza Mazzini, die im Volksmund wegen des Reiterstandbildes von König Carlo Alberto nur Piazza del Cavallo genannt wird. Von da sind es nur wenige Schritte nach Norden zur **Chiesa San Domenico** mit einer sehenswerten gotischen Fassade.

Wer sich für jüdische Kunst interessiert, entdeckt südlich der Piazza Mazzini das **Museo d'Arte e Storia Ebraica** neben der im piemontesischen Barock gehaltenen **Synagoge** *(Mittagspause 12–15 Uhr)*. Insgesamt lädt die für den Autoverkehr gesperrte Altstadt unter Arkaden und in verwinkelten Gassen mit kleinen Läden und Restaurants hauptsächlich zum Herumschlendern ein.

Auf dem weiteren Weg nach Norden meiden wir die nahe gelegene Autobahn und nähern uns Vercelli durch die **Reisebene**, die wir schon bei der 5. Tour gestreift haben, ohne uns näher mit der **Welt des Reises** zu beschäftigen. Die Idee des intensiven Anbaus der Reispflanze kam Zisterzienser-Mönchen im 15. Jahrhundert, die sich den natürlichen Wasserreichtum in der Ebene zunutze machten. Sie entwickelten auch das System der Reis-Cascinen. Das sind riesige Höfe oder kleine Dörfer mit Kirchen und Schulen, die inselartig zwischen Wasserflächen liegen, heute aber überwiegend verlassen sind oder sogar verfallen. Man braucht die Saisonarbeiter(-innen) nicht mehr, die früher bis zu den Knien im Wasser stehend in den Reisplantagen arbeiteten, sich gegen Milliarden von Mücken wehren und sich zu einem erheblichen Teil von Fröschen ernähren mussten. Die schnurgeraden, dammartigen Straßen durch endlose Wasserflächen (und die Frösche), gibt es immer

Das ausgeklügelte Bewässerungssystem ist über 9.000 Kilometer lang, wird von den Flüssen Sesia, Ticino, Dora Baltea und Po gespeist und dient dem Zweck, im Frühjahr die Felder zu fluten.

noch, nur wird die Arbeit von Maschinen erledigt. Das ausgeklügelte Bewässerungssystem ist über 9.000 Kilometer lang, wird von den Flüssen Sesia, Ticino, Dora Baltea und Po gespeist und dient dem Zweck, im Frühjahr die Felder zu fluten. Da man zur Ernte das Wasser wieder abfließen lässt, müssen auch dafür Kanäle mit dem geeigneten Gefälle vorhanden sein. Wegen des Klimawandels, des fehlenden Wassers und der mühsamen Arbeit wird zunehmend auf den früheren Reisfeldern Mais angebaut.

Wie Sie wissen, gibt es ganz unterschiedliche Reisarten, mit denen ich mich nachfolgend beschäftige und ausnahmsweise auch ein Kochrezept liefere:

Italienische Reissorten

Angeblich existieren weltweit über 100.000 Reissorten. Ich habe mich dabei nicht vertippt, die fünf Nullen sind völlig richtig. Dass es unterschiedliche Reisarten gibt, wissen schon die Älteren unter uns, die in ihrer Jugend zumindest Milchreis, meist mit Zucker und Zimt, und »normalen« Reis, in der Regel verkocht und klebrig, zu essen bekamen. Später kam Kochbeutel-Reis

Reisfelder südlich von San Nazzaro Sesia

hinzu; danach, als die Kochkunst in Deutschland erfunden wurde, Wildreis (der gar kein Reis ist), und vor nicht allzu langer Zeit Sushi-Reis, Basmati-Reis sowie Arborio-Reis für das Risotto (die Ortschaft Arborio ist auf unserer Tourenkarte eingezeichnet). Bis zu einer unserer Italienreisen wären wir fast jede Wette eingegangen, dass gutes Risotto stets aus Arborio-Reis zubereitet wird, wenngleich wir uns während der vielen Jahre, in der wir immer mal wieder versucht haben, zu kochen wie in Italien, nicht erklären konnten, dass uns nie ein wirklich gutes Risotto gelungen ist.

Das Rätsel wurde gelöst, als wir in einem kleinen Laden, in dem das gesamte Warenangebot in einem Regal stand, nur eine einzige Sorte Reis kaufen konnten und froh waren, überhaupt eine Alternative zu den ewigen Nudeln zu bekommen.

Unsere Zubereitung war wie immer: Wir haben für das Grundrezept klein geschnittene Schalotten (oder Zwiebeln) in hälftig Olivenöl und Butter angedünstet. Als die Zwiebeln glasig waren, haben wir pro Person eine halbe Tasse Risottoreis hinzugegeben und zunächst ohne weitere Flüssigkeit gerührt, bis auch der Reis leicht glasig geworden ist. Danach haben wir mit (nicht zu viel) Weißwein abgelöscht und nach und nach Flüssigkeit aufgefüllt (im Zweifel Wasser und ein wenig Weißwein, wobei die Art der Flüssigkeit davon abhängt, welche Geschmacksrichtung das Risotto bekommen soll – dazu gleich). Wir haben die möglichst heiße Flüssigkeit so dosiert, dass wir immer nur so viel angeschüttet haben, wie erforderlich war, um den Reis gerade zu bedecken. Dabei haben wir, was wirklich wichtig ist, die ganze Zeit immer wieder gerührt. Und wenn Flüssigkeit verdampft war, haben wir nachgefüllt. Das dauerte so lange, bis der Reis gar war, was wir nie mit der Uhr gemessen, sondern durch Verkostung geklärt haben. Der Reis musste sämig werden, aber noch Biss haben, *al dente*, wie die Italiener sagen. Zum Schluss haben wir noch zerlaufene Butter und geriebenen Parmesankäse (wichtig!) untergerührt.

Und dann haben wir uns an unseren Campingtisch gesetzt und vor Staunen den Mund fast nicht zugekriegt. Der Reis war eindeutig besser als jeder selbst zubereitete Risottoreis unserer Erinnerung. Der Grund für dieses Wunder war ganz einfach: Der Kaufmann, der sich nur mit einer Reissorte bevorratet hatte, hatte klugerweise die beste gewählt: **Carnaroli**.

Wir haben es danach mehrfach ausprobiert. Carnaroli-Reis ist, wenn das Risotto noch Biss haben soll, eindeutig besser als Arborio (oder Vialone). Leider gehört er zu den teuersten Reissorten. Sie bekommen ihn heutzutage in Italien in jedem Supermarkt und in Deutschland in den meisten Feinkostgeschäften und in gut sortierten Supermärkten, selbstverständlich auch über das Internet.

Sie fragen noch nach der Zugabe, die darüber entscheidet, ob Sie Steinpilzrisotto, Spargelrisotto o.ä. auftischen. Die bereiten Sie zunächst – und vor dem Reis – in einem anderen Topf, in dem Sie beispielsweise Steinpilze mit Zwiebeln, Knoblauch, Weißwein und etwas Bouillon andünsten (statt Pilzen nehmen Sie beispielsweise Spargel und keinen Knoblauch). Die auf diese Weise gewonnene Flüssigkeit nehmen Sie, um, wie oben beschrieben, aufzufüllen, nachdem Sie mit Wein abgelöscht haben. Die Pilze (oder Spargel) geben Sie erst dann zum Reis, wenn dieser fertig ist.

Vielleicht klingt das alles komplizierter als es ist. Aber der entscheidende Faktor für das Gelingen ist eindeutig der **Carnaroli-Reis**.

Vercelli – Basilika di Sant'Andrea

In **Vercelli** (46.000 Einwohner), das als Reishauptstadt Europas gilt, haben wir erst gar keinen Stellplatz gesucht, sondern nur einen Parkplatz in Bahnhofsnähe, um von dort die Hauptsehenswürdigkeiten zu erreichen, allen voran die beeindruckende **Basilika di Sant'Andrea** aus dem Jahr 1227 mit einem großartigen Raumeindruck, der durch eine sehr ungewöhnliche Farbenkombination begünstigt wird: Rot-weiß gestreifte Kreuzrippengewölbe und rote Spitzbögen lasten auf grauen Säulen *(8–18:30 Uhr)*. Dahinter bleibt die östlich fast angrenzende **Cattedrale San Eusebio** zurück, deren Fassade und Kuppel den Betrachter täuschen, weil sie nämlich alt aussehen, jedoch aus dem 19. Jahrhundert stammen. Alt und sogar romanisch ist hingegen das mit Blattsilber überzogene Großkreuz (3,27 × 2,36 Meter) im Innern *(8–12 und 15–18 Uhr, kostenlos)*.

Wer meine Bewunderung der Fresken von Gaudenzio Ferrari teilt, nimmt gerne einen etwas größeren Fußmarsch in den Stadtteil südlich der Haupteinkaufsstraße in Kauf, um die von außen unscheinbare **Chiesa San Christoforo** zu besuchen. Dort sind die Wände des Querhauses farbenprächtig ausgemalt *(Via San Christoforo; 7:45–11:30 und 15:30–18:30 Uhr, kostenlos)*.

Abbazia di San Nazzaro Sesia

Nördlich von Vercelli und östlich des Flusses Sesia liegt die **Benediktinerabtei San Nazzaro Sesia**, einer der schönsten Orte des östlichen Piemont. Die kleine gleichnamige Gemeinde (720 Einwohner), die überwiegend vom Reisanbau lebt, hat sich seitlich an einen Klosterwehrbau geschmiegt, der 1040 gegründet und im 15. Jahrhundert umgestaltet worden ist. Die Wehranlage mit Mauern, vier runden Ecktürmchen, Torturm und 35 Meter hohem Campanile ist noch fast vollständig erhalten, ebenso wie die Seitenschiffe der Klosterkirche und ein teilweise freskierter, zweigeschossiger Kreuzgang *(8:30–18:30 Uhr, montags geschlossen; kostenlos)*.

Unser Stellplatz beeinträchtigt die Idylle nicht. Sicherheitshalber nenne ich noch eine Alternative:

189 San Nazzaro Sesia

GPS: N 45°26'15" E 8°25'07", Via Fratelli del Olmo. **Max. WOMOs**: 8-10. **Ausstattung**: Wasser (an der Friedhofsmauer gegenüber), Mülleimer. **Beschreibung**: Der hauptsächlich schattige Platz liegt am Rand der Bebauung und ist trotz Asphalts eingeschränkt klappstuhlgeeignet. Die sehr schlichte Gaststätte *Al Sesia* (Leser haben mehrfach die Pizzas gelobt) und ein Lebensmittelladen sind fußläufig erreichbar. Im Hochsommer stören Moskitos.
Zufahrt: San Nazzaro erreichen Sie, wenn Sie von Norden kommen, am besten über die A 4, Richtung Torino. Östlich des Autobahnkreuzes mit der A 26 nehmen Sie die Abfahrt ›*Biandrate*‹ und fahren über Biandrate nach San Nazzaro. Wenn Sie sich von Süden über die A 26 nahen, müssen Sie am Autobahnkreuz zunächst Richtung ›*Milano*‹ fahren.
Sie durchqueren San Nazzaro und folgen an der abknickenden Hauptstraße dem Wegweiser ›*Campo Sportivo*‹, Richtung Fluss. Der Parkplatz liegt gleich hinter den letzten Häusern, etwa 200 m nach der Klosteranlage.

190 Madonna della Fontana

GPS: N 45°25'37" E 8°25'29". **Max. WOMOs**: 2-3. **Ausstattung**: Wasser, Toilette (zeitweise). **Beschreibung**: Seitlich eines isolierten Kirchenkomplexes können Sie einsam auf grasigem Untergrund stehen, solange Sie nicht auf der benachbarten Wiese picknicken. Ich kann nicht völlig ausschließen, dass Sie situationsbedingt ein zu auffallendes Wohnmobil als störend empfinden. Jedenfalls übernachten Sie einsam am besten rechts (nördlich) der Kirche. **Zufahrt**: Fahren Sie durch San Nazzaro nach Süden und folgen Sie der abknickenden Hauptstraße und dem Wegweiser nach Borgo di Vercelli. Etwa 1 km südlich von San Nazzaro zweigt zwischen Reisfeldern eine Allee zu einem Kirchenkomplex ab.

Für die nach unserem Tourenablauf folgenden 17 Kilometer in die Großstadt **Novara** (104.000 Einwohner) lohnt sich die Autobahn nicht. Dafür rentiert sich die Parkplatzsuche, auch wenn Sie bei unserer Empfehlung nicht sofort Erfolg haben:

191 Novara

GPS: N 45°26'40" E 8°37'06", Viale Turati. **Max. WOMOs**: 10. **Ausstattung**: Keine. **Beschreibung**: Der schattige Platz wird Ihnen hauptsächlich als Parkplatz empfohlen. Er liegt im Zentrum, am Rand eines Parkes, aber auch einer stark befahrenen Straße. Die Sehenswürdigkeiten und Gaststätten sind von hier sehr gut zu erreichen. Die eingezeichneten Parkplatzmarkierungen sind für die meisten Wohnmobile zu kurz und grenzwertig schmal. Man kann aber das Heck des Fahrzeuges über Rasenflächen ragen lassen, am besten am südlichen Ende des lang gestreckten Parkplatzes. Wenn man dort steht, kann man sicher auch übernachten, was wir noch nicht ausprobiert haben. Wegen der Parkgebühren findet man hier meistens eine Lücke. **Preise**: Werktags 8–13 Uhr 1,50/Std.; 14–20 Uhr 1,30/Std. (Münzen). Woraus Sie sehen, dass es, wie in vielen italienischen Städten, den meisten Freiraum um die Mittagszeit und am Abend gibt. **Zufahrt**: Benutzen Sie Ihr Navi und beachten Sie, dass das Parkplatzgelände eine Etage über der parallel verlaufenden Straße liegt; und dass man es nur vom nördlichen Ende aus anfahren kann. Man erkennt den Parkplatz sehr gut daran, dass im nördlichen Bereich eine große Backsteinfestung direkt angrenzt. Eine Seite des Platzes ist nur für Berechtigte freigegeben.

Die Hauptsehenswürdigkeit der Stadt und den Grund, weshalb wir überhaupt hierher gefahren sind, erkennen Sie sehr gut schon vom leicht erhöhten Parkplatz. Denn die spitz zulaufende **Kuppel** der **Basilica San Gaudenzio** überragt die ganze Innenstadt, was kein Kunststück ist, wo sie doch erst 121 Meter über dem Erdboden endet. Wer schon in Turin war, identifiziert sie als die kleine Schwester der Mole Antonelliana. Richtig ist, dass der Baumeister Antonelli in Novara schon mal für sein späteres Meisterwerk in Turin geübt hat, was insofern mutig war, als er in der zweiten Hälfte des 19. Jahrhunderts die gewaltige Kuppel auf eine Kirche und deren Fundamente aus dem 16. Jahrhundert aufgesetzt hat und er damit alle Risiken einer statisch unzureichenden Gründung übernommen hat, die er zu dieser Zeit vermutlich noch nicht verlässlich untersuchen

Novara – San Gaudenzio

konnte. Man darf am Wochenende die Kuppel mithilfe eines Aufzuges besichtigen und zur Turmspitze fahren *(Fr., Sa., So. um 9:30, 11:30, 14:30, 16:30, 18:30 Uhr, im Juli und August auch Do. 21 Uhr; Spitze 17 €, Kuppel 12 €;* https://kalata.it/esperienza/cupola-di-san-gaudenzio/). Die Kirche selbst ist kostenlos.

Die nahe **Cattedrale** aus dem 19. Jahrhundert, an deren Bau Antonelli ebenfalls mitgewirkt hat, und den mittelalterlichen Gebäudekomplex **Broletto** zwischen Kathedrale und Kuppelkirche erwähne ich nur der Vollständigkeit halber.

Auf dem Rest dieser Tour vollenden wir die Reise um den **Lago Maggiore**, die Sie bei der 1. Tour an der Südspitze des Sees abbrechen mussten. Und wir verfehlen dabei sogar das Thema unseres Führers, denn das **Ostufer** des Sees gehört nicht mehr zum *Piemonte*, sondern zur *Lombardia* (Lombardei), siehe Karte Seite 311.

Zunächst stoßen wir auf **Angera** (5.500 Einwohner), deren berühmte Festung, die **Rocca di Angera** (Rocca Borromeo), uns schon vom Blick über den See ab Arona (1. Tour) bekannt ist. Mit dem Eintritt in die zinnenbekrönte Festungsanlage, die genauso im Privatbesitz verblieben ist wie die Inselschlösser, erkauft man sich das Recht auf die Besichtigung eines integrierten Puppenmuseums und einen unvergleichlichen Gegenblick auf das westliche Ufer des Sees *(Mitte März bis Sept. 10–17:30 Uhr, danach bis 17 Uhr, 14 €, es gibt Kombitickets mit den Inselschlössern, beispielsweise der Isola Bella)*. In Angera können Sie am Seeufer sogar etwas eingeschränkt übernachten:

192 Angera – östlich

GPS: N 45°46'19" E 8°34'50", Via Soldani. **Max. WOMOs**: 10. **Ausstattung**: Mülleimer. **Beschreibung**: Das am Rand schattige, geschotterte Gelände grenzt an den See, aber in einem Bereich, in dem das Ufer schilfig ist und Badeverbot gilt. Es nerven sicher Moskitos, und es liegt auch etwas Unrat herum. Auf dem Platz wird tagsüber ziemlich kreuz und quer geparkt, abends ist aber immer etwas frei. An Hochsommertagen, an denen man gerne draußen sitzen möchte, was hier theoretisch möglich ist aber keinen Spaß macht, ist der Platz weniger zu empfehlen. In der Übergangszeit, in der es auch keine Mücken gibt, scheint er richtig gut. Das Ortszentrum ist nach wenigen Schritten zu erreichen. **Zufahrt**: Die Fläche liegt östlich des Hafens und östlich der Sportplätze an der Uferstraße.

TOUR 12

193 Angera – westlich

GPS: N 45°46'16" E 8°34'37", Via Mazzini. **Max. WOMOs**: 5. **Ausstattung**: Toilette (nachts abgeschlossen, weitere Toilette am westlichen Ende des Parkes), Mülleimer. **Beschreibung**: Der schattige, geschotterte Parkplatz liegt seitlich von Liegewiesen und direkt am See, in dem man an dieser Stelle baden kann. Auf der anderen Seite gelangen Sie nach einer Parkanlage sofort in die Innenstadt. Es ist erstaunlich, dass man hier überhaupt mit dem Wohnmobil über Nacht bleiben darf, was sich vermutlich nur in der Nebensaison empfiehlt und nie am Wochenende. Donnerstags darf man vormittags nur 2 Stunden bleiben, offenbar ist das der Markttag. Das Fahrzeug sollte nicht länger als etwa 6,50 m sein, in die Zufahrt hängen Zweige. **Zufahrt**: Der Parkplatz liegt direkt westlich des Hafens. Sie müssen von der Uferrandstraße zwischen einer Grünanlage und einem Sportplatz zum See hin abbiegen.

Wer den nahen privaten Stellplatz kennt, wird in Angera nur parken und bei **Ranco** (1.200 Einwohner) übernachten:

194 Ranco – *Sass Cavalasc*

GPS/Kontakt: N 45°47'39" E 8°35'23", Via Quassa 27, Tel. 351 7191669; www.agricamperlagomaggiore.it/. **Max. WOMOs**: 28. **Öffnungszeit**: Ganzjährig. **Ausstattung**: Ver- und Entsorgung (nicht frei zugänglich), Toilette, Dusche, Strom, Mülleimer. **Beschreibung**: Der wenig schattige und empfehlenswerte Schotterplatz ist neu angelegt, weshalb die Bäume und Büsche noch klein sind, und ähnelt einem Campingplatz. Der See ist 550 m entfernt, das Ortszentrum 1,6 km. **Preise**: 10–18 € / 24 Std. inkl. Strom. **Zufahrt**: Der Platz liegt zwischen Ranco und der SP 69.

So erstaunlich wie die freie Übernachtungsmöglichkeit auf Platz Nr. 193 ist die Gelegenheit auf der Landzunge von Ispra:

195 Ispra

GPS: N 45°49'26" E 8°36'45". Via Valcanale. **Max. WOMOs**: 2-3. **Ausstattung**: Keine. **Beschreibung**: Der teilweise schattige, platzartig ausgeweitete Straßenrand bietet nicht mehr als die Chance, mit schönem Blick auf den See den Abend zu verbringen, um am nächsten Morgen in den See zu springen (gehen Sie dazu an einer Schranke vorbei und sofort links auf einem Weg nach unten). Abends ist es hier, abseits der Ortschaft, aber direkt neben einem Gebäude mit Ferienappartements,

ganz ruhig, und wahrscheinlich kann man dann sogar die Klappstühle auf den Asphalt stellen. Das merkwürdige turmartige Gebilde neben dem Stellplatz ist ein früherer **Kalkbrennofen,** von dem aus Schiffe an der noch vorhandenen Kaimauer beladen worden sind. **Zufahrt**: Der Stellplatz liegt auf der Landzunge nördlich des Zentrums. Die Straße endet hier an einer Schranke.

Weiter nördlich finden Sie zwei unmittelbar am See gelegene Campingplätze, die wir selbst noch nicht besucht haben:

196 Ispra – *International Camping*

GPS/Kontakt: N 45°49'38" E 8°37'38", Via G. Carducci 943, Tel: 0332 780458; https://dkampingvillage.it/. **Öffnungszeit**: Mitte März bis Mitte Oktober. **Ausstattung**: Pool, Laden, Pizzeria. **Beschreibung**: Der Platz liegt etwa 2 km nördlich des Ortszentrums direkt am See mit Strand und Bademöglichkeit. Es gibt ziemlich viele Dauercamper, aber auch noch ausreichend Plätze für Kurzzeitcamper, sodass der Platz nicht trist wirkt. Die Sanitäranlagen sind veraltet. **Preise**: 26 €–55 €, je nach Zeitpunkt und Lage. **Zufahrt**: Der Platz liegt nördlich der Stadt und direkt an der SP 69.

197 Ein weiterer, relativ teurer Campingplatz mit weniger schönem Strand liegt südlich von **Monvalle** bei N 45°50'50" E 8°37'13" in der Via Montenero 63.

TOUR 12 Eines der beliebtesten Ziele auf dem Ostufer des Lago Maggiore ist das frühere Eremitenkloster **Santa Caterina del Sasso**, einst stille Einsiedelei, später Kloster und schon lange beliebtes Fotomotiv (das Sie erst nach dem Bezahlen des Eintritts vor Ihr Smartphone bekommen). Der Weg hinab zu dem am ehemals unzugänglichen Steilufer gelegenen Wallfahrtsort führt über

Santa Caterina del Sasso

Santa Caterina del Sasso – Alberto im Glassarg

324 Treppenstufen (oder einen Aufzug) und belohnt Sie mit der schaurigen Leiche des Eremiten Alberto im Glassarg vor frühen Fresken *(9:30–19 Uhr; 5 €)*. Ab der Einsiedelei kann man mit dem Boot die andere Seeseite und sogar die Inseln erreichen. Vom Parkplatz zum Beginn der Treppe sind es nur wenige Schritte:

198 Santa Caterina del Sasso

TOUR 12

GPS: N 45°52'38" E 8°36'00".
Max. WOMOs: 6-8.
Ausstattung: Mülleimer.
Beschreibung: Der überwiegend schattige Parkplatz auf einem Gemisch von Asphalt, Gras und Rasengitter liegt direkt oberhalb der Einsiedelei. Das Gelände dient tagsüber den Besuchern, abends gibt es immer Freiraum. Nach 950 Meter gelangen Sie obendrein an einen Badestrand des Dorfes Reno (den Parkplatz im Rücken rechts um die Ecke, also nach Norden, an der SP 69 links bergab und an einer Gabelung wieder links). Unterwegs sehen Sie auch Gaststätten. Neben dem Stellplatz kann sich Ihr Nachwuchs auf einem Spielplatz vergnügen. Wenn Sie an dem ersten Parkplatz rechts um die Ecke fahren, gelangen Sie zu einem zweiten. Sie müssen – am besten zu Fuß – nachsehen, wo die Bedingungen aktuell am besten sind.
Zufahrt: Biegen Sie bald südlich von Reno beim braunen Wegweiser zur Einsiedelei Santa Caterina del Sasso ab.

Eine schöne, aber zu kleine Alternative direkt am See finden Sie in **Germignaga** (3.800 Einwohner), in einem ansonsten eher uninteressanten Ort:

199 Germignaga

GPS: N 45°59'47" E 8°43'27", Via Bodmer. **Max. WOMOs**: 6.
Ausstattung: Ver- und Entsorgung, Strom, Toilette, Mülleimer.
Beschreibung: Direkt am See und einem Badestrand können hintereinander sechs WOMOs auf Asphalt stehen, wobei Markierungen von etwa 7,50 m Länge eingezeichnet sind. Klappstühle und Markisen sind verboten. Der Ort mit Geschäften und Gaststätten ist problemlos zu Fuß zu erreichen, der Mittwochsmarkt von Luino nach 1,5 km.
Der Platz ist oft belegt. Nach unserer Beobachtung wird es toleriert, wenn WOMOs zur reinen Übernachtung auf den Pkw-Plätzen stehen, einigermaßen die Markierungen einhalten und ebenfalls 15 € bezahlen.
Preis: Von April bis Oktober 15 €, die mit Münzen bezahlt werden müssen. **Zufahrt**: Der Stellplatz liegt seitlich der Durchgangsstraße südlich des Ortes am See und kann nicht übersehen werden.

200 An derselben Straße, ein kleines Stück weiter südlich, sehen Sie einen weiteren, sehr teuren, privat betriebenen offiziellen Stellplatz oberhalb der Straße mit einem hässlichen Zeltgebäude, das den Blick versaut. **GPS**: N 45°59'28" E 8°43'10".

Eine überraschend leckere Pizza aus dem Holzofen bekommen Sie etwa 250 Meter vom Stellplatz Nr. 199 entfernt (an der Straße nach Norden) im **Ristorante *Boschetto***, wo alles, was wir getestet haben (wir essen übrigens nie, wir testen nur), gut geschmeckt hat, wo man aber auf der Heimfahrt aus einem Urlaub, der weiter im Süden stattgefunden hat, bemerkt, dass man sich den Pizzerien *San Remo* oder *Portofino* in Mannheim oder Köln nähert.

Die nur durch einen Fluss von Germignaga getrennte Stadt **Luino** (14.000 Einwohner) ist der größte Ort am Ostufer und bietet mit dem seit Jahrhunderten abgehaltenen **Wochenmarkt**, bei dem am Mittwochvormittag an der Uferpromenade mehr als 350 Stände aufgebaut werden, den attraktivsten Markt am Lago, zu dem sogar Bustouren veranstaltet werden.

Bevor Sie auf Ihrer Lago-Tour im Schweizer Teil mit Band 51 der WOMO-Reihe, *Schweiz, Der Osten*, weiterfahren, können Sie sehr gut noch in **Maccagno** (2.000 Einwohner) verweilen:

Maccagno

201 Maccagno

GPS: N 46°02'24" E 8°44'09", Via Virgilio Parisi. **Max. WOMOs**: 12-15. **Öffnungszeit**: Ganzjährig. **Ausstattung**: Wasser, Mülleimer, aber keine Entsorgung. **Beschreibung**: Der schattenlose Schotterplatz neben dem Stadion ist 270 m vom Badestrand (Kieselsteine) entfernt, wo Sie kalte

Duschen und eine Toilette finden. Wenn der Platz belegt ist, was nicht selten vorkommt, können Sie unbeanstandet auf der anderen Straßenseite (nicht aber auf der anderen Platzseite) parken. Sie dürfen Klappstühle auf eine große Wiese direkt hinter Ihr WOMO stellen. Nachbarn rücken Ihnen bisweilen dicht auf die Pelle. Gaststätten und Geschäfte sind im unmittelbar angrenzenden Ort problemlos zu Fuß erreichbar. Höchstens 72 Stunden. **Zufahrt**: Der Stellplatz liegt beschildert südlich eines Flusses beim Stadion.

202 Maccagno – *Lagocamp*

GPS/Kontakt: N 46°02'17" E 8°44'03", Via Corsini 3, Tel: 0332 560203; www.lagocamp.com/. **Öffnungszeit**: Ende März bis erste Novembertage. **Ausstattung**: Minimarkt, Bar, Padelbrettvermietung (SUP). **Beschreibung**: Der Campingplatz liegt direkt am öffentlichen Kiesstrand, in den Ort sind es nur wenige Schritte. Alles ist angenehm, mit sehr freundlichem Empfang; kein Wunder, dass man in der Hochsaison noch um den 20. August schon am Nachmittag häufig keine Parzelle mehr bekommt. Man steht sehr dicht, und die Wege innerhalb des Campingplatzes sind eng, weshalb dieser für sehr große Wohnmobile weniger infrage kommt, jedenfalls nicht in Zeiten guten Besuches. **Preise**: 28 €–56 € abhängig vom Zeitpunkt, der Platzgröße und der Wassernähe. **Zufahrt**: Das Gelände liegt beschildert südlich des Flusses. Man muss erst ein Stück auf der Durchgangsstraße durch den Ort fahren..

203 Nördlich des Flusses kommt der ebenfalls sehr gut besuchte, nicht ganz so enge und direkt am Ufer liegende ***The Camp*** infrage. Hier gibt es nur 27 Parzellen, aber eine Liegewiese; **GPS**: N 46°02'30" E 8°43'58"; https://maggiore-suites.com/camp.

Der Ort ist stark geprägt von deutschen Urlaubern, auf die sich die preiswerte ***Pizzeria Concordia*** gut eingestellt hat *(Tel. 0332 560218; Mo. geschlossen, an der Durchgangsstraße im südlichen Teil).*

Am letzten Morgen vor der Heimfahrt treten wir in Maccagno ans Ufer. Auf der gegenüberliegenden Westseite des Lago sehen wir Carmine und nördlich davon Cannobio. Drei Wochen ist es her, dass dort, am ersten Tag der Reise, der Urlaub wie die Ewigkeit vor uns lag, als wir noch hofften, in dieser Zeit wenigstens drei Bücher zu lesen und ganz nebenbei für Sie und erst recht für uns das halbe Piemont zu erkunden. Alles haben wir nicht geschafft. Wir könnten problemlos mit dem gleichen Tatendrang von vorne beginnen – und würden dabei das halbe Buch wieder umschreiben. Dasselbe würde sich nach der nächsten Runde wiederholen, denn wir hätten abermals Neues entdeckt.

Wir werden häufig gefragt, weshalb wir Jahr für Jahr dieselben Gebiete anfahren, anstatt die trendigen Fernreiseziele. Dafür gibt es viele Gründe, darunter den Respekt vor der Umwelt und den Einheimischen, die Abscheu, diese auszubeuten, die Furcht vor dem Massentourismus, die Angst vor gesellschaftlichen und touristischen Umwälzungen, den Zwang zur Neuauflage ....

Letzten Endes aber ist es der Reiz, bei jeder neuen Fahrt das alte Reisegebiet neu erleben zu können. Ein Reiseführer bleibt nämlich, ganz gleich wie umfangreich er ist, allzeit ein unvollendetes Werk.

Und irgendwie steht man immer wieder am Anfang.

Tipps und Infos

Anreise

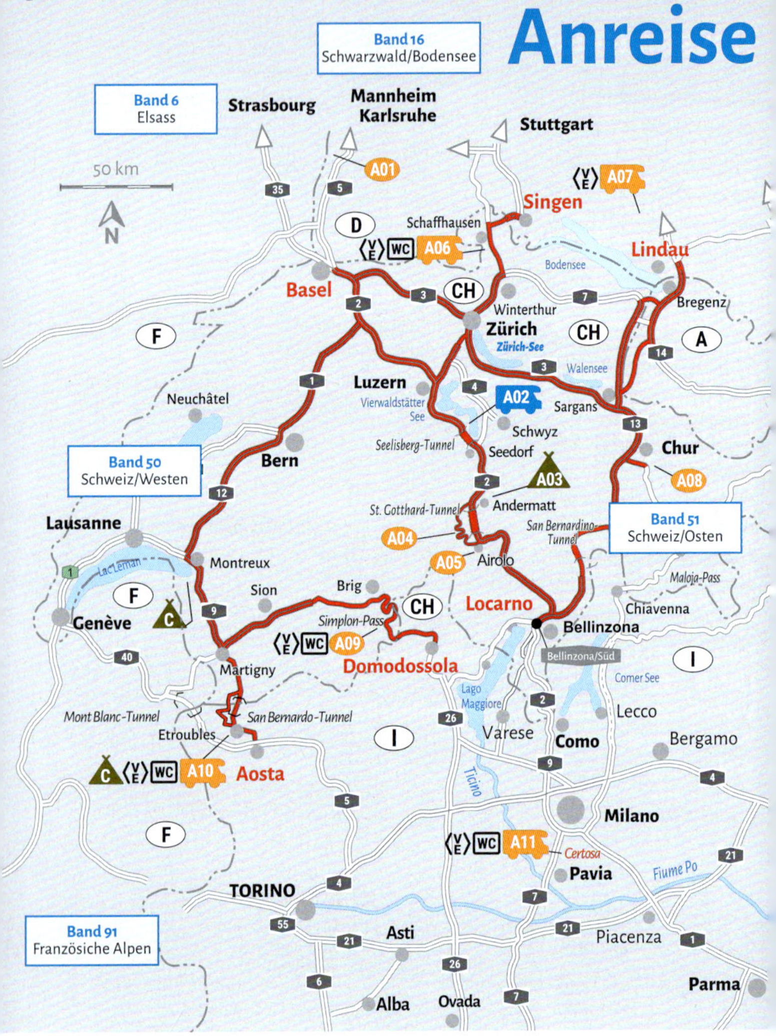

Anreise

Für Reisemobile **bis 3,5 t** kostet in der **Schweiz** die Vignette 40 CHF (41 €), unter den nachfolgend beschriebenen Strecken kostet nur der Tunnel am Großen Sankt-Bernhard eine zusätzliche Maut. WOMOs mit mehr als 3,5 t brauchen in der **Schweiz** keine Vignette, dafür bezahlen sie zwingend eine **Schwerverkehrsabgabe** (PSVA). *Wohnmotorwagen* kosten mindestens 25 CHF für sieben frei wählbare Tage. Die Abgabe wird heute praktikabel mit der **App *Via Strassenabgaben*** entrichtet.

Die 10-Tages-Vignette in **Österreich** kostet 9,90 Euro, die 2-Monats-Vignette 29 Euro. Für die Brennerautobahn müssen Sie zusätzlich Maut bezahlen. Die Maut für Reisemobile **über 3,5 t** wird in **Österreich** abhängig von der Strecke und der Anzahl der Achsen erfasst. Nähere Einzelheiten erspare ich mir hier wegen der Kürze der infrage kommenden Strecke.

Zur Maut auf italienischen Autobahnen äußere ich mich weiter hinten unter *Verkehr*.

Die **Dieselpreise** sind in der Schweiz höher als in Italien. Das **Tagfahrlicht** (ersatzweise Abblendlicht) muss tagsüber in der **Schweiz** überall, in **Italien** außerorts in Betrieb sein. Beachten Sie in der Schweiz die vielen fest installierten **Blitzer** (vor allem in den Tunnels bei Basel und Luzern). Schon geringe Geschwindigkeitsüberschreitungen kosten viel Geld.

Einzelne Routen

Die Darstellung der An- oder der Abreiserouten ist eine undankbare Aufgabe, weil ich Sie damit von weit auseinanderliegenden Startorten ans Ziel oder von dort zu Ihren Heimatorten führen muss. Deshalb kommen wesentlich mehr Hauptreiserouten infrage, als ich lange dachte, die ich selbst nie benutze und daher auch nur schlecht beschreiben kann. Zu allen hat der WOMO-Verlag Reiseführer im Programm, allen voran die beiden Bücher von Bergmann/Holtkamp über die Schweiz (insbesondere Band 51 der WOMO-Reihe / Zentral- und Ostschweiz). Wer es genau wissen möchte, sollte lieber dort nachlesen.

Sie werden das Piemont entweder über Tour 1 (vielleicht auch Tour 12, was aber bezüglich der Anreiseroute nichts ändert), Tour 2 oder über Tour 7 erreichen. Beginnen wir mit den Möglichkeiten zur 1. Tour:

St. Gotthard-Route I
Basel – Locarno (rund 255 km)

Basel – Luzern – St. Gotthard-Tunnel – Bellinzona – Locarno

Es handelt sich um die schnellste und bequemste Verbindung – und um eine der kürzesten. Nahezu jeder Meter ist gepflegte Autobahn. Einziger Nachteil: Die Autobahn Mannheim - Karlsruhe - Basel ist (nicht nur zur Ferienzeit) oftmals überlastet; Staus sind trotz des fortgeschrittenen dreispurigen Ausbaus nicht selten. Spätestens wenn es zu eng wird, sollten Sie auf die leeren Autobahnen der anderen Rheinseite flüchten! Von Ludwigshafen bis Wörth verläuft die A 65; gefolgt von der französischen A 35 von Lauterbourg bis Basel (dazwischen wenige Kilometer Landstraße von Kandel nach Lauterbourg). Und meinen Reiseführer über das **Elsass** können Sie dabei gut gebrauchen.

Ob Sie am Gottardo durch den Tunnel (16.900 Meter lang) oder über den Pass fahren, müssen Sie in Göschenen entscheiden. In der Regel ist der Pass zwischen Mai und November offen und mit Wohnmobilen problemlos befahrbar. Ein paar Plätze an der Hauptstrecke:

A01 Hartheim/Rhein (D)

GPS: N 47°56'36" E 7°35'54". Verlassen Sie die deutsche A 5 an der AS 64 ‚*Bad Krozingen*'. Folgen Sie nach ca. 5 km, in der Ortsmitte von Hartheim, nach rechts dem Wegweiser ›*Zum Rhein*‹. Ein Picknickplatz mit Tischen und Bänken, Schutzhütte und Grillstelle liegt direkt am Rhein. Hier feiert oft die Jugend, und man darf nur im markierten Randbereich stehen (wird kontrolliert).

A02 Isleten (CH)

GPS: N 46°55'03" E 8°35'40". Verlassen Sie die Schweizer AB A 2 an der AS Altdorf Nord/Schwyz (hinter dem Seelisbergtunnel am Ende des Vierwaldstätter Sees) und folgen Sie dem Wegweiser nach Seedorf. Dort schickt Sie der Wegweiser nach Isleten/Bauen auf das Westufer des Sees. Sie bleiben auf der Uferstraße, bis bei den Häusern von Isleten gegenüber dem Gasthaus Seegarten links der Straße vor einer Felswand ein großer, geschotterter Parkplatz auftaucht. Die Parkgebühr funktioniert nur mit CHF-Münzen oder den Park-Apps *Easypark* und *Parkingpay*: 1,50 CHF/Stunde zwischen 8 und 20 Uhr, 1,20 CHF/Stunde für die Nacht; Badestelle und Gasthaus auf der anderen Straßenseite, kein Seeblick.

A03 *Gotthard Camping Andermatt* (CH)

GPS: N 46°37'55" E 8°35'31"; 1.440 m; Mitte Mai bis Anfang Oktober; ca. 35 CHF; Gaststätten und Geschäfte in der Nähe. Verlassen Sie die Schweizer AB A 2 bei der AS Göschenen (nördlich des Gotthardpasses oder -tunnels) und fahren Sie nach Andermatt; der Platz liegt südlich des Zentrums an der Gotthardstraße und ist eine Mischung aus Camping- und Stellplatz.

A04 Gotthard-Pass (CH)

GPS: N 46°33'24" E 08°34'02"; 2.102 m; 15 CHF. Verlassen Sie die Schweizer AB A 2 bei der AS Göschenen (von Norden) bzw. Airolo (von Süden) und fahren Sie zum St. Gotthard-Pass. Auf dem Pass gemütliche Gaststätte und ruhige Parkplätze neben dem kleinen See. Der lohnende Umweg über den Pass (statt Tunnel) beträgt 17 km.

A05 Airolo – Seilbahn (CH)

GPS: N 46°31'26" E 08°36'12"; 1.186 m. Verlassen Sie die Schweizer AB A 2 bei der AS Airolo/St. Gotthard-Pass/Nufenenpass und fahren Sie Richtung Nufenenpass bis zur Talstation des Airolo-Liftes, dort entdecken Sie mehrere ebene Parkplätze gegenüber der St. Gotthard-Käserei mit Gaststätte, Käseverkauf und Schaukäserei. Die Baustelle der zweiten Tunnelröhre ist nicht weit entfernt und stört etwas am Morgen.

Genau genommen fahren Sie nicht nach Locarno, sondern Sie verlassen die Autobahn bei **Bellinzona/Süd** und suchen entweder das Westufer des Lago Maggiore und dort unsere 1. Tour. Oder Sie entscheiden sich für das Ostufer und wählen die Abfolge unserer 12. Tour rückwärts.

St. Gotthard-Route II
Singen – Locarno (rund 280 km)
Singen – Winterthur – Zürich – Luzern (oder ohne Autobahn Schwyz), dann wie St. Gotthard-Route I

Auf der A 81 kann man dem Stau am Autobahnende hinter Singen entgehen, indem man über Donaueschingen und Schaffhausen fährt:

A06 Neuhausen Rheinfall (CH)

GPS: N 47°40'24" E 8°36'31", Nohlstraße; Toilette, Dusche, Besichtigung des Rheinfalls, 31 € für die Nacht. Reisen Sie aus dem Schwäbischen über die A 81 an, fahren Sie am *Dreieck Hegau* Richtung Schaffhausen und legen Sie eine Pause auf dem offiziellen WOMO-Stellplatz am **Rheinfall** ein. Dieser ist ab der Autobahn ausgeschildert.

San Bernardino-Route I
Basel – Locarno (rund 335 km)

Basel – Zürich – Walensee – Chur – San Bernardino – Bellinzona – Locarno

Vor und hinter dem San Bernardino-Tunnel (6.600 Meter Länge) gibt es je 25 Kilometer nur sehr gut ausgebaute Landstraße. Die Strecke ist rund 70 Kilometer weiter als die St. Gotthard-Route I und bietet sich deshalb nur an, wenn Sie landschaftliche Abwechslung suchen oder einen Stau vor dem Gotthardtunnel, sei es nördlich oder südlich desselben, umfahren möchten. Vier Kilometer Staulänge entsprechen einer knappen Stunde Wartezeit. Für die San Bernardino-Route I benötigen Sie allerdings deutlich mehr als eine Stunde zusätzliche Fahrzeit. Eine Umfahrung des Staus lohnt sich daher meistens nicht. Im Sommer fahren Sie besser über den Gotthardpass oder Sie entscheiden sich für Zwischenziele abseits der Strecke, um den Tunnel zu günstigeren Zeiten zu durchfahren (Elsass, Bodensee, Schweiz) oder für eine der nachgenannten alternativen Routen. Stellplätze werden unten aufgeführt.

San Bernardino-Route II
Singen – Locarno (rund 325 km)

Singen – Winterthur – Zürich – Walensee – Chur – San Bernardino – Bellinzona – Locarno

Bis Zürich befinden wir uns auf der St. Gotthard-Route II, dann geht es auf der Autobahn N 3 weiter, vorbei an Chur. Diese Strecke ist etwa 45 Kilometer weiter als die Gotthard-Route II und dauert mindestens eine Stunde länger; Näheres siehe bei der vorigen und der folgenden Route.

San Bernardino-Route III
Lindau – Locarno (rund 240 km)

Lindau – Bregenz – Sargans, dann wie San Bernardino-Route I

Diese San Bernardino-Route ist die Hauptstrecke der Urlauber aus dem Nürnberger/Ulmer/Münchener Raum. Spätestens bei der Autobahnabfahrt Lindau muss man jedoch wählen: Weiter auf der österreichischen Autobahn und bequem durch den Pfändertunnel um Bregenz herum (österreichische Vignette oder Go-Box) – oder sparsam durch Bregenz hindurch und gleich hinüber auf die Schweizer Autobahn. Auf den drei San Bernardino-Routen kommen folgende Stellplätze infrage:

A07 Kißlegg (D)

GPS: N 47°47'45" E 9°52'46" Schlossstraße am See/Strandbad mit Ver-/Entsorgung; nur für WOMOs mit Toiletten erlaubt, zeitweise feiernde Jugendliche; 11 €. Verlassen Sie die Deutsche AB A 96 an der AS Wangen-Nord (von Süden) bzw. Leutkirch-West (von Norden) und fahren Sie über schmale Landstraßen nach Kißlegg und dort – ausgeschildert mit ›*Obersee/Strandbad/WOMO-Symbol*‹ – zum offiziellen Gelände.

A08 Tschiertschen (CH)

GPS: N 46°49'14" E 9°36'02", 1.338 m; am Ortsbeginn links mit schöner Aussicht. Verlassen Sie die Schweizer AB A 13 an der AS Chur-Süd und fahren Sie zunächst 3 km Richtung ›*Lenzerheide*‹, dann links 8 km schmal und steil nach Tschiertschen; großer, ruhiger Parkplatz.

Simplon-Route
Basel – Domodossola (rund 370 km)
Basel – Bern – Vevey – Sion – Brig – Simplonpass – Domodossola

Diese Strecke bietet sich an, wenn Sie über unsere 2. oder 3. Tour in das Piemont einsteigen möchten. Wenn Sie sich Domodossola als Ziel vorgenommen haben, ist diese Route nur rund 40 Kilometer länger als die Gotthard-Route über Locarno. Aber Sie müssen auch auf der Simplonstraße mit etwa 90 Kilometer Landstraße rechnen. Am 2.005 m hohen **Simplonpass** (italienisch: Passo del Sempione) sind ein altes Pilgerhospiz und kurz danach ein erstaunliches historisches Spittel zu betrachten. Die Abfahrt nach Domodossola gilt als der älteste Fußweg über den Pass und ist in Teilstrecken noch sichtbar. In Domodossola landen Sie mitten in unserer 2. Tour. Am Pass kann man übernachten:

A09 Simplonpass (CH)

GPS: N 46°15'01" E 8°02'04", 2.005 m; Toilette und Ver- und Entsorgung schräg gegenüber; Gaststätten. Der asphaltierte Parkplatz liegt in schöner Landschaft auf der Passhöhe seitlich der Straße. Dadurch sind Verkehrsgeräusche hörbar. Am ruhigsten stehen Sie nach meiner Beurteilung seitlich der Strecke nach Norden, hinter dem allenfalls zeitweise betriebenen Hotel *Kulm*.

Großer Sankt-Bernhard-Route
Basel – Aosta (etwa 300 km
Basel – Bern – Vevey – Martigny – Großer St. Bernhard-Tunnel – Aosta

Diesen Weg über die Alpen wählen die Leser, die unsere Reisebeschreibungen von Westen über das Aostatal und unsere 6. oder 7. Tour aufrollen. Das geht ins Geld, denn der 5.800 Meter lange **Tunnel** allein kostet 48,50 CHF, weil dessen Zufahrt in der Regel schneefrei gehalten wird (siehe unter *www.letunnel.com/*). Das Geld kann man im Sommer (meistens Juni bis September) sparen, wenn man die etwa neun Kilometer lange **Passstraße** wählt, die für Wohnmobile kein Problem bereitet und mit der man auf 2.469 Meter und dem dritthöchsten Schweizer Pass die Alpen überquert. Achtung: Verwechseln Sie nicht den Gran San Bernardo (Großer Sankt Bernhard) mit dem San Bernardino (siehe oben)! Auf der Passhöhe kann man eingeschränkt ebenfalls übernachten.

Am Großen Sankt Bernhard

Etwa 13 Kilometer südlich des Tunnels oder ungefähr auf halber Strecke zwischen Pass und Aosta und bereits in der Region Valle d'Aosta, sollten Sie sich direkt an der Route das Dorf **Etroubles** ansehen, das sich rühmen darf, den *Borghi più belli d'Italia* (Schönsten Ortskernen Italiens) anzugehören. Fast nichts eignet sich besser zur Besichtigung eines solchen Dorfes als ein gemischter Stell- und Campingplatz:

A10 Etroubles (I)

GPS: N 45°49'07" E 7°13'45", Strada Chevriere 4; Ver- und Entsorgung (im Sommer), Gaststätten, Geschäfte, Wanderwege. Höchstens 48 Stunden, keine Tische und Klappstühle. 26 €–30 €, nur 6 Plätze. Der angrenzende, fast ganzjährig geöffnete **Campingplatz** kostet kaum mehr. Der Platz ist in Etroubles an der Straße zum Gran San Bernardo als ***Camping Tunnel*** beschildert und liegt direkt vor dem dazugehörigen Campingplatz.
Neben diesem Gelände gibt es zudem einen **öffentlichen kostenlosen** Parkplatz.

Schließlich möchte ich Ihnen einen besonderen Tipp nicht vorenthalten, der nach unserer Tourenabfolge eher als Etappenplatz für die Heimfahrt infrage kommt, sofern Sie Tour 12 schon bei Asti verlassen und über die A 21, vorbei an Alessandria, auf der A 7 Richtung Milano fahren. Das ist eine der italienischen Autobahnhauptstrecken.

Die **Certosa di Pavia**, eine im 15. und 16. Jahrhundert etwa zehn Kilometer nördlich von Pavia mit dem Geld des Herzogs von Mailand erbaute Klosteranlage, gehört besonders wegen der Renaissance-Fassade der Kirche zu den großen Sehenswürdigkeiten Norditaliens *(Mittagspause 11.30–14.30 Uhr)*. Der

Certosa di Pavia

Umweg über die SS 35 ist nicht der Rede wert und auf jeder Straßenkarte eingezeichnet. Er lohnt sich immer, würde aber in diesem Buch nicht erwähnt, gäbe es nicht in der Nähe auch einen offiziellen Stellplatz:

A11 Certosa di Pavia (I)

GPS: N 45°15'25" E 9°08'30", Via di Vittorio. Ver- und Entsorgung, Toilette, Strom, Gaststätten, klappstuhlgeeignet; 15 €. Die Certosa di Pavia liegt ca. 10 km nördlich von Pavia und östlich der A 7. Sie verlassen die A 7 entweder im Norden an der Abfahrt ›*Binasco*‹ oder im Süden bei ›*Pavia Nord*‹, fahren in beiden Fällen Richtung ›*Pavia*‹ und folgen später dem Wegweiser zur ›*Certosa di Pavia*‹. Der Platz liegt links vor dem Klosterkomplex und ist als Parkplatz beschildert.

Aber wer wird schon weiter von der Heimreise sprechen, wenn Ihnen hier ein paar Tipps für die Anreise versprochen sind.

Campingplätze

Dass italienische Campingplätze relativ teuer sind (an den Gewässern und in der Hochsaison für vier Personen über 60 EUR/Tag) kann Sie auf den Reisen dieses Buches besonders an den Seen ernsthaft ärgern. Sonst werden Sie nämlich nur wenige Campingplätze finden. Die Plätze an oder in der Nähe der genannten Badegewässer sind in der Hochsaison, zumindest wenn Sie erst am Spätnachmittag anreisen, häufig ausgebucht.

Der Campingboom der letzten Jahre verhindert möglicherweise, dass Sie während deutscher und schweizerischer Schulferien, insbesondere der Sommerferien, direkt an Seen überhaupt einen Platz finden. **Sie sollten in dieser Zeit lieber vorbuchen**. Generell gilt: Je früher am Tag Sie den Campingplatz

Camping Orta – Tour 3

beehren, umso größer sind die Chancen auf Einlass. **Die beste Zeit ist vormittags zwischen 11 und 12 Uhr**, wenn andere Leute gerade aufgebrochen sind.

Relativ viele Plätze sind teilweise von Dauercampern belegt. Außerdem gibt es fast überall Mietunterkünfte, durch welche die Kapazität der Campingplätze weiter gesunken ist. Hunde sind meistens erlaubt, ich weise auf Verbote hin – möglicherweise nicht ganz vollständig.

Auf manchen italienischen Campingplätzen pflegt man eine ausgedehnte Mittagspause (häufig zwischen 13.30 und 15 Uhr), in der Sie sich bisweilen nicht anmelden können.

Einige Jahre habe ich eine sogenannte *CampingCard* des **ACSI** besessen *(man spricht nur von der ‚Axicard'; Näheres unter www.campingcard.com/de; Lieferzeit von über zwei Wochen!)*, mit der man in der Nebensaison (!) erhebliche Preisvorteile erzielen kann, für die sich der Preis der Ermäßigungskarte für etwa 17 Euro pro Jahr lohnt. Aber ich wurde seit der letzten Bestellung mit Zahlungserinnerungen und einem Dauerauftrag belästigt, den ich bewusst nicht abgeschlossen hatte. Das hat mir die Freude genommen. Außerdem wurden zunehmend die Preisvorteile nur noch bei der Belegung von unattraktiven Parzellen gewährt, jedenfalls nicht für die schönen Stellen, die wir uns auf Campingplätzen ausgesucht hatten.

WiFi (WLAN) gibt es inzwischen eigentlich auf allen Plätzen. Oft sogar flächendeckend. Erstaunlich oft ist es kostenlos, ähnlich oft aber auch langsam. Ich weise ganz bewusst nicht darauf hin, weil ich für eine seriöse Information Angaben über Kosten, Reichweite, Geschwindigkeit und Stabilität machen müsste. Diese Eigenschaften verändern sich ständig, häufig abhängig von der Tageszeit und der Anzahl anderer Nutzer. Ausführungen dazu gaukeln demnach verlässliche Infos nur vor.

Campingplatz in Campertogno – Tour 4

Freies Camping / Stellplätze / übernachtungsgeeignete Parkplätze

Stellplätze werden Ihnen heute von verschiedenen Internetanbietern zehntausendfach präsentiert, mit Fotos, Koordinaten und Kommentaren der Nutzer. Vorbei sind die Zeiten, in denen ich Ihnen erklären musste, wo und mit welchen Hilfsmitteln alte Hasen die besten Plätze aufspüren. Mit geeigneten Apps drücken Sie an Ihrem Smartphone auf einen Touchscreen, und es erscheinen alle – geeigneten und ungeeigneten – Stellplätze (und Campingplätze) im Umkreis. Und wenn Sie möchten, können Sie sich sogar dorthin navigieren lassen.

Stellplatz Nr. 001 in Cannobio

Wer die Szene aufmerksam beobachtet, findet auf diesen Internetseiten auch Plätze, die von Autoren des WOMO-Verlages vor vielen Jahren entdeckt und publiziert worden sind. Bisweilen konnte man dort sogar die eigenen Fehler wiederfinden. Auch insoweit haben sich die Zeiten geändert. Denn die Autoren der WOMO-Reihe orientieren sich selbstverständlich ebenso an dem reichhaltigen Angebot des Internets und benutzen das selbst zur Aktualisierung der Bücher.

Aber wir wählen aus!

Ich trenne die Spreu vom Weizen, und eine Aufgabe meiner Reiseführer besteht heute darin, soweit es um anderweitig veröffentlichte Stellplätze (und Campingplätze) geht – das sind praktisch fast alle, nur diejenigen in meinen Büchern zu erwähnen oder weiter zu pflegen, die ich für geeignet, empfehlenswert oder zum Besuch eines bestimmten Ziels für sinnvoll halte. Wenn Sie also mit dem erwähnten Klick die Stellplätze der Umgebung abrufen und diese bei mir wiederfinden, können Sie annehmen, dass ich sie mir angesehen habe. Und es gibt immer noch vereinzelte Plätze, die Sie zumindest vorübergehend nur bei mir finden.

Es existieren zweifellos gute, vielleicht sogar hervorragende Plätze, die ich nicht kenne oder die nach dem Erscheinen dieses Buches neu entstanden sind. Von dieser Einschränkung abgesehen sind Sie auf der sicheren Seite, wenn Sie möglichst solche Plätze anfahren, die ich für gut befunden haben.

Wenn ich im Internet bei App-Anbietern, unter anderem im Forum des WOMO-Verlages, surfe, lese ich immer wieder Klagen über **Parkgebühren**

oder **andere Entgelte**, und es entsteht der Eindruck, dass nur derjenige die perfekte Wohnmobilreise erlebt, der möglichst wenig ausgibt. In einer Welt, in welcher der Tourismus eine feste Wirtschaftsgröße ist, sollten wir in keiner Sekunde daran zweifeln, dass wir nur dort, wo wir auch Geld ausgeben, in Zukunft geduldet sind. Damit meine ich nicht verschwiegene Plätzchen in untouristischen Gebieten, sondern den Wohnmobilurlauber als eine in Haufen auftretende Spezies an touristisch beliebten Orten. Warum sollten einer solchen Gruppierung Wasser, Müllkapazitäten, Toilettenanlagen, wertvolles Bau-, Garten- oder Agrarland unentgeltlich zur Verfügung gestellt werden, wenn der Nutzer nur das konsumiert, was er in seiner voluminösen Heckgarage herangekarrt hat? Diese Zeiten sind in allen Gebieten, in denen mit dem Tourismus Geld verdient wird, vorbei. Sie werden auch nicht wiederkehren, ganz gleich, wie laut man das beklagt.

Ich rate Ihnen demnach, in Ihrem Fahrzeug ein **Depot von Ein- und Zwei-Euro Münzen** anzulegen, vielleicht noch von ein paar Fünfziger, und dafür zu sorgen, dass dieses stets gut gefüllt bleibt. Immer noch müssen nämlich Stellplätze – und dort auch die Automaten für Wasser oder Strom – mittels Münzeinwurf bezahlt werden.

Die Bedienung dieser Geräte erfordert bisweilen eine hohe Intelligenz, Experimentierfreude – und nicht selten Nachsicht, falls trotz Bezahlung einfach kein Parkschein ausgedruckt wird, der Automat das Geld aber behält. Erfahrene Weltenbummler schauen erst mal zu, wie Einheimische den Apparat bedienen. Im Übrigen nehmen Automaten zu, die mit der Kreditkarte zufrieden sind. Und häufig funktionieren inzwischen Parkplatz-Apps auf denen Sie mit ihrem Smartphone die Parkgebühr (nebst Aufpreis) bezahlen.

Wenn die **Nutzungszeiten** auf Stellplätzen zeitlich begrenzt sind, geschieht dies in den seltensten Fällen, um Sie zu beschränken. Häufig möchte man keine Dauerbewohner. Vorwiegend aber will man damit **abgestellte Wohnmobile** verhindern. Auf vielen kostenlosen Plätzen ohne diese Beschränkung stehen inzwischen mehr abgestellte als bewohnte Fahrzeuge, weshalb ich inzwischen eine moderate Parkgebühr befürworte.

Italien ist **das** Land der Wohnmobile, entsprechend großzügig ist die Obrigkeit. Und wenn Sie wirklich einmal von der Polizei weggeschickt werden, bricht die Welt auch nicht zusammen, allenfalls wird Ihr deutscher Gehorsam angekratzt. Neuerdings berichten Leser allerdings auch mal von Bußgeldern – meistens in Höhe von 42 Euro. Das ist, wenn es Sie nicht ständig erwischt, ein Risiko, welches Ihnen nicht den Urlaub verdirbt, wenn man bedenkt, dass Stellplatzgebühren bis zu 25 Euro betragen können. Obwohl in fast ganz Italien das freie Übernachten unproblematisch ist, möchte ich an dieser Stelle erneut darauf hinweisen, dass weder Verlag noch ich die Gewähr dafür übernehmen, dass Sie auf den in diesem Buch empfohlenen Plätzen legal die Nacht verbringen dürfen.

Stellplatz in Bielmonte – Tour 5

Der Wohnmobiltourismus wäre ohne die sogenannten Offiziellen Stellplätze in den touristischen Regionen Mitteleuropas nicht mehr möglich. Schilder mit Symbolen oder den Hinweisen ***Sosta Camper*** oder ***Area di Sosta*** weisen Ihnen in Italien den Weg zu Stellplätzen, die ganz unterschiedlich und häufig mit Stromsteckdosen ausgestattet sind.

In diesem Zusammenhang interessiert Sie vielleicht ein kurzes Glossar:

Area Attrezzata	speziell hergerichteter Platz
Camper	Wohnmobil
Camper Service	Ver- und Entsorgung
Camper Sosta	Wohnmobilparkplatz
Carico	Wasserversorgung
Corrente	Strom
Punto Sosta	Parkplatz
Scarico (nero)	Abwasser (Toilette)

Stellplatz in Oggebbio – Tour 1

Gas

Das Stichwort hat an Aktualität verloren, nachdem fast alle Wohnmobile über zwei 11 kg **Flaschen** verfügen, mit denen eine durchschnittliche Leserfamilie ohne zu heizen beinahe einen ganzen Sommer lang verreisen kann.

Wer zur Vorratswirtschaft nicht fähig ist, kann sich in Italien auf vielen Campingplätzen und in Eisenwaren- /Freizeitgeschäften *(Ferramenta)* eine teure blaue *Camping-Gaz* Flasche kaufen. Für den Einsatz im WOMO braucht man aber auch ein spezielles Anschlussstück (möglichst schon zu Hause kaufen und ausprobieren, ob es an Ihren Regler passt). Man kann auch eine kleine, blaue italienische Gasflasche (5 kg) leihen, die billiger ist als die *Camping-Gaz* Flasche und in den deutschen Flaschenkasten passt. Das Pfand wird bei der Rückgabe ersetzt.

Langzeiturlauber benötigen unbedingt ein **Füll-Set**, mit dem sie in Italien an einigen Stationen die eigene Flasche füllen lassen können. Zuständig ist auch hier die *Ferramenta* oder der *Distributore-Gas*, die meistens daran zu erkennen sind, dass sich am Haus oder im Schaufenster ein kleines Dreieck mit Flamme befindet. Eine Liste von Piemontesischen Gasverkäufern finden Sie unter *http://paginegialle.it/piemonte/gas.html*, wenn Sie nach dem Öffnen der Seite in das Suchfeld *bombole gas* eingeben (dass an jeder Adresse Flaschen befüllt werden, ist jedoch unwahrscheinlich). Nach einer Füllstation fragt man auf Campingplätzen. Füllen heißt *riempire* und *Gasflasche* heißt *Bombola di gas.* In Turin finden Sie eine Füllstation vermutlich in der Strada del Gerbido 64 (nordwestlich des Stellplatzes Caio Mario)

Ohne Adapter aus dem **Euro-Flaschenfüll-Set D** (kostet ca. 20 €) geht in der Regel nichts, weil es das passende Teil, mit dem man eine deutsche Flasche auffüllen kann, in Italien nur ausnahmsweise gibt.

Falls Sie eine italienische Gasflasche anschließen möchten, benötigen Sie außerdem das **Euro-Entnahme-Set**, mit dem Ihr Anschlussschlauch an die fremde Flasche passt.

Wohnmobilbesitzer mit fest eingebautem **Gastank** oder einer **Tankflasche** können die Hoffnung, diese betanken zu können, endgültig aufgeben. *G.P.L.'* (das heißt *Gas Propano Liquido*) an Tankstellen darf nämlich aus steuerrechtlichen Gründen nur für den Betrieb von Kraftfahrzeugen, nicht aber zum Heizen, Kochen und Kühlen verkauft werden. Von meinen früheren Tipps, schnell heimlich zu tanken oder den Tankwart zu bestechen, distanziere ich mich ausdrücklich. Abgesehen davon, dass ich zu nichts Illegalem raten möchte, funktioniert das auch nicht. Selbstbedienung ist beim Gastank nicht möglich, und Tankwarte sind schon aus Furcht vor der Polizei nicht korrupt. Sie verweisen darauf, dass die Polizei von Zeit zu Zeit die Daten der

Gasflaschenanschluss mit Schlauchbruchsicherung

Videoüberwachung auswertet und dabei erkennt, wenn eine Tankflasche befüllt worden ist bzw. ein Wohnmobil betankt worden ist, das praktisch nie mit Gas betrieben wird. Sie müssen sich daher eine italienische Gasflasche anschaffen, die sie vor Ort tauschen können. Eigene Erfahrungen – wie in Frankreich – dazu, mit welchen Flaschen das funktioniert, haben wir nicht.

Die meisten neuzeitlichen Fahrzeuge sind mit einer Schlauchbruchsicherung und/oder dem Strömungswächter Monocontrol CS (oder Duocontrol CS, beides von Truma und Nachfolger von SecuMotion) ausgerüstet, der serienmäßig einen Crashsensor enthält. Dieser Regler ist am Fahrzeug montiert, danach folgt der Schlauch und dann meistens noch eine Schlauchbruchsicherung (auf dem Foto von Seite 333 das Teil mit dem grünen Knopf), die an die Flasche oder den Euro-Entnahme-Adapter geschraubt wird (siehe Foto am Beispiel des Adapters Nr. 4 für französische Flaschen).

Für (ältere) Fahrzeuge ohne diesen Schutz empfehle ich eine **Schlauchbruchsicherung**, der Einbau dauert 15 Minuten. Sie ist unerlässlich, wenn Sie unterwegs mit Gas kühlen. Die Sicherung verhindert, dass Gas bei einem Unfall oder nach einem Schlauchbruch in großer Menge ausströmt.

Geld

Geld zog man bislang flächendeckend mit PIN-Code aus dem **Bankautomaten**, entweder mit der (deutschen) **Girocard** (so heißt seit 2007 die frühere EC-Karte), fast genauso oft auch mit der **Kreditkarte** (Visa oder Mastercard), was aber deutlich teurer war. Auch ab 2023 kann jede in Umlauf befindliche Girocard in Italien wie bisher benutzt werden.

Die Kreditkarte ist allerdings universeller einsetzbar, weshalb ich dringend zu ihr rate. Sie benötigen diese ohnehin beim Tanken, was häufig nur entweder mit Kreditkarte oder mit Geldscheinen funktioniert (oder nur gegen hohen Aufschlag für die Bedienung). Beim Gaststättenbesuch sollten Sie zur Sicherheit ausreichend Bares dabeihaben oder zumindest vorher fragen, jedenfalls dann, wenn Sie in einem Dorf speisen, in dem kein Bankautomat montiert ist. Es gibt auch Campingplätze oder kleinere Läden, die nur Bargeld annehmen.

Zu den Reisedokumenten höchster Wichtigkeit, deren diebstahlgeschützter Ablageplatz niemals in Vergessenheit geraten darf, gehört der Zettel mit der Kreditkarten- und Scheckkartennummer sowie der Telefonnummer der Zentrale. Beides brauchen Sie für die Kartensperre: In Deutschland erreichen Sie unter 0049-116 116 die Hotline für etwa 90 Prozent aller Bank- und Zahlungskarten wie Maestro, EC, Euro/MasterCard, VISA und American Express (Näheres unter www.kartensicherheit.de). Rufen Sie dort **umgehend** an, wenn die Karte abhandengekommen ist, und sei es auch mitten in der Nacht. Nur wenn Sie davon berichten können, dass Ihnen das Stück Plastik gerade erst – vor wenigen Minuten – verlustig gegangen ist (und dass Sie die Geheimzahl nirgends aufgeschrieben haben), zahlt die im Kredit- oder Scheck-Kartenvertrag enthaltene Versicherung, falls ein Bösewicht Missbrauch treibt!

GPS / Navigation

In diesem Reiseführer sind für alle Stell- und Campingplätze die Koordinaten angegeben. Das nutzt Ihnen nur, wenn Sie selbst ein Navigationsgerät (oder Smartphone) besitzen, in das man Koordinaten eingeben oder, noch besser, zugleich eine Datei mit allen Koordinaten aufspielen kann. Sie können beim WOMO-Verlag die Koordinaten als sogenannte **POIs** (das ist die Abkürzung von **P**oint **o**f **I**nterest) beziehen und auf Ihr Navi überspielen. Falls Sie das Navi wechseln und die Koordinaten in einem anderen Format benötigen, können Sie diese mit dem kostenlosen Computerprogramm *RouteConverter* selbst umwandeln.

Viele Leser navigieren mit dem **Smartphone** und dabei mit ***Google Maps***. Man kann sogar offline navigieren, wenn man sich zuvor den Kartenausschnitt heruntergeladen hat. Die Routensuche mit *Google Maps* funktioniert überraschend gut, wenn man weiß, wie man dort Koordinaten eingibt: Man tippt N oder E (groß oder klein) ein und danach die Ziffern. Sonderzeichen für Grad, Minuten und Sekunden sind bei Google Maps nicht erforderlich. Anstelle dieser Sonderzeichen muss man ein Leerzeichen eingeben, bei etwaigen Nachkommastellen anstelle des Kommas einen Punkt.

Bei fast allen festeingebauten Geräten kann man die **Darstellung** der Koordinaten einstellen. Der WOMO-Verlag hat sich für die Angabe von **Grad, Minuten und Sekunden** entschieden, aber es gibt sowohl Geräte wie auch Publikationen mit anderer Schreibweise. Wir bekommen immer noch Zuschriften irritierter Leser, die die Stellplätze nicht finden, weil sie in ihr Gerät statt Sekunden einen Nachkomma-Wert von Minuten eingeben! In diesem Buch werden Ihnen überwiegend keine Nachkommastellen genannt, die viele Geräte gar nicht anzeigen. Sie werden die Nachkommastelle für die Navigation zu einem Stell- oder Campingplatz allenfalls in extremen Ausnahmefällen benötigen.

Ich warne Sie vor allzu großer Navigationshörigkeit. Sie müssen die vorgeschlagene Strecke und vor allem das Ziel überprüfen, bevor Sie der Technik vertrauen und die Navigationsführung bei jeder zweifelhaften Abbiegung infrage stellen. Man wird sehr häufig auf ungeeignete Strecken geleitet. Außerdem sollten Sie meine Ratschläge unter *Landkarten* sorgfältig beachten. Ich bekomme immer wieder Zuschriften, in denen sich Leser beklagen, sie hätten das Ziel aufgrund der Koordinaten nicht gefunden, was vielfältige Gründe haben kann (z. B. geänderter Straßenverlauf, neue Zufahrten, niedrige Brücken).

Hunde

Die schlechte Nachricht zuerst: Sie dürfen höchstens fünf Hunde mitbringen.

Im Übrigen benötigen Sie den **EU-Heimtierausweis** mit einer Beschreibung des Tieres, mit dem Namen und der Adresse des Eigentümers, dem Nachweis der Tollwutimpfung sowie mit der Chip-Identifizierungsnummer.

Für in Deutschland geimpfte Hunde muss das Mindestalter bei der Erstimpfung 3 Monate betragen und diese muss wenigstens 21 Tage zurückliegen. Sie sind verpflichtet, eine Identifikation (Chip) bei Ihren Hunden anbringen zu lassen. Ist Ihr Liebling jünger als drei Monate, gelten Sonderbestimmungen.

Maulkorb und Leine müssen stets zur Hand sein (genau genommen muss der Hund im öffentlichen Verkehrsraum an einer 1,5 Meter langen Leine geführt werden), und angeblich drohen Geldbußen bis 200 Euro, wenn der Vierbeiner bei der Fahrt nicht im WOMO festgezurrt ist. Nicht auf allen Campingplätzen sind Hunde erlaubt. In öffentlichen Verkehrsmitteln sind Hunde mit Maulkorb gestattet.

Aktuelle Infos finden Sie unter https://italien.diplo.de/it-de/themen/willkommen/-/1604976.

Kriminalität / Autoaufbrüche

In meinem Führer über den Westteil der Provence berichte ich Ihnen, dass an unserem Fahrzeug die Seitenscheibe der Beifahrertür eingeschlagen worden ist und wie man sinnvollerweise mit einem solchen Ereignis umgeht. Das Einschlagen einer Scheibe ist in Frankreich eine der gebräuchlichsten Aufbruchvarianten, die nach meinen Erfahrungen in Italien hingegen seltener praktiziert wird – ausgenommen Turin. In Italien werden nach den mir zugehenden Berichten und einem eigenen Erlebnis eher die Schlösser geknackt. Damals wurde bei uns tagsüber auf einem belebten Parkplatz in einem kleinen Ort in Umbrien das Schloss einer Außenklappe aufgebrochen, aber der Dieb hat schnell die Flucht ergriffen, als er statt der erhofften Handtasche nur meinen Gasgrill zu Gesicht bekam und als ihm meine Alarmanlage gehörig den Marsch geblasen hat (die an eine richtige, laute Hupe angeschlossen ist und nicht an eine jämmerliche Sirene). Aber das Schloss, das europäische Wohnmobileinheitsschloss, war mit einer einzigen Schraubenzieherumdrehung aufgebrochen. Mit solchen Schlössern sind immer noch zahlreiche Wohnmobile gesichert. Das heißt, sie sind nicht gesichert. Dabei wäre es ein lächerlicher Kostenaufwand, jede Wohnmobiltür mit einem kräftigen Zylinderschloss auszurüsten.

Gegen eingeschlagene Scheiben kann man sich nur damit schützen, dass man den Ort, an dem man das Auto unbeaufsichtigt parkt, nicht leichtfertig auswählt, dass man die wichtigsten Wertsachen nicht im Fahrzeug zurücklässt (schon gar nicht sichtbar) und dass man Vorkehrungen trifft, die ein Öffnen der Türen durch die eingeschlagene Scheibe einschließlich der Aufbau- oder Schiebetür verhindert, nachdem eine schmale Person in das Fahrzeug geklettert ist. Sonst räumen die Diebe im ungünstigsten Fall das ganze Fahrzeug leer. Um dem vorzubeugen, benötigt man **mechanische, abschließbare (!) Verriegelungen, die zugleich gegen aufgebrochene Schlösser** wirken. Der WOMO-Verlag verkauft Ihnen den *WOMO-Knacker-Schreck*, den Sie auch in Mietmobilen einsetzen können und der das Öffnen der Vordertüren verhindert (funktioniert nicht bei Ford-Modellen, weil die Armlehnen in den Türen eine Öffnung zum Einhaken haben müssen). Die beste Lösung auch gegen das Aufbrechen von Schlössern sind die Zusatzschlösser der Firma ***Heosafe*** (www.heosolution.de). *Heosafe* hat auch ein taugliches Angebot im Programm, mit dem sich die Schiebetür eines Fiat Ducato (Peugeot, Citroën) Kastenwagens auch nachts von innen perfekt verriegeln lässt, sowie Schlösser für die Schiebetür und die Hecktür von außen.

Sinnvoll ist außerdem eine **Alarmanlage**, die auch in unserem Fall die Diebe vertrieben hat, bevor besonders viel gestohlen werden konnte. Abgesehen davon, dass eine solche Vorrichtung Lärm macht, den Sie im benachbarten Restaurant oder an einem Badeplatz möglicherweise selbst hören, dürften schon entsprechende Aufkleber an den Seitenscheiben oder ein blinkendes Lichtchen eine gewisse Warnfunktion haben. Der Einbau ist leider teuer und kostet gut und gerne 500 Euro, aber er belohnt Sie mit einem sorgenfreieren Urlaubserleben. Zufrieden bin ich mit der Alarmanlage des Herstellers ***Thitronik***, der einen beeindruckenden Service bereitstellt (www.thitronik-automotive.de/).

Wegen der beschädigten Scheibe wenden Sie sich am besten an die Firma *Carglass*, die uns mit einer Notscheibe geholfen hat (siehe im Internet).

Ein ganz wichtiger Tipp: Bewahren Sie wertvolle Dinge und wichtige Utensilien (täglich benötigte Medikamente) nicht in Aktentaschen oder kleinen Koffern auf. Alles, was ein Schloss hat, wird als erstes geklaut; besonders der Schminkkoffer, der, wie uns die Leserbriefe zeigen, nicht nur zum festen Repertoire eines deutschen Mietmobils, sondern auch zur Lieblingsbeute eines eiligen WOMO-Knackers gehört. Ständig benötigte Medikamente sollten Sie doppelt dabeihaben, davon einmal in einem sicheren Versteck. Auch in unserem Fall wurden solche Medikamente gestohlen!

Es gilt eine **Grundregel**, die Sie eisern befolgen müssen: Verlasse nie dein WOMO mit nichts als dem Autoschlüssel in der Hand. Denn die Diebe lauern womöglich hinter den Büschen und wissen, dass Sie mehr als diesen Autoschlüssel mit auf die Reise genommen haben: Geld, einen Laptop und die Damen eine Handtasche. Tragen Sie aber nichts unterm Arm, müssen diese Dinge zwangsläufig im WOMO zurückgeblieben sein.

Das betrifft besonders die Leser, die ein Wohnmobil gemietet haben, weil diese Fahrzeuge gegen Autoknacker schlechter gesichert sind. Die Besatzung solcher Mietmobile muss damit rechnen, das schwächste Glied in der Kette zu sein. Den Fahrzeugen, durchweg neuesten Modellen mit wenig individuellen Innereien und Werbeaufschriften, sieht der erfahrene Einbrecher an, dass die Mieter unkundiger und sorgloser sind als alte Hasen. Das dürfen Sie in keiner Minute vergessen, schon gar nicht auf dem Autobahnrastplatz oder an anderen Stellen, an denen Sie nur kurz Ihr Fahrzeug verlassen. Die wenige Minuten dauernde Einkehr ist oft die beste Gelegenheit, im Auto herumliegende Wertgegenstände zu stehlen. Wenn es irgendwie geht, sollte auf

Rastplätzen immer ein Familienmitglied im Auto bleiben. Ansonsten müssen die Wertsachen zur kurzen Erfrischung (und Entleerung) mitgenommen werden!

Trotz aller Warnungen hören wir immer wieder von Diebstählen, bei denen die Besatzung das WOMO zu einer Besichtigung nur kurze Zeit verlassen und sogar abgeschlossen hat, während aber alle Wertgegenstände im Fahrzeug verblieben sind, einschließlich Geld und Ausweise, häufig in einem Rucksack auf dem Bett oder an einem anderen deutlich sichtbaren Ort.

Das alles hat mit der **Übernachtungssicherheit** auf freien Stellplätzen nichts zu tun. Ich kann mich an keine Italienurlauber erinnern, die mir im Verlauf von über 30 Jahren von einem nächtlichen Einbruch berichtet haben. Ich warne aber in allen Ländern vor den Autobahnrastplätzen! Der nächtliche Diebstahl unterscheidet sich von dem, der tagsüber stattfindet, dadurch, dass man nachts versucht, heimlich und ohne große Geräusche das Schloss zu knacken. Die genannten mechanischen Hürden verhindern natürlich auch das Öffnen der Türen, nachdem Schlösser aufgebrochen worden sind.

Falls Sie bestohlen wurden, benötigen Sie eine Bescheinigung der **Polizei**, dass Sie den Diebstahl angezeigt haben, nur dann, wenn das ganze Auto verschwunden ist oder Sie eine Reisegepäckversicherung unterhalten, die normalerweise Leistungen für Diebstähle aus dem Fahrzeug allenfalls erbringt, wenn der Diebstahl auf Campingplätzen stattgefunden hat, nicht aber, wenn das Fahrzeug außerhalb derselben aufgebrochen worden ist. Den Glasschaden einer eingeschlagenen Scheibe ersetzt die Kaskoversicherung auch ohne Nachweis einer Anzeige. Die Polizei nimmt den Diebstahl erst dann auf, wenn sie vorher im Tabakladen für die Verlustanzeige ein Formular gekauft haben, die *Carta bollata*.

Straßenkriminalität, insbesondere geklaute Taschen oder Diebstähle aus Rucksäcken sind nach meinen Informationen selbst in Turin selten. Zur etwa notwendigen Kartensperrung lesen Sie Näheres beim Stichwort *Geld*.

Landkarten – auf Papier und virtuell

Selbst neben dem tollsten und teuersten Navigationsgerät benötigen Sie für das Verständnis dieses Reiseführers eine detailgenaue Landkarte.

Sehr gut ist die **Straßenkarte** *Piemont, Aostatal* von *Marco Polo*, im Maßstab 1:200.000 (1 cm = 2 km). Sie ist präzise und weist Sehenswürdigkeiten sowie Campingplätze aus. Außerdem verfügt sie über einen Ortsindex und Stadtpläne von Aosta, und Turin. Stattdessen geht auch gut die gleichnamige Karte von **freytag&berndt**, die mit dem Maßstab 1:150 000 (1 cm = 1,5 km) besonders genau ist.

Wenn ich mich online orientieren oder nur die Verkehrslage checken möchte, verwende ich die kostenlose Internetseite von ***ViaMichelin***. Sobald Sie (am Smartphone) am Rand der Karte den Punkt mit den beiden Fahrzeugsymbolen berühren, wird die Verkehrslage ein- oder ausgeschaltet. Grüne Straßen sind freie Straßen, schwarze Straßen zeigen Sperrungen an, rote bedeuten Staus und orange Zähflüssigkeit. Man muss für diese Funktion, im Gegensatz zu *Google Maps*, keine Route eingeben.

Mit ***Google Maps*** orientieren wir uns kostenlos online innerhalb von **Städten** und **Dörfern**, wenn wir konkrete Ziele, beispielsweise eine Gaststätte, (zu Fuß oder mit dem Rad) suchen. Das funktioniert derart perfekt, dass ich bei den Touren kaum noch Wegbeschreibungen zu Gaststätten angebe.

Falls Sie ab und zu wandern möchten, suchen Sie nach **Wanderkarten**, die es inzwischen von den meisten Wandergebieten gibt; Näheres wie auch zur brauchbaren App können Sie unter der Überschrift *Wandern* nachlesen.

Besitzer eines Smartphones laden ***maps.me*** und orientieren sich gerade in Städten, und zwar **offline**, also völlig kostenlos (siehe beim Stichwort *GPS*).

Literatur

Fresko in Manta – Tour 10

Als die 1. Auflage des Vorvorgängerwerkes (in dem noch Ligurien enthalten war) in die Regale der Buchhändler kam, leider viel zu oft in eine Ecke abseits der eigentlichen Reiseliteratur und neben die Angler und die Biker, war das Angebot an Reiseliteratur über das Piemont gering. Der **DUMONT-Kunstreiseführer *Piemont und Aosta-Tal*** war fast konkurrenzlos und das Maß der Dinge. Über die trockene Betrachtung der Serie haben wir uns in anderen Büchern gelegentlich ein wenig kritisch geäußert, was wir hier nicht wiederholen wollten. Wie dankbar sind wir damals den profunden Recherchen von **Ida Leinberger** und **Walter Pippke** gefolgt, deren Buch längst nicht mehr neu erhältlich ist. Auf unserer Internetsuche nach lieferbaren Büchern über das Piemont stießen wir damals auf ein unglaublich dürftiges Angebot, soweit wir uns nicht über Wein informieren wollten, oder über Gasthäuser, Wein-Reisen und Trüffeln. Als habe man im Piemont nur Flaschen und Speisekarten betrachten können.

Der Notstand ist längst beseitigt. Besonders durch **Sabine Becht** und **Sven Talaron** und deren Führer ***Piemont*** aus dem Michael-Müller-Verlag, den wir Ihnen sehr empfehlen. Wer sich länger am Lago Maggiore aufhält, braucht dazu als spektakuläre Insiderlektüre das Buch ***Lago Maggiore – Leiser Luxus am großen See*** von **Wolfgang Abel** aus dem Oase-Verlag.

Freunde der Valle Maira (Tour 11) verehren den Titel ***Antipasti und alte Wege: Valle Maira - Wandern im andern Piemont*** von **Ursula Bauer** und Jürg Frischknecht aus dem Rotpunktverlag, Zürich.

Sabine Bade und **Wolfram Mikuleit** haben sich in ihrem Buch ***Partisanenpfade im Piemont*** mit diesem Thema so intensiv auseinandergesetzt, dass wir den Kauf des Buchs nur dringend empfehlen können, zumal es die historischen Hintergründe wunderbar mit Wanderungen verbindet.

Le Pont – Tour 7

Notfälle

Ärzte

Wir empfehlen dringend eine sehr preisgünstige **Auslandskrankenversicherung** (bis zu 45 Tagen). Sie sollte für jeden Wohnmobilreisenden eine Selbstverständlichkeit sein. Wer sich dazu nicht entschließen kann, benötigt für Italien und die Transitländer die **europäische Krankenversichertenkarte** (EHIC). Das Dokument kann direkt bei Ärzten und Kliniken vorgelegt werden. Wer in Deutschland gesetzlich versichert ist, muss die Karte nicht beantragen, sie ist automatisch auf der Rückseite der Versichertenkarte aufgedruckt. Gewährt werden bei der Vorlage alle notwendigen Leistungen – allerdings zu den Bedingungen, die vor Ort gültig sind. Wer die EHIC nicht vorweisen kann, wird zu entsprechenden Tarifen als Privatpatient behandelt und muss in Vorleistung treten. Gegen Rechnungsvorlage wird in der Heimat möglicherweise ein Teil wiedererstattet. Das gilt auch für zahnärztliche Behandlungen, bei denen Ihnen die EHIC nicht hilft.

Adressen deutschsprachiger **Ärzte** erhält man bei den Konsulaten oder vom ADAC, München (Tel. 0049 89 22 22 22), aber auch bei den örtlichen Touristenbüros oder beim Campingplatzverwalter.

Im schlimmsten aller schlimmen Fälle: Wenn Sie einen Auslandsschutzbrief haben, werden Sie, Ihre Familie und das WOMO kostenlos nach Hause transportiert; ADAC siehe eben.

Apotheken:

Die Öffnungszeiten: 9 – 13 und 16 – 20 Uhr; die Anschrift der Nachtapotheke kann man an jeder anderen Apotheke erfahren, zumeist unter der Überschrift *turno*.

Botschaften:
Deutsche Botschaft in Rom, Tel. +39 06 492131, Notruf in dringenden Fällen +39 335 7904170; https://italien.diplo.de/itde/vertretungen/botschaft.
Österreichische Botschaft in Rom, Tel. +39 06 841 8212; Notruf in dringenden Fällen +39 335 7089749;
www.bmeia.gv.at/oeb-rom/.
Schweizerische Botschaft in Rom, Tel. +39 06 809 571;
www.eda.admin.ch/countries/italy/de/home/vertretungen/botschaft.html.

Notruf:
Polizeinotruf und Rettungsdienst: 113, Feuerwehr: 115, Carabinieri: 112 (funktioniert alles auch per Handy)

Pannendienst:
Automobil Club Italiano - ACI: 116
Notrufdienst des ADAC: Tel. +49 89 22 22 22
ÖAMTC-Notrufzentrale Wien: +43 1 38 31 111.
Weitere Infos erhalten Sie unter dem Stichwort *Unfall*.

Preise

Fast nichts ist teurer als Campingplätze. Billig sind Speiseeis, Pizza, Café und Mineralwasser im Restaurant. Der Rest kostet ähnlich viel wie in Deutschland. Restaurants in Italien sind, solange man nicht Pizza bestellt, unter dem Strich teurer als in Deutschland. Eintrittspreise reißen ebenfalls große Löcher in die Urlaubskasse.

In Dronero - Tour 11

Rad fahren

Wir kennen uns mit Radtouren nicht aus (und würden uns deshalb freuen, wenn uns mal ein Leser zwei oder drei nicht zu sportliche Rundtouren vorschlagen könnte). Trotzdem haben wir im Sommer, wenn wir weniger wandern, Räder dabei. Nur mit diesen kann man nämlich diverse Ziele erreichen, sofern man nicht auf den Bus angewiesen sein möchte. Ein Rad leistet zudem immer gute Dienste, wenn Sie Campingplätze besuchen.

Sollten Sie zu den Gestrigen gehören, die Wert auf ein möglichst kleines WOMO legen und den entbehrlichen Leerraum, den man Heckgarage nennt, lieber nicht durch die Gegend fahren, sondern nur bei Bedarf ein Rad auf einem Heckgepäckträger, benötigen Sie unbedingt eine rot-weiße **Warntafel** (*Panello* – gibt's im Kfz-Zubehörhandel oder beim Campinghändler). Ohne dieses Teil riskieren Sie Strafen sogar dann, wenn Ihr Gepäckträger gar nicht benutzt wird und hochgeklappt ist, aber übersteht.

Reisezeit / Klima / Feiertage

Unser Zielgebiet liegt in verschiedenen klimatischen Zonen und in größtmöglich unterschiedlichen Höhen. Wir müssen also noch mehr als in anderen Büchern differenzieren:

Selbst im **Frühling** (sicherheitshalber) nur mit Schneeketten im Gepäck praktikabel, im Grunde also ungeeignet, sind alle Alpentouren einschließlich der sogenannten Westtäler, weil Sie dort in alpine Höhen vorstoßen, in denen man, entsprechende Infrastrukturen vorausgesetzt, bis in den April Wintersport betreiben kann. Auch außerhalb der typischen Skigebiete, beispielsweise in Elva auf gut 1.600 Meter Höhe (Tour 11), war Ende April die Reisezeit noch nicht gekommen. Man konnte hinfahren, aber es lagen noch Schneereste. Ich nehme übrigens nicht an, dass Sie dieses Buch gekauft haben, um nach Stellplätzen für Wintercamping zu blättern.

Eine WOMO-Reise in die Gebiete außerhalb der Alpen ist ab Ende März machbar, vermutlich auch schon früher, aber in diesen Zeiten kennen wir

uns nicht aus. Wenn Sie damit umgehen können, dass **März, April** und **Mai** keineswegs regenarm sind (der Mai gilt als besonders regenreich), dass Sie in den Bergen mit deutlich mehr Niederschlägen rechnen müssen als beispielsweise im südlicheren Ligurien, werden Sie mit ein wenig Glück überall schöne Tage erleben. Sowohl an den Seen wie auch in der Langhe haben wir schon Ende März tolle Frühlingstage am Stück erlebt. Im selben Urlaub, nach einem plötzlichen Wetterumschwung, hätte uns aber auch ein Graupelschauer nicht überrascht, als wir unsere Stimmung nur noch mit den kulinarischen Gaben des Landes, am Abend vor allem mit den flüssigen, davor bewahren konnten, ähnlich dem Thermometer abzusacken. Mit anderen Worten, die Heizung war dann stundenlang in Betrieb. Aber das änderte sich überraschend schnell, und es folgten wieder wunderbare Sonnentage.

Das Wetter ist südlich der Alpen meist besser und wärmer als in Deutschland, wenn auch die Natur nicht weiter fortgeschritten ist als bei uns in Baden. Bei unserer letzten Recherchetour hat sich der Klimawandel im Mai und Juni so ausgewirkt, dass nördlich der Alpen wochenlang schönstes Wetter war, während es bei uns täglich geregnet hat.

Über **Ostern** ist in Italien wirklich jeder, der ein Wohnmobil besitzt, auf Achse. Zu keiner anderen Zeit sind die Stellplätze derart bevölkert. Am Abend des Karfreitags geht es los, und wir kennen Plätze, auf denen wir am Ostersonntag und -montag (in Italien im Gegensatz zum Karfreitag ebenfalls ein Feiertag) über 100 Fahrzeuge sahen, während in den Sommermonaten dort weniger als 5 Reisemobile oder gar keine anzutreffen waren. **Ostern ist auch die Zeit, in der Wohnmobilverbotsschilder fast vollständig ignoriert und die Verstöße genauso wenig geahndet werden.**

Langhe im Sommer – Tour 9

Meiden Sie am Nachmittag des Ostermontags jede Art von Fernstraße, namentlich die Autobahn, weil dann halb Italien auf der Rückreise ist. Der **25. April** ist Nationalfeiertag, und wenn Ostern in dessen Nähe liegt, was allerdings nur selten vorkommt, ebbt der Andrang auch am Nachmittag des Ostermontags noch nicht ab.

Was sollen wir Ihnen über **Mai** und **Juni** berichten, die Zeit um Pfingsten? Sie haben viel Zeit, sind Lehrer, aber dummerweise nicht in Baden-Württemberg oder Bayern, Sie würden gerne, aber Sie können nicht. Sie tun uns leid, weil das normalerweise (Ausnahme siehe oben) die beste Zeit ist, und zwar für das ganze Zielgebiet. Die Tage sind länger als im September, und die Natur trägt noch ihr Frühsommerkleid. Wir trösten Sie, indem wir Ihnen mitteilen, dass die Niederschlagsmenge aber noch deutlich über dem Durchschnitt liegt. Der Mai ist der regenreichste Monat des Jahres. Und dass der **2. Juni** ein Feiertag ist, ebenfalls mit hohem Verkehrsaufkommen.

Eine sehr schöne Zeit ist auch die erste **Julihälfte**, in deren Genuss diejenigen kommen, denen die Kultusminister keine Pfingstferien bescheren.

Je mehr wir uns auf den **August** zu bewegen, umso problematischer wird es in der Nähe der Seen, und mit Abstrichen, auch in den Bergen. Vor den

ersten beiden Augustwochen muss man wirklich warnen! Das gilt nicht für das Piemont abseits der Seen, wo die Hauptreisezeit des Jahres noch lange nicht begonnen hat und wo Sie das ganze Jahr über Platz finden. Aber wer möchte im August das Schloss von Barolo besichtigen? Was auch wirklich eine Schnapsidee wäre, weil es um diese Zeit in den flacheren Regionen brütend heiß werden kann und man dann, verzichtet man schon auf die Küste, tunlichst in das Aostatal, die Alpen oder in die Westtäler reisen sollte. Juli und August sind für diese Regionen ideal.

Viele Italiener beenden ihre Sommerferien am **Wochenende nach dem 15. August**, dem sogenannten *Ferragosto* (Mariä Himmelfahrt – in Italien Feiertag), neuerdings häufig auch erst eine Woche später. **Wenn Sie mithilfe unserer Bücher nur den einzigen, folgenden Tipp beherzigen, hat sich das Geld schon gelohnt: Meiden Sie an den beiden Wochenenden vor und nach dem 15.8. jedweden Verkehr auf italienischen Fernstraßen.** Sie vergeuden sonst wertvolle Lebenszeit. Die Straßen, insbesondere die Autobahnen, sind dann noch voller als an Ostern, auch die Campingplätze sind um den 15.8. besonders stark belegt.

Lago d'Orta – Tour 3

Nach dem 25. August wird es in unserem Reisegebiet richtig leer, **Ende August** treffen Sie neben den Südlichtern aus Bayern und Baden-Württemberg, die dann wegen der notorisch späten Sommerferien häufig Ihren Weg kreuzen, fast nur noch Rentner. Die retten sich über den September, in dem in den Alpen schon der erste Schnee fallen kann. Im **Oktober** trifft man die urlaubenden Genussreisenden vorwiegend in und um Alba, Asti, Barolo und vielleicht in La Morra – auf der Suche nach den ultimativen Trüffeln und bei der Weinprobe, die sie just dann zelebrieren möchten, wenn die Winzer Wichtigeres zu tun haben. Kurz, im Oktober, je nach dem Zeitpunkt deutscher, österreichischer und vielleicht auch schweizerischer Herbstferien, ist in der Langhe die absolute Hochsaison. Nicht dass Sie dann um einen Stellplatz bangen müssten, wohl aber um einen Sitzplatz in den Lokalen, die um diese Zeit im *Feinschmecker* oder in der *Zeit* als Geheimtipps gehandelt werden.

Die Trüffel-Saison dauert angeblich bis zum März, das aber interessiert Sie nicht. Spätestens in den ersten Novembertagen werden Sie unser Buch, möge es bis dahin gebraucht und ein wenig zerfleddert sein, ins Regal stellen. Vielleicht haben Sie zuvor ein paar klare **Herbsttage** erlebt, mit zum Greifen nahen Alpen und aus den Tälern der Langhe aufsteigenden Nebelschwaden. Mit ganz einfachen Worten: Die beste Zeit der Langhe liegt, so sehr wir die Tage um Ostern mögen, zwischen Mitte September und Mitte November.

Feiertage in der Zielregion sind:

1. Januar	Neujahr *(Anno Nuovo)* – gefeiert wird an Silvester *(Capodanno)*
6. Januar	Heilige Drei Könige *(Epifania)*
März / April	Ostersonntag *(Pasqua)* sowie Ostermontag *(Pasquetta)*
25. April	Befreiungstag *(Festa della Liberazione)*. Dieser Tag erinnert an den Sieg der Alliierten in Italien und an das Ende der deutschen Besatzung und Mussolinis
1. Mai	Tag der Arbeit *(Festa del Lavoro)*
2. Juni	Gründung der Italienischen Republik *(Festa della Repubblica)*
15. August	Mariä Himmelfahrt *(Ferragosto)*
1. November	Allerheiligen *(Ognissanti)*
8. Dezember	Tag der Unbefleckten Empfängnis *(Concezione Immaculata)*
25. Dezember	Erster Weihnachtstag *(Natale)*
26. Dezember	Zweiter Weihnachtstag *(Festa di Santo Stefano)*

Restaurants

Pizza gibt es in Italien, von Touristenlokalen abgesehen, nur, wenn *Pizzeria* an der Fassade steht. Dort ist inzwischen die Pizza in Form, Zubereitungsart und Geschmack der bei uns gebräuchlichen angeglichen. Die Pizzapreise sind wirklich so anständig, dass man mit einer vierköpfigen Familie ohne Getränke meistens mit 60 Euro hinkommt.

Leider nur noch sehr selten werden Ihnen im Piemont traditionelle Menüs aufgetischt. Gereicht wird dann zu einem (meist günstigen) Pauschalpreis eine mehr oder weniger feste Menüfolge, die heutzutage in Touristengegenden kaum noch angedient wird, weil die Fremden ständig und unerträglich umbestellt, gemeckert und am Ende noch den Preis benörgelt haben. Das ist sehr schade, weil sich diese Sequenzen typischer Gerichte, besonders von

Vorspeisen, meist durch ein optimales Preis-Leistungs-Verhältnis auszeichnen. Wenn Sie sich darauf nicht einlassen möchten (Sie müssen ja nicht alles essen), wechseln Sie lieber das Ristorante.

Meistens wird Ihnen heutzutage gar kein Menü mehr angeboten, und bei der Vorstellung an aus der Speisekarte gesondert auszuwählenden *Antipasti, Primi, Secondi e Dolci*, genau genommen bei der Addition der Preise dafür, wird Ihnen ganz schwach, weil Sie mal gehört haben, jeder italienische Kellner werde Sie schlecht behandeln, wenn nicht sogar des Lokals verweisen, falls Sie nicht das volle Programm abarbeiten – und bezahlen. Das ist Quatsch! In einfachen wie auch in besseren oder teureren *Ristoranti* können Sie bestellen so viel, aber auch so wenig Sie wollen. Italiener pflegen das ebenso.

Sie bekommen, wenn Sie das möchten, auch zweimal Pasta nacheinander, und Sie müssen auch keine *Contorni* (Gemüse oder Kartoffeln) mehr dazu ordern, um satt zu werden.

Unser Reisegebiet ist das Land der **Antipasti**, der kleinen Häppchen vor dem Abendessen. Ein einfaches Bittergetränk, wahrscheinlich auch nur ein Wasser (womit wir uns aber nicht so gut auskennen), genügt dem Wirt, um Ihnen zur blauen Stunde eine Platte mit Köstlichkeiten, häufig kleinen belegten Broten, auf den Tisch zu stellen, die Sie schwankend macht, ob Sie das Abendessen ausfallen lassen sollten. Bisweilen stehen für die Gäste, die sich nicht setzen, große Platten auf der Theke. Einheimische langen dort erstaunlich beherzt zu. Der Mut gilt sowohl der Menge als auch dem Reinigungszustand der eigenen Hände. Bei den Bittergetränken geht die Vielfalt verloren, seit die Menschen nur noch *Aperol Spritz* zu kennen scheinen (den der Wirt gerne serviert, kann er doch mit viel Eis Volumen und Gewinn maximieren). Leider nimmt auch die Antipastikultur ab.

Wein ist in italienischen Gaststätten erstaunlich preiswert. Selbst gute Flaschen kosten kaum mehr als im Geschäft oder beim Erzeuger. Offener Wein ist bisweilen unvorstellbar günstig.

Pane e coperto, also der Grundpreis dafür, dass Sie zu Tisch sitzen dürfen, ist immer noch üblich.

Wenn Sie sofort, nachdem Sie Platz genommen haben, vom Kellner nach Ihrem **Wasserwunsch** gefragt werden, ist das keine Geschäftemacherei, sondern italienische Höflichkeit, zumal das Mineralwasser in italienischen Gaststätten fast nichts kostet.

Bitte beachten Sie, dass sich die von uns bei den einzelnen Touren angegebenen **Öffnungszeiten** von Jahr zu Jahr verändern; der Ruhetag wird meistens beibehalten.

In den bekannten Restaurants sollte man sich so frühzeitig wie möglich anmelden, insbesondere für das Wochenende. Andererseits reicht es nach unseren Erfahrungen, wenn man sich um die Mittagszeit (nachmittags nimmt oft niemand das Telefon ab) für denselben Abend noch einen Platz vormerken lässt. Die notwendige Redewendung hierfür: *»Vorrei ordinare un tavolo per questa sera«* (*»Ich möchte für heute Abend einen Tisch reservieren«*). Man muss zudem wissen, dass man sich in der italienischen Gastronomie fast flächendeckend englisch verständigen kann.

Sehenswürdigkeiten / Öffnungszeiten / Schönste Dörfer

An einem Wochentag (häufig montags) sind viele Sehenswürdigkeiten geschlossen!

Auch an anderen Tagen scheitern Besichtigungen häufig an **Öffnungszeiten**, die für Mitteleuropäer ungewohnt sind. Sie müssen nämlich davon ausgehen, dass über Mittag vieles geschlossen ist, wobei wir auch die Kirchen mit einbeziehen. Es gibt zwar Gotteshäuser und Museen, die den ganzen Tag über offen sind, gerade bei den Kirchen ist das aber die Ausnahme. Leider gibt es keine Gesetzmäßigkeit oder Verlässlichkeit. Soweit wir bei den Reisebeschreibungen Öffnungszeiten angegeben haben, sind diese also mit Vorsicht zu genießen, sie betreffen oft auch nur das Sommerhalbjahr (und die Kassenöffnungszeiten).

Turin – Mole Antonelliana – Tour 8

In diesem Reiseführer werden nur die nicht ermäßigten italienischen Eintrittspreise angegeben, die in den letzten Jahren brutal und teilweise unverschämt gestiegen, als könnte man damit die maroden Staatsfinanzen retten. Umso wichtiger sind daher Ermäßigungen: Kleinere Schulkinder haben häufig freien Eintritt. Dabei ist man bezüglich des Alters der Kinder großzügig. Achten Sie unbedingt auf die häufige Altersermäßigung ab 65 Jahren. Wenn Sie nicht danach fragen, müssen Sie immer den vollen Preis bezahlen. Behinderten (und deren Begleitpersonen) gewährt man ebenfalls häufig einen Nachlass.

Zu unseren beliebtesten Zielen gehören die Dörfer, die als Mitglied der Vereinigung I borghi più belli d'Italia (Die schönsten Ortskerne Italiens) aufgenommen worden sind. Wir zählen Ihnen die bei den Touren beschriebenen Orte hier nochmals auf. Soweit Dörfer in diesem Buch nicht behandelt werden, liegen sie abseits unserer Touren:

Etroubles (Anreise)
Vogogna (Tour 2)
Orta San Giulio (Tour 3)
Ricetto di Candelo (Tour 5)
Bard (Tour 6)
Monforte d'Alba (Tour 9)
Neive (Tour 9)
Garessio (Tour 10)
Usseaux (Tour 10)
Chianale (Tour 11)

Wenn wir uns mit Listen beschäftigen, sollen hier auch die Bauwerke und Landschaften unseres Reisegebietes zusammengefasst werden, die auf der UNESCO-Liste des Welterbes stehen, welche sich aus Stätten des Weltkulturerbes, des Weltnaturerbes und des Erbes der immateriellen Kulturgüter zusammensetzt:

In Vogogna – Tour 2

Ivrea – Firma *Olivetti* – Tour 6

Sacri Monti (»Heilige Berge«) im Piemont und in der Lombardei (Touren 1, 3, 4, 5 und 12)

Residenzen des Hauses Savoyen in Turin und Umgebung (Touren 8 und 10)

Weintraubenlandschaften im Piemont: Langhe, Roero und Monferrato (Touren 9, 10 und 11)

Gebäude der *Firma Olivetti* in Ivrea (Tour 6)

Telefonieren

Die **Ländervorwahlziffer** nach Italien ist stets die 0039, danach **muss die 0 der Ortsvorwahl mitgewählt** werden. Von Italien sind die Ländervorwahlziffern (ohne 0 der Ortsvorwahl):

von Italien nach Deutschland 0049
von Italien in die Schweiz 0041
von Italien nach Österreich 0043.

In Italien wird (außer bei Notruf) immer die Ortsvorwahl einschließlich der 0 mitgewählt – auch aus demselben Ortsnetz – wie aus dem Ausland! Aber bei Anrufen auf ein italienisches **Handy** *(cellulare)* ist das anders: Dort wird keine 0 gewählt. Eine italienische Handynummer beginnt immer mit einer 3. Bitte beachten Sie das bei den in diesem Buch angegebenen Telefonnummern (es gibt aber auch Ortsvorwahlen mit einer 3, weshalb ich nicht völlig ausschließen kann, dass von mir mal eine Nummer falsch angegeben wird.).

Toiletten / Entsorgungsstationen / Wasser

Viele Leser denken bei diesem Stichwort nur an die legalen Entleerungsmöglichkeiten für das Chemieklo. Eine saubere **öffentliche Toilette** entlastet aber auch das eigene Klo und spart Chemie; darauf kann man gar nicht oft genug hinweisen. Wenn ich bei den Stellplatzempfehlungen Toiletten nenne, geschieht das nicht, um Ihnen einen Fingerzeig zur Entleerung Ihrer bordeigenen Chemietoilette zu geben, sondern das dient den Lesern, die ohne Toilette unterwegs sind oder ein Örtchen nur außerhalb der fahrbaren vier Wände aufsuchen (die Anzahl derer ist größer als man denkt). Die Chemietoilette sollten Sie dort möglichst nicht entleeren, weil das so gut wie nie ohne Spritzer abgeht und weil es dazu ausreichend Alternativen an den zahlreichen Entsorgungsstationen gibt. Sie finden diese auf unseren Touren und den Tourenkarten flächendeckend.

Ständig beobachte ich Kollegen, die einen an der Station angebrachten Schlauch oder Wasserhahn in den **Ausguss ihres Toilettentanks** halten. Machen Sie das auch? Weil ich das befürchte, meide ich viele Wasserstellen an solchen Stationen und desinfiziere im Zweifel den Hahn. Ich benutze so gut wie nie einen fremden Schlauch!

An den öffentlichen Zapfstellen bekommen Sie durchweg Trinkwasser, dessen Qualität von uns natürlich nicht analysiert werden kann, dafür entkeimen wir ziemlich regelmäßig mit *Micropur*, einem geruchs- und geschmacklosen Mittelchen auf der Basis von Silberionen, frei von Chlor und Jod, das auch der Veralgung Ihrer WOMO-Wasserleitungen vorbeugen soll.

Acqui Terme – Piazza della Bollente

Erstaunlich oft sehe ich an Wasserzapfstellen herrenlose **Tankdeckel**. Ein verlorener Tankdeckel ist ein echtes Problem, zumal man das Malheur erst bemerkt, nachdem man stundenlang durch staubige Landschaften gefahren ist. Ich empfehle deshalb einen Ersatzdeckel. Außerdem ziehe ich nie den Schlüssel aus dem Schloss des Deckels und lege diesen während des Wasserfassens auf einen Vordersitz. Dann ist die Wahrscheinlichkeit, mit offenem Tank loszufahren, nahe null.

Unfall

Seit einem unverschuldeten Auffahrunfall in der Toskana verfügen wir über eigene Erfahrungen mit einer wesentlichen Erkenntnis: Schließen Sie bei der Anmeldung Ihres Wohnmobils mit der Haftpflichtversicherung eine **Auslandsschadensversicherung** ab und sichern Sie an der Unfallstelle Beweise, die Sie in der Heimat verwerten können (das schreibe ich für deutsche Leser, weil ich die Umstände in der Schweiz und in Österreich nicht verlässlich recherchieren kann). Machen Sie aussagekräftige **Fotos** von der Unfallstelle und den Schäden an allen beteiligten Fahrzeugen (und deren Kennzeichen) und füllen Sie gemeinsam mit dem Unfallgegner den **Europäischen Unfallbericht** aus (den können Sie für jedes Land in der entsprechenden Sprache über die Internetseite des ADAC vor der Reise ausdrucken). Achten Sie darauf, dass der andere Unfallbeteiligte unterschreibt. Die Polizei kommt nur bei Personen- oder schweren Sachschäden.

Wenn sich der Unfall in einem EU-Staat ereignet hat oder wenn der Unfallgegner aus der EU stammt, kann der Schaden prinzipiell von zu Hause aus in deutscher Sprache reguliert werden. Beim **Zentralruf der Autoversicherer** erfahren Sie in Deutschland (unsere Leser aus Österreich und der Schweiz bitten wir um Nachsicht, dass ich auch diese Einzelheiten nicht recherchieren konnte) unter 0800-2502600 (Anrufer aus dem Ausland erreichen den Zentralruf unter +49 40 300 330 300), falls Sie das Kfz-Kennzeichen und möglichst auch die Versicherung des Unfallverursachers angegeben haben, einen Regulierungsbeauftragten, meist ein anderes Versicherungsunternehmen. Wenn Sie die Versicherung nicht kennen, ermittelt der Zentralruf anhand des Kennzeichens zunächst auch jene und den sogenannten Schadensrepräsentanten. Man kann sogar in Deutschland klagen, obwohl sich der Unfall im Ausland ereignet hat. Es gilt aber das Schadensrecht des Unfallortes (also die dortigen Verkehrsregeln und auch die dortige Gesetzgebung über Schadensersatz, Schmerzensgeld, Rentenansprüche etc.).

Das alles klingt beruhigend, ist es aber nicht. Wenn nämlich die italienische Versicherung schweigt, zahlt auch der deutsche Repräsentant nichts. Und italienische Versicherungen schweigen so gut wie immer, und wenn sie nach langem Schweigen zahlen, sind das häufig nur Teilbeträge. Falls Sie allerdings in Deutschland mit Ihrer Haftpflichtversicherung den erwähnten

Auslandsschadensschutz abgeschlossen haben (kostet beispielsweise bei der *HUK-Coburg* weniger als 10 Euro im Jahr), bekommen Sie dort die Ansprüche ersetzt, die Ihnen nach deutschem Recht zustehen würden, wenn sich der Unfall in Deutschland ereignet hätte (zum Beispiel die Sachverständigenkosten, die in meinem Fall über tausend Euro betragen haben, oder die Wertminderung – beides kennt das italienische Recht nicht). Informationen finden Sie unter www.adac.de/Auslandsunfall. Aber auch dafür muss die Schuldfrage zu Ihren Gunsten nachweisbar sein (deshalb die Fotos, der Unfallbericht und Mitfahrer als Zeugen).

Da die Schuldfrage aber oft zweifelhaft scheint, empfehle ich Ihnen eine **Rechtsschutzversicherung.** Dass Sie für Ihr Wohnmobil eine **Vollkaskoversicherung** abschließen sollten, die sie auch nach Monaten in Anspruch nehmen können, muss ich nicht gesondert erwähnen. Dort werden Sie allerdings – anders als bei der Auslandsschadensversicherung – in der Prämienhöhe zurückgestuft.

Sie haben ein Wohnmobil **gemietet**? Rufen Sie am besten Ihren Vermieter spontan von der Unfallstelle aus an und versuchen Sie die Polizei zu rufen. Fragen Sie Ihren Vermieter nach der Rechtsschutzversicherung. Falls er keine unterhält, Sie sich aber selbst rechtsschutzversichert haben, beispielsweise für Ihr normales Auto, genießen Sie Rechtsschutzversicherungsschutz auch als Fahrer eines fremden Autos, sofern Ihre eigenen Rechte betroffen sind. Dieses gilt für den gesamten strafrechtlichen Bereich, also für Geldstrafen, Freiheitsstrafen und auch für die Durchsetzung Ihrer eigenen Schadensersatzansprüche, wenn Sie einen Körperschaden erlitten haben. Achten Sie darauf, dass Ihre Familienmitglieder in dieser Rechtsschutzversicherung mitversichert sind. Wir können Sie, um dieses unheilvolle Kapitel zu beschließen, nicht eindringlich genug bitten, alle diese Dinge nicht auf die leichte Schulter zu nehmen.

Schließen Sie nach einem Unfall sofort das **Gasflaschenventil**. Weitere Tipps geben wir Ihnen oben unter dem Stichwort *Notfälle* und zur **Schlauchbruchsicherung** an der Gasflasche unter *Gas*. Der Crashsensor hat übrigens in unserem Fall die Gaszufuhr nicht unterbrochen. Wahrscheinlich ist Alfio zu zart mit unserem Auto umgegangen.

Zuletzt verweise ich auf das Stichwort *Notfälle*.

An der Straße nach Elva – Tour 11

Verkehr / Straßen / Umweltzonen / Tankstellen

Dem miserablen Zustand vieler Straßen sieht man die schlechte Lage der italienischen Staatsfinanzen zunehmend an. Es besteht eindeutig ein Nord-Süd-Gefälle. Selbst Schnellstraßen weisen teilweise tiefe Schlaglöcher und brutale Spurrinnen auf und verrotten von Jahr zu Jahr mehr. Zuletzt waren nur noch die Autobahnen einigermaßen schadensfrei. Daran wird sich auch in den nächsten Jahren nichts ändern. Die Straßen werden noch mehr vergammeln. Der Italienurlaub gerät durch den Zustand der Straßen allerdings nicht in Gefahr.

Im Gebirge sind manche **Straßen** sehr schmal. Aber alle von mir erwähnten Strecken können, solange ich nicht besonders warne, nach meiner Beurteilung, für deren Richtigkeit ich allerdings ebenso wenig einstehe wie für alle anderen Tipps, von Wohnmobilen normaler Größe befahren werden. Dazu zähle ich Fahrzeuge mit einer Breite bis 2,30 m, mit 3 m Höhe und 7 m bis 8 m Länge (wahrscheinlich kommen Sie auch noch mit 2,35 m Breite zurecht, was ich aber nicht sicher beurteilen kann – alle Breitenmaße in diesem Buch sind ohne Spiegel gemeint). Wer ein größeres Wohnmobil besitzt, kann vermutlich selbst am besten einschätzen, wo er durchfahren kann.

Beim Santuario Madonna del Sasso – Tour 3

Die Straßen im Gebirge sind bisweilen nicht so breit, dass an allen Stellen zwei Fahrzeuge, schon gar nicht zwei Wohnmobile, im Begegnungsverkehr aneinander vorbei passen. Das klingt schlimmer, als es ist, wenn Sie vor unübersichtlichen Kurven hupen – das macht jeder italienische Busfahrer auch – und entsprechend langsam fahren. Und wenn Sie nicht die Nerven verlieren, falls Ihnen ein zu breites Fahrzeug auf einer zu engen Straße entgegenkommt. Der Verkehr auf diesen Straßen ist nach meinen Erfahrungen auch an Wochenenden schwach. Solche Begegnungen sind seltener als befürchtet und lassen sich erstaunlich einfach schadenfrei lösen. Meist ist der Entgegenkommende ein Einheimischer, der sein Fahrzeug durch langjährige Übung und dadurch gewonnene Sicherheit rückwärts zur nächsten Ausweichstelle lenkt. Rangieren Sie selbst in solchen Situationen mit äußerster Vorsicht und mithilfe des Beifahrers, achten Sie auf Hindernisse über dem Auto und ganz besonders (!!!) auf ein ausschwenkendes Heck. Lassen Sie, wo das möglich ist, die Einheimischen die Hauptrangierarbeit leisten, **bleiben Sie im Zweifel erst mal stehen.**

Auf zahlreichen Straßen muss man bis ins Frühjahr (beispielsweise vom 15.11. bis zum 15.4.) **Schneeketten** mitführen oder auf Winterreifen rollen – nicht jeder tut das (wir jedenfalls nicht).

Ein Bußgeld riskieren Sie, wenn Sie keine **Warntafel** an Ihrem überstehenden Heckgepäckträger angebracht haben, selbst wenn dieser hochgeklappt ist. Der sogenannte *Panello* muss aus Alu sein, die früher gebräuchliche Plastiktafel ist bei Einheimischen bisweilen noch im Einsatz, sie wurde aber schon vor Jahren verboten. Und es hört sich nicht an wie ein Gerücht, wenn gemunkelt wird, die Warntafelindustrie habe Dankesschreiben an die Bürokratie geschickt.

Die Empfänger solcher Post sind dieselben, denen die Warnwestenindustrie die Füße küsst, muss doch in Italien und Österreich, wie längst auch in Deutschland und der Schweiz, jeder, der pannen- oder unfallbedingt sein Auto verlässt, eine **Warnweste** tragen, also auch die Beifahrer. Sie müssen diese also griffbereit aufbewahren.

Die Glühlampenindustrie wird sich über verstärkten Birnenverbrauch freuen und ebenfalls Danke sagen: Seit dem Jahr 2003 ist in Italien außerorts auch tagsüber auf allen Straßen **Abblendlicht** oder **Tagfahrlicht** vorgeschrieben. Österreich hat die Lichtpflicht wieder abgeschafft, dafür wurde sie in der Schweiz eingeführt.

Die Strafen sind saftig: 200 Euro, wenn der *Panello* fehlt. 1.000 Euro und der Führerschein sind nach einer Geschwindigkeitsüberschreitung von mehr als 40 km/h in den Händen der Polizei. Für Geschwindigkeitsüberschreitung unter 40 km/h können zwischen 100 und 400 Euro fällig werden. Selbst wer nur bis zu 10 km/h zu schnell ist, zahlt zwischen 45 und 100 Euro. Kurvenschneiden oder das Befahren des Seitenstreifens der Autobahn bringen ebenfalls den Führerschein in Gefahr.

Dafür werden **stationäre Blitzer** durch Verkehrsschilder und auffällige Lackierung deutlich angezeigt. Man zahlt also für seine Unaufmerksamkeit.

Wenn die Parkplatzmarkierungen aus **blauen Linien** bestehen, ist der Parkscheinautomat nicht weit, das Parken kostet nämlich Geld. Gerade auf kommunalen Stellplätzen kommt immer mehr blaue Farbe zum Einsatz. **Gelbe Linien** bedeuten Parkverbot.

Auf den Autobahnen ist an den **Mautstellen** größte Vorsicht geboten. Wer sich auf der falschen Spur eingeordnet hat, weil er zum Beispiel die **gelbe** Spur für den *Telepass* mit der **blauen** Spur für die *VIAcard* verwechselt hat und dann rückwärtsfährt, muss sich einen Ersatzfahrer suchen, falls die Polizei zuschaut. Die zieht dann den Führerschein ein, weil man auf der Autobahn bekanntlich nicht rückwärtsfahren darf. Wenn Sie also in die falsche Spur gelangt sind, bleiben Sie besser stehen und warten Sie, bis Ihnen das Personal zu Hilfe kommt. Nehmen Sie dennoch auf **italienischen Autobahnen** die mit ***VIAcard*** (oder *CARTE*) gekennzeichnete **blaue Spur** und stecken Sie Ihre Kreditkarte (*Visa* und *Eurocard* funktionieren, aber nicht die sogenannte *EC-Karte – Girocard*) in den Schlitz, und ziehen Sie die Karte erst raus, wenn ein grünes Licht leuchtet! Selten funktioniert der Automat nicht (wenn Sie zu oft die Karte falsch herum eingeschoben oder sie zu früh rausgezogen haben, bisweilen auch ohne ersichtlichen Grund). Dann geht die Schranke ohne Bezahlung auf, nachdem Sie ein Kärtchen erhalten haben, mit der Aufforderung, per Überweisung nachzubezahlen. Wer das nicht tut, hört nichts mehr. Selten kommt nach langer Zeit eine Mahnung.

Die Autobahngebühr in **Italien** ist bezahlbar und meines Erachtens so niedrig, dass kein Anlass besteht, aus Kostengründen die Autobahn zu meiden.

Endlich habe ich mich zur **automatischen Mautabrechnung** mit einem elektronischen Erfassungsgerät entschlossen und benutze nur noch die gelb markierten **Telepass-Spuren** (T-Symbol). Das funktioniert tadellos und vereinfacht die Reise viel mehr, als ich dachte. Ich verwende den Transponder des **französischen Anbieters *bip&go***. Der gilt nämlich für Italien, Frankreich, Spanien und Portugal für Fahrzeuge bis 3,5 t. Für WOMOS über 3,5 t wird die Auswahl des Anbieters schwieriger (und die falsche Angabe der Gewichtsklasse wäre nach deutschem Recht ein strafbarer Betrug). Auch hier dient der ADAC mit einer Übersicht unter *www.adac.de/reise-freizeit/maut-vignette/italien/*.

Ab **1,5 Promille Blutalkohol** wird Ihr WOMO vom italienischen Staat eingezogen und versteigert. Sie bekommen vom Erlös aber keinen Cent ab!

Zur Schonung Ihrer Urlaubskasse nachfolgend eine Tabelle über die erlaubten Höchstgeschwindigkeiten (km/h) für Fahrzeuge bis 3,5 t zulässiges Gesamtgewicht. Fahranfänger dürfen in Italien in den ersten drei Jahren auf Autobahnen nur 100 km/h fahren; WOMOs über 3,5 t müssen außerorts, auf Schnellstraßen bei 80 Km/h und auf Autobahnen bei 100 km/h vom Gas gehen:

	Autobahn	**Landstraße**	**Ortschaft**
Schweiz	120	80	50
Österreich	130	100	50
Italien	130	90	50

Eine **grüne Versicherungskarte** ist für Italien wie auch für die Transitländer nicht erforderlich, sie wird aber allgemein empfohlen, spielte aber bei unserem eigenen Unfall keine Rolle. Wir empfehlen Ihnen ferner dringend eine **Vollkaskoversicherung,** einen **Auslandsschadensschutz** (siehe oben bei *Unfall*) und einen **Schutzbrief**.

Bei Drucklegung gab es im Zielgebiet zwar verschiedene **Umweltzonen** oder **Fahrverbotszonen** (beispielsweise in Alba), aber keine hat uns erwähnenswert beeinträchtigt. Eine Fahrverbotszone heißt ‚*zona traffico limitato*' oder ‚*ZTL*'. Solche Zonen werden automatisch kameraüberwacht, die Kenn-

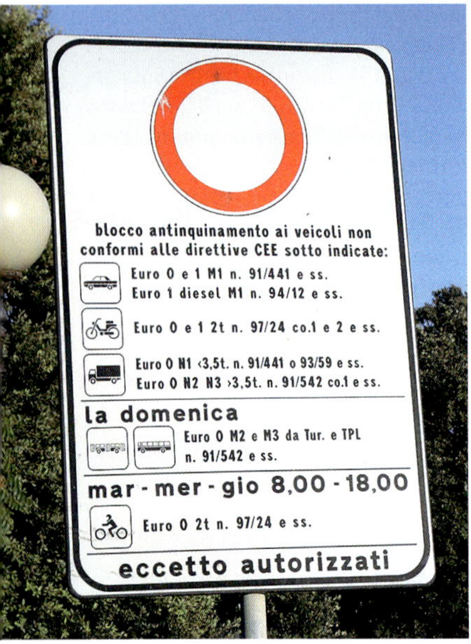

zeichen werden fotografiert. Die Strafe für verbotenes Einfahren beginnt bei 85 Euro.

Bei den **Umweltzonen** werden Dieselfahrzeuge als Euro 0 bezeichnet, die unterhalb der Schadstoffklasse Euro 1 liegen. Auf den Einfahrtverbotsschildern stehen häufig nicht einfach die Euro-Klassen, sondern (allein oder zusätzlich) die Kürzel der EU-Verordnungen, die die Euro Klassen definieren. Demnach fallen beispielsweise Fahrzeuge in die Klasse Euro 1, wenn in der Zulassungsbescheinigung die Kürzel 91/441, 91/542 oder 93/59 erscheinen usw. Mit anderen Worten: Sie müssen die Eintragung in der Zulassungsbescheinigung (ich weiß nicht, wie dieses Papier in Österreich und in der Schweiz heißt – ein Leser könnte das mal übersetzen) mit dem Verkehrsschild vergleichen; die Umweltzonen finden Sie auf der Seite *www.green-zones.eu/de/umweltzonen/italien/*.

Das **Tankstellennetz** ist in Italien dicht. Man tankt nur noch an **Selbstbedienungssäulen** (Achtung, dort gibt es oft auch mit ›*servito*‹ gekennzeichnete Bediensäulen, die wesentlich teurer sind) und bezahlt mit Scheinen oder der Kreditkarte. Manchmal klappt der Vorgang nicht auf Anhieb, meistens hat man dann den Zapfhahn zu früh an der Säule abgehängt, bevor der Automat die Säule freigegeben hat. Aber unsere Visa-Karte hat seit Jahren ausnahmslos funktioniert.

Wanderungen

In den meisten bergigen oder hügeligen Gebieten unseres Führers finden Sie markierte Wanderwege, mehr, als Sie bei unseren zurückhaltenden Wandervorschlägen erwarten. Auf hervorragende Reviere treffen Sie an den Seen, in den Alpen und mit Abstrichen auch in der Langhe.

Oberhalb von Ghiffa – Tour 1

Unser Reisegebiet wird in mehreren **Rother Wanderführern** behandelt, in denen Sie überwiegend Hochgebirgstouren finden, die in vorliegendem Buch nur ausnahmsweise bei wenigen einfach zu gehenden Strecken beschrieben werden:

- *Lago Maggiore* von Schmidt, Frank und Karrer-Wolf
- *Aostatal* von Johannes Führer
- *Piemont Nord* von Iris Kürschner
- *Piemont Süd* ebenfalls von Iris Kürschner
- *Ossola, Zwischen Lago Maggiore, Monte Rosa und Nufenenpass*, von Tim Shaw

Früher oder später werden Sie sich mit einer **Kartenapp** auf dem Smartphone anfreunden. Diese bietet fast zu hundert Prozent Gewähr für ein Wanderleben ohne Irrwege. Dabei sollte man in das Kartenprogramm eine Karte laden können, auf der Wanderwege eingezeichnet sind. Dann sieht man nämlich auf dem Smartphone stets, ob man noch auf dem richtigen Weg ist. Digitale Karten ohne eingezeichnete Wanderwege sind daher nach unseren Erfahrungen weniger sinnvoll. Wir haben gute Erfahrungen mit der **Kompass-App Pro** gemacht, die es für die in diesem Buch beschriebenen Alpenregionen gibt (*siehe unter* www.kompass.de/app-anleitung/ *und* www.kompass.de/

Blick zum Castello di Grinzane Cavour
Tour 9

produkte/kompasspro/ für 19,99 Euro im Jahr). Infrage kommt ebenso die App von ***ape@map***, die in der Pro-Version sinnvoll ist, weil man Karten offline benutzen kann (19,90 Euro), zu der man für unser Gebiet die *Kompass-Wanderkarten* über die Toskana für 9,99 Euro ohne zeitliche Begrenzung dazu kaufen kann *(http://apemap.com/shop3/).* Dann bekommen Sie zusätzliche Wege in einem besseren Maßstab. Alle Kompasskarten enthalten kleinere Fehler, aber die App ist wirklich eine sehr gute Lösung.

Eine gute Alternative ist das **Gold-Abo** von **Rother**, bei dem Sie für 29,99 € pro Jahr alle elektronischen Produkte des **Verlages Rother** laden können, darunter sämtliche *Guides*, und mit dem Sie gute Karten mit den meisten markierten Wanderwegen zusätzlich erhalten. Die *Guides* ihrerseits sind Apps, mit denen alle Touren einiger **Rother-Wanderführers** digital – und zwar offline – zur Verfügung stehen, also die digitalen Ausgaben der gedruckten Bücher zurzeit über den Lago Maggiore und Ossola.

Im Verlag **Michael Müller**, in der Reihe MM-Wandern, haben Sabine Bade und Wolfgang Mikuteit unter dem Titel *Piemont* 38 Touren zusammengestellt, bei denen aber, wie auch in den Piemont-Titeln von Rother, fast ausschließlich die Alpen bewandert werden. Siehe auch bei Literatur.

Leider gibt es zurzeit kein einziges reines Wanderbuch über die Langhe, weshalb Sie unsere bescheidenen Vorschläge umso mehr schätzen sollten.

Häufig können Sie nur mithilfe der Karten des **Istituto Geografico Centrale** (IGC) wandern. Sie decken (meistens im Maßstab 1:50.000, die Hochgebirgskarten sind mit 1:25.000 genauer) das gesamte Gebiet unseres Führers ab und sind vor Ort in Zeitschriften- oder Buchläden erhältlich. In Deutschland können Sie alle Karten portofrei und, wenn Sie es wünschen, nach kompetenter Beratung beim Reisebuchladen Heidelberg/Karlsruhe bestellen *(www.reisebuchladen-heidelberg.de).* Das habe ich ebenfalls getestet, und überhaupt ist diese Adresse eine erste Adresse für Reiseliteratur.

Fragen Sie in Italien nach der *Carta dei sentieri* (Wanderkarte). Die Karten

sind etwas gewöhnungsbedürftig. Längst nicht alle dort eingezeichneten Wanderwege sind in der Natur auch markiert (sowie umgekehrt), aber man kommt damit zurecht. In der waldarmen Langhe, wo man zum Teil auf Sicht läuft, kann man sich auch sehr gut ohne Karte orientieren. Vertrauter sind die **Kompass-Wanderkarten** im Maßstab 1:50.0000, die Sie aber nur zu den Alpen, den Seen und zum Aosta-Tal erwerben können und die teilweise nicht ganz ohne Fehler sind.

Ansonsten gehören natürlich die üblichen Ausrüstungsgegenstände zur Wanderung: feste, möglichst halbhohe Schuhe (die wir bei allen Wanderungen voraussetzen), ausreichende Wassermengen (im Sommer bis zu 2 l pro Person), Regenschutz, Pflaster, Taschenmesser usw.

Nachfolgend fasse ich die in diesem Buch eingehend beschriebenen 16 Strecken zur besseren Übersicht noch einmal zusammen:

Von Cannobio nach S. Agata und zum Orrido di Sant'Anna (Tour 1)
Durch das Naturschutzgebiet am Sacro Monte di Ghiffa (Tour 1)
Von Mergozzo auf den Montorfano (Tour 2)
Von Alagna zum Rifugio Pastore (Tour 4)
Auf dem Walserweg nach Dorca (Tour 4)
Von Gressoney-Saint-Jean nach Gressoney-la-Trinité (Tour 6)
Von Staffal zur Lys-Quelle (Tour 6)
Am Lago di Place Moulin (Tour 6)
Vom Campingplatz zum Gletscher (Tour 7)
Durch den Parco de La Mandria zur Reggia Venaria Reale (Tour 8)
Zur Sacra di San Michele (Tour 8)
Von Neive nach Barbaresco (Tour 9)
Von Novello nach Monforte (Tour 9)
Von Saluzzo zum Schloss von Manta (Tour 10)
Von Maddalena zum Belvedere Monviso (Tour 11)
Rundwanderung bei Acqui Terme (Tour 12)

Wein

Auch in Italien gilt die **0,5 Promille-Grenze**. Allzu tief sollten Sie also bei der Weinprobe nicht ins Glas schauen.

Die versiertesten Fachleute haben sich in ganzen Büchern, ja Werken, über *Barolo, Barbaresco, Barbera & Co* ausgelassen. In vorliegendem Buch anspruchsvoll über Wein zu schreiben, hieße daher, mit den großen Hunden das Bein heben zu wollen – und nicht einmal das zu können. Dieser Schmach möchte ich mich nicht aussetzen und bleibe daher an der Oberfläche:

Die **Preise** der guten Gewächse sind im Piemont so hoch wie anderswo, aber sie sind in den letzten Jahren nur noch wenig gestiegen (weil die Weine dann nicht mehr gekauft würden). Auch beim Winzer kostet die Flasche *Barolo* oder *Barbaresco* stets mehr als 10, meist über 15 Euro, einen *Dolcetto* gibt es nie unter 5 und selten unter 6 Euro. Aber nach wie vor sind die Weine bei den Winzern deutlich preiswerter als in vielen Weingeschäften, wo sie wiederum gar nicht so sehr viel preiswerter sind als in den Restaurants. In letzteren kann man am besten und in Ruhe ein Fläschchen testen, falls man sich Sorte, Winzer und Jahrgang (!) aufschreibt. Wenn man dann beim Erzeuger die beim Essen erschlurfte Lage nachgekauft und die erste Flasche zu Hause entkorkt hat, ist man oft etwas enttäuscht. Fragen Sie uns nicht, woran das liegt; bisweilen am Jahrgang, meist an der Stimmung und nicht selten auch daran, dass wir zu Hause nicht das Passende dazu essen. Eine überzeugende Erklärung haben wir allerdings auch nicht, wir finden uns mit dem Phänomen einfach ab, lassen das Mitbringsel mehrere Monate, wenn nicht sogar Jahre in Ruhe und sind dann weniger enttäuscht.

Sie erwarten **Adressen**? Damit uns die Bier- und die Weintrinker, die Wein nur nach der Farbe, mehr noch nach dem Preis unterscheiden, nicht

Bei den *Fratelli Rabino*

wieder mit E-Mails überhäufen, um uns aufzuklären, sie hätten einen WOMO- und keinen Weinführer erworben, liefern wir Ihnen hier eine sensationelle Adresse, die einzige, an der Ihnen der Autor dieser Zeilen jahrelang einen Rotwein unter 5 Euro empfehlen konnte – und diesen vor allem auch selbst und in größtmöglichen Mengen kauft: Fahren Sie zu den ***Fratelli Rabino*** nach Santa Vittoria d'Alba *(liegt westlich von Alba an der Strecke nach Bra, westlich des hoch gelegenen Ortsteils und nördlich der Bahnstrecke sowie der SS 231, siehe Karte Tour 9 – N 44°41'56" E 7°55'26", Via Rolfi, die Zufahrt von Westen scheint schwierig, ist es aber nicht; das Weingut wird Ihnen auf Tour 9 auch als Stellplatz empfohlen)* und kaufen Sie *Nebbiolo*. Leider sind die Preise gestiegen, was ich nicht auf die zahlreichen Leser zurückführe, die mir von ihren Besuchen und den freundlichen Winzern berichtet haben. Der Nebbiolo d'Alba kostet zuletzt etwa 8 Euro. Zu diesem Preis (selbst wenn er weiter gestiegen sein sollte) bekommen Sie im ganzen Piemont nichts Besseres. Sehr gut schmecken mir auch die weißen Sorten und der Rosé. Betreiber des Weingutes sind inzwischen drei überaus sympathische Schwestern, die sich aber nicht in *sorellerabino* umbenennen. Denn längst ist die Marke nicht nur in WOMO-Kreisen so berühmt, dass ab Juni bisweilen einige Provenienzen ausverkauft sind *(www.fratellirabino.com)*.

Einst hat mir ein Leser geschrieben, es wäre diskriminierend, Ihnen zu sagen, guter Wein koste normalerweise über 10 Euro. Leider ist guter Wein nicht billig (Ausnahme siehe oben), aber niemand ist ein schlechter Mensch, wenn er dafür kein Geld ausgeben kann oder will. Wenn es aber darum geht, Ihnen in einem Reiseführer auf einer Seite Weingüter zu empfehlen, macht das nur Sinn, wenn ich Ihnen mehr als Allerweltsadressen nenne. Soll ich diese eine Seite streichen, weil der größere Teil unserer Leser Tee, Bier oder Wein aus dem Supermarkt trinkt? Und was tun wir mit den Wanderstrecken, den Kirchen, den Museen, den Campingplätzen und den Restaurants?

Erlauben Sie mir nur noch zwei Weingüter, die Sie gar nicht ansteuern müssen, weil Sie nahezu das komplette Sortiment aller örtlichen Erzeuger auch in der ***Cantina Comunale*** in **La Morra** kaufen können, angeblich zu Prei-

sen wie beim Winzer (die Preise unterscheiden sich nur im Cent-Bereich; der Laden liegt beschildert im oberen Ortsteil seitlich des Aussichtsplatzes und darf nicht mit anderen Etablissements in La Morra verwechselt werden). Bei größeren Mengen sollten Sie doch das Weingut ansteuern, denn in La Morra müssen Sie die Schätze tragen:

Die von mir jahrelang empfohlene *Azienda Agricola Cascina Ballarin*, La Morra, befindet sich unten im Tal im Ortsteil Annunziata an der Straße, der SP 3 nach Barolo, gleich wenn man von La Morra heruntergekommen ist, rechts. Der Inhaber hat allerdings gewechselt, und das Unternehmen nennt sich seit 2022 ***Alberto Ballarin***. Seitdem haben wir noch nichts probiert. *Alberto Ballarin* empfehlen wir auch deshalb, weil das Weingut auf einer schönen, aber ein wenig geräuschbelasteten Wiese über **drei WOMO-Stellplätze** verfügt, nebst einer Dusche und einem Frühstücksraum *(GPS: N 44°37'49" E 7°57'36", Tel. 0173 50365; www.larosanelborgo.it/).*

Die ***Azienda Agricola Eraldo Viberti***, La Morra liegt im Ortsteil S. Maria, Borgata Tetti 53 *(Tel. 0173 50308 der Ortsteil Santa Maria liegt nordöstlich von La Morra; https://eraldoviberti.it/).* Eraldo keltert einen der besten *Barolo*, sein Nachteil ist nur, dass er pro Jahr damit lediglich etwa 16.000 Flaschen produziert und demnach nicht in der Lage ist, Ihre Heckgarage mit Barolo-Kisten zu füllen. Beim *Barbera*, den er auch herstellt, ist er weniger kleinlich. Seine Weine sind teurer als die der *Cascina Ballarin* (die Flasche Barolo kommt auf über 30 €). Die geringe Menge und diverse überschwängliche Bewertungen in der Fachliteratur haben die Preise in die Höhe schnellen lassen.

Eraldo Viberti bevorzugt das kleine **Barriquefass**. Das tut inzwischen mehr als die Hälfte der Winzer im Piemont, nachdem in den Achtzigerjahren eine neue, junge Generation die hergebrachten Produktionsmethoden geradezu radikal verändert hat. Sie reduzierte die Traubenmenge auf weniger als die Hälfte, führte Gärtanks aus Edelstahl mit integrierter Kühlung ein und kleine, französische Barriques, statt alter slowenischer Eiche. Ihr Vorreiter war Elio Altare, den angeblich sein Vater enterbt hatte, nachdem Elio mit der Kettensäge die großen Holzfässer angegriffen hatte. Es entstand ein tiefer Graben zwischen den *Modernisten* und den *Traditionalisten*, der bislang erst teilweise wieder zugeschüttet ist. Der Hauptunterschied besteht darin, dass die modernen *Barolo*, wenn sie nach etwa drei Jahren auf den Markt kommen, schon trinkfertig sind, während die Produkte der aussterbenden *Traditiona-*

listen bis zu 10 Jahre im Keller nicht angerührt werden dürfen, ehe sich der Gerbstoff ausreichend abgebaut hat.

Es bringt der Buchstabe mit sich, das **W**, dass wir am Ende meiner Bücher meistens miteinander auf Land und Leute, die Winzer und Köche, unser Verlagsteam, immer seltener auf die Produzenten unserer Wohnmobile, gelegentlich auf die Bürgermeister und den Wettergott, in erster Linie aber auf Sie und Ihren Urlaub anstoßen.

Wir tun das auch während der Reise – weniger selten als Sie denken. Aber öfter mit Bier.

Stichwortverzeichnis

Bildnachweis

Autorenfoto: ©Reinhard Korn; Titelbild: ©AdobeStock/Richard Semik; S. 25: ©istock.com/olgysha2008; S. 61: ©ErwinMeier@wikimedia commons/Orridi di Uriezzo Süd 07.jpg; S. 64: ©AdobeStock/luke; S. 66: ©AdobeStock/EyesTravelling; S. 94 ©Melchiorre d'Enrico; S. 100 unten: ©Drikyz@wikimedia commons/Pontedellagula.jpg; S. 106: ©MowLow/shutterstock; S. 109 ©AdobeStock/djtrenerfotolia; S. 110: ©Twice25&Rinina25@wikimedia commons/Parco della Burcina DSCF0176.jpg; S.139, 152, 161 unten©Romy Kirsten; S. 146: ©AdobeStock/berti87; S. 156 oben: ©AdobeStock/PHOTOERIK; S. 159 ©AdobeStock/Pixelshop; S. 168: ©Superchilum@wikimedia commons/Lago di Beauregard Val d'Aosta 04.jpg; S. 170 oben: ©AdobeStock/Antonio Scarpi; S. 170 unten: ©Denis Wegewijs/shutterstock; S. 172: ©istock.com/Simona Sirio; S 177: ©AdobeStock/Walter Mapelli; S. 178: ©AdobeStock/gaelj; S. 197 oben: ©istock.com/fbxx; S. 206/207: ©AdobeStock/Silvia Crismann; S. 208: ©AdobeStock/federicocappon; S. 229: ©istock.com/rglinsky; S. 249: ©AdobeStock/max; S. 286/287: ©Francesco Bonino/shutterstock; S. 290 ganz unten©Anna Steitz; S. 304/305: ©AdobeStock/Arcansél; S. 317 oben: ©AdobeStock/Patrik Stedrak.

Bei den vorstehenden Fotos wurde der Bildinhalt nicht verändert.
Alle anderen Fotos: ©Ralf Gréus

Der WOMO® Online-Service

Nutzen Sie auch das Angebot unseres Online-Shops!
Unter **www.womo.de** finden Sie nicht nur sämtliche Reiseführer, sondern weitere wertvolle Anregungen und Zusatzinformationen – von der Gesamtübersicht aller Touren eines WOMO-Reiseführers bis zu weiterführendem Material. Dazu gehören:

- die **besten Autokarten**, die garantiert die komplette Reiseroute abdecken
- und die **passenden Rother-Wanderführer** mit den schönsten Wanderregionen Ihres Reiselandes.

Einfach sicher unterwegs.

Sichern Sie Ihr Wohnmobil ab: mit unserer **exklusiven**, universellen und **sofort sichtbaren** Einbruchssperre. Sie wird **ganz einfach** in die beiden Tür-Armlehnen eingehängt, zusammengeschoben und abgeschlossen.

Der WOMO® Knackerschreck

- Passend für Ducato, Peugeot, Renault Master, MB Sprinter bis 2018 und VW (alle Typen)
- Krallen aus **10 mm massivem**, einbrennlackiertem, also nahezu unverwüstlichem Stahl

Nur 64,90 €

und nur bei **www.womo.de**

Alle WOMO® Reiseführer auf einen Blick

Albanien, Ulrike und Frank Staub
Allgäu, Heiner Newe
Andalusien, Christina und Christian Winkler
Auvergne, Esther Vergenz
Baden-Württemberg, Heiner Newe
Baltikum, Stefanie Holtkamp und Andrea Bergmann
Bayern Der Nordosten, Heiner Newe
Bayern Der Südosten, Christina und Christian Winkler
Bayern Der Nordwesten, Heiner Newe
Belgien/Luxemburg, Ulrike und Frank Staub
Bretagne, Anette Scharla-Dey und Franz Peter Tschauner Neu 2023
Burgund, Ralf Gréus
Dänemark, Anke Globi
Elsass, Ralf Gréus
England Der Süden, Christina und Christian Winkler
England Der Norden, Christina und Christian Winkler
Finnland, Uwe und Annegret Rohland
Französische Alpen, Heiner Newe Neu 2023
Französische Atlantikküste Der Norden, Esther Vergenz
Französischer Jura, Heiner Newe
Griechenland, Waltraud Roth-Schulz und Reinhard Schulz Neu 2023
Harz, Heiner Newe
Hessen Der Norden, Anette Scharla-Dey und Franz Peter Tschauner
Hessen Mitte und Süden, Anette Scharla-Dey und Franz Peter Tschauner
Hunsrück/Mosel/Eifel, Anette Scharla-Dey und Franz Peter Tschauner
Irland, Uwe und Annegret Rohland
Island, Jutta und Alexander Ramin Neu 2023
Korsika, Waltraud Roth-Schulz und Reinhard Schulz
Kroatien, Silvia Sussmann und Peter Simm
Languedoc-Roussillon, Ralf Gréus
Ligurien, Ralf Gréus Neu 2023
Lothringen, Friedrich Riehl
Lüneburger Heide, Heiner Newe
Marokko, Ulrike und Frank Staub
Mecklenburg-Vorpommern Teil 1, Stefanie Holtkamp und Andrea Bergmann
Mecklenburg-Vorpommern Teil 2, Stefanie Holtkamp und Andrea Bergmann
Mittel-Italien, Friedrich Riehl
Münsterland, Regina Stockmann
Namibia, Ute Nast-Linke und Frank Linke
Neuseeland Der Norden, Andrea Lossen und Dieter Giesen
Neuseeland Der Süden, Andrea Lossen und Dieter Giesen
Niederlande, Friedrich Riehl
Normandie, Anette Scharla-Dey und Franz Peter Tschauner
Norwegen Der Süden, Waltraud Roth-Schulz und Reinhard Schulz
Norwegen Der Norden, Waltraud Roth-Schulz und Reinhard Schulz
Österreich Der Osten, Christina und Christian Winkler
Österreich Der Westen, Christina und Christian Winkler

Weitere Infos unter **www.womo.de**

Ostfriesland, Heiner Newe
Pfalz, Ralf Gréus
Piemont und Aostatal, Ralf Gréus Neu 2023
Peloponnes, Waltraud Roth-Schulz und Reinhard Schulz
Polen Der Norden, Nicola Kluftinger
Portugal Der Norden, Stephanie Seufert
Portugal Der Süden, Stephanie Seufert
Provence Der Westen, Ralf Gréus
Provence Der Osten, Ralf Gréus
Pyrenäen, Stefanie Holtkamp und Andrea Bergmann Neu 2023
Rumänien, Christina und Christian Winkler
Sachsen, Anette Scharla-Dey und Franz Peter Tschauner
Sardinien, Waltraud Roth-Schulz und Reinhard Schulz
Schleswig-Holstein und Hamburg, Heiner Newe
Schottland, Uwe und Annegret Rohland
Schwarzwald, Ralf Gréus
Schweden Der Norden, Uwe und Annegret Rohland Neu 2023
Schweden Der Süden, Waltraud Roth-Schulz und Reinhard Schulz
Schweiz Der Osten, Stefanie Holtkamp und Andrea Bergmann
Schweiz Der Westen, Stefanie Holtkamp und Andrea Bergmann
Sizilien, Christina und Christian Winkler
Slowakei, Ulrike und Frank Staub
Slowenien, Silvia Sussmann und Peter Simm
Spanien Der Norden, Waltraud Roth-Schulz und Reinhard Schulz Neu 2023
Spanien Der Osten, Waltraud Roth-Schulz und Reinhard Schulz
Süditalien Der Osten, Waltraud Roth-Schulz und Reinhard Schulz
Süditalien Der Westen, Waltraud Roth-Schulz und Reinhard Schulz
Südafrika Krügernationalpark, Ute Nast-Linke und Frank Linke
Südwestfrankreich, Stefanie Holtkamp und Andrea Bergmann
Südtirol, Waltraud Roth-Schulz und Reinhard Schulz
Tal der Loire und Paris, Anette Scharla-Dey und Franz Peter Tschauner Neu 2023
Thüringen, Katja Eisenschmidt
Toskana und Elba, Ralf Gréus Neu 2023
Trentino, Silvia Sussmann und Peter Simm
Tschechien, Eva und Steffen Peuker
Umbrien und Marken, Ralf Gréus Neu 2023
Ungarn, Silvia Sussmann und Peter Simm
Venetien und Friaul, Christina und Christian Winkler Neu 2023
Wales, Christina und Christian Winkler
Zentralspanien Der Osten, Ulrike und Frank Staub Neu 2023
Zentralspanien Der Westen, Ulrike und Frank Staub Neu 2023

Außerdem im Programm:
Die gordische Lüge – Reiseroman, Ralf Gréus
Allgemeines Wohnmobil Handbuch, Reinhard Schulz
Allgemeines Wohnmobil Kochbuch, Waltraud Roth-Schulz
Heitere Wohnmobil Geschichten, Silvia Sussmann und Peter Simm

Ihr WOMO® Stellplatz-Dienst

Wir führen Sie zu den **schönsten Orten**, die unsere erfahrenen Autoren **selbst besucht und getestet** haben. Die GPS-Daten ihrer Stell- und Campingplatz-Empfehlungen finden Sie im Online-Shop unter **www.womo.de**

Mehr erfahren. Mehr erleben.

womo.de ist der **Spezialist** für Ihren entspannten **Erlebnisurlaub auf vier Rädern**. Profitieren Sie für Ihre Reisevorbereitung und -planung von unserer **jahrzehntelangen Erfahrung**. Seit 2022 arbeiten wir daran, Bewährtes noch besser zu machen: Dazu gehört die **moderne Optik** unserer neu gestalteten und **neu aufgelegten** Reiseführer.

Selbstverständlich werden unsere WOMO-Reiseführer permanent auf einen **aktuellen inhaltlichen Stand** gebracht. Jeder einzelne bietet eine Fülle an Ideen, Inspiration und Information **für Ihren Erlebnisurlaub**.

Wenn Sie persönliche Anregungen oder **konkrete Fragen zu Ihrer Reiseplanung haben**, dann schreiben Sie uns gern unter: **verlag@womo.de**

Den kostenlosen Download-Link für die **GPS-Daten** zu diesem WOMO-Reiseführer finden Sie im Shop unter: **www.womo.de**
Ihr Passwort lautet: **Pi2qnB**

WOMO®
Der Wohnmobil-Verlag
An der Liethe 4
36452 Kaltennordheim
Telefon: 036946 20691
www.womo.de